Hauptmann Christian Gattlen
Lebenserinnerungen

Hauptmann Christian Gattlen Lebenserinnerungen

Mit biographischer Einleitung und kritischen Anmerkungen

von Anton Gattlen

Sitten 1996

PRUDENTIA VINCIT OMNIA

Gedruckt mit finanzieller Unterstützung des Walliser Kulturfonds

© 1996 by Vallesia, Staatsarchiv, CH-1951 Sitten
Herstellung und Druck: Mengis Druck und Verlag, Visp

ISBN 3-907816-41-2

Inhaltsverzeichnis

Einleitung

Vorwort

Die Lebenserinnerungen des Hauptmanns Christian Gattlen haben im Wallis eine gewisse Berühmtheit erlangt. Sein Enkel Raphael von Roten publizierte in den Jahren 1901–1903 Teile des Manuskripts[1]: Beschreibung einer militärischen Expedition auf den Simplon 1814, Erinnerungen an die Belagerung von Hüningen 1815, Erlebnisse in Solddiensten. Die zwei letztgenannten Texte wurden ins Französische übersetzt und sind 1912 in einem Sammelband erschienen[2]. Raphael von Roten hat ausserdem 1909 an der Versammlung des Geschichtsforschenden Vereins von Oberwallis in Raron über die militärischen Erlebnisse Gattlens referiert[3].

Seine Lebensgeschichte, namentlich Jugendzeit und Ereignisse im Schosse der Familie, hat Hans Anton von Roten erstmals auf Grund der Memoiren zusammengestellt und 1943 in Form einer Kurzbiographie veröffentlicht[4]. Er bezeichnet darin Hauptmann Gattlen als einen der merkwürdigsten Männer, die im 19. Jahrhundert im Oberwallis gelebt haben, stellt fest, dass «ein sagenhaftes Andenken» seine Gestalt zu umgeben beginne, und meint, «es wäre zu wünschen, dass diese Selbstbiographie einmal vollständig veröffentlicht würde»[5]. Dieser Wunsch soll mit der hier vorliegenden integralen Ausgabe der Lebenserinnerungen erfüllt werden.

Der Herausgeber der Lebenserinnerungen dankt allen, die seine Arbeit unterstützt und deren Veröffentlichung ermöglicht haben, namentlich den Familien Hilda Hauswirth in Raron, Dr. Anton Lanwer in Brig und Dr. Wolfgang Loretan in Sitten, die ihm bereitwillig Schriften und Bildmaterial zur Verfügung gestellt haben, dem Staatsarchivar Dr. Bernard Truffer, der die Publikation gefördert und in die Reihe der Beihefte zu «Vallesia» aufgenommen hat, Herrn Jean-Marc Biner für die Herstellung der meisten photographischen Unterlagen, Frau Françoise Vannotti und Frau Rosmarie Gattlen für ihre Mithilfe bei der Kollationierung des Originaltextes.

---

[1] *Die Expedition nach Berisal und Besetzung des Simplons durch die Oberwalliser im März 1814. (Aufzeichnungen des Hauptmanns Gatlen in Raron)*, in: *BWG*, Bd. 2, 1901, S. 427–433. – *Erlebnisse eines Walliser Offiziers beim Einmarsch des eidg. Aufgebotes in Frankreich und während der Belagerung von Hüningen 1815*, in: *Walliser Bote*, 1902, Nr. 100, 102, 105. – *Erlebnisse eines Walliser Offiziers in ausländischen Diensten vor 100 Jahren*, in: *Walliser Bote*, 1903, Nr. 33–47.

[2] *Aventures de guerre du capitaine C[hristian] Gattlen,* in: SOLDATS SUISSES. Enthält S. 1–62: *Campagnes d'Italie 1796–1800;* S. 63–76: *Campagne de Franche-Comté et siège d'Huningue 1815.* – Einige Abschnitte dieser Publikation sind neu gedruckt worden in: *Ecrivains militaires valaisans,* Lausanne 1983, S. 45–58.

[3] Vgl. BWG, Bd. 20, 1988, S. 43.

[4] Vgl. *Walliser Jahrbuch,* 1943, S. 38–53. Auf diesem Text fusst der Zeitungsartikel im Walliser Volksfreund von TSCHERRIG. – Hier anzufügen bleibt, dass Peter Arnold an der Versammlung des Geschichtsforschenden Vereins von Oberwallis in Unterbäch (1964) die Lebensgeschichte Gattlens nachgezeichnet hat; der Vortrag ist unveröffentlicht geblieben; vgl. dazu: BWG, Bd. 20, 1988, S. 48.

[5] Ibid. S. 38.

Manuskript

Das Manuskript der Lebenserinnerungen des Hauptmanns Christian Gattlen ist in ziemlich gutem Zustande erhalten geblieben und wird heute im Walliser Staatsarchiv aufbewahrtf[6]. Es besteht aus zwei Heften: 33,5/22,5 cm, Büttenpapier mit Wasserzeichen[7], kartonierter Einband mit Pergamentrücken, auf der Vorderseite des Umschlags aufgeklebte und beschriftete Schildchen.

Heft I enthält ein Titelblatt, 246 Seiten, von denen 37 unbeschrieben sind; Heft II: Titelblatt, 238 Seiten, eine leer. Beide Hefte sind nachträglich paginiert worden. In Heft I fehlt der obere Teil von Blatt 4 (S. 5–6).

Titel von Heft I: *Etwas aus den Lebensgeschichten des Hauptmann Christian Gatlen, zusammengetragen in Neapel im Brachmond [Juni] 1832. I. Theil.* – Heft II: *Geschichten u. Bemerkungen des Hauptmann Christian Gatlen von Raren im Kanton Wallis in der Schweiz, in Diensten Sr. Majestät des Königs beider Sizilien etc., seit August 1833. II. Heft.*

Auf Titelblatt und Umschlag erscheinen zusätzliche, grösstenteils nachträglich angebrachte Vermerke[8]. Ein zweiter, kürzer gefasster Titel, dem die Überschriften der vorliegenden Ausgabe entsprechen, steht in beiden Teilen des Manuskripts auf der ersten Textseite.

Der Schriftspiegel ist an zwei Seiten (links und oben) fast durchgehend mit einer von Bleistift gezogenen Linie markiert. Alle Seiten sind bis an schmale Ränder (1–3 cm) ausgefüllt, im allgemeinen in deutscher Kurrentschrift, unter Verwendung sepiafarbener Tinte; lateinische Buchstaben dienen nur der Hervorhebung von Fremdwörtern oder der Wiedergabe von Zitaten in italienischer, französischer oder lateinischer Sprache.

Die Schrift zeigt einen schwungvollen, persönlichen Duktus, geradlinige Zeilenführung, klare Wort- und Zeilenabstände[9]. Sie wirkt sauber und gepflegt; Ausradierungen und Korrekturen verunstalten gelegentlich das Erscheinungsbild. Die Schrift ist im allgemeinen ohne besondere Schwierigkeiten zu entziffern.

---

[6] Fonds Carlen-Lanwer (Signatur: PS 21/1–2). – Prof. Dr. Louis Carlen hat mir auf Wunsch von Frau Maria Carlen-Lanwer das Manuskript anfangs der 80er Jahre zur Aufbewahrung und Vorbereitung einer Publikation übergeben. Wegen anderer Beschäftigungen konnte ich aber erst im Laufe des Jahres 1993 mit der Bearbeitung beginnen. Frau Maria Carlen-Lanwer, die 1989 gestorben ist, stammte in der Frauenlinie von Hauptmann Christian Gattlen ab; Ahnenreihe: 1. Wilhelm Heinrich Engelbert Lanwer und *Hilda Speckli;* 2. Peter Speckli und *Maria Roten;* 3. Eduard Roten und *Carolina Gattlen.* Vgl. ROTEN, Ernst v., S. 103.

[7] Heft I: Lilie; Heft II: drei Lilien und Krone.

[8] Heft I, Titelblatt (unter dem ursprünglichen Titel, in ungelenk gewordener Schrift des Verfassers): *Biographie des Joseph Christian Gatlen, einst Hauptmann in Neapel u. anderes in seinem Vatterland;* auf dem Titelschild des Umschlags: *Enthaltend die Biographie des Joseph Christian Gatlen, einst Hauptmann in Neapel etc. etc im Wallis.* – Heft II, Titelblatt (unter dem Titel): *D.C. Gatlen* (Stempel), sowie: *Biographie 2. Heft des Hauptmann Gatlen;* Umschlag: *Geschichte II. Heft,* darunter Stempel sowie auf der Titelseite und: *Biographie, Lebens Geschichte.*

[9] Im Durchschnitt 25–30 Zeilen pro Seite; grössere Schwankungen gegen Ende von Heft II (22–47 Zeilen). – Zum Schriftbild vgl. Abb. Nr. 10 und 19.

Entstehung

Mit der Abfassung seiner Memoiren hat Hauptmann Gattlen, nach eigenen Angaben, während seines Dienstaufenthalts in der Festung St. Elmo in Neapel begonnen, im Juni 1832, im Alter von 55 Jahren[10]. Den Anstoss zur schriftlichen Fixierung seiner Lebenserinnerungen gaben Freunde und Bekannte, die von seinen nicht alltäglichen Jugend- und Kriegserlebnissen Kenntnis hatten[11]. Die Niederschrift ging zügig voran[12]. Ende Juli 1833 konnte er jedenfalls den ersten Teil (Ereignisse bis zu diesem Datum) im Urlaub in Raron abschliessen und das entsprechende Heft seinem Sohne Ferdinand zur Aufbewahrung übergeben[13].

Für den zweiten Teil kann die Zeit der Abfassung weniger genau ermittelt werden; überliefert sind darin Ereignisse vom August 1833 bis zum 30. Juli 1849 (Hochzeit seiner Tochter Caroline). Die grössere Nähe zu den geschilderten Vorkommnissen ist spürbar; es handelt sich aber nicht um tagebuchartige Aufzeichnungen, sondern um chronologisch angeordnete Rückblicke wie im ersten Teil. Sicher ist, dass die Memoiren bei seiner Rückkehr aus Neapel im wesentlichen vollendet waren[14].

---

[10] Vgl. Überschrift in Heft I und Text S. 3.

[11] Vgl. I, 1. Die Anregung fiel bei ihm auf guten Grund. Er scheint selber die Absicht gehabt zu haben, seinen Nachkommen zu überliefern, was er erlebt, erlitten und erreicht hatte. Vermutlich war ihm auch daran gelegen, einige Vorkommnisse, von denen Kinder und Umwelt falsche Vorstellungen haben konnten, ins rechte Licht zu rücken. Jedenfalls dürfte das Bedürfnis nach Rechtfertigung ebenso Triebfeder für die Niederschrift seiner Lebensgeschichte gewesen sein als ein nicht unberechtigter Stolz auf eigene Leistungen und damit verbundene Eitelkeiten, für die er übrigens in den Memoiren um Nachsicht bittet (vgl. II, 61).

[12] Im Nachlass ist ein Schreibheft erhalten geblieben (RO 13), das Notizen enthält, die als Vorbereitungen für die Redaktion der Memoiren betrachtet werden können; es enthält chronologische Zusammenstellungen militärischer Ereignisse, Verzeichnisse von Urlaubsbewilligungen, Arresten, Ungerechtigkeiten von Oberst Dufour usw.

[13] Vgl. II, 1.

[14] Vgl. den Vermerk I, 208 (datiert: 25. Januar 1860): «*Seit meiner Zurückkunft ins Vaterland habe ich in diesem Heft nichts mehr eingetragen über meinen Lebenslauf.*» – Aus späterer Zeit stammen nur kleine Nachträge und einige Korrekturen. Gattlen scheint öfters in seinen Memoiren gelesen zu haben; er hat sich auch, als er krank war, daraus vorlesen lassen, z.B. 1846 von Pfarrer Moritz Tscheinen. Vgl. TSCHEINEN, S. 22.

Inhalt

Das Schwergewicht der Aufzeichnungen liegt auf persönlichen und familienbezogenen Erlebnissen[15]. Dank der nicht alltäglichen Lebensgeschichte und der Persönlichkeit des Verfassers gewinnen die Memoiren jedoch eine Bedeutung, die den biographischen und familiengeschichtlichen Rahmen übersteigt.

Hauptmann Gattlen ist 89 Jahre alt geworden. Im Jahre 1777 geboren, 1866 gestorben, erlebte er die Umwälzungen der Französischen Revolution und deren Auswirkungen auf seine engere Heimat: Untergang der alten Zendenherrschaft, Helvetik, Unabhängige Republik, Département du Simplon, Bundeseintritt, Wirren und Bürgerkriege der Regenerationszeit, Sonderbund und Gründung des eidgenössischen Bundesstaates.

Vielfältig und abenteuerlich ist seine militärische Karriere[16]. Er diente als Soldat und als Unteroffizier in der piemontesischen und napoleonischen Armee, durchstreifte mit französischen Truppen ganz Italien, kam mit einer militärisch-wissenschaftlichen Expedition nach Dalmatien und bis an das Ionische Meer, er kämpfte zu See (gegen Korsaren und eine englische Flotte) und an vielen Orten zu Land, wurde mehrmals verwundet, besonders schwer in der blutigen Schlacht von Novi, lag todkrank im Spital, erholte sich auf wundersame Weise und marschierte im Mai 1800 mit französischen Truppen über den Grossen St. Bernhard zu seinem letzten Feldzug in der napoleonischen Armee. 1814 führte er eine Landwehrkompagnie zur Verteidigung des Wallis gegen die Franzosen auf den Simplon, 1815 nahm er als Quartiermeister des Walliser Bataillons an der eidgenössischen Belagerung von Hüningen teil. Als Fünfzigjähriger liess er sich zum Solddienst beim König beider Sizilien anwerben und befehligte während 20 Jahren in Neapel eine Kompagnie im Regiment von Stockalper.

Schilderungen von Kriegsereignissen, die einen nicht unwesentlichen Teil des ersten Bandes der Memoiren ausmachen, vermitteln eine Fülle unbekannter, auf persönlichen Beobachtungen und Erlebnissen beruhender Angaben über den Verlauf militärischer Unternehmungen, das Verhalten der Truppen und Schicksale einzelner Soldaten[17]. Für die Kämpfe am Simplon (1814) und die Beteiligung der Walliser am Feldzug nach Hüningen (1815) sind die Memoiren zweifellos die wichtigste historische Quelle. Beachtung verdienen, nicht nur aus Walliser Sicht, Schilderungen von Erlebnissen in der napoleonischen Armee, namentlich: Expedition nach Dalmatien und Griechenland, Kampf im Adriatischen Meer, Rückzug von Livorno, Erstürmung von Trient, Schlacht von Novi und deren Folgen, eine Beschreibung, welche der Herausgeber der französischen Übersetzung von Gattlens Kriegserinnerungen als ein «document de premier ordre» bezeichnet hat[18].

---

[15] Vgl. Biographische Übersicht, S. 18 ff.

[16] Vgl. Biographische Übersicht, S. 25 ff.

[17] Auf Nachweis der anschliessend erwähnten Abschnitte des Manuskripts, die mit Hilfe des alphabetischen Registers leicht zu ermitteln sind, wird verzichtet.

[18] Vgl. SOLDATS SUISSES, S. II.

Für die Geschichte des schweizerischen Solddienstes in Neapel dürfen die Memoiren ebenfalls als eine wertvolle, bisher kaum genutzte Quelle betrachtet werden. Es gibt mehrere Publikationen[19] über diesen Solddienst, doch befassen sich diese fast nur mit Ereignissen der Zeit von 1848–1861: Revolution in Neapel, Aufstand in Sizilien, Feldzug gegen Garibaldi, Auflösung der Schweizer Regimenter. Selbst in der umfangreichen Monographie von Albert Maag sind den Jahren 1827–1848, die Gattlen in Neapel verbrachte und über die er ausführlich berichtet, nur wenige Seiten gewidmet. Seine Aufzeichnungen ergänzen diese Publikationen nicht nur in militärgeschichtlicher Hinsicht, sondern auch unter sozialwissenschaftlichen Aspekten: sie schildern den Alltag der Söldner, Dienst und Freizeit, Beziehungen zu Kameraden, Vorgesetzten und Untergebenen, berichten von Krankheit und Epidemien, von Geldsorgen, häuslichen und seelischen Problemen usw.

Politische Ereignisse haben in den Lebenserinnerungen geringeren Stellenwert als die militärischen. Das Geschehen auf der Weltbühne ist, abgesehen von Kriegshandlungen, kaum ein Thema. Walliser Politik nimmt ebenfalls keinen breiten Raum ein, ausser für die Jahre 1802–1812, als Gattlen in Raron war und in seiner Heimat öffentliche Funktionen ausübte. Neben Ereignisberichten enthalten die Memoiren auch Exkurse über Religion und Moral, Kirche und Staat, Kultur und Wirtschaft. Kritische Äusserungen betreffen vor allem die ultrakonservative Einstellung[20] gewisser Oberwalliser Politiker und das einseitig auf den Lateinunterricht zielende Schulsystem[21], für dessen Reform Gattlen plädierte: er verlangte u.a. Einführung verschiedener Realfächer im Gymnasium, Schaffung eines Technikums und einer landwirtschaftlichen Schule, Postulate, welche im Wallis grösstenteils erst im 20. Jahrhundert verwirklicht worden sind.

Den Memoiren darf ein hoher Grad an Zuverlässigkeit attestiert werden. Wichtige Ereignisse sind meistens datiert (Jahr, Tag, Monat), Personen identifiziert (Vorname, Titel, Ämter), Quellen für Zitate und mündliche Mitteilungen erwähnt. Der Verfasser hat sich zweifellos darum bemüht, die Fakten so genau als möglich zu überliefern, konnte aber Irrtümer nicht immer vermeiden, namentlich bei weit zurückliegenden Vorkommnissen, für welche schriftliche Unterlagen fehlten und er sich allein auf sein Gedächtnis stützen musste[22].

In sprachlicher Hinsicht hinterlassen die Memoiren einen zwiespältigen Eindruck. Die Aufzeichnungen wirken teilweise gekonnt: flüssige Sprache, treffende Formulierungen, originelle Wortwahl, manchmal aber auch schwerfällig, langatmig und verworren. Die Sätze sind oft lang und verschachtelt, nicht korrekt gebaut und ohne logische Interpunktion. Der Ausdruck entspricht im allgemeinen eher mundartlicher Rede als den Regeln schriftsprachlicher Grammatik.

---

[19] Vgl. Literaturverzeichnis, S. 289–292.

[20] Vgl. I, 135–137, 155–156.

[21] Vgl. I, 28–36; II, 185–186. – Über Zustände im vorgymnasialen Unterricht vermitteln die Jugenderinnerungen ein anschauliches Bild; vgl. dazu I, 10–21.

[22] Irrtümer und Ungenauigkeiten kommen nachweisbar am häufigsten bei Datierungen vor, sowohl bei der ersten Niederschrift der Memoiren als auch bei Nachträgen. Das Bemühen des Verfassers um Genauigkeit belegt u.a. der Umstand, dass im Text an mehreren Stellen Platz freigeblieben ist für die Einfügung eruierbar scheinender, jedoch nicht ermittelter Daten.

Bei der Beurteilung von Inhalt und Form der Memoiren ist zu berücksichtigen, dass der Verfasser keine publizistischen Absichten verfolgte[23]. Die Aufzeichnungen waren für seine Angehörigen bestimmt, denen er vor allem überliefern wollte, was er ausserhalb des Familienkreises erlebt und erlitten hatte. Verschiedene Bereiche seiner Lebensgeschichte, namentlich die geschäftlichen Aktivitäten, blieben ausgeklammert oder wurden nur beiläufig erwähnt. Es schien daher angezeigt, den biographischen Abriss, in dem der Inhalt der Memoiren zusammengefasst und systematisiert wurde, mit Angaben aus anderen Quellen zu ergänzen[24].

Zu erwähnen ist auch, dass beide Hefte der Memoiren auf ursprünglich leer gebliebenen Seiten unzusammenhängende Notizen von Gattlens Hand enthalten, wovon im Anhang abgedruckt wurde, was von biographischem Interesse zu sein schien.

Edition

Die Lebenserinnerungen des Hauptmanns Gattlen erscheinen hier in einer ungekürzten, nach üblichen Grundsätzen wissenschaftlicher Edition gestalteten Ausgabe. Der Inhalt des Manuskripts ist wortgetreu wiedergegeben, die Rechtschreibung (Wortform und Interpunktion) weitgehend modernisiert. Abkürzungen wurden stillschweigend aufgelöst, fehlende Wörter ergänzt, sofern es zur Verbesserung der Lesbarkeit nützlich schien. Wörter und Ausdrücke, welche nicht mehr allgemein verständlich sind oder heute eine andere Bedeutung haben, wurden erläutert, entweder durch eine sinngebende Einfügung im Text oder mit einer Anmerkung in den Fussnoten.

Ergänzungen des Originaltextes stehen in eckigen Klammern [ ]. Drei Punkte in eckigen Klammern zeigen fehlende Stellen im Manuskript an, Fragezeichen in eckigen Klammern unsichere Lesart; Klammern im Originaltext erscheinen in runder Form ( ). Die Fussnoten enthalten Quellennachweise, Angaben zur Identifikation von Personen und Orten sowie Erläuterungen verschiedenster Art. Im alphabetischen Register sind Orts- und Personennamen vereint; nachgewiesen sind Namensnennungen im Originaltext der Memoiren und in der biographischen Übersicht.

---

[23] Zu Beginn seiner Lebensgeschichte (I, 3) schreibt er: *«Ich schreibe also nur für Euch, die Meinigen, nicht für das Publikum, denn für dieses müsste hier erhabener Stil, höhere Ordnung und im ganzen eine bessere Schreibart gebraucht werden, zu welchem allen ich weder aufgelegt noch gelehrt bin.»*

[24] Benutzte Quellen: vgl. Angaben im Verzeichnis S. 289; biographische Übersicht: nachstehend S. 17 ff.

Abb. 1: Hauptmann Christian Gattlen in Gala-Uniform des 3. Schweizer Regiments in Neapel.

Biographischer Abriss

Herkunft und Jugend

Familie

Hauptmann Christian Gattlen stammt aus einer Familie, die in Bürchen bis ins 14. Jahrhundert nachweisbar ist[1]. Der älteste bekannte Wohnsitz war am Eitresch, in einer seit dem Spätmittelalter verlassenen Siedlung im Nordosten der Gemeinde. Später erscheinen Träger dieses Namens in anderen Weilern des Birchenberges (Zentriegen, Zenhäusern, Nessieren, Mauracker), in Raron (Dorf, Turtig, Goler), in Sitten, Visp und Stalden. Mehrere Vertreter dieses Geschlechts haben in den Zenden Raron und Visp öffentliche Ämter bekleidet und waren Ammänner in Geren.

Einer seiner Vorfahren, der Notar Johannes Gattlen[2] (1651–1722), der im Turtig aufgewachsen war, verlegte in den 80er Jahren des 17. Jahrhunderts seinen Wohnsitz nach Raron in ein altes Haus im Unteren Dorf[3]; er war verheiratet mit Catharina Grossen (gest. 1725) und hatte sechs Kinder, darunter zwei Söhne: Michael (geb. 1684), der während kurzer Zeit als Notar tätig war, und Johann Peter (1693–1764), der 1725 Maria Christina Maxen (geb. 1692) ehelichte, eine Tochter des Meiers Johann Anton Maxen (1679–1722); ihr einziger Sohn Peter Michael (1731–1766) vermählte sich 1751 mit Anna Maria Kalbermatter (gest. 1789); der Zweitgeborene aus dieser Ehe war Johann Christian (1754–1807); dieser heiratete am 1. Juni 1777 Magdalena Heynen (1753–1782), eine Tochter des Hauptmanns Joseph Heynen (gest. 1786) von Ausserberg und der Maria Christina Zmillachern (gest. um 1783), Tochter des Meiers Theodul Zmillachern (Meier von Raron 1746–1748) und Nichte des Domherrn Josef Ignaz Zmillachern (gest. 1777).

Dieser Ehe, die den Eltern der Braut unerwünscht war, entspross als Erstgeborener Joseph Christian, der spätere Hauptmann und Verfasser der hier veröf-

---

[1] Zur Genealogie und Geschichte der Familie Gattlen liegt umfangreiches Material vor, dessen Bearbeitung geplant ist. Zur Zeit kann nur auf allgemeine Publikationen verwiesen werden, die biographische Angaben für Angehörige der Familie enthalten: WAPPENBUCH (1946 und 1974); ROTEN, Ernst v.; BINER; LAUBER, Geren.

[2] Die folgenden biographischen und genealogischen Angaben beruhen auf persönlichen Nachforschungen. Daten und Jahrzahlen entsprechen, wenn nichts anderes vermerkt ist, Eintragungen in den Pfarrbüchern des Dekanats Raron. Für den im Talgrund niedergelassenen Zweig der Familie gibt es eine lückenhafte Stammtafel in der im Literaturverzeichnis aufgeführten Publikation von Ernst v. Roten.

[3] In einem 1573 erbauten Hause im Untern Dorf in Raron befindet sich im 2. Stockwerk an einer Binne eine Inschrift von 1703 mit den Namen Johann Gattlen und Catharina Grossen, deren Initialen auch am Giltsteinofen (datiert: 1704) erscheinen. Verurkundungen in Raron, im eigenen Haus, sind in Erkanntnisbüchern (Fonds H.A.v. Roten: CL-R 4 a + b) seit 1691 nachgewiesen, im Hause des Vaters seit 1685.

fentlichten Memoiren. Er wurde am 18. Dezember 1777 in Raron geboren[4]. Ihm folgten drei Brüder: am 30. Juni 1779 Peter Joseph, der 1803 in der Alpe Leiggern tödlich verunfallte; am 24. März 1781 Zwillinge, von denen einer bei der Geburt, der andere, Johann Ignaz, 1809 als Soldat in Spanien starb.

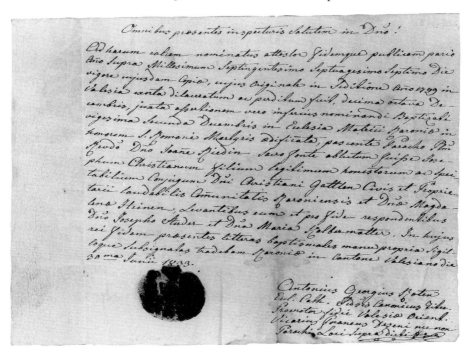

Abb. 2: Taufschein, ausgestellt von Pfarrer Anton Georg Roten, 30.6.1833.

Die Ehe stand unter keinem guten Stern. Wegen Vorfällen, welche die Ehe zu zerrütten drohten, musste Christian unter dem Drucke von Eltern und Schwiegereltern für drei Jahre Militärdienst in Spanien annehmen. Während dieser Zeit war die Familiengemeinschaft aufgelöst. Peter und Ignaz, die jüngeren Kinder, wohnten bei den Tanten Cresentia und Catharina Gattlen, Joseph Christian, der Älteste, und seine Mutter bei den Eltern Heynen in Ausserberg. Magdalena hatte daheim wegen der erzwungenen Eheschliessung viele Vorwürfe zu erdulden, «sank in Gram und Schmerzen» und starb am 15. August 1782, vor der Rückkehr ihres Ehegatten[5].

[4] Vgl. I, 5. – Die Geburt ist im Taufbuch der Pfarrei nicht eingetragen, aber es gibt pfarramtliche Bestätigungen (RO: Divers, Nr. 20; CL: Nachtrag Dr. A. Lanwer; Abb. 2). Laut Angaben des Pfarrers (Dokument mit Unterschrift und Siegel) wurde Joseph Christian Gatlen am 18. Dezember geboren und am 22. getauft; die Originaleintragung soll in den Kriegswirren des Jahres 1799 verloren gegangen sein. Taufpaten waren Joseph Studer und Maria Kalbermatter, bezeichnenderweise keine Personen aus dem Kreise der Familie Heinen-Zmillachern.

[5] Schilderung der Vorkommnisse: I, 5–7; davon ist ein Teil von unbekannter Hand entfernt worden, vermutlich die Stelle, an der die Angelegenheit (eheliche Untreue?) konkreter beschrieben war oder der Name der mitbeteiligten Person erschien. – Anfang und Ende des Militärdienstes in Spanien konnte nicht genau ermittelt werden; er scheint sich über die Jahre 1780–1782 erstreckt zu haben.

Nach seiner Heimkehr aus Spanien führte Vater Christian zuerst gemeinsamen Haushalt mit seinen Schwestern und den beiden Kindern, die sie während seiner Abwesenheit betreut hatten. Joseph Christian blieb bei seinem Grossvater in Ausserberg. Vater Christian vermählte sich noch zweimal: am 31. Mai 1784 mit Catharina Baumgartner, einer Witwe (gest. 1801), und am 5. Mai 1806, neun Monate vor seinem Tod, mit Maria Heynen, die auch Witwe war (gest. 1827). In zweiter Ehe zeugte Christian drei männliche Nachkommen: der Älteste starb als Kind, die beiden andern waren Johann Joseph (1791–1872), der spätere Gemeindepräsident von Raron, und Joseph Anton (1795–1883). Gestorben ist Vater Christian am 6. Februar 1807.

Kindheit, Schul- und Wanderjahre

Christian war noch nicht drei Jahre alt, als er unter vorerwähnten Umständen in die Obhut seiner Grosseltern mütterlicherseits kam. Es gefiel ihm dort sehr gut. Er war der Liebling des Grossvaters, bei dem er auch nach dem Tode der Grossmutter bleiben durfte. Hauptmann Heynen war in rührender Weise um das Wohlergehen seines Enkels besorgt, kümmerte sich um seine Erziehung, gab ihm ersten Unterricht und weckte sein Verlangen nach Schulbildung. In seinem Testament bestimmte der Grossvater eine Summe von 3000 Pfund «pro educatione Christiani dilecti nipoti mei» und ernannte Schaffner, die über zweckmässige Verwendung des Geldes wachen sollten[6].

[6] Vgl. I, 9. – Es war ein grosszügiges Vermächtnis. Damals machten 13½ Batzen ein Pfund aus, und ein Taglöhner erhielt selten mehr als 10 Batzen. Für approximative Umrechnung der verschiedenen, im Manuskript erscheinenden Geldwerte in Franken vgl. die nachfolgende von 1848 an gültige Tabelle (entnommen der Publikation von BERCHTOLD, S. 10–11):

	Federaltarif		Kantonaltarif		Alter Wert	
	Fr.	**Rp.**	**Fr.**	**Rp.**	**Batz**	**Rp.**
Batzen		14		14		9.7
Halbbatzen		7		7		4.8
Dreibatzenstück		42		42	2	9
Fünfbatzenstück		70.4		70	4	8.3
Kreuzer		3		3		2.1
Sechskreuzerstück		21		21	1	4.5
20 Kreuzerstück		84.5		75	5	1.7
Neutaler	5	71.4	5	80	40	0
Brabantertaler	5	70.4	5	50	37	9 ½
Conventionstaler			5	0	34	5
Gulden	2	11.2	2	0	13	8
2 Frankenstück	2	85.7	2	90	20	0

Für Münzwerte im Wallis zu Beginn des 19. Jh. vgl. auch S. 26, Anm. 19, sowie REICHENBACH.

Nach des Grossvaters Tod im Jahre 1786 kehrte Christian zurück ins Elternhaus, zu Vater, Stiefmutter und Brüdern. Die Familie lebte, wie die Mehrheit der Dorfbewohner, grösstenteils von der Landwirtschaft. Der Vater besass ererbtes Wies- und Ackerland und konnte zudem die Güter des Schwiegervaters Heynen bewirtschaften, deren Nutzniessung ihm testamentarisch zugesichert worden war. Er hatte Kühe im Stall und ein Pferd, mit dem er sich gelegentlich als Taglöhner verdingte[7]. Der Ertrag reichte aus, um die damals üblichen bescheidenen Bedürfnisse der Familie zu befriedigen[8].

Christian arbeitete in Feld und Stall mit, allerdings ohne grosse Begeisterung. Er fühlte sich zum Studium hingezogen und wollte unbedingt den Wünschen seines Grossvaters entsprechen. Vater und Testamentsvollstrecker waren damit einverstanden, so dass er bereits im Herbst 1786 bei Rektor Johann Martin Hasler in Kippel eintreten konnte, um die Anfangsgründe der lateinischen Sprache zu erlernen, was er freudig und mit gutem Erfolg tat.

Zwei Jahre später wechselte er nach Unterems in die Schule des Pfarrers Franz Josef Imahorn, der als ehemaliger Schulherr von Leuk im Rufe stand, einer der besten Lateinlehrer des Oberwallis zu sein. Pfarrer Imahorn war aber auch, jedenfalls wie ihn Christian erlebte, ein launischer, grober und geiziger Mensch, der seine Zöglinge für unbedeutende oder imaginäre Vergehen hart bestrafte und sie öfters hungern liess, teilweise auf sadistische Art. Christian blieb trotzdem gegen zwei Jahre bei ihm, während 18 Monaten als einziger Schüler[9].

Eines Morgens, vermutlich im Frühjahr 1790, nachdem er wieder gepeinigt worden war, flüchtete er aus dem Pfarrhause von Unterems, lief nach Raron und erklärte den Seinigen, er wolle den Unterricht bei Pfarrer Imahorn aufgeben. Der Entschluss wurde gebilligt, und Christian freute sich, wieder daheim zu sein und sich satt essen zu können. Endgültig auf das Studium verzichten wollte er aber nicht. Vor Beginn des neuen Schuljahres bat er seinen Vater um Besorgung eines Kostplatzes in Brig oder Sitten, wo er ins Kollegium einzutreten gedachte[10].

Mit diesem Vorschlag war der Vater nicht einverstanden. Er bemühte sich, den Sohn von diesem Vorhaben abzuhalten, führte ihm Beispiele vor Augen, die erkennen liessen, wie gering die Zukunftsaussichten eines studierten Bauernkin-

---

[7] Aus Einträgen im Rechnungsbuch (CL: R 1c), das Meier Joseph Niklaus Roten (1754–1839) im Jahre 1778 eröffnete, geht hervor, dass ihm Christian Gattlen landwirtschaftliche Produkte (Fleisch, Korn, Kartoffeln, Holz, Stroh) geliefert und für ihn mit Pferd und Wagen Transporte ausgeführt hat, u.a. nach Siders, wo er Weinberge besass. Abgegolten wurden Warenlieferungen und Dienstleistungen mit Geld oder Wein, den Christian mass- und sesterweise bezog, auch edlere Sorten (Muskat, Humagne). Christian stand bei Roten nicht selten in der Kreide.

[8] Gattlen schreibt in seinen Memoiren (I, 23): *«Ein jeder Hausgenosse konnte sich so oft und so viel er wollte mit Brot und Käse, Milch und Fleisch noch zwischen den gewöhnlichen Mahlzeiten erquicken; an Wein gebrach es eben auch nicht».* – Im Testament hält er fest (CL: R 12c, S. 152): *«Von meinen Vater, der nach dem Tode meiner Mutter sich noch zweimal verheiratete und immer flott lebte, habe ich... sozusagen nichts geerbt, da sein Vermögen bloss seine Schulden zahlte.»*

[9] Die Schul- und Unterrichtsmethoden des Pfarrers Imahorn sind in den Memoiren ausführlich, plastisch und für heutige Leser amüsant geschildert (vgl. I, 10–21). Die Aufzeichnungen über den Schulbetrieb in Unterems, der wohl nur gradmässig von allgemeinen Gepflogenheiten der damaligen Zeit abwich, dürfen als hervorragendes Dokument zur Walliser Schulgeschichte angesehen werden.

[10] Vgl. dazu: I, 25–28.

des im Wallis einzuschätzen waren, wies darauf hin, dass es in jeder Schule Unannehmlichkeiten wie bei Pfarrer Imahorn geben könne u.a.m. – Die Schaffner, welche das vom Grossvater hinterlassene Stipendiengeld verwalteten, teilten die Meinung des Vaters und gaben Christian den Rat, das Studium zu vergessen und sich wie andere Kinder an landwirtschaftliche Arbeiten zu gewöhnen.

Christian war unglücklich über diesen Entscheid, wurde immer unzufriedener, vernachlässigte ihm aufgetragene Arbeiten, sonderte sich ab, verkroch sich mit Büchern in irgendein Versteck, begann schliesslich Pläne zur Flucht aus dem väterlichen Hause zu schmieden. Sein Ziel war Italien. Um über die Grenze zu kommen, benötigte er einen Reisepass, den er sich nach einer Vorlage selber in lateinischer Sprache anfertigte. Er legte diesen mit Büchern und Heften, einigen Kleidern und 7 Batzen, die er als Altardiener verdient hatte, in einen leinenen Sack, verstaute diesen im Hintergrunde eines Schrankes und wähnte ihn dort in Sicherheit.

Unglücklicherweise beschloss seine Stiefmutter gerade damals, grosse Wäsche zu machen. Bei der Suche nach Christians Hemden entdeckte sie den sorgfältig verborgenen Sack und damit auch den Fluchtplan. Christian, der auf dem Felde arbeitete, erfuhr das Geschehene durch seinen Bruder Peter, der ihm die Aufregung im Haus schilderte und ihn vor der zu erwartenden Strafe warnte.

In dieser Lage getraute sich der Vierzehnjährige nicht mehr heim. Er versteckte sich in einer Scheune im Heu und wartete dort, nachdem er sich endgültig zur Flucht entschlossen hatte, auf die Nacht. Es war am 2. März 1791. Als Mitternacht vorbei und alles ruhig war, verliess er, vor Kälte zitternd, seinen Unterschlupf und eilte über neu verschneite Wege nach Brig. Am frühen Morgen mittellos und hungrig dort eintreffend, erbat er sich von einem ihm bekannten Händler, mit dem der Vater in geschäftlicher Verbindung stand, unter einem plausiblen Vorwand 25 Batzen, um frühstücken und das Nötigste für die Reise über den Simplon einkaufen zu können[11]. Hauptsorge blieb der fehlende Reisepass, aber ein glücklicher Zufall löste das Problem: er konnte sich Leuten anschliessen, die eine Herde Rinder von Mörel nach Genua führten, kam als Viehtreiber unbehelligt über die Grenze, wurde unterwegs verköstigt und fand bei seinen Begleitern willkommene Hilfe bei der Suche nach einem Arbeitsplatz in Genua.

Seine erste Anstellung fand er bei einem Esswarenhändler namens Rebora, der ihn in sein Haus aufnahm, ihn mit Kleidern versorgte und wie ein eigenes Kind hielt. Die glückliche Zeit ging nach etwa einem Jahr zu Ende, weil die Stadtregierung aus Sicherheitsgründen (man befürchtete einen Angriff der Franzosen) die Ausweisung aller Ausländer anordnete. Rebora, der die Behörden vergeblich um eine Ausnahmebewilligung für Christian ersucht hatte, besorgte ihm eine Stelle ausserhalb der Stadtmauern, bei einem Wirt in Ponsevera, der einen schreibkundigen Gehilfen suchte. Auch an diesem Orte konnte er nicht länger als ein Jahr bleiben, weil der Wirt starb und dessen Frau den Betrieb einstellte[12].

[11] Ausführliche Schilderung der Flucht aus dem Elternhause und deren Vorbereitung: I, 36–45.
[12] Aufenthalt in Genua: I, 45–60.

Christian hätte in der Gegend ohne Schwierigkeiten eine neue Stelle gefunden. Bevor er danach suchte, entschloss er sich, für ein paar Wochen ins Wallis zurückzukehren, weil er seine Angehörigen wiederzusehen wünschte und ein wenig stolz war, sich ihnen «wohlgekleidet und mit etwas Geld versehen»[13] zeigen zu können. Er verabschiedete sich bei Herrn und Frau Rebora, mit denen er treu verbunden geblieben war, und reiste in Begleitung eines Goldschmieds, den er im Wirtshause kennengelernt hatte, über Arona, Airolo und Nufenen ins Wallis.

In Brig kehrte er in einem Gasthause ein, wurde dort vom Wirt erkannt und mit groben Worten beschimpft; dieser nannte ihn einen eigensinnigen, unfolgsamen Burschen, einen Nichtsnutz und Ausreisser, den in Raron verdiente Strafe erwarte. Christian, der annehmen musste, dass der Wirt Äusserungen seines Vaters wiedergab, war darüber so enttäuscht, dass er nach durchweinter Nacht und einigem Zögern über den Simplon nach Italien zurückkehrte[14].

Unterwegs entschloss er sich, im Piemont oder in der Lombardei Arbeit zu suchen und nicht sofort nach Genua zu reisen, weil er befürchtete, Herr und Frau Rebora könnten seine unerwartet rasche Rückkehr falsch deuten. In Pavia traf er in einem Wirtshause einen Österreicher, der mit Gems- und Hirschfellen handelte und dem ein aufgeweckter Bursche mit guten Kenntnissen der italienischen Sprache willkommen war. Christian nahm das Angebot an und begab sich mit ihm nach Mailand, wo er ein grosses Warenlager hatte. Von dort aus besuchten sie Märkte in der Lombardei, in Modena, Parma, Ferrara, Bologna und bis in den Kirchenstaat. Das Geschäft lief gut. Nach ungefähr acht Monaten war der Vorrat von über 1000 Fellen verkauft, und der Händler schickte sich an, in deutschen Landen Nachschub zu holen. Er zahlte Christian den vereinbarten Lohn aus und entliess ihn[15].

---

[13] Vgl. I, 50.

[14] Schilderung des Vorfalls in Brig und der Gemütsverfassung des damals sechzehnjährigen Christian: I, 51–58.

[15] Vgl. I, 59–61.

LIBERTÁ   **EGUAGLIANZA**

REPUBBLICA CISALPINA

Noi sottoscritti, Certifichiamo, ed attestiamo, che il Cittadino Giuseppe Gatteten, Sargente Maggiore attualmente nella 2.da 1.za ...

Abb. 3: Dienstausweis in der französischen Armee, 29.6.1801.

Kriegsdienst 1793–1801

Piemont[16]

Nachdem Christian seinen Fellhändler verlassen hatte, machte er sich auf den Weg nach Genua, wo er Herrn und Frau Rebora, seine ehemaligen Meistersleute, besuchen wollte und eine kaufmännische Anstellung zu finden hoffte.

In Novara begegnete er jungen Wallisern, die sich für das Regiment von Streng hatten anwerben lassen, darunter auch Burschen aus Raron und Ausserberg, die ihn kannten und von seiner Flucht aus dem Elternhause wussten. Sie suchten ihn, der arbeitslos war, zum Eintritt in den Militärdienst zu bewegen. Er hatte jedoch keine Lust dazu und war froh, dass Rekrutierung nach Reglement nicht möglich war, weil er noch zu jung und zu klein war[17].

Ein Werbewachtmeister machte ihm darauf den Vorschlag, eine eben erst freigewordene Stelle als Kompagnieschreiber anzunehmen; er könne als Freiwilliger eintreten und, wenn ihm der Dienst missfallen sollte, ihn ungehindert wieder verlassen. Dazu liess er sich schliesslich überreden, blieb noch einige Tage in Novara und dislozierte dann mit seinen Kameraden nach der Festung Demonte im Tal der Stura, wo das Walliser Regiment stationiert war. Dort wurde er der Kompagnie des Hauptmanns Belmont zugeteilt, in welcher der Schreiber fehlte. Dieser Posten sollte aber nach neuester Order nicht mehr besetzt und die Arbeit vom Feldweibel ausgeführt werden. Hauptmann Belmont, der den unmündigen Rekruten nicht abweisen wollte, registrierte ihn kurzerhand als Pfeifer, weil Musikanten beim Eintritt jünger und kleiner sein durften als waffentragende Soldaten. Gleichzeitig gab er dem Feldweibel den Befehl, Christian ins Schreib- und

---

[16] In savoyisch-piemontesischen Diensten gab es Schweizer Söldner seit 1579. Im Jahre 1615 wurde ein Walliser Regiment gebildet, befehligt 1782–95 von Louis-Eugène de Courten (1715–1802), 1795–98 von Prosper Fidel von Streng (1729–1798). Piemont bildete damals zusammen mit Savoyen das Kernland des Königreichs Sardinien, zu dem auch Nizza gehörte. 1792 verbündete sich der König mit Österreich und Preussen und erklärte Frankreich den Krieg, worauf die Franzosen Nizza und Teile von Savoyen besetzten. Weiteres Vordringen konnte die piemontesische Armee, unterstützt von österreichischen und russischen Truppen verhindern, bis Napoleon Bonaparte 1796 das Kommando der französischen Armee in Italien übernahm. Zum piemontesischen Solddienst vgl. GYSIN, PEDRAZZINI, SCHAFROTH; zu den politisch-militärischen Ereignissen (als Zusammenfassung): TULARD, Napoléon.

[17] Ein Angeworbener musste das 18. Lebensjahr erfüllt haben und wenigstens 5 Fuss (ca. 160 cm) gross sein.

Rechnungswesen einzuführen, was dieser gerne tat, weil er hoffen konnte, sich auf diese Weise von einer ungeliebten Arbeit zu befreien[18].

Es dauerte nicht lange, bis Christian mit Buchhaltung und anderen Schreibarbeiten so gut vertraut war, dass er den Feldweibel in diesen Angelegenheiten fast ganz entlasten konnte. Neben der Beschäftigung im Kompagniebüro, über welche die Memoiren keine weitern Angaben enthalten, blieb ihm genügend Zeit zur Erledigung persönlicher Angelegenheiten. Er «genoss alle Freiheit, welche das Regiment verleihen konnte», und nutzte diese trotz seines jugendlichen Alters auch in geschäftlichen Dingen. So investierte er seine Ersparnisse (10 oder 12 Louis d'or) in den Betrieb einer Pension und verdoppelte damit innert zwei Jahren sein Geld[19].

Die schöne Zeit endete, als Napoleon 1796 das Oberkommando der französischen Armee in Italien übernahm. Am 19. April kam es zu der drei Tage dauernden Schlacht bei Mondovi, in der auch Schweizer Soldaten mitkämpften. Die piemontisch-österreichischen Truppen erlitten eine schwere Niederlage, worauf sich die Österreicher in die Lombardei zurückzogen. Am 28. April schloss der König von Sardinien mit Frankreich einen Waffenstillstand, und am 15. Mai unterzeichnete er in Paris einen Friedensvertrag, in dem er auf Nizza und Savoyen verzichtete und französischen Truppen im Piemont freien Durchzug einräumte.

Nach der Niederlage von Mondovi und dem Friedensvertrag mit Frankreich löste sich die piemontesische Armee auf. Ein Teil der Söldner verliess das Land, andere gingen zu den Franzosen über. Was vom Regiment von Streng übrigblieb, wurde nach Alessandria verlegt, zu einer Halbbrigade umgebildet und französischem Oberbefehl unterstellt[20].

Frankreich

Christian Gattlen wurde am 15. Februar 1797 als Freiwilliger in die französische Armee aufgenommen und in der Lombardischen Legion der 2. Infanterie-Halbbrigade zugeteilt, am 25. Februar 1797 zum Korporal, am 20. Mai 1798

---

[18] Der Zeitpunkt der Anwerbung konnte nicht genau ermittelt werden. Hauptmann Gattlen gibt in einer späteren Aufzeichnung (I, 201) das Jahr 1793 an, was vielleicht ein Irrtum ist. Wenn man berücksichtigt, dass er nach seiner Flucht aus dem Elternhause (21. März 1791) etliche Monate beim Esswarenhändler Rebora verbrachte (bis Ende 1791?), über ein Jahr bei einem Wirt in Ponsevera angestellt war (bis Frühjahr 1793?) und nach missglückter Heimkehr acht Monate einem österreichischen Fellhändler diente, erscheint der Diensteintritt 1794 wahrscheinlicher. In diesem Zusammenhange ist auch darauf hinzuweisen, dass es im Bericht über die Anwerbung (I, 62) heisst, er sei in das «Schweizer Regiment Streng, vormals Courten» eingetreten; General Fidel von Streng hat das Kommando aber erst am 20. Januar 1795 von Louis-Eugène de Courten übernommen. Hätte Gattlen längere Zeit im Regiment Courten gedient, was bei einer Anwerbung im Jahre 1793 der Fall gewesen wäre, würde er vermutlich die entsprechende Regimentsbezeichnung verwendet haben.

[19] Vgl. I, 68. – Ein Louis d'or entsprach damals ungefähr Fr. 23.50 oder 162 Batzen; 1 Batzen galt 14 Centimes; 13 Batzen machten ein Mörsiger Pfund, 25 Batzen 1 Krone aus. Vgl. Anm. 6.

[20] Den Übertritt von Schweizer Söldnern in die französische Armee billigte das Direktorium der Helvetischen Republik nachträglich am 4. Dezember 1798. Vgl. GYSIN, S. 538.

zum Wachtmeister, bzw. Feldweibel, befördert[21]. Seine Erlebnisse in der französischen Armee sind in den Memoiren ausführlich geschildert[22]; sie werden hier kurz zusammengefasst.

Zwei Wochen nach seiner Eingliederung in die napoleonische Armee wurde er in das Büro eines Kriegskommissärs beordert, das den Truppen folgte, welche die Österreicher aus der Lombardei vertrieben. Bei Peschiera geriet seine Abteilung in einen Hinterhalt, und er wurde durch Säbelhieb eines feindlichen Reiters am linken Arm verletzt. Anschliessend kam er nach Padua, wo eine militärische Expedition nach Dalmatien vorbereitet wurde, an welcher er im Gefolge des Kriegskommissärs, dem er zugeteilt war, teilnehmen sollte.

Die Truppen wurden auf dem Wasserweg nach Venedig und über das Adriatische Meer geführt. Eine Flotille von 5 Schiffen, darunter die Cleopatra, an deren Bord sich Gattlen befand, ging am 28. Mai 1797 in Corfu vor Anker. Die Besatzung hatte den Auftrag, den südlichen Balkan bis ins Ägäische Meer zu erkunden. Die Expedition dauerte zwei Monate. Unterwegs kam es zu Gefechten mit Räubern und Wegelagerern, auf dem Meer zu Angriffen von Korsaren und zu einer Seeschlacht mit der englischen Flotte, wobei ein französisches Schiff versenkt wurde. Die Cleopatra vermochte trotz starker Beschädigung den rettenden Hafen von Venedig zu erreichen[23].

Es folgten ruhigere Zeiten. Nach dem Frieden von Campoformio (17. Oktober 1797) ruhten die Waffen während einigen Monaten. Gattlen begleitete den Kriegskommissär, dessen Wertschätzung er gewonnen hatte, von Quartier zu Quartier. Es waren, wie er selber angibt[24], die besten Tage seines Lebens. Er wurde gehalten wie ein Offizier, hatte noble Unterkunft, durfte an der Tafel seiner Vorgesetzten speisen, besass ein eigenes Pferd, war gut gekleidet, gut besoldet.

Die schöne Zeit endete mit dem Beginn des Feldzugs nach Süditalien. Die Truppen, die dafür bestimmt waren, formierten sich in der Gegend von Modena–Ferrara–Bologna und marschierten im Herbst 1789 in getrennten Kolonnen ihrem Ziele zu. Gattlen gelangte über Rom und Neapel nach Calabrien. Nachdem es in der Gegend zu blutigen Aufständen gekommen war, wurde im Frühjahr 1799 der Rückzug angeordnet. Gattlens Abteilung kam über Rom[25], Florenz und Siena nach Livorno, wo sie ihr Hauptquartier einrichtete und während Monaten unbehelligt blieb.

Während dieser Zeit veränderte sich die militärische Lage durch Siege der österreichischen und russischen Truppen in der Lombardei, was in verschiedenen Gegenden Italiens neue Aufstände gegen die französischen Besetzer auslöste. In Livorno begannen am 7. Juli blutige Unruhen. Die Garnison, etwa 5000

---

[21] Dienstausweis für *Giuseppe Gattelen, Sergente Maggiore,* vom 29. Juni 1801; vgl. CL: P 11 und Abb. 3.

[22] Die Aufzeichnung dieser Erlebnisse füllt im ersten Band der Memoiren die S. 70–151.

[23] Der Verfasser schenkt im Bericht über diese Expedition (I, 70–87) nicht nur dem hier erwähnten militärischen Geschehen Aufmerksamkeit; er berichtet darin auch von orientalischer Lebensweise und griechischer Kultur, mit denen er bei dieser Gelegenheit erstmals unmittelbar in Berührung kam und die ihn sehr beeindruckten.

[24] Vgl. I, 87.

[25] In Rom, wo Gattlen zwei Tage verbrachte, besuchte er auch den Petersdom; vgl. I, 89.

Mann, musste die Stadt verlassen. Gattlen erhielt den Auftrag, wichtige Dokumente aus dem Büro des Kriegskommissärs zu retten, was ihm unter starkem militärischen Beistand gelang[26].

Die flüchtende Truppe marschierte über Pisa nach Massa Carrara, dauernd von Aufständischen verfolgt. In der dritten Nacht wurde das Bataillon, dem sich Gattlen angeschlossen hatte und das abseits der Hauptkolonne biwakierte, von Rebellen überfallen und wehrlos gemacht. Die Gefangenen wurden an einen unbekannten Ort geführt und dort in einen Hof eingesperrt, vor dem sich eine schreiende Menge versammelte, welche ihren Tod forderte. Die Niedermetzelung hatte schon begonnen, als unverhofft französische Truppen anrückten und die Eingeschlossenen befreiten[27].

Der Weitermarsch führte über den Apennin ins Tal der Scrivia. Am 14. August lagerten die müden und hungrigen Soldaten am linken Ufer des Flusses, an den Hängen, die sich zwischen Novi und Serravalle hinziehen. Am folgenden Tage kam es zu der denkwürdigen Schlacht von Novi, einer der schwersten Niederlagen, welche das napoleonische Heer in Italien erlitten hat[28].

Christian Gattlen kämpfte an diesem Tag als freiwilliger Plänkler in einer Vorhut, die plötzlich von Feinden umringt war. Von einem Reiter erhielt er einen wuchtigen Säbelhieb in den Ellbogen des rechten Arms, sah wie der Gegner zur Pistole griff, um ihn zu erschiessen. Geistesgegenwärtig, seiner Verletzung nicht achtend, stürmte er mit gefälltem Bajonett gegen das Pferd, das sich aufbäumte und den Reiter aus dem Gleichgewicht brachte, feuerte einen Schuss ab und tötete den Gegner. Danach flüchtete er in ein Maisfeld, strebte den französischen Linien zu und liess seine Wunde in einer Ambulanz notdürftig verbinden.

Seiner Verwundung wegen kampfunfähig, betrachtete er eine Zeitlang von einer Anhöhe aus das schreckliche Geschehen auf dem Schlachtfelde und machte sich dann befehlsgemäss mit anderen Schwerverwundeten auf den langen und beschwerlichen Weg nach Genua, von wo aus sie mit Schiffen in französische Spitäler transportiert werden sollten.

Gattlen kam zuerst in Nizza in ein Krankenhaus, wurde dann nach 16 Tagen in besorgniserregendem Gesundheitszustand in das Spital von Aix-en-Provence verlegt. Der Chefarzt hielt die Amputation des von stinkender Fäulnis befallenen Arms als unvermeidlich, was der Patient jedoch nicht geschehen liess. Er legte sein Schicksal in die Hände eines ihm sympathischen jungen Arztes, der ihn so gut pflegte, dass er nach einigen Wochen das Spital verlassen durfte[29].

Bei seiner Entlassung wurde ihm befohlen, nach Lyon zu reisen; als Rekonvaleszent durfte er einen Wagen oder ein Sattelpferd benützen und erhielt auf vorbezeichneten Stationen Sold und freie Unterkunft[30]. In Lyon wurde er nach

---

[26] Vgl. I, 93–94.

[27] Vgl. I, 94–99.

[28] Schlachtbericht: I, 100–120; vgl. auch Einleitung, S. 12.

[29] Schilderung des Spitalaufenthalts: I, 124–131. – Der junge Arzt hiess Bongester; er konnte nicht näher identifiziert werden. Als sich Gattlen ihm anvertraute, übergab er ihm alle seine Ersparnisse (45 Goldstüke) zu freier Verwendung, mit der Bitte, ihn möglichst gut zu pflegen und, falls er sterben sollte, übrigbleibendes Geld seinem Vater nach Raron zu senden.

[30] Erwähnte Zwischenhalte: Avignon und Valence, wo er am Grab des am 29. August 1799 verstorbenen Papstes Pius VI. betete. Vgl. I, 131.

Poitiers weiter beordert, musste aber schon in Mâcon ein Spital aufsuchen, weil sich die Wunde am Arm wieder geöffnet hatte[31]. Noch bevor er das Lazarett verliess, wurde ihm Bourg-en-Bresse als neues Reiseziel angewiesen.

Napoleon, der inzwischen aus Ägypten zurückgekommen und Erster Konsul geworden war, wollte Italien wieder seinen Feinden abnehmen. Er liess im Raume Lyon–Dijon–Jura eine Armee formieren und für einen Feldzug ausrüsten, ohne dass die Soldaten Napoleons Absicht kannten. Es war die Armee, welche im Mai 1800 die berühmt gewordene Überquerung des Grossen St. Bernhards vollbrachte und mit dem Siege bei Marengo die Wiedereroberung der Po-ebene einleitete[32].

Unterwegs, bei einem Marschhalt in Bex, erfuhr Gattlen erstmals von den Greueltaten der Franzosen im Oberwallis in den Jahren 1798–1799. In Martinach wurden ihm die Ereignisse bestätigt[33]. Am liebsten hätte er damals den französischen Solddienst aufgegeben, aber desertieren und seinen Eid brechen wollte er nicht. So marschierte er mit zwiespältigen Gefühlen in der Brust am 16. oder 17. Mai 1800 über die Walliser Grenze und erreichte anfangs Juni mit der Division Lecchi die Stadt Piacenza, wo er bei der Belagerung der Zitadelle (Kapitulation am 7. Juni) von einem Schuss in der linken Hüfte getroffen wurde, was ihm zwei Wochen Lazarett bescherte.

Von Piacenza wurde die Division ostwärts geleitet; sie kam ins Veltlin und erreichte im Dezember die Gegend von Trient[34]. Bei der Eroberung der Stadt im Januar 1801 erhielt Gattlen einen Kartätschenschlag, der ihm das linke Bein unter dem Knie durchbohrte, eine schwere Verletzung, die zu Spitalaufenthalten in Verona, Brescia und Soncino führte. In Soncino brach eine pestartige Seuche aus, welche ihn nicht verschonte. Er wurde mit anderen Kranken in ein streng bewachtes Lazarett in Bozzolo, nahe bei Mantua, gebracht, das während 7 Monaten voll besetzt blieb, obwohl jeden Tag Dutzende starben[35]. Seine gute Konstitution rettete ihn. Nach überstandener Quarantäne durfte er sich nach Mailand begeben und beschloss den französischen Dienst zu verlassen. Er reichte ein Gesuch um Entlassung ein, das ihm in Anbetracht seiner durch Verwundung und Krankheit geschwächten Gesundheit bewilligt wurde.

Am 29. Juni 1809 erhielt er in Brescia seinen Dienstausweis[36], der ihm eine ungehinderte Rückkehr in seine Heimat garantieren sollte. Trotzdem wurde er in Simplon-Dorf von einem französischen Wachtposten aufgehalten; es kam dort beinahe zu einer tätlichen Auseinandersetzung mit dem diensttuenden Offizier. Er wurde arretiert und von vier Soldaten eskortiert nach Brig geführt, wo ihn der Platzkommandant verhörte, dann aber frei nach Raron gehen liess[37].

---

[31] Hier beeindruckte ihn die Anwesenheit von 400 Soldaten, die während des Feldzuges in Ägypten ihr Augenlicht verloren hatten. Vgl. I, 132.

[32] Anmarsch und Überquerung des Grossen St. Bernhards: I, 133–140; Schlacht bei Marengo, an der Gattlen nicht teilgenommen hat: I, 141–145; Eroberung von Piacenza: I, 145–149.

[33] Ereignisse im Wallis: I, 134–138. – Vgl. dazu die Publikationen von DONNET, Révolution; IMESCH; KÄMPFEN.

[34] Zug nach Trient und Eroberung der Stadt: I, 146–149.

[35] Vgl. I, 146–150.

[36] Das Dokument ist im Nachlass erhalten geblieben; vgl. CL: P 11 und Abb. 3.

[37] Vorfälle bei der Heimkehr: I, 150–153.

Heimatjahre 1801–1827

Im Dienste von Volk und Staat

Im Dezember 1801, fast elf Jahre nach seiner Flucht aus der Heimat, kehrte Christian Gattlen wieder nach Raron zurück. Bei seinem Erscheinen im Elternhause hielten ihn die Anwesenden für einen französischen Offizier, der sich bei ihnen einquartieren wollte. Die Freude war gross, als er sich zu erkennen gab: der Vater brach in Tränen aus, die Brüder umarmten ihn stürmisch. Die Stiefmutter fehlte, sie war im Januar 1801 gestorben.

Auch im Dorfe, das in den Vorjahren von den Franzosen arg geplündert worden war und immer noch unter militärischer Besetzung zu leiden hatte, herrschte Freude über seine Ankunft. Man hoffte, dass er als ehemaliger Soldat in französischen Diensten in der Lage wäre, der Gemeinde Erleichterungen zu verschaffen. Schon sechs Monate später, im Mai 1802, wählte ihn die Bevölkerung zu ihrem Vorsteher[38].

Wallis bildete damals einen Teil der Helvetischen Republik[39]. Das Land war in 12 Bezirke eingeteilt worden; der Zenden Raron existierte nicht mehr, die Gemeinde gehörte zusammen mit Ausserberg, Bürchen und Unterbäch zum Bezirk Visp, der übrige Teil des Zendens zu Leuk[40]. Die Zugehörigkeit zur Helvetischen Republik endete mit der feierlichen Ausrufung der «Unabhängigen Republik»[41] am 5. September 1802. Die Freiheit des Landes war aber nur scheinbar. Herr im Lande war General Turreau, der Befehlshaber der französischen Truppen im Wallis; er hatte den Auftrag, die Walliser für den von Napoleon gewünschten und beschlossenen Anschluss an Frankreich gefügig zu machen, was er mit Zwang und Härte zu erreichen versuchte. Gemeinden, welche die Annexion ablehnten, wurden militärisch besetzt, mussten Einquartierungen erdulden, Lebensmittel abliefern oder Geldzahlungen leisten.

In Raron, das den Anschluss an Frankreich verweigerte, hatte der Ortsvorsteher Christian Gattlen dafür zu sorgen, dass die von den Militärbehörden vorgeschriebenen Leistungen regelmässig und fristgerecht erfolgten. Seine Verantwortlichkeit erstreckte sich in dieser Angelegenheit auf das ganze Gebiet der ehemaligen Grossgemeinde, welche neben dem Dorfe Raron auch die Gemeinden Ausserberg, Bürchen und Unterbäch umfasste. Die vier Gemeinden hatten vereinbart, die Zwangsleistungen gemeinsam zu erbringen; jede von ihnen sollte den Franzosen kehrweise an einem bestimmten Tage Fleisch, Brot und was

---

[38] Vgl. I, 157 (Fussnote).

[39] Zusammenfassung des geschichtlichen Ablaufs und der politischen Organisation des Wallis für den hier zu berücksichtigenden Zeitraum, vgl. Fibicher, S. 77 ff. – Wichtige, publizierte zeitgenössische Quellen, vgl. Rivaz.

[40] Vgl. Salamin, République helvétique.

[41] Vgl. Salamin, République indépendante.

sonst noch verlangt wurde, liefern. Alles wurde reibungslos abgewickelt, bis Ausserberg, ohne die andern Gemeinden vorher zu benachrichtigen, dem Anschluss an Frankreich zustimmte und sich von allen Verpflichtungen befreit erklärte[42].

Gattlen erhielt die Mitteilung von diesem Entscheid an einem Tage, an dem Ausserberg verpflichtet gewesen wäre, für die Ablieferungen aufzukommen. Es blieb ihm nichts anderes übrig, als sofort Ersatz zu suchen. Trotz eifrigem Bemühen gelang es ihm nicht, die angeforderten Rationen bis zu festgesetzter Stunde zu beschaffen, weswegen er arge Belästigungen in seiner eigenen Wohnung hinnehmen musste. In der Folge konnten ähnliche Zwischenfälle vermieden werden, weil die treugebliebenen Gemeinden ihre Verpflichtungen einhielten. Glücklicherweise wurde General Turreau bereits im Juli 1803 abberufen und das Gros der französischen Truppen aus dem Wallis zurückgezogen[43].

Mit der Ausrufung der Unabhängigen Republik erfolgte in vielen Bereichen die Wiederherstellung vorrevolutionärer Zustände. Im Zenden Raron, der wiederhergestellt wurde, übernahmen Angehörige der Familie Roten fast alle öffentlichen Ämter: Vertretung im Landrat, Zendenpräsident, Grosskastlan, Gemeindepräsident. Bezeichnenderweise wollte der Staatsrat auch das neu geschaffene Amt eines Finanzpflegers (später: Bezirkseinnehmers) für den Zenden Raron einem Mitglied dieser Familie anvertrauen; er trug die Stelle Niklaus Roten an, nach Belieben für ihn oder für seinen Sohn[44]. Das Amt scheint diesen jedoch nicht interessiert zu haben, jedenfalls schlug er der Regierung dafür Christian Gattlen oder Johann Christian Amacker vor. Gewählt wurde der Erstgenannte, der den Posten annahm und bis zum Untergang der Unabhängigen Republik im Jahre 1810 versah[45].

Als 1803 die Landesverteidigung neu organisiert wurde, bezeichnete die Zendenversammlung Christian Gattlen als ihren Kandidaten für die Ernennung zum Zendenhauptmann. Der Staatsrat berücksichtigte diesen Vorschlag nicht[46], ernannte zuerst Grosskastlan de Sepibus und betrachtete, als dieser abgelehnt hatte, Niklaus Roten «père ou fils, ou banneret [Alois] Roten» als Kandidaten und wählte schliesslich letzteren[47]. Bei militärischen Übungen führte jedoch Christian Gattlen das Kommando in den zwei untern Dritteln (heute: Westlich Raron), vermutlich im Range eines Unteroffiziers[48].

Nach acht Jahren relativer Ruhe und Unabhängigkeit wurde Wallis als Département du Simplon dem französischen Kaiserreiche einverleibt[49]. Am 14. November 1810 erschien General Berthier in Sitten, um im Namen des Kaisers das

---

[42] Vgl. I, 158–160.

[43] Vgl. SALAMIN, République indépendante, S. 87.

[44] Vgl. Staatsarchiv Sitten: M 11, S. 177–178. – Verzeichnis der Behörden des Kantons und der Zenden, vgl. *Les premiers autorités de la République du Valais en 1809,* beigebunden zu: *Nouvel Almanach pour l'an de grâce 1809* (Kantonsbibliothek Sitten, N 127).

[45] *Ibid.* S. 237 und 265. – Ernennung durch Beschluss des Staatsrates am 30. November 1802; Annahmeerklärung des Gewählten: 5. Dezember 1802.

[46] *Ibid.* M. 12, S. 428–429. – Diskussion der Vorschläge und erste Wahl: 28. Juli 1803.

[47] *Ibid.* M. 13, S. 68–69 und 242–243.

[48] Vgl. I, 166.

[49] Ereignisse und Reaktionen, vgl. FIBICHER; PITTIER; SALAMIN, Valais; RIVAZ.

Land in Besitz zu nehmen. Claude Derville-Maléchard[50], der seit 1806 französischer Resident im Wallis war, wurde erster Präfekt des Département du Simplon und organisierte die Verwaltung nach französischem Muster. Das Land wurde in drei Kreise eingeteilt: Ober-, Mittel- und Unterwallis, jeder Kreis in Kantone, die in ihren Grenzen im Oberwallis ungefähr den alten Zenden entsprachen; Östlich und Westlich Raron bildeten jedoch getrennte Kantone.

Während der französischen Herrschaft versah Gattlen am Rarner Gericht das Amt des Schreibers und Suppleanten. Bei den Neuwahlen im Dezember 1812 wurde er neben dem amtierenden und wiedergewählten Nicolas Roten jun. als Kandidat für das Richteramt aufgestellt[51]. Ausserdem scheint Gattlen während dieser Zeit, wenigstens gelegentlich, als Gemeindeschreiber gewirkt und den Ortsvorsteher (Maire de Rarogne) in buchhalterischen Belangen unterstützt zu haben[52].

Zwei Monate nach Napoleons Niederlage in der Völkerschlacht bei Leipzig stürzte die französische Herrschaft im Wallis zusammen. Präfekt Rambuteau[53], der im März 1813 Derville-Maléchard ersetzt hatte, floh nach Frankreich zurück, gefolgt von den im Lande verbliebenen Soldaten. Wallis war nun wieder ein Freistaat. Konservative Kräfte versuchten das Rad der Geschichte zurückzudrehen, was aber nur teilweise gelang. Das Land erhielt 1815 eine neue Verfassung und wurde danach als 21. Kanton in den Bund der Eidgenossen aufgenommen[54]. Nach der Befreiung wurden die Ämter, die es in der Unabhängigen Republik gegeben hatte, grösstenteils wiederhergestellt und mit ehemaligen Inhabern besetzt. Gattlen erhielt die Zendeneinnehmerei zurück, eine Funktion, die er bis zu seiner Abreise nach Neapel im Jahre 1827 ausübte; Nachfolger wurde sein Schwager Christian Amacker[55].

Bei der Reorganisation der Walliser Landwehr, die nach dem Abzug der Franzosen erfolgte, wurde Gattlen mit Offiziersfunktionen betraut[56]. Schon im März 1814 hatte er mit der Mobilisierung der Rarner Miliz und der Organisation einer Grenzwacht am Simplon Gelegenheit, seine militärischen Fähigkeiten unter Beweis zu stellen[57]. Ende März des folgenden Jahres wurde er vom Land-

---

[50] Zur Identifikation vgl. RIVAZ (Index des personnes).

[51] Vgl. Staatsarchiv Sitten: S 10/1/10. Beurteilung des Kandidaten Christian Gattlen durch den Präfekt Derville-Maléchard: «N'a pas fait d'études, mais ne manque ni de probité, ni de mérite, ni même de connaissances, fort bon sujet.» In dem 1811 erstellten Katalog bedeutender Persönlichkeiten (vgl. DONNET, Personnages) fehlt sein Name.

[52] Vgl. Staatsarchiv Sitten: T 7/2, Nr. 24 (20.3.1809); Nr. 42 (4.4.1812).

[53] Claude-Philibert Barthelot de Rambuteau (1781–1869); vgl. RIVAZ (Index des personnes).

[54] Vgl. BINER-BIOLLAY; BIOLLAY I und II; GATTLEN, Eintritt.

[55] Nachweis der Funktion in allen Ausgaben des ANNUAIRE OFFICIEL von 1817–1827; von 1813 bis 1816 ist das Beamtenverzeichnis nicht erschienen. Der genaue Zeitpunkt der Wiedereinsetzung ist nicht bekannt.

[56] Ernennung zum Quartiermeister «avec rang de lieutenant» am 26. Mai 1815; vgl. Urkunde im Nachlass (CL: Nachtrag Dr. A. Lanwer) und Abb. 15 . – Briefe und Befehle, die Gattlen im März 1814 in Simplon-Dorf erhielt, sind adressiert: «Capitaine, Commandant des troupes valaisannes au Simplon» oder «Hauptmann der Walliser Landwehr»; vgl. Staatsarchiv Sitten: SERVICE ETRANGER, Thèque 12/23, Nr. 1–6.

[57] Vgl. I, 164–171; Abdruck der Schilderung in BWG, 2, 1901 (Vgl. Einleitung, S. 9, Anm. 1).

wehrkommandanten Oberst de Courten[58] aufgeboten, um Truppen im Ober- und Unterwallis zu inspizieren und an der Bildung eines Bataillons für den geplanten eidgenössischen Feldzug ins Elsass mitzuwirken. An dieser Expedition nahm Gattlen als Quartiermeister im Range eines Leutnants teil[59]. Der Grad eines Adjutant-Majors wurde ihm am 18. September 1818 zuerkannt[60]. Am 15. Juni 1819 wurde er in derselben Funktion und gleichem Grad in den Landsturm versetzt[61].

Um das Bild von Gattlens öffentlichem Wirken in diesem Lebensabschnitt zu vervollständigen, ist noch zu erwähnen, dass er 1816 aktiv an der Gründung der Rarner Schützenbruderschaft beteiligt war und ihr bis zu seiner Abreise nach Neapel als Schützenhauptmann vorstand[62]. Er hat auch von 1802 bis 1827 am Fronleichnamsfest in Raron die Militärgarde befehligt[63].

Aufbau einer Existenz

Krämerladen und Kleinhandel

Als Christian Gattlen 1801 in Raron ankam, traf er Vater und Geschwister in ärmlichen Verhältnissen in einem von französischen Soldaten ausgeplünderten Hause an und war froh, mit seinen Ersparnissen den Angehörigen aus der grössten Not helfen zu können. Er dachte jedoch nicht daran, sein kleines Vermögen aufzubrauchen und dann, wie Vater und Geschwister, als Bauer oder Taglöhner ein kümmerliches Dasein zu fristen.

Nach kurzen Überlegungen entschloss er sich, in dem von der Familie bewohnten Hause, das geräumig genug war, einen Krämerladen[64] einzurichten.

---

[58] Schreiben von Oberst de Courten an Gattlen: SERVICE ETRANGER, Thèque 12/23, Nr. 2, 6, 7.

[59] Vgl. I, 171–179; früherer Abdruck und französische Übersetzung, vgl. Einleitung S. 9, Anm. 1. – Abmarsch der Truppen im Wallis: 27. Mai 1815, Kapitulation der Festung Hüningen: 24. August 1815. – Dokumente im Staatsarchiv Sitten, welche die Memoiren in dieser Angelegenheit ergänzen: RO, Hauptmann Gattlen, Nr. 1–3; Protokolle des Staatsrates: 1101, Vol. 1, S. 229, 371; SERVICE ETRANGER, Thèque 45/5, Nr. 7, 25.

[60] Eintrag im Protokoll des Staatrates (1101, Bd. 8/1, 1819, S. 298) und Vermerk im Aspirantenverzeichnis für den Solddienst in Neapel (SERVICE ETRANGER, Thèque 8/1, Nr. 72). Ernennungsurkunde, datiert 8. April 1819, vgl. CL: Nachtrag Dr. A. Lanwer und Abb. 17.

[61] Vgl. Protokolle des Staatsrats (1101, Bd. 8/1, 1819, S. 298).

[62] Vgl. *Buch der Schützen-Bruderschaft Raron, 1816* (CL: R 4d). Es enthält (S. 1) das Verzeichnis der Gründermitglieder, geschrieben von Roman Roten. Unter den Erstgenannten erscheinen: «*Seine Exzellenz Herr Nicolaus Roten, Landeshauptmann Stadthalter*», vier Namen von anderen Mitgliedern der Familie Roten, alle als «*wohlgeborene*» bezeichnet, ferner: «*Der wohlweise Herr Christian Gattlen, Hauptmann der Löb[lichen], Schützen Bruderschaft*», sowie 24 Mitglieder ohne Prädikat!

[63] Vgl. II, 91–92.

[64] Vgl. I, 157–158. – Quittung für das ausgeliehene Geld, datiert: 15. Juli 1802 (CL: Nachtrag Dr. A. Lanwer). – Zum Geldwert vgl. Anm. 6 und 19.

34

Um das Unternehmen von Anfang an auf sicheren Grund zu stellen, scheute er sich nicht, bei einer begüterten Frau 150 Kronen zu entlehnen. Auf der Handelsmesse in Zurzach, die er 1802 erstmals besuchte, in Domodossola, Mailand und an andern Orten holte er Waren, für die er in Raron Abnehmer zu finden hoffte.

Aus seinen Rechnungsbüchern[65] geht hervor, dass er schon nach kurzer Zeit über ein breitgefächertes Angebot verfügte: Lebensmittel verschiedener Art, Gewürze, Salz, Zucker, Kaffee, Wein, Schnaps, Tabak, Stoffe und Kleider, Leder- und Eisenwaren, Werkzeuge, Seife, Kerzen, Schreibpapier, Tinte, Spielkarten, Hauskalender u.a.m.

Mit dem Verkauf im Laden betraute er zuerst seine beiden Tanten, musste aber, weil diese im Handel unerfahren waren, dort mehr als ihm lieb war selbst erledigen. Es mag ein Grund dafür gewesen sein, dass er seine Geschäftsstrategie änderte und dazu überging, seine Waren in grösseren Mengen einzukaufen und Wiederverkäufer zu bedienen, namentlich Krämer in umliegenden Ortschaften und Hausierer, von denen sich mehrere regelmässig bei ihm eindeckten. Er liess ganze Wagenladungen von Reis und Polenta ins Wallis führen, beschaffte sich einheimische Produkte wie Wolle, Häute und Felle, Käse, Pottasche u.a.m., die er exportierte, grösstenteils in Nachbarkantone (Waadt, Bern), gelegentlich auch ins Ausland (Frankreich, Italien). Dem Krämerladen im Dorf kam unter seinen Geschäften bald nur noch marginale Bedeutung zu.

Reisepost über den Simplon

Das Transportunternehmen Pasteur & Co in Genf wollte 1808 einen Post- und Kutschendienst durch das Wallis und über den Simplon nach Mailand einrichten, im Sommer und Winter jede Woche zwei Fahrten[66]. Die Walliser Regierung räumte der Firma am 10. August 1808 für 12 Jahre und 4 Monate das Recht ein, als einziges Unternehmen für diesen Dienst die Landstrasse von St-Gingolph bis an die italienische Grenze zu benützen.

Pasteur & Co verpachtete den Kutschendienst innerhalb der Walliser Grenzen an eine zu diesem Zwecke in Sitten gegründete Gesellschaft. Diese übertrug ihre Rechte und Pflichten für bestimmte Strecken an Unterpächter. Die Reisepost von Glis bis Domodossola übernahm Christian Gattlen in Verbindung mit dem Gliser Kaufmann Borgnis für drei Jahre und vier Monate, vom 1. September 1808 bis 1. Januar 1812.

Gattlen konnte die Simplonpost, wie er selber vermutete, nur deshalb pachten, weil in Brig kaum jemand daran glaubte, dass der Kutschendienst während des Winters aufrechterhalten werden könnte. Der Betrieb, der am 1. September plangemäss aufgenommen wurde, verursachte jedoch auch im Winter keine grossen Schwierigkeiten und brachte den wagemutigen Unternehmern den er-

---

[65] Im ältesten Rechnungsbuch, das erhalten geblieben ist (vgl. CL: R 8a), sind Geschäfte von 1805–1810 verzeichnet. Es geht daraus hervor, dass er spätestens 1806 für Wolle, Trester und Pottasche Abnehmer ausserhalb des Kantons (Vevey, Lyon, Frutigen) gefunden hatte.

[66] Vgl. I, 161–162. – Für zusätzliche Angaben, Quellennachweise und Identifikation der in diesem Zusammenhang genannten Personen vgl. S. 131–133. – Die postgeschichtlichen Publikationen von WYSS (S. 186–191) und HENRIOUD (S. 28–42) enthalten in dieser Angelegenheit unrichtige Angaben.

Abb. 4: Strassen- und Geländeskizze Turtig-Goler.

hofften Gewinn. Kein Wunder, dass sich Baron von Stockalper und andere Herren von Brig schon nach kurzer Zeit dafür zu interessieren begannen. Zu einem Konflikt kam es nicht, weil der Vertrag 1810 mit der Einverleibung des Wallis ins französische Kaiserreich hinfällig wurde.

Nach Beendigung der französischen Herrschaft wurde die Compagnie des Postes et Diligences in Sitten wieder in ihre früheren Rechte eingesetzt[67]. Der Vertrag mit Gattlen, der in der Zwischenzeit ausgelaufen war, wurde nicht mehr erneuert. Die Simplonpost kam wieder in die Hände von Briger Unternehmern.

Wirtshaus und Fabrik im Goler

Zwischen dem Weiler Turtig und der Grossen Eie besass Gattlen der Landstrasse entlang ererbten und hinzugekauften Grundbesitz (Äcker, Wiesen, Weiden, Wald, Wildland). Um den mageren Ertrag dieser Güter zu verbessern, kam er auf den Gedanken, «da eine Niederlage für Fuhrleute zu errichten»[68]. Er erbaute im Goler, ungefähr in der Mitte des verstreuten Besitzes, um 1810 einen Kuh- und einen Pferdestall, Scheune und Speicher und ein Haus für den Pächter. In den Jahren 1817–1819 rundete er die Siedlung ab mit dem Bau eines zweistöckigen Steinhauses: ebenerdig Küche und Gaststube, darüber Wohn- und Schlafzimmer; alle Räume liess er mit Arven- und Nussbaumholz täfern, den Fussboden in Küche und Gängen mit Steinplatten belegen, in der Gaststube ein offenes Kamin und im Wohnzimmer einen Ofen aus Giltstein einbauen, alle Zimmer ordentlich möblieren[69].

---

[67] Vgl. Wyss, S. 186–187. Als Administrator der Gesellschaft erscheint Emmanuel de Riedmatten in den Akten.

[68] Vgl. I, 163. – In den Memoiren ist dieses Vorhaben nur beiläufig erwähnt. Detaillierte Angaben über Grundbesitz, Bauten und Einrichtungen im Goler sind in Rechnungsbüchern und im Testament zu finden. Vgl. dazu u.a. CL: R 8a, S. 301–306; R 8d, Fol. 160; R 8e, Fol. 93–98; R 12c, S. 81–82. In einer Bittschrift an die Regierung im Jahre 1844 (CL: R 9, Fol. 69–70, abgedruckt S. 284–285) gibt er für das Eigentum im Goler eine Fläche von 17 000–18 000 Klafter an und beschreibt ausführlich Meliorationen und Zustand der Felder. – Vgl. auch Anm. 205.

[69] Rechnung über Bau und Einrichtung dieses Hauses, vgl. CL: R 8b, Fol. 128; nach dieser Zusammenstellung ergaben sich bis 1819 Aufwendungen von 2125 Franken. – Bei der Feuerversicherung von 1841 bewertete Gattlen das Haus im Goler mit Fr. 9000.– , dasjenige im Dorf, in dem er wohnte, nur mit Fr. 5000.– Vgl. CL: R 8d, Fol. 92. Der Feuer-Police (CL: Nachtrag Dr. A. Lanwer) ist zu entnehmen, dass das Gebäude zwei Teile umfasste: im Norden ein Erdgeschoss mit Wohnräumen, darüber zwei Stockwerke und Estrich, im Süden zwei Keller (einer gewölbt), zwei Stockwerke, Estrich inbegriffen, beide Teile grösstenteils aus Stein gebaut und mit Schieferplatten gedeckt. Ausserdem wurden im Goler versichert: ein Pächterhaus (Fr. 1500.–) bestehend aus zwei Kellern, zwei Stockwerken und Estrich (Keller und Küche aus Stein, das übrige aus Holz), sowie ein Stadel aus Holz, mit Schiefer gedeckt (Fr. 900.–), und ein Ziegelbau, als Remise und Scheune genutzt, mit Schiefer gedeckt (Fr. 1200.–). Später kümmerte sich Gattlen aus verschiedenen Gründen (vgl. S. 63) weniger um seinen Besitz im Goler. Immerhin steht fest, dass er 1859–60 dort Schäden beheben liess, welche das Erdbeben von 1855 verursacht hatte (CL: Nachtrag Dr. A. Lanwer: *Inventar*), und 1861 versucht hat, der Versumpfung des Bodens Einhalt zu gebieten (vgl. Anm. 205). Nach seinem Tode scheinen die Gebäulichkeiten bald in Verfall geraten zu sein; Ruinen waren bis Mitte des 20. Jahrhunderts sichtbar, heute ist alles von militärischen Anlagen überdeckt.

Über die Nutzung dieses gut eingerichteten Hauses ist wenig bekannt. Sicher ist, dass Gattlen selber nie längere Zeit darin gewohnt hat; er hielt sich gelegentlich dort auf, um Gäste zu empfangen[70]. Nachweisbar ist, dass er spätestens 1822 die Erlaubnis hatte, im Goler ein Wirtshaus zu führen[71].

Fast gleichzeitig mit dem Bau des Hauses liess Gattlen im Goler Räumlichkeiten errichten für einen kleinen Industriebetrieb, um Pottasche (Kaliumkarbonat) und Kalisalpeter (Kaliumnitrat) herzustellen, wofür Rohstoffe am Orte zur Verfügung standen oder in der Umgebung günstig zu beschaffen waren[72]. Er hatte, spätestens seit 1806, Pottasche aus Walliser Produktion gekauft und ins Waadtland und nach Italien exportiert[73]. Das Geschäft war offenbar erfolgreich, jedenfalls entschloss er sich um 1817 zur Einrichtung eines eigenen Fabrikationsbetriebes, dessen Leitung ein gewisser Dominik Sigmond übernahm, der dafür von 1818–1820 entlöhnt wurde. Bau und Einrichtung der Anlagen verursachten bis Ende 1819 Auslagen von 7188 Walliser Pfund. Verkäufe von Pottasche und Salpeter sind für die Jahre 1819–1820 nachgewiesen, hauptsächlich an eine Firma in Vevey und an die Glashütte in Semsales. Der Ertrag scheint den Erwartungen nicht entsprochen zu haben; der Betrieb wurde auf industrieller Basis vermutlich schon 1820 eingestellt[74].

Handel mit Uniformen, Waffen und Fellen

Das eidgenössische Militärreglement vom 20. August 1817 bestimmte für jeden Kanton die Zahl der Soldaten, die ausgehoben, bekleidet und bewaffnet werden sollten. Im Wallis verpflichteten kantonale Ausführungsbestimmungen[75] jeden Wehrmann, Waffen und Bekleidung auf eigene Kosten zu erwerben; vermochte er es nicht, musste die Gemeinde dafür aufkommen. Die Zenden hatten Militärdepots anzulegen und für Beschaffung und Verkauf der Ausrüstung zu sorgen.

---

[70] Vgl. II, 120 und CL: B 23 (Brief vom 11. Oktober 1846).

[71] Ein entsprechendes Patent gewährte der Gemeinderat von Raron am 3. Mai 1822; vgl. CL: R 8a, S. 305.

[72] Pottasche wurde in grossen Bottichen mit Siebböden durch Auslaugen von Holzasche und Verdampfen in Sudkesseln gewonnen und für die Herstellung von Glas und Seife verwendet. Zur Gewinnung von Kalisalpeter, den man hauptsächlich bei der Fabrikation von Schiesspulver brauchte, wurden Abfälle mit Kalk, Pottasche und Stallmist vermengt, aufgeschichtet, während längerer Zeit feucht gehalten, dann ausgelaugt und eingedampft. Nähere Angaben zu den hier angedeuteten Fabrikationsmethoden können in allgemeinen Enzyklopädien und älteren Fachbüchern gefunden werden. – In diesem Zusammenhang ist auf ein Werk zu verweisen, das im Nachlass erhalten geblieben ist: *Recueil de planches relatives à l'art de fabriquer la poudre à canon, par MM. Bottée & Riffault*, s.l., 1811; es trägt eine Widmung: *Par son ami Mons. Le Major Zimmermann au Capitaine adjudant major Christian Gatlen de Rarogne 1817.*

[73] Vgl. CL: R 8a, S. 38–39, 75–80, 151–152, 226. – Als Fabrikant von Pottasche ist für 1813 erwähnt: Conrad Wider, Steg (vgl. CL: R 8b, Fol. 5).

[74] Abrechnungen mit Dominik Sigmond, vgl. CL: R 8b, Fol. 120, 124; Auslagen für Bau und Einrichtung der Anlagen: Fol. 120–124 und verschiedene Nachträge; Verkäufe 1819–1820: SERVICE ETRANGER, 45/8, Nr. 7, 31, 43, 51, 53. – Zum Geldwert vgl. Anm. 6 und 19.

[75] Vom Landrat genehmigt im Dezember 1819. Zum Inhalt vgl. GESETZESSAMMLUNG, Bd. 1, S. 238–280.

Im Zenden Raron, der nach Art. 21 der kantonalen Verordnung 77 Mann stellen musste, übernahm Christian Gattlen die Ausführung dieser Aufgabe; unterstützt wurde er dabei von Johann Baptist Fontaine und dessen Vater Claudius, zwei aus Savoyen stammenden und in Raron wohnhaften Geschäftsleuten.

In einer ersten Phase ging es um die Herstellung und den Vertrieb von Militärkleidern. Die notwendigen Stoffe und Zutaten wurden auf auswärtigen Märkten gekauft und einheimischen Schneidern zu reglementskonformer Verarbeitung übergeben, die vollendeten Uniformen den Wehrmännern verkauft. Das Geschäft lief gut an. In Gattlens Rechnungsbüchern sind von 1819–1821 Lieferungen an 40 Soldaten und Unteroffiziere vermerkt, offenbar nur diejenigen, welche auf Kredit oder gegen Anzahlung erfolgten[76].

Schwieriger gestaltete sich die Beschaffung ordonnanzgemässer Waffen und spezieller Uniformteile (Tschakos, Pompons, Plaketten, Epaulettes, Patronentaschen usw.), für die es im Lande selber keine Hersteller gab. In Anbetracht dieser Schwierigkeiten hatte die Walliser Regierung bereits am 21. August 1818 beschlossen, die Beschaffung kantonal zu regeln und dem Auftragnehmer nach öffentlicher Ausschreibung das Privileg des Alleinverkaufs einzuräumen[77].

Die Beschaffung der Tschakos wurde Franz Josef Indermatten zugesprochen, der eine auf Versprechungen italienischer Mittelsmänner fussende günstige Offerte eingereicht hatte[78]. Da es ihm nicht gelang, die Fabrikation innert nützlicher Frist in die Wege zu leiten, trat er sein Privileg gegen Zusicherung einer Gewinnbeteiligung einem Konsortium ab, zu dem sein Schwager Adrian Zimmermann, der in der Kantonsverwaltung für militärische Ausrüstung zuständig war, Nicolas Roten und Christian Gattlen gehörten[79].

Im Mai 1819, als Gattlen in Handelsgeschäften in Mailand war, beauftragte ihn Zimmermann schriftlich mit Erkundigungen über den Stand der Fabrikation der Tschakos. Es stellte sich heraus, dass nichts geregelt war. Gattlen verhandelte nun im Auftrage des Konsortiums mit einem Hutmacher, der bereit war, den Auftrag auszuführen, vereinbarte mit ihm die Lieferungsbedingungen und liess die Fabrikation in Gang setzen[80].

Während zwei Jahren fuhr Gattlen nun öfters nach Mailand, um Herstellung und Spedition der Tschakos zu überwachen. Gleichzeitig bemühte er sich um den Ankauf anderer Rüstungsartikel. Laut Abrechnung aus dem Jahre 1821 importierte das Konsortium 2450 Tschakos, 200 Gewehre, 240 Patronentaschen u.a.m.[81]. Abgegolten wurden diese Lieferungen teilweise mit Kalbfellen, wel-

---

[76] Vgl. CL: R 8b (Register; K bis X, verso). – Im Jahre 1833 standen noch 14 Wehrmänner für mehr als 850 Pfund in der Kreide.

[77] Vgl. Protokolle des Staatsrates: Fonds 1101, Bd. 7/2, S. 138 und 140.

[78] Laut Protokoll des Staatsrates wurde die Offerte in der Sitzung vom 14. Januar 1819 erstmals behandelt; der Zuschlag erfolgte am 28. Februar 1819; vgl. Fonds 1101, Bd. 8/1, S. 138 und 140.

[79] Zu dieser Angelegenheit ist ein umfangreicher Briefwechsel, hauptsächlich zwischen Major Adrian Zimmermann und Christian Gattlen, im Staatsarchiv Sitten erhalten geblieben. Vgl. SERVICE ETRANGER, Thèque 45/8.

[80] Bericht über den Inhalt der Abmachung: *ibid.* Thèque 45/8, 6 (Brief vom 29. Mai 1819).

[81] *Ibid.* Thèque 45/6, 1.

che das Konsortium im Wallis kaufte[82]. Die Idee stammte von Gattlen, der den Handel auch organisierte; er hätte nach eigenen Angaben für 15 000 Felle Abnehmer gehabt, wenn es möglich gewesen wäre, soviele zu beschaffen.

Waffen, Tschakos und anderes Material lieferte das Konsortium nach Bedarf an die Militärdepots der Zenden, die für vorschriftsgemässe Ausrüstung der Wehrmänner zu sorgen hatten[83]. Das Geschäft verlief nicht ganz reibungslos. Es gab an verschiedenen Orten unerlaubte Konkurrenz, und die Zahl der säumigen Abnehmer war recht gross[84]. In der vorerwähnten Abrechnung von 1821 sind Einnahmen von ungefähr 20 000 und ein Reingewinn von Fr. 2 524.95 ausgewiesen; davon ging ein Drittel an Franz Josef Indermatten, der Rest blieb den drei Teilhabern des Konsortiums, von denen jeder Fr. 560.90 erhielt[85]. Nicht darin berücksichtigt zu sein scheint der Ertrag aus dem Handel mit den Fellen, die teilweise gegen Tschakos und Waffen eingetauscht worden waren.

Holzhandel und Flösserei

Im Jahre 1820 gründete Gattlen mit Johann Baptist Fontaine, mit dem er schon früher zusammengearbeitet hatte, und François Medico von Vouvry eine Holzhandelsgesellschaft, die unter den Namen: *Gattlen, Fontaine & Medico* oder *Gattlen & Co* und *Medico & Co* in den Akten erscheint[86].

Die Seele des Unternehmens war Gattlen. Er verhandelte mit Gemeinden und Korporationen, die Holz zu verkaufen hatten, verlangte bei der Regierung die Bewilligungen für Holzschlag und Flösserei, organisierte Waldarbeit und Holztransport[87]. François Medico überwachte die Flösserei im Unterwallis, das

---

[82] Zum Fellhandel vgl. *ibid.* Thèque 45/8, Nr. 9, 11, 14, 19, 20, 25–29 (Briefe vom 28. Juli 1819 bis 8. März 1820).

[83] Um die Ausrüstung der Wehrmänner zu beschleunigen, wurden im ganzen Kanton Musterungen angeordnet, bei welchen fehlendes Material gekauft werden konnte. Vgl. *ibid.* Thèque 45/8, Nr. 13 und 16.

[84] Klagen über säumige Zahler: *ibid.* Thèque 45/8, Nr. 36, 48–50, 52, 61, 62. – Nicolas Roten schrieb am 12. April 1820 (*ibid.* Nr. 36) seinem Vetter Adrian Zimmermann, es sei sehr schwierig, oberhalb der Massa Handel zu treiben; alle Lieferungen nach Mörel und Goms seien noch unbezahlt; es sei «*moins difficile de faire sortir du miel hors d'une ruche que d'arracher une seule obole de leur bourse*». – Gattlen schrieb am 1. Oktober 1821 (*ibid.* Nr. 61) an Zimmermann: «*L'affaire des chacots me donne plus d'embarras que tout ce que j'ai fait pendant ma vie*». Im Juni 1827 übergab Gattlen einem Advokaten eine Liste von 38 Personen aus dem Bezirk St-Maurice, welche 1819–20 Chacots bezogen und nicht bezahlt hatten (*ibid.* Nr. 62).

[85] Vgl. Anmerkung 81.

[86] Die Gründungsurkunde der Gesellschaft fehlt. Zu den Geschäften vgl.: Akten der Kantonsverwaltung, u.a. Staatsratsprotokolle (vol. 16, 1824, S. 61 und 141), Dokumente des Baudepartementes (3 DTP 52, b: *Flottage des bois dès 1822* und 45.3: *Tableau des forêts communales dont l'exploitation a été autorisée*), des Justiz- und Polizeidepartementes (DJP 7/94, Nr. 2–4, 6, 10).

[87] Briefe, die Gattlen an die Regierung gerichtet hat, sind in den Staatsratsprotokollen öfters erwähnt. Aufschlüsse über Umfang und Art seiner Mitwirkung bei der Organisation von Holzschlag und Flösserei vermittelt auch ein im Nachlass aufbewahrtes Heft (CL: E 12b): *Société pour l'exploitation des bois, Forêt de Birchen. Partie de Gatlen. 1824*, speziell die Seiten 245–252.

Holzlager in Bouveret[88] und den Verkauf an auswärtige Abnehmer. Johann Baptist Fontaine führte die Buchhaltung und erledigte andere administrative Angelegenheiten[89].

Die Gesellschaft erhielt zu Beginn des Jahres 1821 von mehreren Gemeinden Zusagen für den Kauf von Holz, namentlich: 3000 Klafter im Brand- und Greberwald (Territorium Ferden und Gampel), 3000 Klafter im Albenwald (Bürchen), 8000–10 000 Klafter in Wäldern der Gemeinde Grengiols[90]. Der Staatsrat bewilligte in der Sitzung vom 9. März 1821 nur den Holzschlag im Brand- und Greberwald[91].

Die Gesellschaft begann nach Erhalt der Bewilligung unverzüglich mit den Arbeiten. Aus dem Rechnungsbuch (eröffnet am 12. März 1821) geht hervor, dass etwa 70 Personen an dieser Holzausbeutung beteiligt waren: Holzfäller aus Tirol, darunter drei Vorarbeiter, welche das Unternehmen leiteten, Taglöhner aus mehreren Schweizer Kantonen, namentlich Berner und Innerschweizer, und einheimische Arbeiter, die vor allem Holzlager betreuten und Transporte ausführten[92].

Das Unternehmen ging im Frühjahr 1822 planmässig und erfolgreich zu Ende. Die Gesellschaft war deshalb daran interessiert, so rasch als möglich die Bewilligung des früher eingereichten Gesuches um Holzausbeutung in den Wäldern von Bürchen und Grengiols zu erhalten, musste sich aber noch einige Zeit gedulden.

Die Regierung bereitete damals ein neues Forstgesetz[93] vor, mit dem der Holzexport zugunsten einheimischer Industrien beschränkt und der Übernutzung der Wälder vorgebeugt werden sollte. Es brauchte verschiedene Interventionen, zwei Ortsschauen mit positiven Berichten und eine Reise Gattlens nach Sitten, bis die Regierung im Frühjahr 1824 endlich die Bewilligung eines Holzschlags im Albenwald erteilte[94]. Die Arbeit wurde wiederum unter Leitung von

[88] Ein Holzdepot, das der Firma *Gatlen & Co* gehörte, ist in der *Gazette de Lausanne,* 1822, No 70, S. 4, erwähnt.

[89] Vgl. *Carnet pour les ouvriers aux bois à flotter commencé le 12 mars 1821* (CL: R 12a), eröffnet und geführt von Johann Baptist Fontaine.

[90] Vgl. dazu im Staatsarchiv Sitten (3 DTP 45,3): *Tableau des forêts communales consignées, mais qui n'ont pas encore obtenu de permission,* sowie: *Recueil général de toutes les forêts consignées dont l'exploitation est sollicitée.* 1825.

[91] Vgl. Staatsratsprotokolle, Vol. 12, 1821/1, S. 88.

[92] Im Rechnungsheft (vgl. Anm. 90) sind Namen, Herkunft, Leistungen und Löhne (10–20 Batzen Taglohn) aller Arbeiter verzeichnet. Die drei Vorarbeiter aus Tirol waren Joseph, Johann und Mathias Wolf. – Die Arbeit war vielfältig: die Bäume mussten gefällt, die Stämme gesäubert und zu Tale befördert werden; dort wurden sie zugeschnitten, teilweise gespalten (für Rebstickel), nach Qualitätsstufen getrennt aufgeschichtet, gemessen, zu gegebener Zeit ans Rhoneufer geführt und geflösst.

[93] Das neue Forstgesetz wurde am 9. Mai 1826 in Kraft gesetzt; vgl. GESETZESSAMMLUNG, Bd. 4, S. 96–107.

[94] Zu den verschiedenen Interventionen vgl.: Staatsratsprotokolle, Vol. 15, 1823, S. 109 und 206; Vol. 16, 1824, S. 61–62, 133–134, 141; Dokumente des Baudepartements: DTP, 45,3 und 48,2; für den Gang nach Sitten zur Dezember-Sitzung des Landrates *«pour solliciter la permission»*: CL: 12b, S. 243b. –Am 17. April 1824 bewilligte die Regierung dem Konsortium den Holzschlag im Albenwald *«mais sans pouvoir leur assurer si on leur permettra l'exportation, ou que les besoins de nos fabriques telles que la forge d'Ardon, la verrerie de Monthey et la saline de Bramois pourraient bien entrainer la défense de sortir le bois»* (Staatsratsprotokolle, Vol. 16, S. 141). – Vgl. auch Korrespondenz DJP, 7/94, Nr. 4 und 6.

Tiroler Vorarbeitern ausgeführt, grösstenteils aber nicht mehr im Stundenlohn wie 1821–1822, sondern im Akkord. Das Unternehmen verlief ohne nennenswerte Schwierigkeiten und wurde mit dem Flössen des Holzes im Frühjahr 1821 abgeschlossen.

Der Holzhandel erbrachte, beide Unternehmungen zusammengerechnet, einen Reingewinn von Fr. 6379.86½, von dem jeder Teilhaber einen Drittel erhielt[95]. Fontaine und Medico führten das einträgliche Geschäft später weiter[96]. Gattlen beteiligte sich daran nicht mehr, weil er sich anschickte, in den Dienst des Königs von Neapel zu treten.

Familiengründung

Am 10. Mai 1808, sieben Jahre nach seiner Heimkehr aus dem napoleonischen Kriegsdienst, heiratete Christian Gattlen in der Burgkirche zu Raron Barbara Amacker, von Unterbäch, Tochter des Meiers Franz Sales und Schwester seines Freundes Johann Christian. Sie war 17 Jahre alt und begab sich nach der Vermählung in gegenseitigem Einverständnis nach Martinach, um bei der Frau des Staatsrats Jean-Philippe Morand Haushaltführung und Französisch zu erlernen[97].

Ein Jahr später, an Pfingsten 1809, kehrte sie nach Raron zurück; Gattlen bereitete ihr in seinem Hause einen «ehrenvollen» Empfang[98]. Dieser Ehe entsprossen drei Kinder: Barbara (6.12.1810), Catharina (18.2.1813) und Ferdinand (28.7.1815). Das glückliche Eheleben wurde getrübt durch gesundheitliche Beschwerden der Gattin, die von einer schweren Erkältung herrührten und sich besonders nach der dritten Geburt verschlimmerten. Die «Auszehrung» schwächte sie so sehr, dass sie trotz Kuraufenthalten und ärztlicher Pflege am 17. Februar 1817 in den Armen ihres Gatten «wie ein ölloses Licht erlosch»[99].

Nach dem Tode seiner Frau blieb Gattlen während 9 Jahren Witwer. Stark beschäftigt mit seinen Handelsunternehmungen, musste er Haushalt und Kinder Mägden anvertrauen[100], mit denen er wenig Glück hatte; zwei von ihnen bezeichnet er in seinen Memoiren als «verschlagene und schmeichelnde Dirnen»[101]. Für Ferdinand, der noch ein Säugling war, fand er eine Amme, die sich während fünf Jahren um ihn kümmerte. Die beiden Töchter blieben im Hause; Catharina, die jüngere, die von Geburt an kränklich war, starb am 19. Dezember 1821[102].

---

[95] Abrechnung auf losem Blatt in dem in Anm. 87 zitierten Rechnungsbuch (CL: R 12b). Ertrag in Franken: 36 041.75 (1821: 16 910.75; 1823: 19 131.–); Auslagen: 29 661.89½ (1821: 14 369.27; 1823: 15 292.62½).

[96] Vgl. Staatsarchiv Sitten (3 DTP 52, b): *Flottage des bois dès 1822.*

[97] Vgl. I, 161.

[98] Vgl. I, 163.

[99] Vgl. I, 180.

[100] Dienstboten sind von 1808 an in den Rechnungsbüchern erwähnt (Hausmagd, Stallmagd); vgl. CL: R 8, a+b).

[101] Vgl. I, 180. – Welche Personen gemeint sind, konnte nicht ermittelt werden.

[102] 102 Eintrag im Sterbebuch der Pfarrei Raron.

Um 1824 trat die junge Barbara Pfammatter von Eischoll als Hausmagd in seinen Dienst. Sie verstand es, seine Gunst zu gewinnen. Eine Zeitlang dachte er an eine Heirat mit ihr, liess sich dann aber zu einer standesgemässeren Verbindung überreden und vermählte sich am 27. Mai 1825 in Sitten mit Josephine, einer Tocher des Joseph Ignaz Bruttin und der Margareta von Werra[103]. Die Ehe dauerte nur vier Monate. Josephine starb am 20. September 1825 an einem «Leibschaden», den sie ihrem Ehemann vor der Hochzeit verheimlicht hatte. Dieser fühlte sich betrogen und daher nicht mehr an die im Ehekontrakt stipulierten Verpflichtungen zugunsten der Brautfamilie gebunden. Der Streit, der daraus entstand, zog sich über Jahre hin; mit der Schwiegermutter, Frau Bruttin-von Werra, blieb Gattlen aber trotzdem bis an sein Lebensende in gutem Einvernehmen[104].

Nach dem Tode seiner zweiten Frau nahm er, der zwei unmündige Kinder im Hause hatte, wieder Barbara Pfammatter in Dienst. Neun Monate später, am 17. Juni 1826, ehelichte er sie. Vor der Heirat verbrachte sie auf Anordnung des Bräutigams, zusammen mit dessen Tochter Barbara, einige Monate bei einem befreundeten Geschäftsmann in Mailand, um «eine feinere und geschicktere Art im Empfang und Entlass der Menschen» und gepflegtere Haushaltführung zu erlernen[105]. Hauptgründe für die rasche Wiederverheiratung waren, wie er selber angibt, Haushaltsorgen und Rücksicht auf die Kinder, die er beim Eintritt in den neapolitanischen Solddienst, zu dem er sich entschlossen hatte, nicht elternlos in der Heimat zurücklassen wollte[106].

---

[103] Vgl. I, 181–182.

[104] Ausführliche Darstellung der Ehegeschichte in Buch *No 14* (CL: Nachtrag Dr. A. Lanwer), S. 3–4. – Zum Inhalt des Ehevertrags und zur Regelung der Angelegenheit vgl. CL: R 8d, Fol. 28 und 159; Re, Fol 65. Gattlen hatte sich verpflichtet, der Familie Bruttin 100 Louis d'or (ca. Fr. 1600.–) zukommen zu lassen. Um des Friedens willen zahlte er schliesslich die Hälfte davon in zwei Raten (1834 und 1839). – Margareta Bruttin-von Werra gewährte Gattlens Töchtern aus dritter Ehe, als diese in Sitten in die Schule gingen, eine Zeitlang Kost und Unterkunft; sie traf Gattlen öfters in Leukerbad und korrespondierte mit ihm (vgl. RO, Nr. 45 und 83): Briefe vom 4.1.1856 und 1.11.1857).

[105] Vgl. I, 182.

[106] Vgl. I, 183.

Abb. 5: Andenken zum Neujahr 1828.

Söldnerjahre 1827–1848

Militärdienst in Neapel

Als erster Kanton hatte Luzern mit dem Königreich beider Sizilien eine Militärkapitulation abgeschlossen, welche die Tagsatzung im August 1825 billigte[107]. Freiburg und Solothurn folgten[108]. Die Walliser Regierung verhandelte im Sommer 1826 mit dem Bevollmächtigten des Königs. Eine am 11. August 1826 in Luzern geschlossene Vereinbarung wurde vom Landrat am 9. September ratifiziert und am 14. November in Sitten von beiden Teilen feierlich besiegelt[109].

Wallis verpflichtete sich, für das 3. Schweizer Regiment ein Bataillon zu stellen: 726 Mann, 35 Offiziere und 20 Unteroffiziere inbegriffen. Die Hälfte des Bestandes sollte den Dienst vor Ablauf eines Jahres aufnehmen, der Rest spätestens 12 Monate danach. Vorbereitungen für die Organisation des Bataillons begannen im Wallis schon vor der Ratifizierung der Kapitulation. Am 4. September 1826 liess die Regierung die Offiziersstellen öffentlich zur Bewerbung ausschreiben[110]. Es meldeten sich 87 Aspiranten, darunter Christian Gattlen, der seine Qualifikation mit Kriegserfahrung und Rang eines Hauptmanns und Adjutant-Majors im Federalkontingent begründete[111]. Seine Bewerbung wurde angenommen. Die Brevetierung erfolgte am 22. Januar 1827, worauf er Soldaten für seine Kompagnie zu rekrutieren begann[112].

[107] Der Text dieser Vereinbarung ist gedruckt worden: *Militär-Kapitulation für die Schweizer Regimenter in Königlichen neapolitanischen Diensten. Luzern, 1825.* (Vgl. SERVICE ETRANGER, 10/12, Nr. 4.) Zur Geschichte des schweizerischen Solddienstes in Neapel im allgemeinen vgl. GANTER, MAAG, ZEZON; mit Bezug auf das Wallis: ARNOLD, BERTRAND, COURTEN.

[108] Gedruckter Text: *Capitulation militaire pour un régiment suisse au service de Sa majesté le Roi des Deux Siciles. Fribourg, 1826.* (Exemplare im Staatsarchiv Sitten: SERVICE ETRANGER, 10/12, Nr. 8–9.)

[109] Zu den Verhandlungen vgl. SERVICE ETRANGER, Thèque 10/11, Nr. 1–35; 10/12, Nr. 4–13, sowie Protokolle der Grossratsverhandlungen.

[110] Vgl. SERVICE ETRANGER, Thèque 8/1, Nr. 3: *Registre des aspirans à l'emploi d'officier aux services capitulés avec la France & Naples ... ouvert le 4 septembre 1826.* Darin enthalten: ehrenwörtliche Erklärung von Christian Gattlen, datiert 19. September 1826 (S. 4).

[111] Vgl. SERVICE ETRANGER, Thèque 8/1, Nr. 72: *Cahier des inscriptions pour les aspirans au service de Naples.* Enthält biographische Angaben für alle Aspiranten. Bemerkungen über Christian Gattlen (Nr. 46, Fol. 13vo–14): «*A servi dans le Régiment de Streng en Piémont, dit être entré comme volontaire et passé dans la Légion lombarde ou il fut fait sergeant-major. Ensuite dans les bureaux du quartier-maître, obtenu un brevet de sous-lieutenant en quittant. Blessé à Novi, évacué en France, repassé avec l'armée de réserve en Italie, en 1800 ... Rentré dans sa famille mal guéri de sa blessure ... A marché avec un détachement valaisan, par ordre du Cdt autrichien, pour la garde de la frontière au Simplon 1814. – Quartier-maître du contingent d'élite du Valais à l'armée fédérale en 1815. – Capitaine adjudant-major le 15 septembre 1818.*»

[112] Brevetierungsurkunde mit Siegel und Unterschrift des Königs, vgl. CL: Nachtrag Dr. A. Lanwer und Abb. 21. – Im Nachlass befindet sich auch ein Heft (CL: R 11), betitelt: *Registre des hommes que le Capitaine Gatlen a engagé pour le Service de Sa Majesté le Roi des Deux Siciles depuis sa nomination datée du 22 janvier de l'an 1827.* Es enthält biographische Vermerke und Angaben über Soll und Haben der angeworbenen Soldaten. – Von Anwerbungen im Wallis sind im Staatsarchiv Sitten zahlreiche Namenlisten erhalten geblieben; vgl. SERVICE ETRANGER, 9/9, Nr. 1 ff.; Offiziersverzeichnisse: *ibid.* 8/1, 27, 28, 56, 84 und 12/23, Nr 47.

Gattlens Entschluss löste unter seinen Bekannten Erstaunen aus: er war 50 Jahre alt, Vater von zwei unmündigen Kindern aus erster Ehe, wieder verheiratet, galt als erfolgreicher Geschäftsmann und war kein Befürworter Fremder Dienste. Nach eigenen Angaben führten wirtschaftliche Überlegungen zu dieser Entscheidung. Er war davon überzeugt, die Zukunft seiner Familie in materieller Hinsicht mit dem Solddienst besser zu gewährleisten als mit risikobehafteten Handelsunternehmungen in der Heimat[113].

Mitte Juni 1827 verliess er mit anderen Walliser Offizieren das Land und fuhr mit dem Schiff von Genua nach Neapel[114]. Die Gruppe traf dort am 27. Juni ein und wurde sofort weitergeleitet nach Torre Annunziata, 22 km südlich von Neapel, wo das aus zwei Bataillonen bestehende 3. Regiment formiert werden sollte. Regimentskommandant war Oberst Salis Soglio, sein Stellvertreter und Nachfolger (ab 1828) Baron Eugen von Stockalper. Major Pierre-Marie Dufour befehligte das Walliser Bataillon, Gattlen dessen 2. Kompagnie, die im Regimentsverband als die 6. bezeichnet wurde[115]. Nach vier Monaten, am 15. November 1827, dislozierten diese Truppen nach Nola, 25 km nordöstlich von Neapel, um Organisation und Ausbildung zu vollenden. Gegen Ende 1828 war der Sollbestand fast erreicht; das Regiment leistete von da an normalen Wacht- und Exerzierdienst, abwechslungsweise in Neapel, Capua, Nocera, Salerno und Gaeta[116].

Der beliebteste Standort war Neapel. In der grossen Stadt gab es viel zu sehen und zu erleben; die Soldaten logierten in gut eingerichteten Kasernen, die Offiziere meistens in Privathäusern. Hauptmann Gattlen wohnte bis 1839 an der Strada Nolana bei der Marchesin von Rignano[117], später in einem Palazzo in der Strada Lavinaya[118]. Den in Neapel stationierten Schweizer Truppen oblag, was als Auszeichnung galt, der permanente Wachtdienst in der Festung St. Elmo. Kehrweise rückte dort ein aus drei Kompagnien gebildetes Detachement ein,

---

[113] Vgl. I, 183–184. – Laut Kapitulation erhielt ein Hauptmann einen Jahressold in französischer Währung von Fr. 4047.84, nach 20 Dienstjahren eine Pension von Fr. 2023.92; bei Todesfall wurde Hinterbliebenen die Hälfte der erdienten Rente ausbezahlt. Hinzu kamen Entschädigungen für Unterkunft, Kleidung und Verpflegung sowie Anspruch (in gewissen Abständen, wenn es die Lage ermöglichte) auf einen Heimaturlaub von 8 Monaten (Semester genannt) mit bezahlten Reisekosten. Wie vorteilhaft diese Bedingungen Hauptmann Gattlen erscheinen mussten, ist zu ermessen, wenn man sich vergegenwärtigt, dass damals im Wallis ein Vorarbeiter einen Taglohn von Fr. 1.– oder weniger erhielt, ein Notar für einen vollen Arbeitstag zwei bis drei Franken verrechnete. Bescheidener war der Sold für Soldaten und Unteroffiziere: Soldat Fr. 228, Korporal 315, Wachmeister 575, Feldweibel 701.

[114] Einem Vermerk auf der Titelseite des vorerwähnten Verzeichnisses (CL: R 11) ist zu entnehmen, dass die Gruppe Raron am 17. Juni verlassen, 5 ½ Tage bis Genua und ebensoviele an Bord der Tartaro bis Neapel gebraucht hat; Ankunft in Castellamare am 27. Juni, in Torre Annunziata am 28. Juni. Mit diesen Angaben stimmen die Daten in den Memoiren nicht ganz überein (vgl. I, 185).

[115] Im vorerwähnten Verzeichnis (CL: R 11) notierte Gattlen auf der Titelseite folgende Einteilung: «3me Régiment Suisse de Salis Soglio, 2me Bataillon de Jutz, 2me Compagnie soit 6me du Régiment». – Aloys Jütz, von Schwyz, erscheint im Offiziersverzeichnis (MAAG, S. 639) als Major neben Pierre-Marie Dufour im 3. Regiment, scheint aber das Walliser Bataillon nur in Vertretung Dufours kommandiert zu haben. – Bestandesliste der 6. Kompagnie vom 1. April 1841 (mit Gradbezeichnungen und Namen aller Soldaten) vgl. CL: P 44 (4 Offiziere, 15 Unteroffiziere, 116 Soldaten).

[116] Vgl. I, 185 ff. und Namensnennungen im Register.

[117] Vgl. II, 9.

[118] Vgl. II, 200.

46

meistens für die Dauer von drei Monaten. Hauptmann Gattlen war fünfmal Detachementskommandant in dieser Festung.

In den Memoiren sind einige Standortwechsel erwähnt. Ende Mai 1834 wurde das dritte Schweizer Regiment für sieben Monate in den Süden verlegt, das erste Bataillon nach Salerno, das zweite nach Nocera. Gattlen ersetzte während dieser Zeit den im Urlaub weilenden Bekleidungshauptmann des Regiments. In dieser Funktion war er in beiden Städten tätig, logierte aber in Nocera, im Palast des Andrea Grimaldi[119]. Am 13. Dezember kehrte das Regiment nach Neapel zurück, wurde aber im Herbst 1842 nochmals nach Nocera verlegt. Am 20. November 1843 ereignete sich dort ein blutiger Streit unter sizilianischen und schweizerischen Söldnern, worauf das Regiment nach Gaeta verlegt wurde[120]; in dieser Stadt blieb es bis zu seiner Rückkehr nach Neapel im Herbst 1845. In Capua, wo unangenehme klimatische Bedingungen herrschten, fanden in Abständen von 2–3 Jahren grosse Manöverübungen statt, die jeweils 5–6 Wochen dauerten und alle Teilnehmer arg strapazierten[121].

Zu kriegerischen Ereignissen kam es während der Zeit, in der Gattlen dem König von Neapel diente, nicht. Im Jahre 1840 drohte ein Handelsstreit mit England in Krieg auszumünden. Beide Seiten trafen militärische Vorbereitungen. Das erste und zweite Schweizer Regiment wurden nach Sizilien entsandt, das dritte und vierte zur Verteidigung von Neapel bestimmt. Drei Kompagnien des dritten Regiments, darunter diejenige des Hauptmanns Gattlen, verstärkt mit neapolitanischen Kanonieren, besetzten die ins Meer vorgeschobene Festung Ovo, einen der wichtigsten Stützpunkte zur Verteidigung von Hafen und Stadt[122]. Der Konflikt wurde dank französischer Vermittlung auf diplomatischem Wege beigelegt, so dass sich die Truppen bald wieder in ihre Kasernen zurückziehen konnten. – Als 1848 in Neapel die Revolution ausbrach, zu deren Unterdrückung auch Schweizer Regimenter eingesetzt wurden, war Gattlen bereits aus dem Dienst entlassen[123].

Gattlen war ein pflichtbewusster, kompetenter und geschätzter Kompagnie-Kommandant. Um seine Untergebenen war er väterlich besorgt; er setzte sich für sie nicht nur im Dienste, sondern auch in zivilen Angelegenheiten ein. Sie dankten es ihm mit guten militärischen Leistungen, die sowohl von höheren Offizieren (Oberst Stockalper, General Roberti, Marschall Desauget) wie auch vom König anerkannt wurden. Probleme hatte er nur mit dem Bataillons-Kommandanten Pierre-Marie Dufour, der ihn bei jeder Gelegenheit schikanierte und wegen Kleinigkeiten mit Arrest bestrafte. Das unfreundliche Verhältnis war vielleicht Ausdruck persönlicher Unverträglichkeit, könnte aber auch, wie Gattlen

---

[119] Ereignisse im Hause Grimaldi: II, 15 ff. – Vgl. auch die Hinweise S. 49–50.

[120] Vgl. II, 222 und MAAG, S. 41.

[121] Militärübungen in Capua sind in den Memoiren beschrieben oder erwähnt; vgl. Register.

[122] Schilderung der Ereignisse: II, 201–204.

[123] Entlassung aus dem Militärdienst: 1. März 1848; Beginn des Aufstandes in Neapel: Mitte März 1848. In den Memoiren (II, 233) bedauert Gattlen «an solcher Ehre» (Unterdrückung des Aufstandes) keinen Anteil gehabt zu haben; hätte er gewusst, dass dieser Kampf bevorstand, würde er sein Gesuch um Pensionierung zurückgezogen haben. Gattlen drückte damit sein Ehr- und Pflichtgefühl aus, vielleicht auch den Gedanken an eine durch Teilnahme am Kampf möglich werdende Beförderung.

vermutete, in unterschiedlicher politischer Auffassung und damals bestehenden Spannungen zwischen Ober- und Unterwallis gewurzelt haben[124].

Erschwert wurde ihm der Militärdienst zeitweise durch körperliche Leiden. Strapazen des Krieges, Verwundungen und Entbehrungen hatten Spuren hinterlassen. Im Herbst 1833 erkrankte er erstmals ernsthaft an Podagra (Gicht). Er musste während drei Monaten das Bett hüten und hatte von da an öfters an dieser Krankheit zu leiden; sie befiel ihn manchmal so stark, dass er tagelang seine Glieder nicht gebrauchen konnte[125]. Auch die Cholera, die 1836–1837 in Neapel wütete und Tausende wegraffte, verschonte ihn nicht[126]. Ausserdem hatte er in diesen Jahren schwere, durch Hiobsbotschaften aus der Heimat verursachte seelische Belastungen zu ertragen[127]. Trotzdem erfüllte er, ausser in kranken Tagen, alle Militäraufgaben wie jeder andere Offizier, bis ihn, als er schon 65 Jahre alt war, der König 1842 von Manövern und täglichem Exerzieren befreite[128].

Privatleben in Neapel

Neben dem Militärdienst blieb Gattlen, wie anderen Offizieren, reichlich Zeit für private Beschäftigungen. Seine Neugier und sein Bildungshunger trieben ihn an, viele Sehenswürdigkeiten[129] zu besichtigen und öffentliche Ereignisse aufmerksam mitzuerleben. Er erkundete alle Quartiere der Stadt, den Hafen und die Festungen, bewunderte historische Monumente, bestieg den Vesuv, fuhr nach Herculaneum und Pompei, wo ihn Ausgrabungen und archäologische Funde faszinierten, besuchte die römischen Ruinen von Pozzuoli, die Märtyrerstätten in Nola, Amphitheater und Hannibals Feldlager in Capua, Kloster und Kirchen von Nocera; er beobachtete das sonderbare Treiben der Pilger bei der Wallfahrt[130] nach Santa Maria Maggiore, ebenso das makabere Geschehen während der grossen Cholera-Epidemie in Neapel[131]; er kaufte römische Münzen[132] und Gefässe, die er zur Erinnerung nach Hause brachte, besorgte dem Pfarrer von Raron Reliquien der hl. Philomena[133] usw.

---

[124] Über Beziehungen zu Vorgesetzten und Kameraden enthalten die Memoiren viele Angaben, die unter den entsprechenden Namen im Register nachgewiesen sind. In zugehörigen Fussnoten wird jeweils auf ergänzende Dokumente verwiesen, sofern solche im Nachlass vorhanden sind.

[125] Vgl. II, 9–11.

[126] Beschreibung der Epidemie (Verhalten der Bevölkerung, hygienische und medizinische Massnahmen, Totenbestattung usw.), vgl. II, 131–149; Bericht über Gattlens Erkrankung und Heilung; II, 149–161.

[127] Eheliche Untreue und Tod seiner Frau, Krankheit und Tod seines Sohnes Ferdinand und seiner Tochter Barbara, vgl. die Ausführungen S. 51 ff.

[128] Vgl. II, 221–222.

[129] Vgl. I, 185 ff.; II, 190–196, – Ein *«Verzeichnis der Erlaubnisse»*, die Gattlen für Besichtigungen oder Geschäfte in Neapel erhielt, steht in: RO 13, S. 1.

[130] Vgl. II, 43–48.

[131] Vgl. Anm. 126.

[132] Vgl. I, 185.

[133] Vgl. II, 83–89. – Bestätigung des Empfangs: 20. August 1836; Urkunde mit Siegel der Pfarrei Raron und Unterschrift des Pfarrers, vgl. CL: Nachtrag Dr. A. Lanwer und Abb. 23.

Auch für die Schönheiten der Natur hatte er ein offenes Auge: er bestaunte das Meer, die vor Neapel liegenden Inseln und die herrliche Lage der Stadt, durchstreifte das bäuerliche Hinterland, geriet in Begeisterung beim Anblick fruchtbarer Felder und mit Reben und Obstbäumen bepflanzter Hügel, vergass dabei aber auch die wirtschaftlichen Aspekte nicht und stellte Vergleiche mit der Walliser Landwirtschaft an[134]. Einen Teil seiner Freizeit widmete Gattlen geschäftlichen Angelegenheiten. Er hatte sich aus finanziellen Überlegungen für den Solddienst entschieden und war daher bemüht, seine Ersparnisse auch in Neapel so gut als möglich zu vermehren, was er mit Krediten an Soldaten und Privatleute und mit Investitionen in geschäftliche Unternehmungen zu erreichen versuchte[135].

1836 stellte er Francesco Wiedemann und Cristiano Palmi für die Einrichtung einer Rotfärberei und eines Omnibusbetriebes in Neapel 3750 Dukaten zur Verfügung, gegen 6% Zins und Gewinnbeteiligung, amortisierbar innert fünf Jahren. Der Betrieb[136] begann vielversprechend, geriet aber in Schwierigkeiten und musste eingestellt werden. Gattlen, der sich gut abgesichert hatte, scheint keinen Verlust erlitten zu haben, doch war die Schuld 1848 noch nicht ganz zurückbezahlt. Zwei Pläne für grössere Unternehmungen scheiterten: ein Handel mit Holz aus den Wäldern von Eboli[137], weil die Regierung das Fällen nicht erlaubte, und ein Projekt für die Einführung der Flösserei auf dazu geeigneten Gewässern im Königreich Neapel, das vom König geprüft, aber nicht verwirklicht wurde[138]. Gesellschaftliche Anlässe gehörten ebenfalls zum Freizeitprogramm der Schweizer Offiziere in Neapel. Gattlen schildert in seinen Memoiren mit sichtlicher Begeisterung Empfänge und Bälle in vornehmen Häusern[139].

Als er 1834 in Nocera im Palaste des Andrea Grimaldi logierte, verliebte sich dessen Nichte, die 29jährige Carmelia, in ihn und drängte auf Heirat[140]. Der Antrag gefiel ihm, doch hatte er Bedenken wegen seines vorgerückten Alters, seiner Herkunft und seiner Kinder. Trotzdem verhandelte er mit Andrea Grimaldi, der ihm die Verwaltung seiner Güter anvertrauen wollte, über den Ehevertrag, stellte aber Bedingungen, von denen er glaubte, dass sie abgewiesen würden; es hätte ihm erlaubt, sich der Heirat zu entziehen, ohne selber absagen zu müssen. Grimaldi nahm jedoch die Forderungen nach kurzer Bedenkzeit an, die Verlobung wurde verkündet, der Bräutigam aufgefordert, die zur Eheschliessung notwendigen Dokumente so rasch als möglich in Raron zu bestellen. Aus dieser verzwickten Lage rettete ihn vorerst die Rückverlegung des 3. Regiments

---

[134] Vgl. I, 186–187; II, 219–220.

[135] Einige Dokumente, welche solche Geschäfte belegen, sind erhalten geblieben; vgl. CL: B 32/9 und 12; R 8d, Fol. 20–24, 58–66; R 8e, Fol. 91; R 11, Fol. 38–39.

[136] Vgl. II, 62–63; Auflösung des Darlehensvertrags am 1. September 1837. Dokumente im Nachlass: CL: B 32/11; P 38/1–3.

[137] Vgl. II, 49–53.

[138] Vgl. II, 49 und 204–205.

[139] Vgl. dazu die Beziehungen Gattlens zu den Familien Ghidelli und Grimaldi sowie die bemerkenswerten Schilderungen über einen Empfang in Genua (II, 214–218) und die Einladung zu General Roberti (II, 231).

[140] Liebesgeschichte und Diskussion des Ehevertrages nehmen in den Memoiren breiten Raum ein; der Bericht enthält auch längere Zitate aus Briefen in italienischer oder französischer Sprache. Vgl. II, 15–42, 53–61.

nach Neapel am 13. Dezember 1834. Es gab einen Abschied mit Tränen und Treueversprechen, dem ein Austausch von Liebesbriefen folgte. Wochenlang wurde Gattlen in seinen Gefühlen hin- und hergerissen, bis er schliesslich den Entschluss fasste, seinem Verstande zu folgen und die Verlobung aufzulösen.

Erstaunlicherweise liess er sich im folgenden Jahre wieder in ein ähnliches Abenteuer ein[141]. Die Frau seines Freundes Peyer machte ihn bekannt mit Elisabeth Zupini, einer kinderlosen Offizierswitwe, die ihm nach einigen Begegnungen ihren Heiratswillen kundtat. Er liess sich mit ihr in Diskussionen über einen Ehevertrag ein, der ihn u.a. in den Besitz eines Landgutes gebracht hätte, doch wich er auch hier dem entscheidenden Schritte aus. Im April 1836 nahm er Urlaub, kehrte für 8 Monate ins Wallis zurück und kündigte von dort aus die Verlobung auf.

Bei einem Manne, der sich durch Tapferkeit und Unerschrockenheit im Kriege ausgezeichnet hat, von dem wir wissen, dass er rasch entschlossen handeln konnte, befremdet dieses Benehmen, für das er übrigens in den Memoiren selber um Nachsicht bittet[142]. Nach dem unglücklichen Ausgang seiner dritten Ehe muss es für ihn tröstlich gewesen sein, liebevoller Zuneigung zu begegnen, und es hat ihm zweifellos geschmeichelt, in aristokratischen Kreisen als Ehemann willkommen zu sein. Sein Zögern und Schwanken kann wohl damit erklärt werden, dass ihm diese Heiraten in wirtschaftlicher und gesellschaftlicher Hinsicht interessante Perspektiven eröffneten, denen Bindungen an Heimat und Familie entgegenstanden, die schliesslich stärker waren als das Verlangen nach Reichtum und sozialem Aufstieg.

Urlaub und Familie

Als Gattlen im Juni 1827 nach Neapel verreiste, liess er eine junge, schwangere Frau und zwei Kinder aus erster Ehe in Raron zurück[143]. Seine Frau sollte während seiner Abwesenheit neben der Haushaltführung auch die laufenden Geschäfte nach speziellen Anweisungen erledigen. Sein Sohn Ferdinand war seit Herbst 1826 im Gymnasium in Brig[144] und wohnte während der Schulzeit im Internat der Jesuiten, während Barbara daheim bleiben und ihrer Stiefmutter in häuslichen Angelegenheiten behilflich sein sollte.

Vier Monate nach seiner Ankunft in Neapel erhielt er die Kunde von der glücklichen Geburt einer Tochter, die auf den Namen Josephine getauft worden war. Diese Nachricht verstärkte in ihm den schon lebhaften Wunsch nach einem Wiedersehen mit seinen Angehörigen. Sobald es nach Dienstvertrag möglich war, reichte er ein Gesuch für einen Heimaturlaub von 8 Monaten ein, der bewil-

---

[141] Vgl. II, 65–82, 128–129. Interessante Schilderung einer langen Diskussion über den Ehevertrag, u.a. Angaben über Regelung der Besitzverhältnisse (sogar für Hausrat) und gegenseitige Leistungen. Auf Ernsthaftigkeit der Heiratsabsichten deutet auch das Vorhandensein im Nachlass (CL: Nachtrag Dr. A. Lanwer) von Ehefähigkeitszeugnissen des Pfarrers von Raron (29.6.1835) und der Walliser Regierung (4.7.1835).

[142] Vgl. II, 61.

[143] Vgl. I, 184.

[144] Zu Ferdinands Studien in Brig vgl. die Anmerkungen zum Originaltext (I, 184).

ligt wurde. Ende August 1828 durfte er heimkehren. Seinen Urlaub verbrachte er grösstenteils im Kreise seiner Familie, die er Ende März 1829 wieder verliess, mit dem Gefühl, alles sei in bester Ordnung, auch wissend, dass er bald wieder Vater werden würde[145].

Wieder in Neapel, erhielt er nach zwei Monaten die Nachrichten von der glücklichen Geburt der Tochter Caroline. In der folgenden Zeit korrespondierte er fleissig mit Frau und Kindern[146]. Aus dem Wallis kamen zuerst nur gute Meldungen. Im Verlaufe des Jahres 1832 begann seine Frau über körperliche Beschwerden zu klagen und von Arztbesuchen und Kuraufenthalten zu berichten[147]. Fast gleichzeitig erreichten ihn auch Gerüchte über unlautere Vorgänge in seinem Hause in Raron, schliesslich, anfangs September, die Mitteilung, seine Frau unterhalte ehebrecherische Beziehungen mit dem jungen Advokaten Elie Nicolas Roten, was ihm auf Anfrage von seinem Schwager Amacker, später auch von seinem Sohne bestätigt wurde[148]. Es war ein unerwarteter und harter Schlag, der ihn so tief verletzte, dass er sich darüber bis an sein Lebensende nicht hinwegsetzen konnte[149].

Nachdem ihm der Pfarrer von Raron Ende November mitgeteilt hatte, dass sich der Gesundheitszustand seiner Frau sehr verschlechtert habe und seine Anwesenheit in Raron erwünscht wäre, entschloss er sich zur Heimkehr. Er erneuerte ein schon früher eingereichtes Urlaubsgesuch und konnte Ende Januar 1833 für 8 Monate Neapel verlassen. Als er im Wallis ankam, lebte seine Frau nicht mehr; sie war am 8. Dezember 1832 gestorben, vermutlich an den Folgen einer Abtreibung[150].

Bei seiner Ankunft im Wallis besuchte er zuerst seinen Sohn im Gymnasium in Brig, begab sich dann nach Unterbäch zu seinem Schwager, dessen Frau zwei seiner Töchter, Barbara und Caroline, in Obhut genommen hatte. Anschliessend ging er nach Eischoll, wo Josephine, das ältere Kind aus dritter Ehe, bei einem Onkel mütterlicherseits in Pflege war. Schweren Herzens lenkte er schliesslich seine Schritte nach Raron, wo er ein kaltes und ungepflegtes, halb leergeplündertes Haus antraf[151]. Er hatte keine Lust, darin zu verweilen, und suchte daher Unterkunft bei seinem ehemaligen Geschäftsfreund Johann Baptist

---

[145] Einziger Misston während dieses Urlaubs scheint ein Streit mit General Anton Roten (1780–1845) gewesen zu sein. Er hatte dessen Verhalten als Offizier in Spanien, über das in Neapel berichtet worden war, in Raron geschildert und gerügt und wurde deshalb zum Duell gefordert, das vermieden werden konnte. Vgl. dazu in den Memoiren: II, 239; in dieser Ausgabe abgedruckt S. 268–269. – Von Hauptmann Gattlen erstellte Verzeichnisse seiner Urlaube, vgl. RO 13, S. 1 und 41.

[146] Die erwähnten Briefe fehlen im Nachlass.

[147] Vgl. I, 191.

[148] Vgl. I, 188–191.

[149] Besonders erbost war Gattlen über die Falschheit seiner Gattin, die ihm alles verschwieg, in ihren Briefen als treue Gattin zu erscheinen versuchte und im Herbst 1832, als ihr Verhalten in Raron schon ortsbekannt und er darüber informiert war und ihr nicht mehr schrieb, die Unverfrorenheit hatte, ihn nach der ihr unverständlichen Ursache seines Stillschweigens zu befragen. Vgl. I, 191.

[150] In den Memoiren steht (I, 195), es habe sich um einen «sich selbst unvorsichtig zuzogenen Tod» gehandelt, und an anderer Stelle (I, 198): «der Tod der Buhlerin und der Frucht des Nicolas Roten» sei durch den Ehebruch verursacht worden.

[151] Vgl. I, 192–197: ausführliche Angaben über Art und Umfang der Veruntreuungen; Gattlen schätzte den Schaden, den er erlitten hatte, auf mehr als 6000 Pfund.

Fontaine, dessen Frau ihm in den folgenden Tagen behilflich war, das vernachlässigte Haus wieder wohnlicher zu machen.

Nach seinem Eintreffen in Raron kam es vermutlich schon bald zu einer heftigen Auseinandersetzung[152] mit dem Ehebrecher Elie Nicolas Roten. Die Intervention des Ortspfarrers verhinderte das Schlimmste und führte am 23. Juli 1833 zu einer vom Vater des Schuldigen und von Gattlen unterzeichneten Vereinbarung, mit welcher «Wörtlich- und Tätlichkeiten», die geschehen waren, als «erloschen und getilgt» erklärt wurden; beide Teile versprachen, «deswegen nichts Nachteiliges einander nachzureden»[153].

Während diesem Urlaub bemühte sich Gattlen vor allem um das Wohlergehen seiner Kinder[154]. Seinem Sohne Ferdinand, der die Gymnasialstudien in Brig erfolgreich abgeschlossen hatte und nach einer kaufmännischen Ausbildung strebte, verschaffte er eine Lehrstelle bei der Firma Morell & Castelli in St. Gallen. Für Barbara erwirkte er Aufnahme in ein von Klosterfrauen geführtes Pensionat in Saint-Paul bei Evian, wo sie Haushaltführung und französische Sprache erlernen sollte. Josephine und Caroline nahm seine Schwägerin Amakker nach Unterbäch in Pflege. So durfte er, wenigstens im Hinblick auf das Wohl seiner Kinder, am 1. September 1833 einigermassen beruhigt Raron wieder verlassen, einen Ort, der ihm «unerträglich geworden» war[155].

Bis er seinen nächsten Heimaturlaub erhielt, dauerte es drei Jahre, während denen er mit den Kindern stets in brieflicher Verbindung blieb[156]. Er kümmerte sich um alle ihre Sorgen, materielle und geistige, und ermahnte sie immer wieder, ein christliches, gottgefälliges Leben zu führen, fleissig und sparsam zu sein.

Ende April 1836 wurde er nochmals für 8 Monate freigestellt. Nach seiner Ankunft im Wallis verbrachte er zuerst einige Tage in Unterbäch bei seinem Schwager, wo er seine Töchterchen Josephine und Caroline wohlbehalten antraf. Er ging dann nach Raron und nahm dort wieder Kost und Logis bei der Familie Fontaine. Am Fronleichnamsfest, als er in der schmucken Uniform eines neapolitanischen Hauptmanns auf dem Kirchplatz erschien, wurde ihm spontan das Kommando des militärischen Aufzugs übergeben, ein Zeichen der Sympathie, für das er sich mit einem Trunk für die Soldaten und Empfang der Notabilitäten in seinem Hause am Stalden erkenntlich zeigte[157].

Am 18. Juli verreiste Gattlen nach Evian zu seiner Tochter Barbara, von der er wusste, dass sie Novizin geworden war und als Sr. Ignatia in den Orden einzutreten wünschte. Er war über diesen Entschluss wenig erfreut, wollte aber dem

---

[152] Offenbar in Rücksicht auf das versprochene Stillschweigen fehlen in den Memoiren Einzelheiten über diese Auseinandersetzung (vgl. I, 199).

[153] Das Original der Vereinbarung befindet sich in einem Fonds ungeordneter Dokumente des Pfarrarchivs Raron, die jetzt (1995) im Staatsarchiv provisorisch deponiert sind, eine zweite Ausfertigung im Nachlass (CL: Nachtrag Dr. A. Lanwer).

[154] Vgl. I, 200 und II, 1–6; für materielle Probleme, mit denen er sich damals zu beschäftigen hatte, sei auf den folgenden Abschnitt verwiesen.

[155] Vgl. II, 6.

[156] Von dieser Korrespondenz sind einige Briefe als Originale oder in Abschriften im Nachlass erhalten geblieben; vgl. CL: B 13, 21, 22, 35/1–7; PS 2, 8, 10, 13, 18; R 8e, Fol. 80; R 9, Fol. 15–16, 27, 47, 54, 66, 72, 75, 81, 82. – Kleine Auswahl, vgl. Anhang S. 269 ff.

[157] Vgl. II, 90–93.

Glück seines Kindes nicht im Wege stehen, gab seine Einwilligung und bezahlte für den Eintritt ins Kloster 3100 französische Franken, die er der Oberin in Goldstücken aushändigte[158].

Von Evian fuhr er nach St. Gallen, wo er am 27. Juli seinen geliebten Sohn umarmen konnte. Ferdinand hatte im Hause Morell gute Aufnahme gefunden, war dort geschätzt und beliebt; man lobte seinen Fleiss, seine Zuverlässigkeit und seine Kenntnisse. Nach Abschluss der Lehre stand ihm der Eintritt in die Firma offen. Er wollte aber, um sein Wissen zu erweitern, zuerst einige Jahre im Ausland verbringen, womit sein Vater einverstanden war. Dieser blieb acht Tage bei seinem Sohn, glücklich und zufrieden, aber auch besorgt wegen dessen Gesundheit, die von Kindheit an schwach gewesen war und nun die Verwirklichung beruflicher Pläne zu verhindern drohte. Am 5. August verabschiedete er sich in St. Gallen und fuhr «voll Schwermut und traurigen Ahnungen» dem Wallis zu[159].

Nach einem Zwischenhalt in Leukerbad, wo er seine Tochter Caroline, seine Schwägerin Amacker und Frau Bruttin-von Werra traf, kam er am 13. August in Raron an[160]. Dort erlitt er einige Tage später einen so schlimmen Anfall von Podagra, dass ihm der Pfarrer die Sterbesakramente spendete. Es dauerte Wochen, bis sich sein Zustand so weit gebessert hatte, dass er wenigstens dringende Angelegenheiten, wozu auch die Auflösung seiner Verlobung mit der Witwe Zupino gehörte[161], zu erledigen vermochte. Am 8. November verliess er Raron, obwohl er immer noch an körperlichen Beschwerden litt, um den Dienst in Neapel wiederaufzunehmen. In Genua, wo er am 13. November eintraf, musste er wegen Choleragefahr und stürmischer See einen Monat lang auf Weiterfahrt warten; erst am 13. Dezember kam er in Neapel an, von den Strapazen der Reise gezeichnet und von Fieber so sehr geplagt, dass er sich unverzüglich in Pflege begeben musste und bis Mitte Januar dienstuntauglich blieb[162].

Ende Juli, als er sich von der Cholera, die ihn im Juni befallen hatte, zu erholen begann[163], erhielt er von seinem Sohn einen Brief, der ihm grosse Sorgen bereitete. Ferdinand, der aus gesundheitlichen Rücksichten eine Stelle in Mailand[164] angenommen hatte, schrieb, seine Krankheit habe sich so sehr verschlimmert, dass er die Arbeit aufgeben und an Heimkehr ins Wallis denken müsse. Der Vater antwortete sogleich, suchte ihm gute Ratschläge zu geben, forderte ihn auf, keine Auslagen zu scheuen, um die Gesundheit wiederzuerlangen; er wandte sich auch an Walliser Ärzte, denen er vertraute, und bat sie um Hilfe für

---

[158] Aufenthalt in Evian, Gespräche mit Tochter, Oberin und Spiritual: II, 93–99.

[159] Aufenthalt in St. Gallen, Gespräche mit Ferdinand, dessen Leistungen und Pläne: II, 100–118.

[160] Vgl. II, 118–119.

[161] Vgl. II, 128.

[162] Schilderung der stürmischen Seefahrt und des Verhaltens der Passagiere: II, 122–128.

[163] Cholera-Epidemie in Neapel: II, 131–161.

[164] Ferdinand beabsichtigte ursprünglich, Amerika, England oder Deutschland für einen Bildungsaufenthalt zu wählen, nahm dann aber eine Stelle in der Firma Karrer & Co an, weil ihm in Rücksicht auf seine Gesundheit Italien als Arbeitsort empfohlen worden war; vgl. II, 110 und 163–168. Die Briefe, die in den Memoiren erwähnt sind, fehlen im Nachlass.

seinen Sohn[165]. Alle Bemühungen waren umsonst. Ferdinand starb am 16. Oktober in Leuk, im Hause des Arztes Mengis, bei dem er in Pflege war. Die traurige Kunde, die der Pfarrer von Raron nach Neapel sandte, versetzte den Vater in tiefste Depression[166]. Ferdinand war sein einziger Sohn, sein Stolz und seine Hoffnung; sein Tod war das grösste Unglück, das ihn treffen konnte, und belastete sein Gemüt und seinen Geist bis an sein Lebensende[167].

Fast gleichzeitig erfuhr er, dass auch seine Tochter Barbara auf dem Krankenbett lag. Sie glaubte zwar an Besserung, vermochte jedoch nicht mehr zu genesen, starb im Dezember 1840 und wurde als Sr. Ignatia auf dem Klosterfriedhof in Saint-Paul beigesetzt[168]. Mit ihr verlor er das letzte seiner drei Kinder aus erster Ehe. Es blieben ihm zwei Töchter aus dritter Ehe: Josephine und Caroline; der Gedanke, dass «diese unschuldigen Geschöpfe», die er «aus ganzem Herzen» liebte, seiner väterlichen Hilfe noch bedürftig waren, trug viel dazu bei, dass er sich mit der Zeit aus Schwermut und Resignation zu lösen vermochte[169].

Am 4. April 1841 verliess Gattlen zum vierten Male Neapel für einen Heimaturlaub von acht Monaten[170]. Nach kurzem Aufenthalt in Raron und Unterbäch fuhr er mit seinem Schwager Amacker nach Evian, um Josephine, die seit 1837 Zögling des Pensionats in Saint-Paul war, abzuholen und am Grabe der Sr. Ignatia zu beten. Auf dem Heimwege unterbrachen sie die Reise in Sitten, wo Caroline bei den Ursulinen «in Kost und Lehre war»[171]. Josephine durfte einige Wochen bei Caroline bleiben. Die Sommerferien verbrachten die Schwestern zuerst bei ihrem Vater in Raron, dann im Hause Amacker in Unterbäch. Im August begaben sie sich nach Sitten, um dort, wie es ihr Vater angeordnet hatte, bei Frau Bruttin-von Werra ihre Kenntnisse in der französischen Sprache zu verbes-

[165] Vgl. II, 166–168. Von dieser Korrespondenz sind keine Originale im Nachlass erhalten geblieben.

[166] Brief vom 19. Oktober 1837, geschrieben am Tage nach der Beerdigung Ferdinands auf dem Burgfriedhof in Raron; vgl. II, 171. Der Brief fehlt im Nachlass.

[167] In den Memoiren widmet Gattlen dem Gedächtnis seines Sohnes fast 20 Seiten (biographische Angaben, Lob seiner Leistungen und seines Verhaltens), abgeschlossen mit einem mehrstrophigen Trauergedicht in ungelenker Form, datiert: *Im Jenner 1838;* vgl. II, 169–179, 184–189. – Anschliessend schildert er seinen Seelenzustand: *«Das Leben schien bald zu erlöschen. Gleichgültigkeit und Melancholie hatte sich in mich genistet ... nichts konnte mich erheitern»;* vgl. II, 190.

[168] Zur Person vgl. II, 168–170, 207–209.

[169] Zitate: II, 174.

[170] Vgl. II, 209–213, sowie CL: R 8d, Fol. 28 (Abrechnung mit Frau Bruttin-von Werra).

[171] Vgl. II, 210. – Zum Aufenthalt der Töchter in der Schule der Ursulinen gibt es im Nachlass verschiedene Dokumente, welche die knappen Angaben in den Memoiren ergänzen. Vgl. dazu CL: R 8d, Fol. 149–150, 154 (Abrechnungen); R 9, Fol. 26, 41, 55, 58, 60, 66, 81 (Korrespondenz mit der Leitung des Instituts); B 20/1, 23, 31/20, sowie die in Anm. 156 zitierten Briefe zwischen Vater und Töchtern. Schule und Pensionat wurden von Schwestern des Ursulinenklosters Freiburg geführt (1837 berufen, 1848 ausgewiesen). Vgl. Gruss aus St. Ursula, 1948, Nr. 6, S. 14–16 und 1971, Nr. 3, S. 10–13 (Arbeiten von Sr. Antonia Schnyder).

sern[172]. Zu Beginn des Schuljahres traten sie wieder in das Internat der Ursulinen ein, wo sie bis 1845 geblieben zu sein scheinen[173].

Während diesem Urlaub musste Gattlen 36 Tage lang wegen einem Anfall von Podagra und Gonagra das Bett hüten. Er fand damals Zeit, ein Testament zu verfassen, das er seinem Schwager Amacker zur Aufbewahrung übergab[174]. Bei seiner Abreise am 12. November hinterliess er seinen Kindern schriftliche Anweisungen[175] in verschiedenen Angelegenheiten, die er mit Briefen aus Neapel noch ergänzte.

Seinen fünften und letzten Heimaturlaub konnte Hauptmann Gattlen Ende Juni 1846 antreten[176]. Familiäres Hauptereignis dieses Urlaubs war Josephinens Vermählung mit Joseph Loretan, Kastlan von Leukerbad und Grossrat des Zendens Leuk. Er war mit der Wahl seiner Tochter sehr zufrieden und stattete sie mit einer beachtenswerten Mitgift aus. Die Hochzeit fand am 6. Oktober in Leukerbad statt und war, wie er selber schrieb, «pompös»[177]. – Als er im Februar 1847 nach Neapel verreiste, war er entschlossen, auf Jahresende die Entlassung aus dem Militärdienst zu begehren und endgültig ins Wallis zurückzukehren.

---

[172] Vgl. II, 213.

[173] Rechnungen der Ursulinen sind nachweisbar (CL: R 8d, Fol. 149–150) bis zum 8. Juli 1845; *ibid.* Fol. 154 steht der Vermerk: *«Alles berichtigt 1846.»* In diesem Zusammenhang ist zu bemerken, dass sich Gattlen auch um die Ausbildung der Kinder seiner Stiefbrüder kümmerte. Während diesem Urlaub verpflichtete er sich, Roman und Moritz, den Söhnen Johann Josephs, jährlich je 200 Franken als Schulstipendium auszurichten (CL: R 8d, Fol. 53), wenn sie es würdig seien, *«bis und so lang selbe nach ihren Talenten, Auswahl oder Aussichten sich einen Stand oder Gewerb werden erkiesen haben, in welchem sie ein ehrliches Auskommen in der Welt mögen erzwecken, alles mit Beratung des Oheims, ihres Vaters und mit gutem Anstand und ehrenvoller Verhaltung».* – Für Roman, der seit 1839 Unterstützung erhalten hatte, stellte er 1845 die Zahlungen ein, *«nachdem derselbe lange Jahre schon ein Nichtstauger blieb»* (ibid. Fol. 56). Moritz, der später Priester wurde, erhielt bis zum Abschluss seiner Studien alles, was er brauchte, auch Zeichenunterricht bei Lorenz Justin Ritz (vgl. CL: PS 13; R 8d, Fol. 32, 48, 54, 62, 66, 72, 90; B 24, 26/1–5, sowie Briefe im Nachtrag Dr. Anton Lanwer, von denen einer im Anhang S. 286 abgedruckt ist). – Für die Töchter Antons bemühte er sich um Lehrstellen und bezahlte das Lehrgeld; vgl. dazu Korrespondenzen in: CL: R 9, Fol. 25, 30, 31, 39, 62, wovon zwei Briefe im Anhang (S. 277–278) abgedruckt sind.

[174] Vgl. II, 213.

[175] Das Schreiben, datiert vom 1. November 1841, ist in deutscher und französischer Fassung im Nachlass erhalten geblieben; vgl. CL: R 8e, Fol. 80; R 8f, Fol. 64. – Zum Briefwechsel 1841–1846 vgl. CL: R 9 (Abschriften wichtiger Briefe).

[176] Dieser Urlaub ist in den Memoiren nicht speziell erwähnt. In einem Brief an seinen Schwager Amacker (Regest: CL: R 9, S. 91) gibt er an, er könne *«erst Ende Juni ins Semester gehen».* Aus anderen Dokumenten (CL: Nachtrag Dr. A. Lanwer) geht hervor, dass er am 1. Juli das Kommando seiner Kompagnie dem Stellvertreter Lt. Cyprian Fischer übergeben und am 11. Juli Neapel verlassen hat. Am 14. Juli war er in Genua und fuhr anschliessend mit vier Personen in einer Kutsche in die Schweiz (CL: R 9, S. 92–93).

[177] Vgl. II, 235. – Der Schwiegersohn erhielt als Morgengabe zinstragende Obligationen im Werte von 12 800 Franken; denselben Betrag erhielt später Eduard Roten, als er Caroline heiratete. Vgl. II, 236.

Wirtschaftliche Angelegenheiten

Hauptmann Gattlen war, als er 1827 in den Dienst des Königs beider Sizilien trat, nach Walliser Verhältnissen ein ziemlich reicher Mann. Er besass ausgedehnte landwirtschaftliche Güter, zwei grosse Wohnhäuser, verschiedene andere Gebäulichkeiten oder Anteile daran, er hatte in Handelsgeschäften Geld verdient und die Ersparnisse zinstragend angelegt[178].

Bevor er das Land verliess, traf er die notwendigen Vorkehren zur Erhaltung und angemessenen Vermehrung seines Vermögens[179]. Den grössten Teil des landwirtschaftlich genutzten Bodens verpachtete er; was übrigblieb (ausreichend für die Haltung von zwei Kühen), sollten die Angehörigen mit Knecht und Magd bewirtschaften. Die Fabriken im Goler hatte er stillgelegt, den Kleinhandel im Dorfe aufgegeben. Die Geldgeschäfte, über welche er sorgfältig Buch führte, vertraute er unter genauen Anweisungen seiner Frau an.

Bis zu seiner ersten Heimkehr im Jahre 1828 scheint alles seinen Wünschen entsprechend verlaufen zu sein, und er konnte sich während diesem Urlaub an Konsolidierung des Besitzes und Verbesserungen an seinen Gütern erfreuen[180]. Andere Zustände traf er 1833 an, als er nach dem Tode seiner Frau zum zweiten Male als Urlauber nach Raron kam. Seine Gemahlin, die um 1830 auf Abwege geraten war, hatte Haushalt und Geschäfte vernachlässigt, Geld und Gut verschwendet, teilweise entfremdet, auch Schulden gemacht[181].

Gattlen hatte damals viel zu tun, um die zerrüttete Vermögenslage wenigstens einigermassen in Ordnung zu bringen. Er legte ein neues Rechnungsbuch an, in dem Soll und Haben von 140 Personen, mit denen er in geschäftlicher Verbindung stand, aufgeführt sind[182]. In einem Verzeichnis zinstragender Obligationen stehen die Namen von 70 Schuldnern, denen er insgesamt 7000 Pfund ausgeliehen hatte, zu 4–6%, meistens gesichert mit Hypotheken und Bürgschaften. Vor seiner Abreise nach Neapel (1. September 1833) bestellte er seinen Schwager Amacker und Paul Roman Roten als Schaffner zur Verwaltung seiner Geldgeschäfte und Überwachung des landwirtschaftlichen Betriebs; er hinterliess ihnen dafür genaue Anweisungen, die er in Briefen von Neapel aus noch ergänz-

---

[178] Zusammenstellungen über Grundbesitz und Vermögensverhältnisse sind in Rechnungsbüchern und im Testament enthalten; vgl. CL: R 8e, Fol. 93–98 (Grundbesitz, teilweise mit Flächenangaben und Kaufpreis); R 8d, Fol. 160–161 (Hausrat, Gerätschaften, Wein, Käse); R 12c, S. 81–85, 150–159 (Verteilung des Grundbesitzes unter Stiftung und Töchter, Verteilung des Hausrats); CL: Nachtrag Dr. A. Lanwer, Fol. 257–263.

[179] Knappe Hinweise: I, 183.

[180] Unter anderem bepflanzte er damals in der Halte, jenseits des Bietschbaches, eine Fläche von 1600 Klaftern mit Reben, grösstenteils Lafnetscha; vgl. CL: R 8e, Fol. 97 und 161; in den Memoiren; I, 184.

[181] Schilderung der Ereignisse: I, 192–197.

[182] Vgl. CL: R 8c, betitelt: *Buch bis No 9,* eröffnet: 1. September 1833, Nachträge bis 1837. Es enthält ein Verzeichnis zinstragender Obligationen (Fol. 1–15), Soll und Haben jedes Schuldners und Erläuterungen dazu (Fol. 16–99), Verzeichnis der einzutreibenden Schulden (Fol. 74), Zusammenstellungen über Grundbesitz, Wasser-, Alp- und Burgerrechte (Fol. 91, 94–96).

te[183]. Teile des nun leerstehenden Hauses (seine Frau war tot, die Kinder auswärts untergebracht) vermietete er damals an Kaufleute aus Bognanco, die darin einen Krämerladen einrichteten[184].

Als er 1836 wieder für acht Monate ins Wallis kam[185], blieb ihm wegen Vaterpflichten (Besuch der Kinder in Evian und St. Gallen) und Krankheit wenig Zeit für geschäftliche Angelegenheiten, welche seine Schaffner offenbar zu seiner Zufriedenheit besorgten; Memoiren und Rechnungsbücher enthalten jedenfalls keine gegenteiligen Hinweise. Im Sommer 1841, bei seinem nächsten Urlaub, klagte er dagegen über einige Missstände: man hatte ihm Kredite abgeleugnet, Grund und Boden abgesprochen, Grenzsteine versetzt u.a.m.[186]

Im Urlaub von 1841 revidierte er seine Buchhaltung, erstellte ein neues Rechnungsbuch[187], in dem er eine den Möglichkeiten der Schaffner besser angepasste Verteilung der Geschäfte vornahm: Amacker behielt 34 Schuldner mit Kapitalforderungen von ca. 12 000 Franken, Roten übernahm 78 Schuldner und einen Betrag von ca. 30 000 Franken. Er erneuerte damals auch einige Miet- und Pachtverträge, gab Anweisungen für den Unterhalt von Gebäuden und zur

[183] Schriftliche Anweisungen sind in den Rechnungsbüchern, die er den Schaffnern zur Verwahrung gab, an verschiedenen Stellen zu finden. Briefe an die Schaffner sind nur wenige im Original (CL: B 15, 19) oder als Abschriften und Entwürfe erhalten geblieben. Aus Abrechnungen von Christian Amacker für die Zeit von 1836–1848 (CL: Nachtrag Dr. A. Lanwer) geht hervor, dass jährlich 10–12 Briefe mit der Post gewechselt wurden. Unbekannt ist die Zahl der Briefe, welche Urlauber oder entlassene Soldaten überbrachten. Wie sehr sich Gattlin um alles kümmerte, belegen die zitierten Originalbriefe und viele Einträge in einem Kopialbuch (CL: R 9). Im Schreiben an Paul Roman Roten vom 22. Dezember 1833 (B 15) erkundigte er sich über Pächter und ausgeliehene Gegenstände und gab Anweisungen zur Feldarbeit, zum Unterhalt der Gebäude, zur Pflege von Obstbäumen und Reben, zur Betreuung des Kellers, wobei er erwähnte, er hoffe, bei seiner nächsten Heimkehr einige Lagel guten roten und weissen Weines anzutreffen, *«denn so etwas will ich mir auf der Erde unter mässigem Gebrauch nicht mehr abgehen lassen»*. Im Schreiben an Amacker vom 16. September 1841 (B 19) gab er Instruktionen für den Einzug von Zinsen und Schulden, verlangte regelmässige Kontrolle des Amtsblattes wegen *«Fallimenten»*, ersuchte um Pflege des Weins im Goler, um Lüftung der Zimmer, Kontrolle des Inventars usw.

[184] Mit dem Krämer Bouri von Bognanco schloss er damals auf vier Jahre einen Mietvertrag ab (vgl. CL: R 8c, Fol. 62), der wahrscheinlich bis 1845 (vgl. CL: R 9, Fol. 68) verlängert wurde. Er vermietete ihm: obere Stube, obere Boutique, Estrich, oberen Keller und Platz im Holzschopf für eine Jahresmiete von 6 neuen Talern oder 240 Batzen.

[185] Vgl. II, 90–121.

[186] Vgl. II, 212–213. Er fügte bei: *«So geht es im Wallis, wenn man nicht gegenwärtig und lang abwesend ist.»*

[187] Im neuen Rechnungsbuch, erstellt in deutscher und französischer Fassung (CL: R 8d–e), sind die Konten entsprechend der Aufteilung unter Amacker und Roten gruppiert. Vermerkt sind darin Geschäfte bis 1846. Die beiden Fassungen stimmen im wesentlichen überein, unterscheiden sich aber gelegentlich in der Ausführlichkeit von Erläuterungen; neben Schuldnerkonten und Anweisungen für die Schaffner sind darin auch Angaben zu finden über Hausrat in Raron und Goler, Kellerinventar, Gerätschaften, Familienangelegenheiten, Dienst in Neapel usw.

Bearbeitung seiner Landgüter[188]. Diese Neuregelung der Vermögensverwaltung blieb im grossen und ganzen bestehen bis 1848, als er heimkehrte und die wirtschaftlichen Angelegenheiten wieder selber an die Hand nahm.

Abb. 6: Gattlenhaus am Stalden in Raron, 1995.

[188] Als Beispiel vgl. den Auftrag an Johann Joseph Gattlen von Bürchen für die Pflege des Weinbergs in der Halten (CL: R 8d, Fol. 32 und R 8e, Fol. 77). Er sollte von 1842 an *«alle Jahre trachten, dass 100 Säume Mist drin kommen, mit Gräben die Reben fortzieren, kurz: sorgen, dass alles gut fortgehe, im Herbst wimden, den Wein in Raron ansetzen, drücken, brennen und solches dem Herrn Roten einliefern...»* Taglohn 12 Batzen, für Arbeiter 10 Batzen oder weniger. In der zweitgenannten Fassung steht ergänzend, er solle den Mist *«im Grund und an Birchen kaufen und drin führenlassen»*, den Wein zum Verkaufen bereiten nach Anordnung von *«Paul Roman Roten, Oberst Amacker und auch Bruder Johann Joseph».* – Für briefliche Anweisungen vgl. *Abschriften versendeter Briefen, welche einige Wichtigkeit haben, seit 20. Dezember 1841* [bis 4. Januar 1847]: CL: R 9 (211 Seiten).

Lebensabend 1848–1866

Nach seiner Entlassung aus dem Militärdienst am 1. März 1848 blieb Gattlen noch während zwei Monaten in Neapel, weil er einige Formalitäten für den Bezug der Pension zu erledigen hatte und sich Zeit nehmen wollte, um von Freunden und Bekannten und der ihm liebgewordenen Stadt Abschied zu nehmen. Am 4. Mai bestieg er das Schiff und fuhr mit anderen Wallisern über Genua zurück in seine Heimat[189].

Am 13. Mai traf er in Unterbäch ein, verweilte dort einige Tage in der Familie seines Schwagers Amacker, wo sich auch die Tochter Caroline aufhielt, begab sich dann nach Leukerbad zu Josephine, die ihr erstes Kind erwartete[190].

Abb. 7: Fassade des Gattlenhauses in Raron, gezeichnet von Hans Anton von Roten.

[189] Vgl. II, 232–233.

[190] Vgl. II, 235. – Geburt eines Knaben, der Gustav getauft wurde, am 3. November 1848. Der Grossvater sollte ihm Pate stehen, musste sich aber krankheitshalber durch seinen Waffenbruder Joseph Marie von Werra vertreten lassen.

Ende September kehrte er nach Raron zurück und richtete dort, zusammen mit Caroline, einen eigenen Haushalt ein. Seine Tochter verliess ihn aber schon im folgenden Jahre; sie heiratete Eduard Roten, den Sohn des ehemaligen Zenden-präsidenten Jakob Niklaus und der Julia de Courten[191].

Bei seiner Rückkehr ins Wallis fühlte sich Hauptmann Gattlen noch keines-wegs im Ruhestand, obwohl er schon 71 Jahre alt war, mit seiner Pension ein ge-sichertes Einkommen hatte und ein ansehnliches Vermögen besass. Schon 1850 begann er, das Haus am Stalden, in dem er seinen Lebensabend zu verbringen gedachte, wohnlicher zu gestalten[192]. Er liess das Mauerwerk ausbessern, Dach, Stiegen und Treppen erneuern, im Estrich Fenster einbauen, Zimmer vertäfeln, Kamine und Schränke einsetzen. Das Steinwerk übergab er Italienern zur Aus-führung, die Holzarbeiten einheimischen Handwerken. Vollendet wurde die Re-

[191] Die Vermählung fand am 30. Juli 1849 in Raron statt. Caroline brachte, wie ihre Schwester Josephine, eine Mitgift von Fr. 12 800.– in die Ehe. Vgl. II, 235–236. Im Jahre 1853 trat er bei sei-nem Schwiegersohn Eduard Roten in Pension. Als Entschädigung für «Kost, Licht und Wäsche» bot er an: Nutzung von vier Kühen (samt Heu), Ertrag der Reben in St. German und beim Haus in Ra-ron, Erdfrüchte aus einigen Gärten und Äckern, ein Schwein und zwei Ziegen als Schlachttiere, Be-nutzung von Wohnhaus und andern Gemächern in Raron. Da er bis St. Josephstag 1854 auch Knecht und Magd dort verköstigen liess, fügte er noch hinzu: etliche Stück Alpkäse, über 100 Stück Mager-käse, Trockenfleich, Schmalz etc. Vgl. CL: Nachtrag Dr. A. Lanwer.

[192] Die Baugeschichte des Hauses, dessen Aussehen sich von umliegenden Gebäuden deutlich unterscheidet, bleibt in mancher Hinsicht ungeklärt. Rektor Raphael von Roten hat es als «uralt» be-zeichnet (vgl. Vallesia, 1956, S. 95), was für die Grundmauern zutreffen mag. Im 17. Jh. stand dort ein Wohnhaus, das der Familie Zmillachren gehörte; an der Westseite dieses Hauses errichtete Chri-stian Gattlen, Schneider und Sigrist von Raron, der zu einer Nebenlinie des Hauptmanns gehörte und 1715 ohne männliche Nachkommen gestorben ist, einen Anbau. Jedenfalls erkannte dieser am 10. November 1698 den Prokuratoren des St.-Nikolaus-Altars in Raron 20 Pfund als Anteil an einer Schuld, die auf seinem Wohnhause lastete, erbaut «ab occidentali parte aedium Millachero» (Pfarr-archiv Raron: D 70, Fol. 1, von rückwärts), womit dieses Gebäude und nicht dasjenige, das heute den Namen Millacherhaus trägt, gemeint sein dürfte. Später wurden beide Teile vereinigt, was die vor allem im Inneren auffallenden ungewöhnlichen Proportionen erklärt. Der Umbau, bei dem ver-mutlich auch die Fassade neu gestaltet wurde, dürfte im ersten Drittel des 18. Jh. erfolgt sein. Mit dieser Erneuerung steht möglicherweise im Zusammenhang der Einbau eines Giltsteinofens im unte-ren Stockwerk, datiert 1730, mit Initialen JCZ (Joseph Christian Zmillachren, 1675–1756) MR (Mei-er von Raron, 1722) und MT (Maria Theler, seine Gattin, gest. 1776); der Mittelteil des Ofens, der diese Angaben trägt, befindet sich heute im Gartenhause neben an. In den Besitz der Familie des Hauptmanns Gattlen gelangte das Haus wohl erst durch die Heirat (1777) des Vaters Christian mit der Tochter des Hauptmanns Heinen und der Anna Maria Zmillachren. Sein Urgrossvater, Notar Jo-hannes Gattlen (1651–1722), ist noch im Turtig aufgewachsen, hat seinen Wohnsitz in den 80er Jah-ren des 17. Jh. nach Raron verlegt, ins Unnerdorf, in ein altes Haus, dem er 1703 ein Stockwerk auf-setzen liess (heute Besitz der Familie Theler). Wenn Hauptmann Gattlen in seinen Büchern das Va-terhaus erwähnt, scheint es sich um dieses Gebäude zu handeln, das er und seine Stiefbrüder gemein-sam besassen (vgl. CL: R 8c, Fol. 91: «Meinen Teil im Haus des Vaters und der Muhmen»; CL: R 8e, Fol. 93: «Teil am Haus etc. so mit Brüdern Johann Joseph und Anton gemein ist.»). Er war dage-gen, wie aus verschiedenen Umständen und Erwähnungen hervorgeht, alleiniger Besitzer des Hau-ses am Stalden, das er offenbar von seinem Grossvater mütterlicherseits geerbt hatte. In der Feuer-versicherungs-Police von 1841 (CL: Nachtrag Dr. A. Lanwer) wird das Haus folgendermassen be-schrieben: «Cette maison construite en majeure partie en pierre, le reste en bois, couverte entière-ment en ardoise, se compose de rez de chaussée ayant chambres et caves, de deux étages et galetas au-dessus, elle est séparée de tous côtés de tous autres bâtiments.» – Renovation und Umbauten nach 1850, vgl. Anm. 193.

60

novation im Herbst 1853 mit dem Einsetzen eines Ofens und Verputzarbeiten an Decken und Kaminen[193].

Gattlen nahm auch einen Teil seiner früheren Handelsgeschäfte wieder an die Hand. Aus Rechnungsbüchern und anderen Dokumenten geht hervor, dass er Reis und Polenta importierte und Handel trieb mit Fellen, Eisenwaren, Käse, Wein u.a.m.[194]. Wichtiger und einträglicher als der Warenhandel waren Geldgeschäfte, die er als kleiner Privatbankier betrieb. Das Inventar der Obligationen und Kredite, das er am 11. November 1853 erstellte[195], weist Guthaben im Betrage von Fr. 65 032.78 aus, verteilt auf 127 Positionen, von denen 100 weniger als 500 Franken betragen, zehn zwischen 1000 und 6000 Franken. Die Schuldner kamen aus 30 Gemeinden zwischen Sitten und Brig; es waren hauptsächlich

[193] Zu den Arbeiten vgl. Rechnungsbuch No 11 (CL: R 8f): *Fol. 81:* Akkord mit Maurermeister Giuseppe Bottini in Leuk vom 22. März 1850 für Steinarbeiten an Treppen, Fussböden und Fenstern, inbegriffen Beschaffung der Steinplatten, für Fr. 2000.–, ausserdem Erneuerung der Südwand des alten Anbaus an der Ostseite, in dem der Krämerladen untergebracht war. – *Fol. 104:* Schilderung der Vorkommnisse im Zusammenhang mit der Ausbeutung der Steinplatten im Lauwigraben bei Hohtenn: Bewilligung der Gemeinde vor Fronleichnam (30.5.), durch Arbeiten verursachter Felssturz (1.9.1850), Vereinbarung über Schadenersatzleistung (25.1.1851). 1850, 7. Juli: Akkord mit Schreinermeister Alexander Schmid, Leukerbad, für Errichtung eines *«französischen»* Dachstuhls mit Fenster- und Türgestellen für zwei Zimmer im Estrich, für Holzwände in der untern Küche und *«zwischen den Mauern des neuen und alten Gebäudes»,* sowie Erhöhung der Holzwände in der alten obern Stube. Alles zusammen für 270 Franken. Der Meister arbeitete daran mit Gesellen von Juli bis Oktober 1850, vermochte aber den Wünschen des Auftraggebers nicht zu genügen, was zu einer gerichtlichen Auseinandersetzung führte. Vgl. Dokumente im unklassierten Nachtrag zum Fonds Carlen-Lanwer (CL: Nachtrag Dr. A. Lanwer). CL: R 8f, *Fol. 54:* Akkord mit dem Schreiner Johann Joseph Eberhard von Raron (18. Januar 1852) für folgende Arbeiten: 48 Tafeln für den Saal im obern Stockwerk, mit Kornisen für Böden, Rauchkamin und Freistiege; Boden, Decke und Wände in der Stube am Stalden ganz zu vertäfeln; Böden und Wände in der Stube schön einzuteilen; Orientalzimmer ebenso; schöne Türen (Kreuzporten); Schrank mit zwei Türen, inwendig ausgetafelt, mit Absatzboden, für die Stube am Stalden; alle Schlösser anschlagen; Fenster in der Türe an der Südseite der Staldenstube. Alles zusammen für Fr. 400.– Saal und Staldenstube bis Herbst 1852 zu vollenden. – *Fol. 76, 79, 83:* Abrechnungen mit Schreiner Eberhard; *Fol. 81–82:* Abrechnung mit Maurermeister Bottini. Im Sommer 1852 waren Maurer, Schreiner und Glaser am Werk. Während dieser Zeit verschwanden Münzen und Goldstücke im Werte von 300 Franken aus einem geschlossenen Pult in Gattlens Schlafzimmer. Verdächtigt wurde ein Schreiner, der keinen guten Leumund hatte. Vor Gericht gab dieser zu, Schrauben, Nägel, eine Feile, Käse und Wein entwendet zu haben, den Gelddiebstahl leugnete er hartnäckig. Vgl. RO, Hauptmann Gattlen, Nr. 167 (Protokoll der Gerichtsverhandlungen). Gattlen hatte am 25. Oktober 1852 Klage eingereicht; Verhöre fanden am 26. Oktober und 23. November statt. Die Aussagen enthalten interessante Angaben zu Gattlens Haushalt und seinem Verhältnis zu den Dienstboten (streng, gerecht, gute Entlöhnung). Zur Vollendung der Renovation vgl. CL: B 35/4; Brief des Hauptmanns an seine Tochter Caroline (Evian 31. August 1853) sowie: RO, Hauptmann Gattlen, Nr. 35b, S. 14 (Vermerk in einem Inventar vom 11. November 1853).

[194] Vgl. dazu verschiedene Einträge im Rechnungsbuch No 11 (CL: R 8f), u.a. Fol. 80–91, sowie Korrespondenzen mit Lieferanten, Transporteuren und Abnehmern (RO, Hauptmann Gattlen: Nr. 35, 38, 40, 44, 48, 55, 60 u.a.m.). – Ein Dokument aus der Sammlung Dr. Anton Lanwer (CL: Nachtrag) erweist, dass er dem Staate Wallis 1862 eine Taxe von Fr. 2.– als Lebensmittelhändler bezahlt hat. Korrespondenzen (in demselben Fonds aufbewahrt) belegen, dass er sich bis in sein letztes Lebensjahr mit Warengeschäften befasst hat; vorhanden ist auch ein Heft, betitelt: *Einziehungs-Noten für gelieferten Reis und Polenten im Jahr 1853 und vorher ...,* mit Nachträgen bis 1856.

[195] Vgl. RO, Hauptmann Gattlen, Nr. 35, S. 1–9; in demselben Heft sind auf S. 10–12 die Guthaben *«an Waren und anderen Sachen»* zusammengestellt (34 Positionen, 1840 Batzen).

61

Bauern, Handwerker, Krämer, Wirte; man findet in dem Verzeichnis aber auch Offiziere und Barone, die Badgeteilen von Leukerbad, den Bischof von Sitten[196].

Hauptmann Gattlen war in Geldgeschäften sehr korrekt. Er notierte sorgfältig alle Vereinbarungen, führte eine einfache Buchhaltung und bemühte sich um sichere Aufbewahrung aller Unterlagen[197]. Für seine Darlehen verlangte er im allgemeinen 5% Zins, ausreichende Sicherungen[198], pünktliche Zinszahlung und Amortisation. Säumige Schuldner wurden gemahnt, im Wiederholungsfall nicht immer mit freundlichen Worten[199].

Im politischen Leben hat Gattlen nach seiner Rückkehr aus Neapel nur eine bescheidene Rolle gespielt, vermutlich wegen gesundheitlichen Behinderungen. Am 19. Januar 1852 ernannte ihn der Staatsrat zum Präfekten des Bezirkes Raron, doch verzichtete er schon ein Jahr später auf dieses Amt zugunsten seines Schwiegersohnes Eduard Roten[200]. Von 1853–1857 war er Suppleant im Grossen Rat[201]. In Raron war er Mitglied des Schulrates und verwaltete bis 1859 den Schulfonds[202].

Mit dem Gemeinderat von Raron geriet er in Konflikt wegen der Besteuerung seines Vermögens. Er betrachtete die Einschätzung, die nach Annahme des kantonalen Finanzgesetzes von 1851 von der Gemeindeverwaltung vorgenommen werden musste, als ungerecht und weigerte sich, die geforderten Abgaben zu entrichten. Am 26. Februar 1856 teilte ihm der Präsident Leo Roten mit, seine Einschätzung sei auf 57 734 Franken herabgesetzt worden und erfasse, wie er wohl wisse, nur einen Teil seines Vermögens. Er machte ihn auch darauf auf-

---

[196] Briefwechsel mit Bischof Peter Joseph de Preux in den Jahren 1849–1850, vgl. RO, Hauptmann Gattlen: Nr. 17, 20, 22, 23 und CL: B 31/35.

[197] Die Rechnungsbücher enthalten viele Hinweise auf vorhandene Dokumente und Anweisungen für deren Aufbewahrung. Im Rechnungsbuch, das er am 11. November 1849 eröffnete (RO, Hauptmann Gattlen: Nr. 167bis), begründete er die Notwendigkeit solcher Vorsichtsmassnahmen; *«...damit solche Schuldner, die ... Zweifel an der Richtigkeit hätten, ja auch Irrtümer, Vergessenheiten und anderes anzubringen hätten, ausführlich können befridigt kommen, so wie dass man auch ungewissenhaften Streiten, Abläugnung, ja wohl Diebe zu Recht weisen möge. Hauptmann Gatlen gab sich alle Sorge, eines jeden [Schuld] richtig und klar aufzuschreiben».*

[198] Als Beispiel sei die Absicherung des Kredites von Fr. 6000.– an den Gastwirt Melchior Beeger in Leukerbad angeführt (CL: B 27/1): 1. Gebäude und Bad des Hôtels des Alpes in Leukerbad. 2. Wiese und Garten vor dem Gundistor in Sitten. 3. Solidarbürgschaft von alt Staatsrat Alexandre de Torrenté.

[199] Korrespondenzen im Zusammenhang mit Geldgeschäften sind im Nachlass in beachtlicher Zahl erhalten geblieben; vgl. CL: B 31/21–69; CL: Nachtrag Dr. A. Lanwer; RO, Hauptmann Gattlen, Nr. 36–137. – Die Briefe zeugen im allgemeinen von einem guten Einvernehmen zwischen Schuldnern und Gläubiger. In einem Fall verwahrte sich der Schuldner gegen Gattlens *«Drohbrief»* (RO, Nr. 97). Wie Hauptmann Gattlen schreiben konnte, wenn er sehr erzürnt war, lässt sich aus einer Antwort des Hypotekarverwalters in Brig erschliessen, der dessen Brief als *«Schmähschrift»* bezeichnete (CL: B 31/68).

[200] Die Mitteilung der Wahl zum Präfekten erfolgte durch das Departement des Innern am 27. Januar (Staatsarchiv Sitten: DI, Correspondance, vol. 319), Gattlens Annahmeerklärung am 28. Januar 1852 (*ibid.* DI 147.5). Sein Nachfolger erklärte Annahme der Wahl am 9. Februar 1853 (*ibid.*).

[201] Vgl. Biner, S. 304.

[202] Vgl. Dokumente in der Sammlung Dr. Anton Lanwer (unklassierter Nachtrag zum Fonds Carlen-Lanwer).

merksam, dass der Gemeinderat mehr öffentliche Lasten auf die Haushaltungen gelegt habe als vorgeschrieben, «um so die Vermöglicheren wenigstens etwas zu schonen», und bat in Anbetracht alter Freundschaft um Verständnis, das er jedoch nicht gefunden zu haben scheint[203].

Die Steuerstreitigkeiten dauerten jedenfalls weiter an. Präsident Paul Roman Roten, sein ehemaliger Gutsverwalter, sah sich am 6. Juni 1861 gezwungen, ihn zur Bezahlung eines rückständigen Steuerbetrages von Fr. 786.16 «bis morgens abends» aufzufordern und im Weigerungsfall Betreibung anzudrohen. Er fügte noch bei, Gattlen möge ihm das Geld von seiner Magd überbringen lassen, denn von den Steuereinziehern wolle jetzt «niemand mehr Grobheiten und Plagereien» von ihm erhalten[204].

Erbost und verbittert war Gattlen auch wegen dem Bau der neuen Landstrasse im Goler (1822–1823), wodurch ein Riegel im Gelände entstanden war, der das Wasser staute, das von den Bergen herunterfloss, die Ebene versumpfen liess und die Gegend wegen verpesteter Luft unbewohnbar machte. Nachdem er von 1826 an den Staatsrat immer wieder erfolglos um Behebung des Schadens gebeten hatte, griff er 1861 zur Selbsthilfe[205]. Er liess die Strasse an geeigneten Stellen aufreissen, um dem Wasser Abfluss zu verschaffen, bis ihm der Präfekt Hans Anton Roten am 19. September im Namen der Regierung in unmissverständlicher Weise Einhalt gebot[206].

Diese und andere unerfreuliche Vorkommnisse[207] bewirkten, dass er im Winter 1862/63 sein Haus in Raron verliess und in Bürchen Wohnsitz nahm, um dort sein «Leben zu enden». Auch machte er damals testamentarische Vergabungen an die Bevölkerung von Raron rückgängig, ausgenommen diejenigen zugun-

---

[203] Vgl. RO, Hauptmann Gattlen, Nr. 53.

[204] Vgl. *ibid.* Nr. 110.

[205] Zwischen Turtig und Visp führte die alte Landstrasse dem Hang entlang durch schwieriges Gelände. Das Trassee wurde mehrmals abgeändert, was bei Grundbesitzern gelegentlich auf Widerstand stiess, u.a. bei einem Urahn des Hauptmanns, Ammann Peter Gattlen, der wegen Behinderung von Arbeiten an der Strasse im Goler 1580 im Landrat verklagt wurde (vgl. Landrats-Abschiede, Bd. 6, S. 177c). Von 1818–1821 prüfte man mehrere Varianten der Linienführung; schliesslich wurde beschlossen, die Strasse in die Talebene zu verlegen und geradlinig von Turtig zum Hohberg zu führen (Staatsarchiv Sitten: 3 DTP 10, 11, 13, 18, 19). Zu Gattlens Beschwerden und Forderungen vgl. CL: R 8c, Fol. 50; 8d, Fol. 46; 8e, Fol. 85–87, sowie: Bittschrift an die Walliser Regierung vom 11. November 1844 (CL: R 9, Fol. 69–70; im Anhang abgedruckt S. 284–285). – Zur Geschichte des Strassenbaus auf diesem Abschnitt vgl. FLÜCKIGER, S. 147–153 und 160–161; seine Ausführungen können aus vorgenannten Dokumenten ergänzt und präzisiert werden.

[206] Vgl. RO, Divers: Nr. 499.

[207] Hauptmann Gattlen schreibt (CL: R 12c, S. 80): «*Der Testierende hat mit aller Wahrheit ein Verzeichnis geschrieben über mehrere Feindseligkeiten, welche er ertrug von einigen mit altem und starkem Stolz beseelten Herren von Raron, welche nur Sklaven oder Heuchler duldeten.*» Das erwähnte Verzeichnis ist im Nachlass nicht gefunden worden.

sten armer Kinder. Gleichzeitig errichtete er Stiftungen für Kirche, Kapellen und Schulen in Bürchen und Unterbäch[208].

Der Aufenthalt in Bürchen dauerte nur kurze Zeit, weil ihm die Wohnung nicht bequem genug war. Am 17. Februar 1863 dislozierte er nach Unterbäch und bezog dort das leerstehende obere Stockwerk im Hause seines im Vorjahre verstorbenen Schwagers Christian Amacker[209]. In dieser Wohnung verbrachte er die drei letzten Jahre seines Lebens, grösstenteils als kranker und schwer leidender Mann[210], gepflegt von seiner Hausmagd Anna Maria Imseng, geborene Rubin, die seit 1859 in seinem Dienste stand und deren Treue er mit testamentarisch festgelegten Schenkungen von Geld, Kleidern und Hausrat belohnte[211]. Gestorben ist er am 6. Dezember 1866, im Alter von 89 Jahren, in Unterbäch[212]. Begraben wurde er auf dem Burgfriedhof in Raron, an der Südostecke des Kirchenchors, an dessen Wand ein eisernes Grabkreuz bis vor wenigen Jahren noch an ihn erinnerte[213].

[208] Vgl. CL: R 12c, Fol. 169–171. – Über Schenkungen an Pfarrei und Gemeinde Raron ist den Memoiren zu entnehmen, dass er für den Bau der St. Josefskapelle (nach 1814) ein Fässchen Pulver zur Verfügung stellte (I, 171); aus anderen Quellen (CL: R 9, Fol. 54) geht hervor, dass er den grössten Teil des Bodens, auf dem diese Kapelle errichtet wurde, geschenkt und mit Geldbeiträgen den Bau und eine Renovation im Jahre 1844 unterstützt hat. Ausserdem hat er (CL: Nachtrag Dr. A. Lanwer) den Anbau an der Nordseite des Maxenhauses gekauft, repariert und der Gemeinde als Schulzimmer und Lehrerwohnung überlassen. Der Pfarrei vermachte er u.a. einen Keller im Rektoratshaus und ein grosses Bild der hl. Philomena (70/104 cm, mit Wappen und Initialen des Donators, heute im Pfarrhause auf der Burg; vgl. Roten, Hans Anton von, S. 52). Laut Korrespondenzen im Nachtrag zum Fonds Carlen-Lanwer hat er 1862 auch alle Gemeinden des Lötschentales mit Geldgeschenken für die Schulen bedacht; Kippel erhielt 250 Bundesfranken.

[209] Brief an Tochter Caroline vom 18. Februar 1863 (CL: B 35/7). – Laut einer Notiz im Nachtrag zum Fonds Carlen-Lanwer (Sammlung Dr. Anton Lanwer) zahlte er ab 1. Februar 1863 für das obere Stockwerk im Haus in der Bandoltschen eine Jahresmiete von Fr. 50.–. Verschiedene Angaben über seinen Aufenthalt in Unterbäch, die in der Publikation Weissen (S. 62) stehen, sind zu korrigieren.

[210] Über Krankheit und körperliche Beschwerden, die er zu ertragen hatte und mit Kuraufenthalten und Medikamenten zu lindern versuchte, gibt die Korrespondenz mit Angehörigen, Freunden, Ärzten und Apothekern vielfältigen Aufschluss; vgl. CL: B 31/43, 50, 52, 56, 59, 71, 72, sowie: Nachtrag Dr. A. Lanwer und PS 16; RO, Hauptmann Gattlen: Nr. 61, 67, 84, 85, 87, 106, 113, 119, 121, 128.

[211] Vgl. CL: P 51. – Neben Jahreslohn von 100 Franken erhielt sie Schuhe, Hemden, Schürzen, ein Bett samt Leintüchern und Wolldecken, ein Spinnrad, ein Stubenlicht, verschiedenes Geschirr, Lebensmittel, Bilder nach freier Wahl.

[212] Auf Begehren der Haushälterin «und weil seine Erben abwesend waren», liess der Richter von Unterbäch in Anwesenheit des Vize-Richters und des Ortspfarrers Wertsachen und schriftliche Dokumente im Wohnzimmer «hinter Schloss und Siegel» legen und die Amtshandlung protokollieren; signierte Urkunde: CL: Nachtrag Dr. A. Lanwer.

[213] Das Grabkreuz ist an der Ostwand der Burgkirche angebracht; die Inschrift, die vor einigen Jahren noch lesbar war, ist verschwunden. Vgl. Abb. 30 und Roten, H.A.v., S. 53.

Testament

Hauptmann Gattlen scheint 1833 sein erstes Testament redigiert zu haben[214], das er im Laufe der Jahre mehrmals abänderte. Nachweisbar sind Fassungen von 1841, 1857, 1860; letztere dürfte die Grundlage gebildet haben für das endgültige Testament, das er am 5. Juni 1862 unterzeichnete, im Winter 1862/63 in einigen Punkten ergänzte[215], später teilweise veränderte.

Abb. 8: Eisentruhe, angefertigt zur Aufbewahrung von Testament und Schuldtiteln.

[214] Vgl. CL: B 13: Schreiben an Sohn Ferdinand vom 1. September 1833, das er vor der Abreise nach Neapel auf dem Tische in seiner Wohnstube hinterliess. Ferdinand sollte das Testament Oberst Christian Amacker zur Aufbewahrung übergeben. – Ein vermutlich abgeändertes Testament übergab er seinem Schwager 1841, als er in Raron im Urlaub war; vgl. CL: R 8d, Fol. 1; R 8e, Fol. 80; B 13; vgl. auch Anhang, S. 270. – Ein drittes Testament vollendete er am 25. Oktober 1857; es ist erwähnt in einem Eintrag in *Buch No 14* (CL: Nachtrag Dr. A. Lanwer), Fol. 283.

[215] Auf der Innenseite des Einbandes von «*Buch No 16*» (CL: R 12c) steht datiert und signiert der Hinweis auf eine «*testamentarische Stiftung ... für die Knaben der Töchter des Stifters*». Diese Stiftung ist auch in einem Nachtrag zu den Memoiren vom 25. Januar 1860 erwähnt; vgl. I, 208. – Zur Aufbewahrung des Testaments und der Schuldtitel liess Hauptmann Gattlen (vermutlich 1860) eine solide Truhe aus Eisenblech herstellen, «*eine eisene Küste*» (vgl. Abb. 8), zum Preise von Fr. 85.–; sie ist heute im Besitz von Frau Dr. Anton Lanwer; vgl. Memoiren I, 209, sowie CL: Nachtrag Dr. A. Lanwer: *Inventar,* S. 11, 40, 50.

Das umfangreiche Testament von 1862 (76 Seiten), das nur in einer Abschrift erhalten ist[216], enthält eine familiengeschichtliche Einleitung, Hinweise auf Herkunft und Umfang des Vermögens, Anordnungen für die Verteilung von Grundgütern und Mobiliar, ein Verzeichnis der Gegenstände, die er den Enkeln als Andenken hinterlassen wollte, Angaben über Schenkungen an die Schulen von Raron und St. German, an Kirche, Kapellen und Schulen von Bürchen und Unterbäch[217].

Den Kern des Testamentes bildete die Errichtung einer Stiftung, welche den männlichen Nachkommen seiner Töchter den Besuch höherer Schulen sichern sollte. Die weiblichen Nachkommen, für die keine Studienbeihilfe vorgesehen war, sollten von ihrem 14. Lebensjahr an bis zum Tode jährlich 20 Franken aus der Stiftungskasse ausbezahlt bekommen. Als Dotation erhielt die Stiftung ein Kapital von 18 000 Franken in zinstragenden Obligationen sowie umfangreichen Grundbesitz, dessen Erträge in die Stipendienkasse fliessen sollten[218]. Die Stiftung bekam als unverwirkbares Eigentum Gattlens Güter südlich der Rhone, von den Strichen bis ins Turtig: Äcker und Wiesland, Wald und Weide, Wohnhäuser und Wirtschaftsgebäude, ebenso allen Besitz am Unteren und Mittleren Gäsch und am Blaschbiel[219].

Hauptmann Gattlen glaubte, die Ehemänner seiner Töchter würden die Verwaltung der Stiftung übernehmen, bis einer ihrer Söhne «aus den hohen Schulen komme und dazu tauglich» sein könnte. Bestimmung einer Drittperson schloss er nicht aus, doch durfte es «kein Spieler, Säufer, Verschwender, Nachlässiger und in üblem Ruf begriffener Mann» sein[220]. Die Aufgaben des Verwalters, der alle zwei Jahre vor Vertreten der beiden Töchter, vor Stipendiaten, Wai-

---

[216] Das eigenhändig geschriebene Testament füllte ursprünglich in «*Buch No 16*» (CL: R 12c) die Seiten 1–76, die Hauptmann Gattlen vielleicht selber herausgeschnitten hat, um sie einem Notar zur Aufbewahrung zu übergeben (vgl. ibid. S. 160). Die übrigen Seiten, die bis 257 paginiert sind, sollten zur Aufzeichnung von Stiftungsangelegenheiten dienen (vgl. ibid. S. 156 und 167) und wurden dazu auch teilweise verwendet: S. 77–85, 169–171 und 235–236 enthalten Eintragungen von der Hand des Stifters, S. 169–171 die Abschrift des Testaments, dessen Wortlaut der Testierende seinem Neffen Kaplan Moritz Gattlen «*von Wort zu Wort*» eingegeben hatte; S. 99–148 sind herausgerissen worden. Als die Stiftung nicht verwirklicht wurde, benützte Moritz Gattlen die freigebliebenen Seiten für persönliche Notizen (Predigten, Betrachtungen, Entwürfe oder Kopien von Briefen, etc.); Datierungen belegen, dass er das Buch bis zu seinem Tode im Jahre 1889 in seinem Besitze hatte. Diesem Umstande ist es wohl zu verdanken, dass die Abschrift des Testaments erhalten geblieben ist.

[217] Vgl. CL: R 12c, S. 169. – Laut Dokumenten im Gemeindearchiv Bürchen (H 17/11–12, 16) übergab er am 30. Nov. 1862 der Schule von Bürchen Obligationen im Werte von Fr. 324.62.

[218] Die Höhe des Stiftungskapitals hat Gattlen zweimal nachweisbar geändert. Im Nachtrag zu den Memoiren vom 25. Januar 1860 (I, 208) gibt er Fr. 12 000.– an, ebenso in der ursprünglichen Fassung eines Eintrags auf der Innenseite des Einbandes von «*Buch No 16*» (CL: R 12c); dieser Betrag ist dort durchgestrichen und mit dem Vermerk «*Im Jahr 1862*» auf 24 000 Franken erhöht worden. In der endgültigen Fassung des Testaments steht hingegen eine Summe von 18 000 Franken, mit der auch der budgetierte Zinsertrag von 900 Franken (5%) übereinstimmt.

[219] Vgl. CL: R 12c, S. 153–154. Namentlich genannt sind die Güter im Goler und am Spitzen Biel (samt Gebäuden, Wald- und Weidrechten), Grundstücke in den Strichen, Theilen, Blageren, Rundeien, im Mutt, auf der Golerpletsche, unter dem Feld, unter den Steginen, am alten Galgen, Anteile im Hellelen-, Millacher- und Kummeltiwald.

[220] Zitat: *ibid.* S. 155. – Anweisungen für den Verwalter stehen auf den S. 154–158, 161–162, 166–168; sie betreffen Wahrung und Vermehrung des Vermögens, Form der Buchhaltung, Aufbewahrung der Dokumente, Pflichtlektüre des Amtsblattes usw.

senamtspräsident und Pfarrer von Raron über seine Tätigkeit Rechenschaft zu geben verpflichtet war, legte er im Testament bis in Einzelheiten fest.

Der Testierende rechnete mit jährlichen Einnahmen von 1400 Franken, wovon 170 Franken für Verwaltung und Armenhilfe, der Rest für die Erfüllung des Stiftungszweckes vorgesehen war[221]. Jeder Stipendiat sollte jährlich 500 Franken (wenn es die Kasse erlaubte 600) erhalten, höchstens während sechs Jahren und nur bei gutem Verhalten. Wenn es der Kassenstand ermöglichte, sollten auch Nachkommen seines Stiefbruders Johann Joseph «für Schule, Lehre und Unterweisung» unterstützt werden[222]. Um in den Genuss des Stipendiums zu gelangen, musste der Kandidat 16 Jahre alt sein, schreiben und lesen können, zum Studium geeignet, im Christentum unterwiesen, gut beleumundet, Eltern oder Vormündern gehorsam sein und die nötigen Kleider besitzen[223].

Das Vermögen, das nicht Stiftungsgut war, sollten die Erben unter sich frei verteilen, ausgenommen Wohnhaus und andere Gebäulichkeiten in Raron, die er aus praktischen Überlegungen der im Dorfe gebliebenen Tochter Caroline vermachte[224]. Josephine erhielt Anteil an Gerätschaften, Hausrat, Wein, Käse, Fleisch und anderen Lebensmitteln. Zu verteilen blieben Grundgüter auf der Nordseite des Rottens: Äcker, Gärten und Wiesland im Grund und im Dorf, hinter der Burg, am Schmidigo Blatt und im Bietschi, ebenso die Weinberge in Raron (u.a. 1600 Klafter in der Halte) und St. German, Speicher in Bürchen und Unterbäch, Alprechte im Turtmanntal (Hungerli) und Joli. – Die Kapitalien hatte Gattlen bereits früher seinen Schwiegersöhnen übergeben; jeder von ihnen hatte im Laufe der Jahre Obligationen im Werte von 46 376 Franken erhalten[225].

Seinen fünf Enkeln hinterliess er als Andenken[226] je vier oder fünf Gegenstände persönlichen Gebrauchs: Säbel, Pistolen, Uniformteile, Reisekoffer, Bartkästchen, Becher, Uhren, Ringe, eine römische Skulptur aus Pompei und ein Marienbild, das er aus Neapel heimgebracht hatte. Jede der fünf Enkelinnen bedachte er mit 20 Franken zum Kaufe von Schmuck; Maria Roten bekam überdies einen seidenen Bettbehang.

Als Testamentsvollstrecker bezeichnete er seinen Neffen Moritz, Sohn des Stiefbruders Johann Joseph, damals Kaplan in St. German, dem er sein Studium

---

[221] *Ibid.* S. 154: Zins: Fr. 500.–; Ertrag aus den landwirtschaftlichen Gütern: Fr. 500.–; Vermögensverwaltung: Fr. 60.–; Einzieher: Fr. 70.–; Abonnement des Amtsblattes: Fr. 10.–; für die Armen: Fr. 20.–; für die armen Schulkinder von Raron und St. German: Fr. 10.–.

[222] *Ibid.* S. 165.

[223] *Ibid.* S. 160–161.

[224] *Ibid.* S. 158–159 und 165. – Für Massangaben und Kaufpreise einzelner Parzellen vgl. CL: R 8e, Fol. 93–98.

[225] *Ibid,* S. 151. – Ein Verzeichnis der Obligationen, welche Eduard Roten zugeteilt erhielt, befindet sich in einem Rechnungsbuch (CL: Nachtrag Dr. A. Lanwer). Daraus geht hervor, dass die meisten Schuldner ihren Zins regelmässig entrichtet und die Darlehen zu gegebener Zeit zurückerstattet haben (Eintragungen laufend von 1855 bis 1895). – Ein summarisches Verzeichnis der Obligationen, welche Josephinens Ehemann Joseph Loretan erhielt, steht in *Buch No 14,* Fol. 284–287 (CL: Nachtrag Dr. A. Lanwer), gefolgt von einer vergleichbaren Liste für Eduard Roten (*ibid.* Fol. 288–292).

[226] *Ibid.* S. 163–164.

bezahlt hatte[227]. Er diktierte ihm den Wortlaut des Testaments und verlangte von ihm, dass er sorgfältig darüber wache, dass es «in allen seinen Auslegungen treu und unverbrüchlich befolgt werde»[228]. Zudem stellte er das Testament ausdrücklich unter den Schutz Gottes und der weltlichen Gesetze. Diese letzte nachweisbare Fassung des Testaments scheint Hauptmann Gattlen später nochmals verändert zu haben. Im Nachlass (CL: Nachtrag Dr. A. Lanwer) sind undatierte, zweifellos erst in den letzten Lebensjahren entstandene Notizen von seiner Hand erhalten geblieben, aus denen hervorgeht, dass er den Notar Moritz Andenmatten (1817–1889) in Visp beauftragt hatte (beauftragen wollte?), seinen *wohlbedachten letzten Willen zu verfassen*. Der wesentliche Unterschied gegenüber der Abschrift des Testamentes von 1862 besteht darin, dass nur die Söhne der Tochter Caroline, verheiratet mit Eduard Roten, in den Genuss der Schulstiftung kommen sollten. Als Grund dieser Änderung erwähnt er Kinderzahl und Bedürftigkeit der Familie Roten sowie Kränkungen durch Josephine, die, wie er schreibt, ihren Vater *in seinen schweren Krankheiten nie besuchte*.

Die Frage, ob beim Tode des Hauptmanns ein rechtsgültiges Testament vorlag oder nicht, muss offen bleiben. Es gibt im Nachlass keinen Hinweis auf Eröffnung oder Vollstreckung eines Testaments, und es fehlt jede Spur von der Existenz der geplanten Stiftung. Dagegen ist urkundlich belegt, dass die Erben anders als vorgesehen über das Stiftungsgut verfügt haben. Schon am 23. April 1867, weniger als fünf Monate nach Gattlens Tod, erklärte Caroline Roten, sie habe sich *wohlbedacht entschlossen*, ihrer lieben Schwester Josephine *Güter und Fahrnisse* abzutreten und *als ihr Eigentum zu übergeben*[229]. Josephine erhielt in dieser Vereinbarung einige Grundstücke in St. German und Turtig, darunter auch solche, welche laut Testament der Stiftung gehörten, ein Alprecht im Hungerli, einen Anteil im Hause neben dem Rektorat der Familie Roten in Raron und Kapitalforderungen von 1535 Franken, was insgesamt nur einen bescheidenen Teil des väterlichen Erbes ausmachte. Vom Stiftungsgut wurde der grösste Teil Carolinens Besitz; sie hat jedenfalls am 19. Dezember 1893 das Landgut im Goler (Äcker, Gärten, Wiesen, Wohnhaus), die Liegenschaft am Spitzen Biel (Mattland, Stall, Scheune, Wald) und eine Wiese im Turtig, alles herkommend von ihrem Vater, bei einer Schuldanerkennung in Versatz gegeben[230]. Ungeklärt bleibt das Verhalten des Testamentsvollstreckers, den Hauptmann Gattlen mündlich und schriftlich beauftragt hatte, die Stiftung zu organisieren und für die Erfüllung seines Letzten Willens zu sorgen.

---

[227] Moritz Gattlen (1825–1889), Kaplan in St. German 1856–1864 und 1886–1889, Pfarrer von Guttet 1864–1886; vgl. LAUBER, Priester (BWG, Bd. 2, S. 189) und Anhang S. 286.

[228] Vgl. CL: R 12c, S. 156–166.

[229] Vgl. CL: P 53.

[230] Vgl. CL: P 65.

Person und Persönlichkeit

Von Hauptmann Gattlen gibt es drei Bildnisse[231]: eines hängt in seinem Hause in Raron, eines in der Wohnung der Familie Dr. Wolfgang Loretan in Leukerbad, das dritte bei Frau Dr. Anton Lanwer in Brig. Auf allen drei Bildern ist er in Halbfigur in der Uniform eines neapolitanischen Hauptmanns im 3. Schweizer Regiment dargestellt.

Das Porträt in Raron zeigt ihn im Dienstkleid, als stramme und schlanke Gestalt, im Alter von mindestens 50 Jahren, mit jünger wirkendem, von dunklem Haar und hellerem, leicht rötlichem Schnurr- und Backenbart umgebenen Gesicht und intensivem Blick, der Intelligenz und Energie verrät[232]. Auf dem Bildnis in Leukerbad, das vermutlich 20 Jahre später entstanden ist, erscheint er in Paradeuniform, den Tschako im Arme haltend, etwas gealtert, aber immer noch stramm und kräftig, mit Charakterkopf, eine reife Persönlichkeit, die Selbstbewusstsein und natürliche Autorität ausstrahlt[233]. Das Gemälde bei Frau Dr. Lanwer zeigt den Dargestellten ebenfalls in höherem Alter.

Welche Körpergrösse Christian Gattlen hatte, wissen wir nicht. Als Siebzehnjähriger war er noch zu klein, um als Soldat angenommen zu werden[234], aber es scheint, dass er später ansehnliche Körpermasse erreichte. Sicher ist, dass er ein vitaler Mann war, der über eine solide Konstitution verfügte, die ihn trotz Kriegsverwundungen, Pest, Cholera und harten Schicksalsschlägen 89 Jahre alt werden liess.

In geistiger Hinsicht war er von der Natur ebenfalls mit guten Anlagen ausgestattet worden. Er war intelligent, sprachlich und mathematisch begabt, wissensdurstig und lernfreudig; obwohl ihm der Besuch des Gymnasiums und höherer Schulen verwehrt wurde, gelang es ihm, auf verschiedenen Gebieten beachtliche Kenntnisse zu erwerben. Er war noch nicht 18 Jahre alt, als er schon Buchhaltung und andere Schreibarbeiten für eine Söldnerkompagnie selbständig zu erledigen vermochte und neben seiner Muttersprache auch Französisch und Italienisch in Wort und Schrift zu gebrauchen verstand. Seine Bildungsbemühungen beschränkten sich keineswegs auf Kenntnisse, die beruflich nutzbar waren.

[231] Drei Bildnisse von mittlerem Format, guter Qualität, unsigniert. Als Urheber ist Lorenz Justin Ritz vermutet worden, mit dem Gattlen befreundet war; dieser hat auch mehrere Personen aus seinem Verwandtenkreis gemalt. Im Porträtverzeichnis des Malers (VALLESIA, 18, 1963) erscheinen Bildnisse der Schwiegereltern, des Schwagers und der Schwägerin Amacker (Nr. 218–221) und des Schwiegersohnes Loretan (Nr. 552), zu dem es ein unsigniertes Pendant gibt, auf dem seine Frau, Gattlens Tochter Josephine, dargestellt ist; die drei Porträte des Hauptmanns sind dagegen im Verzeichnis nicht erwähnt, und sie sind auf der Rückseite nicht beschriftet, wie bei L.J. Ritz üblich. Zu bemerken bleibt, dass die Lückenhaftigkeit des Verzeichnisses bekannt ist.

[232] Vgl. Abb. 15 – Bildgrösse: 70/55 cm. – Das Porträt könnte im Herbst 1828 gemalt worden sein. Hauptmann Gattlen war damals in Raron im Urlaub. In diesem Jahre sind auch die in vorhergehender Anmerkung erwähnten Bildnisse seiner Verwandten in Unterbäch entstanden.

[233] Vgl. Abb. 1 – Bildgrösse: 89/66 cm. – Vermutlich ist das Porträt nach der 1848 erfolgten Entlassung aus dem Dienst in Neapel gemalt worden. Eine detailtreue Kopie, bezeichnet: *A. Nyfeler 1933,* befindet sich im Besitze von Frau Françoise Loretan-de Preux in Leuk. Etwa gleichzeitig mit dem Bild in Leukerbad scheint das Porträt, das Frau Dr. Anton Lanwer besitzt, entstanden zu sein. Bildgrösse: 75/61 cm, ohne gemalten Rahmen: 64/52 cm. Vgl. Abb. 24.

[234] Vgl. Anm. 17.

Er suchte sich auch Wissen anzueignen über fremde Völker, Sitten und Bräuche, über ältere und neuere Geschichte, Archäologie und Kunst, interessierte sich für philosophische Fragen, naturkundliche Phänomene, technische Entwicklungen u.a.m. Geistige Regsamkeit blieb ihm bis ins hohe Alter erhalten[235].

Die Lebenserinnerungen vermitteln ein eindrückliches Bild von der Entwicklung eines Bauernkindes zu einem erfolgreichen Geschäftsmann; sie zeigen, wie sich Christian Gattlen aus bescheidenen Verhältnissen zu Wohlstand und Ansehen emporarbeitete und als Offizier und in öffentlichen Funktionen zu bewähren vermochte. Als Hauptmerkmale seiner Persönlichkeit erscheinen: initiativer Geist, Anpassungsfähigkeit, Zielstrebigkeit, Selbstvertrauen; er war arbeitsfreudig, zuverlässig, pflichtbewusst, ordnungsliebend, sparsam, besass kaufmännische Begabung und unternehmerisches Geschick.

In seinen Geschäften war er stets korrekt, als Vorgesetzter streng, forderte Disziplin und Gehorsam, hatte aber auch Verständnis für Sorgen und Probleme seiner Untergebenen. Trotz Flucht aus dem Elternhaus blieb er geprägt von Heimatliebe und Familiensinn. Er hat das Wallis nur aus materiellen Gründen für längere Zeit verlassen, ist so oft als möglich heimgekehrt, hat der Öffentlichkeit gedient, Pfarreien und Gemeinden seiner engeren Heimat beschenkt; für Frauen und Kinder hat er treu und aufwendig gesorgt, Brüder, Nichten und Neffen unterstützt. Von Natur aus war er ein umgänglicher Mensch, der fröhliche Gesellschaft und weiblichen Charme zu schätzen wusste, konnte aber auch zornig werden, unfreundlich und abweisend sein. Harte Schicksalsschläge und unheilbare körperliche Leiden haben sein Gemüt zeitweise stark belastet und bewirkt, dass sein Wesen im Alter zunehmend hypochondrische Züge angenommen hat.

Seine politische Einstellung, die in den Memoiren nicht definiert ist, verrät einen durch Herkunft und Erziehung konservativ geprägten Geist, weist aber auch Züge liberalen Denkens auf. Bis um 1815 entsprachen seine politischen Ansichten zweifellos denjenigen der grossen Mehrheit des Oberwalliser Volkes. Es ging damals vor allem um Freiheit und Unabhängigkeit des Landes, für die er entschieden eintrat. Er widersetzte sich allen Bemühungen für einen Anschluss an Frankreich, obwohl er in Napoleons Armee gedient hatte und beim französischen Residenten im Wallis gut angesehen war. Sein Patriotismus hinderte ihn nicht, den Aufstand der Oberwalliser von 1799 zu kritisieren und die blinden Hetzer, die das Volk ins Unheil geführt hatten, mit scharfen Worten zu tadeln.

---

[235] Im Testament, das er 1862, im Alter von 85 Jahren verfasste, erwähnt er in der Einleitung (CL: R 12c, S. 150) seine Augenschwäche, die damals in veränderter Handschrift auch sichtbar wurde, bezeichnet sich aber im übrigen versehen *mit allen Geistesfakultäten*.

Während der französischen Besetzung des Landes versuchte er sich und seine Mitbürger so gut als möglich vor Schaden zu bewahren, ohne seine Einstellung grundsätzlich zu ändern. Die Wiederherstellung der vorrevolutionären Zustände, die nach dem Abzug der Franzosen eingeleitet wurde, betrachtete er damals im wesentlichen als legitim, ebenso die damit verbundene neuerliche Übernahme der politischen Macht im Zenden Raron durch das Patriziat. Grund dafür mag anerzogener Respekt vor gesetzten Autoritäten gewesen sein, der sich wohl auch darin äussert, dass er in seinen Memoiren bei jeder Erwähnung von Adeligen oder Amtspersonen neben dem Namen Rang und Titel erscheinen lässt und für sich selber den Offiziersgrad zu nennen selten vergisst. Später scheint sich diese Einstellung geändert zu haben; es fehlt jedenfalls nicht an kritischen Bemerkungen über Tun und Lassen der Behörden und die von der Obrigkeit verschuldete Rückständigkeit des Landes in wirtschaftlicher und kultureller Hinsicht[236]. Aufs ganze gesehen, darf man ihn den fortschrittlich denkenden Konservativen des Oberwallis zurechnen und in die Nähe rücken von Domherrn Josef Anton Berchtold und Lorenz Justin Ritz, mit dem er persönliche Beziehungen pflegte[237].

In religiösen Belangen ist eine ähnliche Einstellung erkennbar. Im katholischen Glauben, in dem er fest verwurzelt war, fand er Stärkung im Alltag und Trost bei schweren Schicksalsschlägen. Seine Kinder ermahnte er immer wieder, ein gottgefälliges, christliches Leben zu führen[238]. Er selber hat seine religiösen Pflichten stets zu erfüllen versucht, auch in Kriegszeiten und in atheistischer Umgebung. Er scheute sich nicht, seinen Glauben öffentlich zu verteidigen[239], war aber kein Fanatiker. Religiöse Missbräuche[240] blieben ihm nicht verborgen, und der Klostereintritt seiner Tochter Barbara hat ihn nur wenig gefreut. Bezeichnend ist, dass er beide Teile seiner Lebenserinnerungen mit Gedanken an Gott abgeschlossen hat: den ersten mit einem persönlichen Glaubensbekenntnis und dem Wunsche, Gott möge ihn nach einem «so harten und mühvollen Leben in die Zahl seiner Auserwählten» aufnehmen, den zweiten mit der Bitte an seine Kinder um Gebet zu Gott dem Allmächtigen für die Vergebung aller seiner menschlichen Schwachheiten[241].

Diese wenigen Hinweise auf das geistige und moralische Profil des Hauptmanns Christian Gattlen müssen hier genügen; eine vertiefte Würdigung seiner komplexen Persönlichkeit würde den Rahmen dieser Einleitung sprengen. Zu hoffen ist, dass seine Person nach integraler Veröffentlichung der Lebenserinne-

---

[236] Vgl. auch: I, 30–34 und 178–184.

[237] Vgl. CL: B 24 (Brief von Lorenz Justin Ritz vom 31. Januar 1847).

[238] Vgl. die im Anhang abgedruckten Briefe (S. 269 ff.), in denen moralisierende Ermahnungen den Hauptteil des Inhalts ausmachen.

[239] Vgl. II, 125–126.

[240] Vgl. II, 43–44.

[241] Vgl. I, 207 und II, 236.

rungen differenzierter gesehen wird als bisher, dass man ihn nicht mehr nur als Kriegshelden betrachtet, wie es meistens geschah, sondern als eine der vielseitigsten und interessantesten Gestalten des 19. Jahrhunderts im Wallis[242].

Abb. 9: Siegel des Hauptmanns Christian Gattlen, mit Wappen und Devise.

[242] Zum Wappen, das Hauptmann Gattlen schaffen liess, vgl. WALLISER JAHRBUCH 1996, S. 68–69. Es erscheint auf seinen Bildnissen und auf einem Siegel, von dem ein Abdruck im Staatsarchiv Sitten (Fonds Hans Anton v. Roten, Nachtrag) aufbewahrt wird, umrahmt von einer nur teilweise lesbaren Inschrift, die als Devise zu betrachten ist: PRUDENTIA V[INCIT OMNIA]; vgl. Abb. 9.

Lebenserinnerungen
Teil I

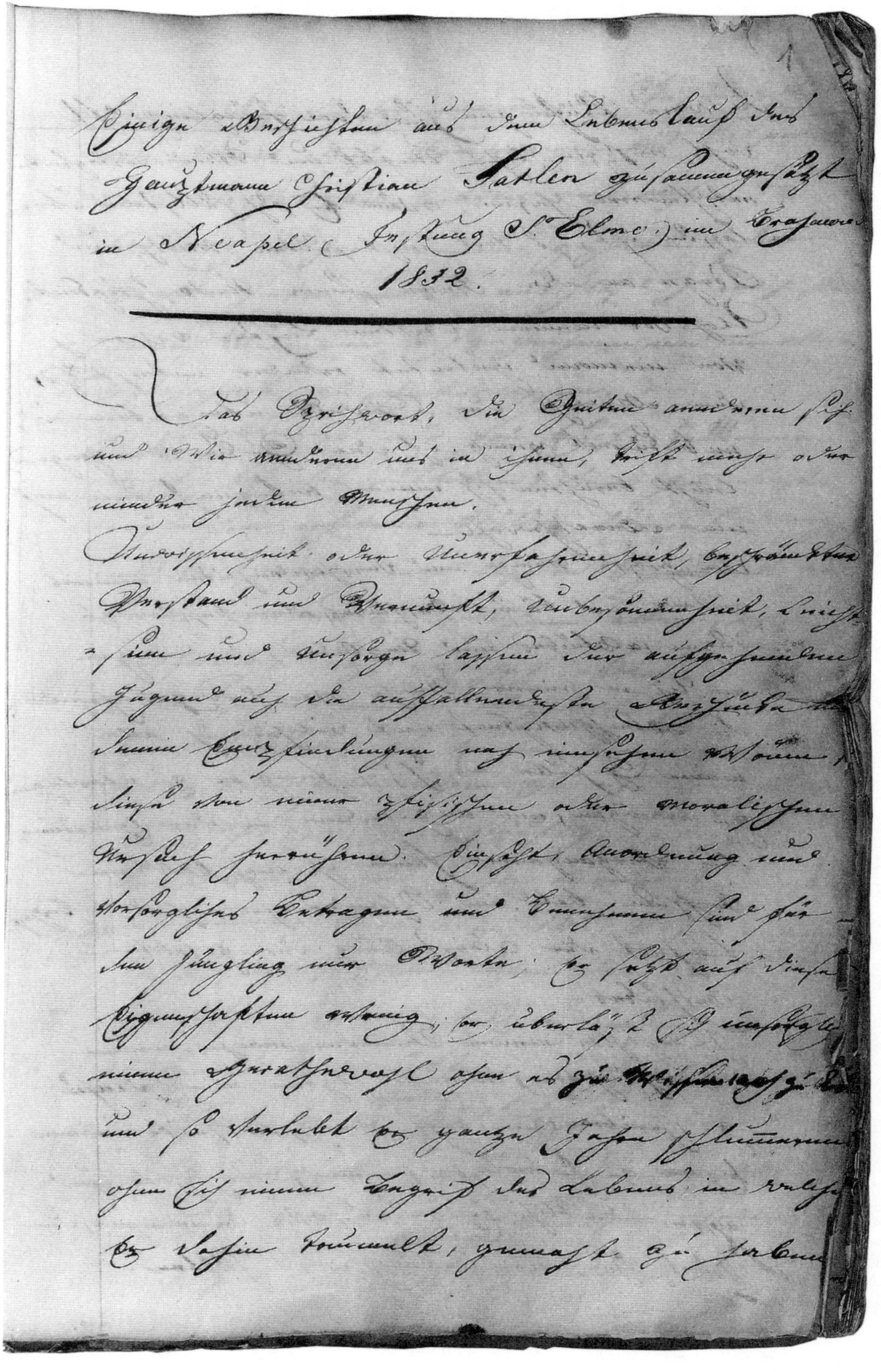

Abb. 10: Erste Seite von Teil I der Lebenserinnerungen.

Einige Geschichten aus dem Lebenslauf des Hauptmanns Christian Gatlen[1] zusammengesetzt in Neapel, Festung St. Elmo, im Brachmond [= Juni] 1832

Das Sprichwort, die Zeiten ändern sich und wir ändern uns in ihnen, trifft mehr oder minder jeden Menschen. Unwissenheit oder Unerfahrenheit, beschränkter Verstand und Vernunft, Unbesonnenheit, Leichtsinn und Unsorge lassen der aufgehenden Jugend auch die auffallendsten Geschicke mit den Empfindungen nah einsehen, wenn diese von einer physischen oder moralischen Ursache herrühren. Einsicht, Anordnung und vorsorgliches Betragen und Benehmen sind für den Jüngling nur Worte. Er setzt auf diese Eigenschaften wenig, er überlässt sich unsorglich einem Geratewohl, ohne es zu wissen noch zu kennen, und so verlebt er ganze Jahre schlummernd, ohne sich einen Begriff des Lebens, in welchem er dahintaumelt, gemacht zu haben.

/2/ Schwere Prüfungen sind dem Jüngling oft wohl erspriesslich. Unglück und Widerwärtigkeit entschlummern ihn, und, wenn er sich selbst überlassen ist, so tritt nicht selten Mut und Sorge an die Stelle seiner Unvorsichtigkeit. Noch vor meinem dritten Luster[2] war ich von niemand geleitet weder unterstützt dem Gewühl der Welt übergeben, und unbekümmert ging ich der Zukunft entgegen; leicht beruhten sich meine Anliegenheiten auf ein Geratewohl.

Die grosse Menge und Verschiedenheiten meines guten und bösen Geschickes, oder besser zu sagen: Glückes und Unglückes, verdrangen endlich in einer Reihe von 8 oder 9 Jahren die Gleichgültigkeit, mit welcher ich alle meine Zufälle ansah. Ich fing an zu überlegen, zu erwägen und anzuordnen; in der Erinnerung des Vergangenen fand ich mich bald im Frohsinn, bald im Schauder, je nach der Beschaffenheit der Darstellung des gehabten Geschickes.

Ich erzählte meinen Freunden manche meiner Geschichten. Einige sagten mir, diese zu schreiben, um aufs wenigste selbe meinen Eigenen zu hinterlassen, indem wahrhafte und ausserordentliche Ereignisse, wie die meinigen, den Wert zur Übertragung in sich hätten. /3/ Einige Ruhe, die sich mir in der Festung St. Elmo [bot], wo ich mit drei Kompagnien aus Neapel ausdetachiert war, leitete mich auf die Erinnerung mancher meiner gehabten harten Begebenheiten. Da entschloss ich mich, selbe den Meinigen aufzuzeichnen und in aller Wahrheit zu hinterlassen. Ich schreibe also nur für euch, die Meinigen, nicht für das Publikum, denn für dieses müsste hier erhabener Stil, höhere Ordnung und im ganzen eine bessere Schreibart gebraucht werden, zu welchem allen ich weder aufgelegt noch gelehrt bin.

Der Inhalt meiner Geschichte sei euch kein Leitfaden zu eurem Verhalten, nein, mein Betragen war zu oft unbesonnen, tadelhaft, ja wohl sträflich. Ich fiel in die Welt, wie ich schon angebracht, ungefähr in meinem begonnenen 14. Jahre[3], gerade damals, wo sich die Lehren der Französischen Revolution von 1792

---

[1] Hauptmann Gattlen schrieb seinen Namen immer in dieser Form, die in Zitaten respektiert wird; in Einleitung und Anmerkungen zu den hier publizierten Aufzeichnungen wurde dagegen die heute gebräuchliche Form mit Verdoppelung des Buchstabens *t* gewählt.

[2] Zeitraum von fünf Jahren.

[3] Flucht aus dem Elternhaus am 2. März 1791; vgl. I, 41.

an erschrecklich und verheerend entwickelten. Beispiele der Gottlosigkeit und des hässlichsten Sittenverderbnisses mussten in mir manches Böse wirken und oft auch die Grundsätze meiner christlichen Erziehung erschüttern. Ich nehme /4/ mein Verhalten in diesen so zügellosen Zeiten für eine besondere Gnade Gottes. Niemals konnte sich mein Herz nach den grossen Haufen, die mich umgaben, hinsichtlich ihrer Denkungsart gegen die Religion und der Sittenzerstörung einverstehen. Jede gewalttätige Ausübung wider die heilige katholische Religion, wider die dadurch bestehende gute Ordnung und Moralität schmerzte mich im Innersten, und doch musste ich oft selbst ein Augenzeuge solcher Zerstörung sein. Soviel ich es tun konnte, und auch noch manchmal mit allen meinen Unternehmen, sträubte ich mich gegen jene, welche mir untergeordnet waren, allemal wenn diese willkürlich in dergleichen Vergehen traten, allein, was konnte ich? Die damalige Regierung von Frankreich, erstlich und hernach wieder mehr, wollte in Religionssachen jede Denkungsart, ja auch alle Beschimpfungen und Vergehen gegen dieselben, freisprechen oder ungestraft lassen, und so erhielt mich in Glaubenssachen nichts als die Gnade Gottes, um die ich täglich bat.

/5/ [...][4] Vater Christian Gatlen[5], Bürger von Raron, nur zur Agrikultur erzogen, soll meiner Mutter Hand, Magdalena[6], einzige Tochter des Hauptmanns Joseph Heinen[7] und [der] Maria Christina Zmillachern, eine Tochter weiland Meier Theodul Zmillachern[8], aus gegenseitiger Liebe, nicht aber aus günstiger Einwilligung ihrer Eltern zur Ehe erhalten haben. Daher entstand auch einige Härte gegen meine Eltern, besonders abseiten meines Grossonkels Domherr Joseph Ignaz Zmillachern[9], gewesener Vicarius Foreaneus und Prior zu Niedergesteln etc. Diese Härte blieb nicht ohne böse Folgen. Sie erzeugte Nachlass an gegenseitiger Achtung und ehelicher Zärtlichkeit, wie /6/ [...][10]

Um diesen Umgang zu heben, veranlassten die beiderseitigen Familien, dass mein Vater für drei Jahre Militärdienst in Spanien nahm[11]. Die Mitschuldige[12] wurde für einstweilen entfernt, und mit diesem blieb das Vergehen bedeckt

---

[4] Der obere Teil des Blattes (S. 5–6) ist weggeschnitten worden. Die fehlende Stelle enthielt vermutlich nähere Angaben zu der in diesem Abschnitt erwähnten «Verfehlung», die ein Leser aus unbekannten Gründen als kompromittierend empfunden haben muss.

[5] Am 2. Februar 1754 getauft auf den Namen Johann Christian; vgl. Taufbuch Niedergesteln.

[6] Geboren in Ausserberg, in Raron getauft auf den Namen Anna Maria Magdalena am 30. August 1753, verheiratet am 1. Juni 1777, gestorben am 15. August 1782.

[7] Johann Joseph Heinen, Hauptmann und Stellvertreter des Meiers von Raron, wurde am 15. Mai 1786 beerdigt.

[8] Laut WAPPENBUCH 1946: Kastlan von Niedergesteln 1712, Meier von Raron 1746–48, Kastlan von Bouveret 1748.

[9] Vgl. BWG, Bd. III, S. 410 (LAUBER, Priesterverzeichnis): war 1746–50 Rektor, 1750–52 Prior von Lötschen, 1752–77 Prior von Niedergesteln, Supervigilant und Titulardomherr, gestorben 1777, 5. März, beerdigt in Niedergesteln am 8. März.

[10] Vgl. Anmerkung 4.

[11] Es scheint, dass er im Verlaufe des Jahres 1781 (nach der Geburt des jüngsten Kindes am 24. März) in den Militärdienst getreten ist und diesen 1783 (jedenfalls nach dem Tode seiner Frau am 15. August 1782) wieder verlassen hat. Zur Person vgl. Einleitung S. 18–20.

[12] Der Name der «Mitschuldigen» fehlt; vielleicht wäre er auf dem fehlenden Teil des Manuskripts (vgl. Anm. 4) zu finden gewesen, samt Erklärungen, worin die Schuld bestand.

und niemand konnte ihnen eine correctionnelle Busse vorwerfen. Der Militärdienst ist bis daher im Wallis, wie in sämtlicher Schweiz, als ein Ehrenstand angesehen. Ein guter Abschied von demselben bringt dem Einhaber Achtung und Ansehen, ohne dass das Publikum eine Rücksicht auf die Ursache, warum /7/ dieser oder jener in den Militärstand getreten ist, zu nehmen pflegte. Mein Grossvater Hauptmann Heinen nahm seine Tochter wiederum zu sich, meine Brüder[13] Peter und Ignaz liess der Vater seinen Schwestern[14] Catharina und Cresentia, und ich als der Liebling meines Grossvaters blieb mit meiner Mutter.

Wie sehr solche Vorfälle auch auf das unschuldige Herz wirken mussten, kann man sich vorstellen, und wie erschwerend noch die Vorwürfe derselben oder die Schilderung der Folgen eines eigensinnigen Betragens sind, kann sich ein fühlender Mensch auch leicht einbilden. Meine Mutter, von dieser oder jener Erinnerung gequält, von ihren Eltern vielleicht oftmal hart an Tatsachen gewiesen, denen nicht mehr vorzukommen war, sank in Gram und Schmerzen, die ihr Leben, bevor der Vater aus Spanien zurückkam (im 3. Jahre), verzehrten[15]. Kaum kann ich mir einige Züge und das Gewestsein [= Wesen] meiner lieben Mutter vorbilden. – Oft ahndeten [= beklagten] mein Grossvater und Grossmutter schmerzlich den Tod meiner Mutter, allein zu spät!!

/8/ Bald hernach verschied auch meine Grossmutter[16], und nun äusserte der Grossvater mir besonders seine ganze Liebe und setzte seinen Trost und Hoffnung auf mich. Seine Anhänglichkeit ging so weit, dass er selten meinem kindischen Willen und Verlangen etwas versagte. Der Vater langte nach Verfluss der drei Jahre mit Abschied aus Spanien zurück, übernahm einen Teil der Güter vom Grossvater und zog zu seinen Schwestern, welche meine zwei Brüder hatten, zu Haus, mich aber wollte der Grossvater bei ihm behalten.

Auch Hauptmann Heinen fühlte das Ende seiner Tage. Manchesmal nahm er mich bei der Hand und sagte mir, mein liebes Christi, wie wird es dir gehen? Ich will aber für dich sorgen, dass du eine gute Erziehung bekommst. Studiere fleissig und sei meiner eingedenk. Allemal entgingen ihm einige Tränen bei diesem Ausbruch, deren ich mich noch gut erinnere. – Eine lange Krankheit hatte ihn überfallen und der Abend des [13. Mai] 1784 brachte ihm den Tod[17].

/9/ Um sein Sterbebett standen einige Leute. Er liess mich nahe rufen, nahm mich bei der Hand, stammelte, halb gestorben, zu Seiner Hochwürden weiland Pfarrer Riedin[18]: nehmen sie sich doch in der Zukunft dieses verlassenen Kindes an. Mein Testament, sagte er, hat für seine Erziehung den Inhalt nach meinem Willen, ich bekräftige denselben noch vor ihnen, aber die Vollziehung wird auch ihrer Unterstützung bedürfen. Mich immer festhaltend ermahn-

[13] Biographische Hinweise, vgl. Einleitung S. 18–19.

[14] Catharina Barbara Ignatia ist am 25. Januar 1760 in Niedergesteln getauft und am 3. Juli 1841 in Raron beerdigt worden. – Maria Margareta Cresentia ist am 14. Januar 1763 in Raron getauft und am 27. Juni 1824 dort beerdigt worden. Beide sind unverheiratet gestorben.

[15] Vgl. Anmerkung 6.

[16] Maria Christina Zmillachren; Todesdatum unbekannt, keine Angaben in den Pfarrbüchern von Raron und Niedergesteln.

[17] Hauptmann Heinen ist am 15. Mai 1786 in Raron beerdigt worden; der Todestag ist im Sterbebuch nicht angegeben.

[18] Johann Joseph Stephan Riedin (1729–1792), von 1765 bis zu seinem Tode Pfarrer und Dekan von Raron, 1773 Titulardomherr. Vgl. BWG, Bd. VI, S. 264.

te er mich noch zur Rechtschaffenheit und zum Fleiss im Studium, und so erkaltete seine wohltätige Hand in der meinigen. Nachdem seine Hülle ehrenvoll zur Erde bestattet war, eröffnete man am sogenannten Siebenten sein Testament, worin es hiess: *pro educatione Christiani dilecti nipoti mei sind 3000 lib.* [= Pfund] in diesen und diesen Kapitalien angewiesen. Vollzieher des Testaments und Schaffner[19] für diese Sache waren darin benamset, die Nutzniessung seiner Hinterlassenschaft dem Vater zugesagt u.a.m.

/10/ Die Prinzipien der lateinischen Sprache zu beginnen, verlegte man mich in die Schule des Herrn Haslers[20], damaliger Rektor in Lötschen, wo ich beinahe drei Jahre blieb. Hernach tat man mich an Unterems zum H. Pfarrer Imahorn[21], der in der Zeit als einer der besten Professoren für die lateinische Sprachlehre galt. Da sich aber jeder Mensch im Laufe seines Lebens in seinem Humorischen auch öfters ändern kann, schien es, dass dieser Herr in seinem damaligen hohen Alter nicht mehr jene Methoden und Artigkeiten besass oder anwendete, mit welchen er früher seine Schüler zu leiten wusste. Schon einige Zeit bevor ich zu ihm kam, hiess es allgemein bei jenen, die ihn persönlich kannten und in seiner Nähe lebten, dass Herr Imahorn in seiner Haushaltung seinen Mägden und Studenten fast unerträglich sei, und dass er sogar seiner Pfarrei manche Ursache des Missvergnügens /11/ und zu Klagen gegeben habe. Es hiess überdies, dass ihm schon mehrere Studenten wegen nicht hinreichender Nahrung und unerträglichen bösen Launen vor dem Ablauf des Jahres ausgerissen seien, und dass die Eltern anderer seiner Schüler wegen solchen Ursachen diese von ihm genommen hätten. Meinem Vater und [den] Schaffnern waren diese Berichte nicht unbekannt; sie sprachen davon, dennoch aber sollte ich dahin, weil er ein guter Lehrer sei.

Ich hatte bloss mein elftes Jahr erreicht, und in diesem trug ich Liebe, Lob und Fleiss zum Studium aus der Schule des Herrn Haslers. Schädliche oder ungegründete Furchtsamkeit war mir fremd, daher auch Lügen, dumme Verheimlichung unsträflicher Sachen und Verstellung; mein Herz war offen, gut und ohne Zwang zum Gehorsam geneigt. Freude, mich im Studium hervorzutun, beseelte mich, und hatte ich gleich vielen andern auch meine Fehler, so waren es Fratzereien meines Alters.

Nach wenigen Tagen musste ich schon die Strenge des Herrn Imahorn erdauern. Das Vergehen in manchen mir vorgeschriebenen Regeln, die bis zum Lächerlichen für jeden Menschen gingen, zog mir gleich harte Strafen und schädliche Furcht zu. /12/ Der Aufblick auf einen zum Zimmer eintretenden Menschen war ein Vergehen, welches seine Busse nach sich zog; ein Laut während dem

---

[19] Das Testament fehlt im Nachlass. Als Testamentsbewahrer erscheint später (I, 22) Hildebrand Roten (zu dessen Person vgl. Anm. 23). – Zum Geldwert vgl. Einleitung: S. 20, Anm. 6.

[20] Johann Martin Hasler, von 1767 bis zu seinem Tode im Jahre 1802 Rektor in Kippel; vgl. BWG, Bd. II, S. 382. – Christian Gattlen scheint im Herbst 1786 bei ihm den Unterricht begonnen und zwei Schuljahre in Kippel verbracht zu haben.

[21] Franz Joseph Imahorn (1735–1794); er war 1763–66 Rektor von Ulrichen, 1766–68 Schullehrer in Leuk, 1768–71 Pfarrer von Erschmatt, 1771–88 Pfarrer in Grengiols, 1788–93 Pfarrer von Ems. Vgl. BWG, Bd. II, S. 406. – Christian kam, nach eigenen Angaben (I, 11), als Elfjähriger zu Pfarrer Imahorn und blieb «nahe drei Jahre» (I, 15) bei ihm. Vermutlich hat er den Unterricht im November 1788 begonnen und im Frühjahr 1790 beendet.

Schreiben und Komponieren hatte eine andere Strafe, das Rüspeln mit den Füssen desgleichen, so wie auch das sich Umwenden, das zum Fenster Ausschauen, das Schwätzen, das Staunen und solche andere Kleinigkeiten.

Was aber das Unerträglichste für einen jungen Buben war, ist die rigoros vorgeschriebene Haltung in einer Unbeweglichkeit oder Stillhaltung in der Vakanzstunde nach einer kargen und nicht genugsamen Kost. Während dem Genuss derselben kam von nichts anderem gesprochen als von moralischen Sachen, welche für solche Buben entweder zu unbegreiflich oder zu annojös [= langweilig] waren. Am Tisch sollte kein Schüler mit jemand sprechen, er durfte niemand etwas fragen und sollte bei hoher Strafe nicht etwa eine Magd oder eine andere Weibsperson anschaun. Sich satt essen war eine Sünde, und um in diese nicht zu fallen, sorgte Herr Imahorn mit aller Vorsicht. An Vigilien und Festtagen /13/ liess Herr Professor absichtlich einige wohlschmeckende kalte Gerichte auftischen und nach dem wohlgehaltenen Benedicite erhielt man etwas sehr Gemeines in kleinen Fastenbröcklein. Eine Rede über die Abtötung und sich selbst Überwindung wurde gehalten, dann abgetragen, aufgestanden und das Laudate verrichtet. Entging dem einen ein Seufzer oder wohl auch ein Lächeln, so erfolgte die verhängte Strafe.

Keine Magd hatte ein Bisschen Brot in ihrer Gewalt, um den begehrenden Studenten zu sättigen. Herr Imahorn trieb es so weit, dass er allen Mägden, deren er jährlich 6 bis 8 tauschte, sogar das Küchensalz verschloss. Bei jeder Zubereitung eines miserablen Essens ging er in die Küche, legte den Mägden das durch ihn zum verzehren bestimmte wohlbezeichnet vor, gab ihnen die Anleitung zum bereiten, schloss wiederum alles zu, und so unterstand sich keine, auch nur ein kleines davon zu ziehen. Ich erinnere mich ganz wohl, dass ich und meine Mitschüler, deren ich zuvor nur zwei hatte, und diese nur eine Zeitlang, im Herbst, als Herr Pfarrherr Imahorn sein Mastvieh hatte und selbes /14/ mit Erdäpfeln mästen wollte, derselben ganz verdrückt aus unreinen Gefässen handvollweis herauszuheben suchten, um uns in der wenigen Zeit, welche wir unter dem Vorwand einer nötigen *exeundi* [= Austritt] erhielten, in etwas zu sättigen. Kurz, Herr Imahorn diente mit seinem so sehr geänderten Humor nicht mehr zur Erziehung oder Bildung junger Anfänger. Sein System war, alles mit Furcht zu erzwingen, zartes Gefühl einzuflössen schien ihm zu kindisch, die Schüler mit Liebe und Ehrfurcht an sich zu ziehen, unnötig. Ehrgefühl ohne Zwang, Güte ohne Schwachheit, Ungezwungenes ohne Frechheit, Höflichkeit ohne Scheusein und so vieles anderes zu einer guten Bildung Erforderliches schätzte er entweder für etwas Gefährliches oder er glaubte, dass solches bei der Zeit aus den natürlichen Anlagen eines jeden hervorkommen werde.

Die Not, in welcher ich mich hinsichtlich der Nahrung befand, war mancher guten Haushaltung an Unterems bekannt, auch erhielt ich und nahm mit Dank manches /15/ sogenannte Speischen an. In dieser quälenden Lage harrte ich nahe drei Jahre. Über achtzehn Monate war ich sein einziger Kost- und Lehrgänger[22]. Ich liess meinen Vater und [die] Schaffner mehrmals meine Druckung wissen, auch viele andere Leute meldeten diese zufällig denselben, allein sie hatten keine Acht auf meine Klagen.

[22] Zeitangaben: vgl. Anm. 21.

Der Mangel an Nahrung, die harten Behandlungen meines Professors, die Ungeduld, welche sich von Tag zu Tag in mir vermehrte, hatten meine Gesundheit sichtlich zerstört, Elend und Kummer lagen augenscheinlich auf meinem Gesichte. Mein Gram machte mich endlich zu allem unwillig, er gebar in mir sogar Verachtung der Ermahnungen und einen gewissen Trotz gegen die Strafen. Ich fühlte wohl, dass ich bei dem Herrn Pfarrherr Imahorn geringe Fortschritte mehr machen würde, wenn man mich länger bei demselben fortzustudieren zwingen täte, daher bat ich ihn unter einem erdachten Vorwand, dass er mich ein oder zwei Tage /16/ nach Raron möchte gehen lassen. Ich erhielt die Erlaubnis, und nun glaubte ich meinem Übel abzuhelfen. Meine Zuflucht ging zum Domherrn und Pfarrherrn Riedin, der aber damals kränklich lag und sich meiner wenig annehmen konnte. Der Vater, als ich ihm sagte, dass ich lieber dem Studium entsagen wolle als wieder nach Ems zurückzukehren, schmeichelte mir in diesem letzten Wunsch, teils vielleicht, weil er meinem Studium nicht einen glücklichen Ausgang zulegte, und teils, weil er mich in seinem Stande ebenso gut glaubte als in einem anderen, den er für ungewiss gut ansah, auch wusste er, dass die Zinsen der mir zur Unterweisung legierten Capitalien alljährlich ihm zufallen würden.

Meine Schaffner waren eher mehr dieser Ansichten als zur Festhaltung des ihnen aufgetragenen letzten Willens meines unvergesslichen Grossvaters, doch für diesmal hiess /17/ man mich wiederum nach Ems zurückzukehren. Man beratete sich über meine Klage bei Seiner Schaubaren Weisheit weiland Landschreiber Roten[23]; dieser gab mir einen Brief an Herrn Imahorn, dessen Inhalt mir zur Linderung meiner angezeigten bösen Lage dienen sollte.

Herr Imahorn erfuhr dadurch, dass ich mich bei meinen Leuten wegen seiner Kost und Benehmens beschwert hatte. Dies war genug – unleidlich waren die Neckungen, mit welchen ich belegt kam. Der Verweis [= Anschuldigung], dass ich mich ungerecht beklagt habe, zeugte nun mir seinen bestimmten Hass; ich berichtete meinen Leuten neuerdings, allein vergebens. Von einer Erlaubnis, nach Raron zu gehen, getraute ich nicht mehr zu reden, denn auf jede Irritation, die ich dem Herrn Lehrer verursachte, erfolgten derbe Streiche, eine Menge Tatzen, Knieungen auf der Diele, mit einem grossen Stricke oder einem Seil /18/ um den Hals, sogar ein fast bis zur Raserei gehendes Fasten. Einmal als ich vom Sigrist Weibel Joseph Zietili (Hüschier)[24] ein Stück Brot und Käse nach der Messe in der Kirche erhalten hatte, suchte ich dieses im Verborgenen mit niedergebeugtem Kopfe hinter dem Tische, wo ich vor meinem Schreibregister sass, in der Geschwinde zu verzehren. Der Herr Pfarrherr bemerkte mein Naschen, kam auf die Sache und wollte wissen, woher ich selbes hatte; ich gestand ihm die Wahrheit, der Sigrist Weibel Joseph Zietili musste zu ihm kommen und nach dem Geständnis, dass er mir manches Speischen aus Erbarmnus meines Hungers in der Kirche selbst in meinen Sack gesteckt habe, gerieten diese zwei in einen groben Streit, in welchem der Weibel dem Pfarrherr seine bösen Launen und unerhörte Härte und Manieren gegen seine Hausleute /19/ mit aller Wahrheit darstellte bis Herr Imahorn den Sigrist aus dem Haus jagte.

[23] Hildebrand Roten (1741–1812), Bannerherr des Zendens Raron, Landvogt von St-Maurice und letzter Landschreiber der Republik Wallis. Vgl. HBLS, V, 1929, S. 711, Sp. 2; ROTEN, Ernst v., S. 111, Nr. 751.

[24] Spitzname für Joseph Hischier, Weibel und Sigrist in Ems.

Auf dieses musste ich auf ein dreieckiges, schneidendes Scheit knien und ein Seil um den Hals ziehen. Zufällig kam der damalige Pfarrer von Turtmann mit anderen zum Herrn Imahorn, welche schon von Zietili die gehabte Geschichte mit seinem Seelsorger vernommen hatten. Sie frugen nach der Ursach meiner so harten und so sehr beschämigenden Strafe; ich durfte nichts sagen und mein Lehrer gab selbe ihnen als wohlverdiente an, darwider aber Herr Pfarrer Diot[25] von Turtmann mit Herrn Imahorn nicht einig war. Beide Priester zankten sich meiner Strafe wegen in lateinischer Sprache, die ich damals gut verstand. Herr Diot verlangte die Aufhebung meiner Busse, die ich endlich erhielt. – Solange fremde Leute sich bei meinem Professor einfanden, so lange durfte ich frei atmen, ich sage, dass ich nur frei Odem nahm, unbeklommener zu hauchen [wagte]. Wenn /20/ Leute kamen, fiel mir gleichsam eine schwere Beklemmung von der Brust, wenn sie gingen, so belastete mich diese auf ein neues. Jeder Mensch schien mir ein Beschützer, besonders jene, die meine Lage kannten.

Nach Mittag verreiste Herr Diot mit seinen Gefährten. Nicht ohne Grund ahnte ich neue Streiche, denn ich hatte mir erlaubt, dem Herrn Diot nach abgestattetem Dank für die durch ihn erhaltene Strafnachlassung zu sagen, dass ich oftmal so ungerecht büssen müsse. Herr Imahorn hatte etwas von meiner Klage gehört, und dieses liess mich nicht ohne Sorgen. Wie gewöhnlich musste ich manche Pensa vor dem Einschlafen aus meinem Bette aus, welches nahe der Schlafkammer meines Lehrers lag, aufsagen. Diesen Abend aber, weil ich den Tag durch, da bemeltem Herrn Pfarrer von Turtmann und anderen viele Speisen aufgetragen worden, auch darvon erhalten hatte und satt genährt war, ich einschlief /21/ an meiner Aufsage; sein muss es, dass mir Herr Imahorn mehrmal zugerufen hatte und dass ihn mein Schlummer hoch zum Zorn wird gereizt haben, denn als ich erwachte, lag ich auf der Diele unter vielen Rutenstreichen. Schluchzend und weinend verging die Nacht, auf welche ich noch einen für mich erschrecklichen Tag erwartete. Voll der Ungeduld und beinahe von meinem widersetzlichen und halsstörrigen Genius ergriffen, entschloss ich mich, Ems, unter was für Bedingnissen es auch sei, zu verlassen.

Ich floh am frühen Morgen aus dem Pfarrhause und lief nach Raron. Da klagte ich neuerdings [über] die so hart ertragenen Behandlungen des Herrn Imahorns; ich berief mich auf Augenzeugen von diesem und jenem. Man hörte mich gleichgültig an, und so blieb es für diesen Tag. Am anderen Morgen erschien auch Herr Imahorn, der manche Beschwerden über mich vor meinem Vater und Schaffnern, welche zusammen geruft wurden, anbrachte. Da Seine Schaubare /22/ Weisheit Landschreiber Hildebrand Roten damals alles beraten sollte und zugleich auch der Depositarius des Testamentes meines in Gott ruhenden Grossvaters, auch überdies von diesem meinem Gönner hochdemselben anbefohlen war, traten wir sämtlich vor diesen Magistraten. Herr Imahorn hielt auf Entschädigung für die Kost etc., und ich erklärte mich, nicht mehr zu ihm in die Lehre und Kost zu gehen. Dem Vater kam meine Erklärung willkommen, doch mit dem Vorbehalt, dass ich entweder zurück an Ems, bis das Jahr geendet sei, gehe, oder dass ich jetzt gleich mich an die Landarbeit gewöhnen und halten

[25] Offensichtlich eine Verwechslung. Johann Franz Diot war Pfarrer in Turtmann von 1768 bis zu seinem Tode am 19. April 1785; vgl. BWG, I, 1895, S. 471. – Während der Zeit, in der Christian in Ems war, amtete Johann Joseph Heinzen (1760–1831) als Pfarrer von Turtmann; vgl. BWG, II, 1901, S. 385.

müsse. Alle stimmten das gleiche, hinzusetzend, dass alle Studenten geplagt seien, dass denselben jede Kost begnügend sein solle und dass, wenn ich es so nicht ertragen möge, ich nur zum Vater gehen könne, der mich zur Feldarbeit anhalten und mir zu essen und zu trinken nach Bedürfnis geben werde, dieses sei das Sicherste und /23/ Ratsamste für meine Zukunft, und desgleichen alles dieses so anzunehmen, zeigte ich mich nicht geneigt, sagte aber, man möchte bis zum zukünftigen Schuljahre sehen, wie es sich mir zutrage, indessen wolle ich beim Vater in der Arbeit mein mögliches tun.

Im Hause des Vaters befand ich mich ungemein besser als an Ems. Hier vorfanden sich Speisen noch genügend, ein jeder Hausgenosse konnte sich so oft und viel er wollte mit Brot und Käse, Milch und Fleisch noch zwischen den gewöhnlichen Mahlzeiten erquicken; an Wein gebrach es eben auch nicht. Sämtliche im Haus und besonders meine Stiefmutter[26] hielten mich anfänglich lieb und wert, aber ich fühlte mich dennoch nicht am rechten Ort. Jede wenige Zeit, die ich erhaschte, verwendete ich in meinen alten Lektionen, ja auch oft verrichtete ich deswegen nicht gehörig die mir aufgetragenen Arbeiten, so dass es nach und /24/ nach gegen mich Unzufriedenheit erzeugte und man mich den Studenten hiess! Diese Benennung hatte freilich nichts Ungereimtes in sich, doch fiel sie mir und kam als etwas Ironisches gesagt an meine Ohren.

Zu der Jugend meinesgleichen konnte ich mich auch nicht wohl schicken, daher blieb ich am meisten auch an Sonn- und Festtagen allein in meinen Papiersachen beschäftigt. Man fing an zu sagen, ich sei nicht zur Arbeit geeignet, würde aber auch schwerlich zum Studieren taugen und desgleichen, so wie das gemeine Volk zu urteilen pflegt, sobald sich jemand nicht in allem nach seinen Ansichten und nach seinen Urteilen einfindet. Bei allfälliger Gelegenheit erinnerte ich dem Vater meinen Wunsch, auf Allerheiligen zu Brig oder sonstwo in die Schulen zu treten; ich verhehlte ihm auch nicht, dass mein /25/ unvergesslicher Grossvater mich aufgefordert hatte, fleissig zu studieren und [dass ich] seiner eingedenk sein solle, dass es also meine Pflicht sei, seinem letzten Willen zu entsprechen, indem ich Hang und Freude dazu fühle.

Oft war des Vaters Antwort ausfliehend, doch endlich einmal erwiderte er mir: Bist du jetzt bei mir nicht gut, was fehlt dir denn? Hast du an Ems nicht erfahren, was das Studium ist? Es wird dir in einem andern Ort als Student vielleicht nicht besser gehen als es dir da ging! Bald dieses, bald jenes tun oder vornehmen ist nicht zulässig und darzu, was nützte dich das Studieren, wenn du nicht Geistlich werden solltest? Als ein im weltlichen Stand Studierter hättest du keine Aussichten, so viel zu verdienen als du für dich oder die Deinigen bedürftest. Die in den Ämtern bestehenden Familien behalten das, was etwas einträgt, für sich und wissen jeden anderen /26/ bei Vakanzen von einträglichen Plätzen auszuschliessen! Wir haben, sagte er, in unserer Familie mehrere wohl-

[26] Catharina Baumgartner, als Witwe verheiratet mit Vater Christian Gattlen am 31. Mai 1784, am 28. Januar 1801 gestorben.

gelehrte Männer gehabt als einen Johannes, einen Peter, einen Michael Gatlen[27]. Was vermochten diese aber gegen die ihnen Überlegenen! Zur Arbeit wärest du dann untauglich; den Herrn spielen ohne sein Gut zu bestellen oder ohne sonst wie einen guten Verdienst zu haben, lässt sich nicht lange tun, ohne das Vermögen zu schmälern; du siehst also, dass es sicherer und besser für deine Zukunft ist, dich an die Arbeit zu gewöhnen, dabei bist du genährt und gekleidet, und was brauchst du mehr? Nach den mehristen [= meisten] Ansichten und Begriffen über Studieren gemeiner Walliser, oder besser zu sagen, nach den Aussichten für einen jungen Bürgers-Sohn, welcher sich nach vollendeten Studien nicht [zu] der Priesterwürde eignet, hatte der /27/ Vater wohl geredet; ich zweifle keineswegs, dass er etwa mein Wohl und Glück einem anderen Interesse aufzuopfern suchte. Nein, kein Vaterherz lässt sich solches denken.

Bei annahendem Fest Allerheiligen hielt ich noch einmal und sehr dringlich bei dem Vater und meinen Schaffnern an, dass man mir eine Kost in Brig oder Sitten bestellen möchte, ich wünsche und begehre meine Schulen fortzusetzen. Mein Verlangen war so dringend, dass sie sich doch nicht getrauten, dasselbe glatterdings abzuschlagen ohne vorläufig wieder Seine Schaubare Weisheit, gewesenen Landschreiber, darüber zu Rate zu ziehen. Der Vater und die Schaffner kamen hauptsächlich auf die gleichen Ansichten, welche sie mir früher schon geschildert hatten. Seine Schaubare Weisheit sagte zu allem diesen nicht Vieles, es ging aber /28/ wie das Sprichwort sagt: *Wer schweigt, der lobt.* Unter diesen und anderen Vorurteilen [= Vorwänden]: nicht [zu] bestellende Kost in dieser nahen Zeit und dergleichen Kleinigkeiten, verschoben oder verwarfen meine Leute mit Zustimmung oberwähnten Herrns mein Begehren, und ich sollte mich ernstlich an die Feldarbeit gewöhnen.

Dieser Schlag drückte mich tief nieder; ich war untröstlich, kam traurig und verdrossen. Die Begierde, mehreres zu werden, liess mich im agrikolischen Stande nicht ruhig, ich wollte studieren ohne eigentlich zu wissen, was studieren sei; lateinisch lernen, hiess ich, so wie gemeiniglich alle Walliser, ein Student im ganzen sein. Sobald ein Student im Land Wallis Latein sprechen kann, hält man ihn für einen Studierten oder wohl schon gelehrten Menschen. Latein sprach ich dazumalen /29/ ziemlich korrekt und dieses schmeichelte meinem Mute schon höchlich. Hätte ich gewusst, wie viele andere Lehren zu den zeitlichen Bedürfnissen, für eine gute, bequeme Existenz, solche Wissenschaften einem jungen Menschen gewähren, so würde ich meinem Vater und [den] Schaffnern ihre platten Vorurteile durch gründliche Vorstellungen der Aussichten, die ein unterwiesener Mensch schöpfen kann, zernichtet und entfaltet haben, allein dazumal wusste ich von nichts als einem studentisch anfänglichen Latein. Es ging mir wie manchem aus den Walliser Schulen absolvierten Standesjungen oder weltlichen Herrn, die sich mit ihrem Latein, wenn sie keine Universitäten oder andere Instruktionen besuchen, gelehrt glauben, dennoch aber bald auf kein wissenschaftliches Raisonnament antworten, viel weniger ein solches vorbringen können. Ausser dem Priester-Stand, der Medizinkunde und der Rechtsgelehrtheit sah man damals im Wallis, und vielleicht noch heute, nichts was einem Jungen Brot verschaffen könnte.

---

[27] Es handelt sich vermutlich um Personen aus dem engeren Familienkreis: Johann (1651–1722), Notar, Geschworener und Hauptmann des Zendens Raron; Michael (geb. 1684), Notar; Johann Peter (1693–1764), verheiratet mit Maria Christina Maxen 1725.

/30/ Auch die Regierung sorgte für keine anderen Lehranstalten und Aufmunterungen zu vielen anderen nützlichen Wissenschaften. Wie nützlich und notwendig wäre nicht dem Vaterlande eine nur ganz einfache agrikolische Schule[28]. Wie viele falsche Begriffe des Misswachses der inländischen Produkte würden nicht durch die Kenntnis der Natureigenschaften gehebt, durch diese veredlet und vermehrt? Wie viele neu aufgeführte und alte zu verbessernde Gebäude aller Art würden nicht regelmässiger, stärker, schöner und viel wohlfeiler dargestellt, wenn man nicht jeden daherkommenden fremden Pfuscher zum Baumeister nehmen müsste? Warum fehlt es an so einem wesentlichen Teil, der manchen Walliser zu grossem Schaden gebracht hat? Weil keine Lehre der Architektur, der Mechanik noch der Geometrie oder der Messkunst im Vaterland angelegt oder zu haben ist.

/31/ Wäre in einem Lande wie Wallis, wo die Viehzucht der hauptsächlichste Gegenstand des Vermögens seiner Bewohner ist, nicht die Vieharzneikunde eine höchst wichtige und unentbehrliche Sache? Kein Gedanken bis jetzt auf die Errichtung einer so vorteilhaften und zum allgemeinen Besten hinreichenden Hilfsquelle.

Verachten die Walliser Herren einige aus diesen Lehren, so würden diese doch dem Mittelstand sehr einträglich werden. Die Familienstolzen hätten noch andere Mittel, sich ehrenvoll zu ihrem Wohl und Bedürfnis zu beschäftigen, gleich wie andere Adelige der Schweiz sich [solchen] widmen. Wie viel machte nicht ein gelehrter Botaniker, ein guter Mineralogist, ein Chemiker, ein Feldmesser, ein Mathematiker, besonders im Militärstand, in welchen unsere jungen Herrn so gern als Offiziere treten und mit welchen viele aus diesen unglaubliche Fortschritte machen würden? Die Geographie, die Trigonometrie, die Algebra sind /32/ auch Wissenschaften, welche einem ausgezeichneten Krieger nötig kommen.

Will sich einer den literarischen Wissenschaften eignen, so sind ihm nach erlernter Rhetorik, Logik, des historischen und epistolarischen Stiles, der rednerischen Amplifikation, der Versionen in verschiedene Sprachen, der Themen der grammatikalischen Analyse, der Orthographie und anderer Grundsätze, die reine Physik, die gesunde Philosophie, die Metaphysik, die Historie, die Mythologie, die Sphäre, die Geographie und so vieles andere dieser Lehren unentbehrlich. Nicht nur ein oberflächlicher Kurs ist erforderlich, um aus diesen Wissenschaften sein Brot zu verdienen, sondern auszuwandern, sich wo möglich bei Gelehrten anstellen zu lassen und so nach und nach selbst als Gelehrter auftreten zu können. Auch die Kalligraphie und die Erlernung einer ausgedehnten Buchhaltung /33/ in doppelten Partien (Comptabilité) würde manchem jungen Herrn eine achtungsvolle Anstellung verschaffen, ja sogar im Vaterlande, wo die Regierung sich manchesmal gezwungen fand, aus der Fremde Buchhalter und Redaktoren daher zu suchen. Vor der Französischen Revolution 1790 hatte

---

[28] Wie weit Hauptmann Gattlen mit diesen Ansichten im Wallis seiner Zeit vorauseilte, mag der Umstand belegen, dass es dort erst seit 1892 eine landwirtschaftliche Schule gibt; sie wurde von den Chorherren des Grossen St. Bernhards in Ecône eingerichtet und 1922 durch die kantonale Anstalt in Châteauneuf ersetzt. Vgl. HBLS, II, 1924, S. 779. – Gattlens Kritik an sozio-kulturellen Zuständen, namentlich am Schulwesen, wurde von fortschrittlich denkenden Zeitgenossen auch im Oberwallis geteilt, nachweisbar u.a. bei Joseph Anton Berchtold und Lorenz Justin Ritz. Vgl. die Arbeiten von BOUCARD und FARQUET über die Walliser Schule sowie die Lebenserinnerungen von RITZ.

die Aristokratie oder die Republikanische Regierung eine absolutere Gewalt, so dass selbe in [ihrem] Innern nach Willkür die Sachen besorgte und gar alles leicht auf ein Geratewohl durcheinanderwerfen liess, nach derselben aber musste Wallis sich nach den Verhältnissen der Zeiten und Umständen in die Ordnung anderer Regierungen oder Mitstaaten schicken, mit diesen in einen Verkehr eintreten, von welchem hauptsächlich das Haben und Soll des Staates abhing.

Damals erstlich sahen unsere Magistraten, dass eine höhere Ordnung der Sachen nötig sei. Die Ordnung guter Buchhaltung anderer Regierungen, welche mit der unsrigen in Verbindung standen, brachte diese in ein Chaos, aus dem sie sich kaum ziehen konnte, und warum? Weil unsere Lateiner eine solche Ordnung nicht kannten und im Wallis diese nicht gelehrt wurde. Ich erinnere mich, dass man auf Kosten der Regierung einige Herren auf Lausanne schickte, /34/ um da die Buchhaltung, die Rechnungspflege und das Protokollieren gehörig zu lernen und demnach diese förmlich zu führen. Im höchsten Ansehen sind noch zwei aus diesen am Staatsruder, und kaum sind, nach der Sage, keine anderen im Wallis aus den Landratsgesandten zu finden, die selbe ersetzen könnten[29]. Ein zweiter kam von der Regierung oft gebraucht und hat sich dadurch erhoben. Also darf ich sagen, dass unsere Schulen im Wallis ausser den besagten Stellen wenig oder nichts fruchteten. Die *Bone Dies* Schüler galten und wussten nur da etwas, wo Ignoranten sie umgaben; kamen diese vor gut erzogene Fremde, so fragten sie auf jede Anrede: Wie! Was sagen sie mein Herr! und verbeugten sich pedantisch, so oft ihnen etwas zugeredet wurde.

Es sind demnach die unzweckmässigen Lehranstalten oder die abgehenden Kenntnisse so vieler Aussichten und Mittel, in denen auch die Walliser Studenten gleich anderen der Schweiz und Tausender verschiedener Nationen ihr ehrliches Brot in der Welt, ja sogar viele ihr und ihrer Familie Glück finden würden, wenn mehr Lehranstalten wären, denn zu allen Wissenschaften ist der Walliser empfänglich, so aber bleibt er ein stolzer Pedant, ich wiederhole es, /35/ jene die sich nicht der Priesterwürde, der Medizin oder der Rechtsgelehrtheit widmen. Angehörige der ersten Familien gehören auch nicht in meine Bemerkung, denn alle einträglichen Stellen, obschon diese nach demokratischen Formen zu verleihen wären, haften an der Aristokratie vom Vater zum Sohne, und sollte dieser nur *Bone Dies* sagen können. Für die gemeinen Bürgerssöhne bleibt also nichts als etwa ein geschäftsloser Notarplatz, ein unbedeutendes Richterämtlein oder [eine] Vorsteherstelle, in welcher diese den lateinisch Studierten spielen, zur Arbeit untauglich kommen und so endlich den [vom] Studieren übriggebliebenen Rest ihres Vermögens gemeiniglich aufzehren. Gab es einige, die nicht in Armut gerieten, so haben solche ihr Aufkommen ihrem natürlichen Witz, ihrer Liebe zu Unternehmungen und Arbeiten, wie auch einer guten Nachbildung, nicht aber der Lehre der lateinischen Sprache allein, welche im Wallis die *Herrn* macht, zu verdanken.

/36/ Bei solchem Bestand der Sachen für einen Schüler hatte mein Vater nicht ganz unrecht, mir die besagten Vorstellungen zu machen, um so mehr, da mir noch der Zweifel überbleibt, dass jemand indirekt des Vaters angebrachte Vorurteile über mein Studieren [ihm] beizubringen gewusst hat, damit sohin der Liebling des Hauptmann Heinen dem Pflug und nicht den Musen genügen kann.

---

[29] Welche Personen gemeint sind, konnte nicht ermittelt werden.

Entschieden hatten meine Leute wider meinen Willen und wider einen heilig zu haltenden eines Verstorbenen. Ihr Beschluss sprach mir Feldarbeit zu, und ich kam und wurde von mehr zu mehr mit Strenge daran gehalten. Ich scheute eigentlich jede Arbeit nicht, die man mir nach meinen /37/ Kräften anordnete, was ziemlich geschah; an guter Nahrung und Kleidung fehlte es mir auch nicht, aber meine innerliche Neigung, mein Herz und das Vergnügen fanden sich dabei nicht. Beklommen ging ich zu allen Sachen, ich suchte die Einsamkeit und weinte oft dem Andenken meines Grossvaters. Tiefsinnig [= trübsinnig] und wenig sprechend war ich gegen jedermann, selbst die Buben meines Alters brachten mich selten aus meiner stillen Fassung. Dass ich mit dieser Gemütsstimmung nicht allerdings den häuslichen Anordnungen entsprach, lässt sich wohl raten. Mein Verhalten, obschon nicht sträflich, musste mich bei allen für einen eigensinnigen und täuschsichtigen [= verschlagenen] Menschen darstellen, weil ich bei allen kaltsinnig, finster und folglich als unfreundlich erschien; daher kam allgemach das Urteil über mich gefällt, /38/ ich sei auch an Ems schon ein unbiegsamer Bursche gewesen. Dieser falsche oder ungegründete Ausdruck zog Abneigung auf mich, aus welcher ich endlich manche harte Behandlung zu ertragen hatte. Missmut, Ungeduld und Herzbeklemmung erfüllten mich so sehr, dass ich mich auf ein Geratewohl, ohne Überlegung, zum Entfliehen entschloss. Der Gedanke aber, wohin und mit was, verschob manchesmal mein Vorhaben bis zu einem neuen und harten Vorfall, und dann stellte sich dasselbe um so heftiger ein. Meine grösste Besorgnis war für einen Pass, um in der Welt durchzukommen. Wie diesen bekommen? Vom damaligen Meier und Richter, welcher die Pässe auszufertigen hatte, konnte ich mir diesen nicht versprechen, meine Absicht würde dadurch verraten worden sein.

Ich fiel in der Kindheit [= Naivität] auf den Gedanken, mir einen selbst zu machen und sah mich deswegen nach einem alten [um], /39/ welchen ich mir zu diesem Zweck verschaffte, dem ich auch ein Zeugnis ehelichen Herkommens und bester Empfehlung, alles in lateinischer Sprache, zufügte. Dieses Benehmen war mir um so leichter, weil dazumal keine gedruckten Pässe im Wallis gebräuchlich waren und jeder Zehndenrichter dieselben von seiner Hand schrieb und mit willkürlichem Petschaft besiegelte.

Geld hatte ich sieben Batzen, die ich vom Altardienen zusammengebracht hatte. Diese schienen mir schon etwas und [ich] glaubte, samt einem Stück Brot und Käse, welches ich mitzunehmen gesinnt war, gut und wohl über den Simpelberg zu kommen. In Italien hoffte ich dann, vermög meiner Latein, bald eine zufällige Anstellung zu finden. Durch diesen meinen beinahe an die Verzweiflung grenzenden Entschluss kann man sich vorstellen, wie gross dass mein Gram im väterlichen Hause muss gewesen sein.

/40/ Eines Tages raffte ich einige meiner besten Effekten zusammen, schob selbe in einen leinenen Sack, zu welchen ich auch meinen Pass, mein eheliches Attestatum, meine sieben Batzen, mit anderen Studentenpapieren und Büchern legte. Ich wartete auf bequeme Gelegenheit, um abzuschieben. Indessen verstrichen zwei Tage; mittlerzeit, mir unvergessen, die Stiefmutter das Beuchwerch[30] aufzusetzen vornahm. Man vermisste einige meiner Hemden und, wie es in solchen Umständen gewöhnlich geschieht, warf man alles aus allen Winkeln zu-

---

[30] Anstalten treffen, um Wäsche zu laugen und zu kochen.

sammen und suchte es aus solchen hervor. Mein Sack kam entdeckt, man untersuchte den Inhalt und fand auch die Papiere, /41/ welche den grössten Verdacht auf meine vorgehabte Flucht anzeigten.

Ich befand mich bei diesem Vorfand nicht im Hause, mein Bruder Peter aber, der zugegen war, kam im Lauf, um mich des verdächtigen Ereignisses einzurichten. Dieser Bruder fragte nach der Ursache meines [Vor]habens; ich verhüllte ihm meine Absicht, wusste aber nicht was antworten als: du wirst es bald vernehmen. Erschrocken über diesen Zufall und fest entschlossen, der darauf folgenden Strafe zu entgehen, machte ich mich auf und davon. Dies war am 2. März-Abend 1791 vor anbeginnender Nacht. Um mich [vor] den Aufsuchungen zu sichern, schlich ich in eine Scheune an der sogenannten Stadt[31], wo ich unter einen Haufen wildes Heu kroch. Es war eine sehr kalte und stürmische Nacht; das auf mir liegende Futter und meine geringen Werktags-Fetzen konnten mich nicht vor dem sehr empfindlichen Froste schützen, die kindliche Angst und Furcht liess mich auch nicht herausgehen /42/ und so schnederte [= zitterte vor Kälte] und weinte ich bis gegen zwei Uhr nach Mitternacht, denn ich hörte da alle Glockenstreiche schlagen. Ich erhob mich, trat aus und schlug in Gottes Namen den Weg nach Brig, in die Fremde, ein.

Wie mir ums Herz muss gewesen sein, mag sich jeder fühlensfähige Mensch vorstellen – noch hatte ich mein 14. Jahr nicht vollendet. Ich war gewiss eines reinen und schuldlosen Herzens, wenn ich einige Bubenpossen ausnehme. Man hatte sich meiner niemals, als ich an Ems im Elend sein musste, gleich anderen meiner dasigen Mitschüler, erbarmt; meine Klagen über Härte, Elend und Wehmut, die ich länger als jemand da ertragen hatte, fanden bei allen den Meinigen kein Mitleiden, keine Linderung erhielt ich dadurch, und durch den Zwang, dass ich an Ems bei dem unerträglichen Herrn Imahorn, vielleicht auch wegen Ersparnis einiger Kronen zum Jahr, studieren musste, verleitete /43/ man mich, die Schulen zu verlassen, und so verschloss man mir nach und nach die Wege zu weiterem Vorschreiten, ja endlich legte man mir noch alle Schuld auf und sagte, dass ich noch zum Studieren noch zur Arbeit standhaftig sei. Schmerzhaft weinend, mit diesen Gedanken, wanderte ich in stockfinsterer und stürmischer Nacht durch neu gefallenen Schnee Brig zu. Ich hatte nichts, ja gar nichts, und kaum war ich am Leibe übel gedeckt, nicht ein wenig Brot hatte ich mir für den frühen Morgen nach meiner so harten Nacht verschaffen können.

In Brig kannte ich niemand als die Herren Coursi[32], mit welchen der Vater einige Geschäfte machte; ich fiel auf den Gedanken einer Lüge, die mir anfänglich unglaublich schwer zu vollziehen vorkam und welche auch die erste in meinem Leben [von] einer gewissen Wichtigkeit war. Ich ersann, dass mich der Vater wegen einer Sache nach Brig gesendet hätte, und dass ich im Fall nicht hinreichenden Geldes, um diese Sache zu berichtigen, bei /44/ den Herren Coursi soviel begehren könne, als mir abgehen täte; ich hätte zufolge dieses Auftrages eine Krone = 25 Batzen nötig, sagte ich diesen Herrn. Diese staunten über ein so unerwartetes weniges Begehren und gaben mir eine [Krone]. Hätte ich so viele

---

[31] Häusergruppe am Fusse des Burghügels von Raron.

[32] Peter Joseph Coursi (1754–1826), der mit einem Bruder ein Handelsgeschäft in Brig führte; er war italienischer Herkunft, in Brig eingebürgert, heiratete 1804 Anne Marie Perrig. Vgl. VALLESIA, Vol. XLI, 1986, S. 237, Nr. 58.

Kronen verlangt wie Batzen, so hätte ich für mich nicht zu viel begehrt, auch der Vater würde es mir ebenso gern verzogen haben. Zufrieden mit dieser Wenigkeit und durch meinen inneren Ruf aufgemuntert, dass es doch einmal sein müsse, mich aus einer so beschwerlichen Lage zu ziehen, nahm ich ein kleines Frühstück und schickte mich ohne weitere Überlegung zum Abmarsch über den Berg, denkend, jemand wird sich deiner wohl erbarmen.

Hier dient mir wiederum ein Sprichwort: *Was sein soll, schickt sich wohl.* Da ich im Begriff stand abzureisen, kam gerade eine Treibe Rinder von Mörel, die nach Genua bestimmt waren; es fiel mir ein, mich zu deren /45/ Eigentümern zu begeben, diesen meine Dienste anzubieten und sie zu bitten, dass sie sich meiner annehmen möchten, um mir da womöglich eine Anstellung zu verschaffen, in welcher ich nur zu leben hätte, ich wünsche die italienische Sprache zu erlernen etc. Nach vielen Fragen und Antworten erfuhr ich, dass mich mein guter Schutzengel schon zu einem Erbarmer geführt hatte. Man nahm mich auf, tröstete mich und ich befliss mich auf der Reise nach Genua, meinen Gönnern aufs beste zu gefallen.

Als ihre Ware in Genua verkauft war, blieb ich meinen Wohltätern sozusagen zur Last; sie fanden mir einen Platz bei einem gewissen Herrn Rebora[33] in der Stadt selbst. Dieser hielt einen Frucht-, Öl- und mehrere Gattungen Esswarenhandel; ich kam bald zu dieser, bald jener Verrichtung im Laden bestimmt, zu denen ich mich sorgfältig und mit Munterkeit anschickte, so dass ich des

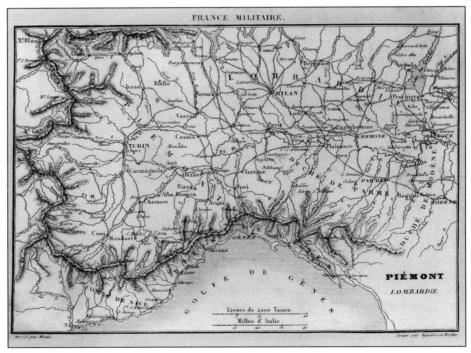

Abb. 11: Karte von Piemont und Lombardei, 1835.

33 Die Person konnte nicht identifiziert werden.

88

Herrn und der Frau Liebe und Zufriedenheit in kurzer /46/ Zeit gewann. In etlichen Monaten leistete ich diesem Hause schon gute Dienste und konnte mit Hilfe meines Lateins, welches viele Wörter mit dem Italienischen ähnlich hat, ziemlich fortkommen. Sie hatten mich mit guter Wäsche und reinem Anzug versehen, Liebe und Zärtlichkeit genoss ich gleich ihrem Kinde. Gott segne ihre Asche, wenn sie ruhen.

Die Französische Revolution fing an, alle benachbarten Staaten zu erschüttern, und mancher, der es nicht ahnte, kam durch ihre Folgen geplagt. Die Republik Genua befürchtete eine Belagerung der Engländer oder der Franzosen, ihre Neutralität liess es besorgen. Unbemerkt erschien eines Tages öffentlich angeschlagen ein Edikt vom Dogen und Senat, dass alle in Genua sich aufhaltenden Fremden in Zeit [von] 30 Tagen diese Stadt verlassen sollen, oder dass eingeborene Bürger für die Fremden, welche sich in ihren /47/ Häusern ansässig gemacht haben, eine spezielle Erlaubnis von der Regierung erhalten müssen, und dazu noch zu einer Bürgschaft für ihr politisches Verhalten gehalten seien, nebst einer Hinterlage von 400 Genuesischen Liren für die in einer Belagerung allfällig bedürftigen Lebensmittel für jeden Fremden. Da ich in Anschau meines Alters und meiner Anstellung bei Herrn Rebora in politischen Ansichten nicht die mindeste Besorgnis geben konnte, glaubte mein Herr Prinzipal, mich diesen Polizeiverordnungen zu entziehen. Er liess von dem Direktor, dem die Vollziehung dieser Verordnung aufgetragen war, eine Bittschrift für mich einreichen, in welcher er sich verpflichtete, mich gleich seinem Sohn im Fall einer Belagerung zu ernähren, damit ich in solchem Fall nicht etwa dem Staate zur Last falle. Anfänglich /48/ glaubten wir, dass diese Petition genehmigt sei, wie man uns hoffen liess, endlich aber stand mein Name auf der Liste aller auszuziehenden Fremden, und so war dem nicht zu widerstehen ohne in die vorgeschriebene Busse zu stürzen. Väterlich sorgte Herr Rebora, dass ich eine andere Anstellung in der Vorstadt Ponsevera bekam.

Mein neuer Prinzipal war ein Wirt, der dieses Gewerbe kurz vorher angefangen hatte. Dieser wusste noch zu schreiben noch zu lesen, hatte sich dennoch in Spanien, wo er einige Jahre herumzog, ein Ansehnliches erspart. In seiner neuen Lage bedurfte er aber eines Rechnungsführers oder eines Aufzeichners, zu dem ich bestimmt kam, denn auch seine Frau konnte damit nicht umgehen. Soviel Italienisch verstand ich /49/ damals schon, dass ich mich in seinen Geschäften darauszog und man mir ein ordentliches Monatsgehalt zusagte. Herr Rebora bezeugte meine Treue und Fähigkeit. Ich befand mich in diesem Haus auch sehr gut und erwarb mir das ganze Zutrauen meiner Patrone in kurzer Zeit. Nach ungefähr einem Jahr starb der Herr, die Befreundeten der Frau rieten ihr, die Wirtschaft einzustellen und sich mit ihrem ansehnlichen Vermögen in die Ruhe zu setzen. Kurz vor der Zeit, wo sich diese Wirtin hinterziehen sollte, kam ein Schweizer, der lange in Spanien als Goldschmied weit herum gewesen war, in unseren Gasthof; als ein Deutscher machte ich mit ihm gleich einige Bekanntschaft, und da er etliche Tage in Genua bleiben wollte und ich mich neuermalen bald ohne Platz befand, doch einiges Geld vor /50/ mir wusste, kam ich auf den Willen, für einmal nach Hause zu gehen. Ein bisschen stolz, mich in Raron wohlgekleidet und mit etwas Geld versehen zeigen zu können, machte mich dazu geneigt, hatte aber keine Lust, da zu bleiben.

Ich meldete mein Vorhaben dem Herrn Rebora, welchen ich immer als meinen Trost und Leiter ehrte. Er billigte meinen Anschlag um so mehr, da ich eben damals bald eine andere Anstellung ausfindig machen musste. Herr Rebora versprach mir, falls ich zurückkommen würde, seine gleiche Güte und Hilfe, wofür ich ihm aus ganzer Seele unter vielen Tränen dankte. Ich berichtigte meine Sachen mit /51/ meiner guten Patronin, nahm von ihr Abschied und verreiste mit meinem Gefährten nach der Schweiz. In Arona am Langensee sollten wir uns trennen. Sein Weg ging über den Gotthard nach den kleinen Kantonen, der meinige aber hätte über den Simpelberg gehen sollen. Um noch länger mit diesem artigen Menschen zu wandern und auch andere Gegenden zu sehen, ging ich mit ihm durch Bellinzona nach Airolo; da schieden wir, er nach Urseren und ich über den sogenannten Pass zum Loch, wo man zu Unterwassern ins Goms kommt[34].

Pfeifend und singend lief ich nach Brig, wo ich spät ankam. Am Nachtessen im Gasthof des alten Metzgers N. Gugler[35] erkannte mich derselbe, denn er hatte mit dem Vater /52/ früher einige Geschäfte gehabt und mich bei ihm gesehen. Metzger Gugler fing an, mit mir zu spassen, sagend, wie weit ich jetzt schon in der Welt herumgekommen sei, wie es mir da gefalle und mehrere dergleichen ironischartige Reden. Man weiss, wie empfindlich ein junger Mensch in solchen Unterhaltungen ist, besonders wenn man seine Ehrgefühlssaite berührt. Ich gab ihm seinen Fragen nach gebührende Antwort, er aber, durch diese ein wenig entzündet und sonst zur Grossschreierei geneigt wie Trunkenbolde, deren er ein täglicher war, gemeiniglich sind, belegte meine Flucht aus des Vaters Haus mit Schimpf, schmähte mich gröblich vor allen Leuten, so dass jeder Anwesende /53/ hätte glauben mögen, ich wäre der ärgste Bösewicht und das sträflichste Kind, das nur zu finden sei. Persönlich kannte mich da niemand als der Metzger und niemand wusste meine Geschichte und ertragenen Leiden, folglich gaben alle geneigter den Beifall, dass ich ein sehr ungehorsamer Herumläufer sein müsse.

Solche Unbilden und Beschämigungen, die von einer mir höchst empfindlichen und am Herzen liegenden Ursach herrührten und im ganzen ungerecht aufgelegt kamen, schmerzten mich unendlich; ich brach in heftige Zorntränen aus und hiess ihn einen groben Verleumder, ihm zurufend, ihr redet wie ein grober Flegel, wenn ihr die Ursach meines Fortlaufens kännet, so würdet ihr mit mir Mitleiden haben und mich nicht schmähen. Und steht euch dieses als Wirt zu, mich, der ich hier um mein Geld bin, so zu behandeln? Habe ich gefehlt, so ist es nicht an euch, mich zurechtzuweisen. /54/ Auf dieses erwiderte mir der grobe Klotz: wohl! Der Vater habe ihm den Auftrag gegeben, nach mir zu fragen und ihn bei Erfahrnis meines *Seins* sogleich in Kenntnis zu setzen. Meine Leute hätten mich gesucht, seien über mich sehr aufgebracht, sie hätten ihm, nämlich der Vater, gesagt, dass ich nicht arbeiten wolle, dass ich in der Schule in Ems auch nicht habe bleiben wollen; ich sei ein eigensinniger Kopf, den sie aber schon brechen werden; ich solle nur nach Raron, ich werde da eben recht kommen; ich sei ein Nichtsnutz, auf welchen billig die verdienten Strafen warten, was er si-

---

[34] Vermutlich unrichtige Ortsangabe. Der normale Reiseweg von Airolo ins Wallis führt über den Nufenenpass und durch den Weiler Zum Loch nach Ulrichen. Unterwasser liegt weiter östlich, am Eingang zum Gerental, in dem Gattlen später Alprechte besass. Vgl. CL: R 8e, Fol. 98.

[35] Urkundlich nachgewiesen ist am 14.10.1798 (Staatsarchiv Sitten: H, vol. 1, Nr. 253): Johannes Gugel, Metzger in Brig, der wegen Tragens der französischen Kokarde verspottet worden war und sich darüber beklagte.

cher wisse. Zum erstenmal in meinem Leben empfand ich eine Aufwallung des Zorns und des Schmerzes, welche den Menschen zu Vergehungen bringen könnten; /55/ ich hätte den groben Metzger erwürgen mögen und fasste so eine Abneigung gegen alle die Meinigen, dass mir die vorher gehabte Freude, nach Raron zu gehen, als ein grosser Unwillen vorkam.

Die ganze Nacht konnte ich kein Auge schliessen; die grausamen Beschimpfungen des Wirts, die Beschämigung, welche ich so unbillig ertragen musste, der Gedanke, dass mich mein Vater so beschrieben habe, wie es mir der Metzger sagte, die Erinnerung, dass ich so aufrichtig an meine Leute die Bitte gestellt hatte, um meine Studien fortzusetzen und wie selbe mit mir umgegangen sind, die Beklemmung meines Herzens, nachher meine armselige Flucht, die Unbarmherzigkeit der Meinigen und die Mildherzigkeit jener guten Fremden, die mich aufnahmen, die Verlassenheit, in /56/ welcher ich mich so jung in der Welt befand und [die] mir nun nach den grob gehabten Nachrichten wieder bevorstünde, das Bewusstsein der Liebe und Guttaten meines unvergesslichen Grossvaters, die Verachtung seines letzten Willens und auch meines wärmsten Wunsches, um demselben nachzukommen, dessen Vereitlung mich endlich so hilflos in die Fremde stiess, diese Vorstellungen erfüllten mich so schmerzlich, dass mich die Morgenröte in heissen Tränen überzog. Ich missbilligte das Vorhaben, nach Hause zu gehen, und bedauerte sehr, dass ich mich in Genua dazu entschlossen hatte.

Dahin konnte ich freilich wieder [gehen] und hatte auch gegründete Hoffnung, daselbst gleich Anstellung zu erhalten, aber wenn /57/ ich überdachte: was wird Herr Rebora sagen, wenn ich so geschwind wieder da bin? Ich hatte ihm gesagt, dass ich einige Monate zu Hause bleiben werde, dass mein Vater und alle die Meinigen um mich sehr bekümmert sein müssen und ab meiner Zurückkunft erfreut würden. Und nun ist der Bub wieder da! Wie kommt das? Herr Rebora wird denken: ach, dieser Bub ist ein Bettler, er wird keine Heimat und vermögenden Eltern haben, sonst wäre er nicht schon hier; oder, er ist ein schlimmer, verborgener Lügner, der etwas Böses getan hat, dass er nicht heim darf. Mit solchen Überlegungen war ich auch geängstigt, mein Ehrgefühl liess mich von dieser Plage nicht los, und dem Herrn Rebora die wahre Ursache meines so geschwinden Zurückseins anzugeben, hielt ich für meine und der Meinigen Ehre und schuldiger Zärtlichkeit eben auch zu nahe treten, kurz, ich befand mich mit Gram so sehr /58/ belastet, dass ich kindisch weinte. Lange unschlüssig, was ich tun sollte, gewann der Ausspruch, für lange Jahre nicht die Türschwelle des Vaters zu betreten und sogleich wieder das Wallis zu verlassen. Ich entzog mich meinem mit Tränen benetzten Kopfpolster, nahm mein Päcklein, bezahlte den Kellner und ging fort.

Meine Schritte waren schwankend und trauten ihrer Richtung ungern. Zweimal war ich über der Saltina-Brücke, um mich in der Richtung nach Raron reiferer zu besinnen; das zweite Mal aber schien [ich] mich meiner Unbeständigkeit selbst zu schämen und ich eilte mit festen Schritten in der Strasse nach Simpelen. Bei dem Kapellelein auf der sogenannten Bleicke[36] sass ich nieder. Hier übersah ich die Ebene des grossen Rhonetales; mein Auge heftete sich in die Gegend von Raron, dahin schickte ich meine frommen Wünsche für die Ruhe /59/

---

[36] Kapelle am Simplonweg, auf Territorium der Gemeinde Ried-Brig.

der Aschen meiner Mutter und des so viel beweinten Grossvaters. Ich dachte, ach, wüsstet ihr, wie verlassen ich bin, so würdet ihr aus eueren Gräbern aufstehen und euch meiner annehmen! Nach einer Pause verliess ich diesen Trauerplatz. Unter Gottes Anrufung um Beistand, Segen und Glück ging ich meinen Weg fort, ohne zu wissen, wohin ich eigentlich wandern solle.

So fortwandernd sann ich meinem Schicksal entgegen, bald in dieser, bald in jener Hoffnung fand ich einen Trost und [war] dann wieder getäuscht. Genua allein bot mir eine Aufnahme, mein Ehrgefühl aber schlug mir diese wegen angemerkten Vorurteilen gebieterisch aus. In Domodossola liess ich meinen Pass, welchen ich in Genua nach Wallis erhalten hatte, der mir für ein Jahr gültig war, nach dem Inneren des Piemonts und der Lombardei gutheissen; ich dachte, in diesen Gegenden wohl etwa eine Aufnahme zu finden, und indessen tröstete mich mein Geld, mit welchem ich in Sparsamkeit /60/ mehrere Monate leben konnte.

In Pavia traf ich einen Deutschen aus Österreich, der mit Gams- und Hirschleder zu Hosen handelte, die damals Mode waren. Wir logierten in gleicher Lokande, und so hatte ich Gelegenheit, ihm meine gehabten Zufälle zu erzählen. Er erbarmte sich meiner und sagte: du bist mir gerade recht; du kannst besser Italienisch als ich und kannst mir im Handel viel helfen; ich gib dir per Monat zwei neue Taler, Schuhe und etwas Wäsche, nebst gleicher Kost wie ich; komm zu mir, du wirst zufrieden sein, mein lieber Schweizer. – Herzlich Gott dankend nahm ich diesen Antrag an. Wir gingen auf Mailand, wo er seine Hauptniederlage hatte; von da aus hausierten wir auf allen Märkten der ganzen Lombardei, des Modenäischen, Parmesanischen bis nach Bologna, Ferrara und [in] mehreren Städten des Päpstlichen /61/ Staates; seine Sache ging gut, so dass wir in ungefähr acht Monaten über tausend Stück absetzten und sein Vorrat ausging. Nun also geschäftlos, machte er Anstalten, wieder nach Germanien zu gehen. Er entliess mich mit Zufriedenheit und gemässer Bezahlung.

Mein Geldlein hatte sich jetzt vermehrt, auch in Kleidern stand ich durch seine Güte ebenso gut als vordem ich zu diesem ehrlichen Deutschen kam. Mein liebes Genua hatte ich nicht vergessen, und die verflossenen acht bis neun Monate hoben, nach meinen Ansichten, das gehabte Vorurteil [auf], mit welchem ich früher den Herrn Rebora betrachtete, und so kam ich wieder auf den Schluss, dahin zu gehen, wo ich meine erste und glückliche Aufnahme gefunden hatte.

Ich nahm den Weg nach Genua über Novara. In dieser Stadt fand ich unvermutet einige Walliser als Rekruten für das in Piemontesischen Diensten stehende Schweizer Regiment Streng, vormals Courten[37]. /62/ Dieses Regiment hatte in der Zeit sein Depot da, in welchem sich Joseph, ein Bruder Niklaus Studers von Raron, Johann, ein Bruder Christian und Joseph Oberhusers, auch von Raron, Christian Heinen in der Schlucht, später Fähnrich und Vorsteher von Ausserberg, und Christian, ein Sohn Statthalter Thelers, auch von da, mit vielen anderen Wallisern befanden[38]. Angenehm und fröhlich ist es, mit Landsleuten sich

---

[37] Schweizer Söldner im Piemont gab es seit 1579. Ein Walliser Regiment wurde 1615 gebildet (Regiment Kalbermatten); 1782–95 stand es unter dem Kommando von Eugène-Philippe de Courten (1715–1802), dem bis 1798 Anton Prosper Fidelis von Streng (1729–98) folgte. Über schweizerische Solddienste im Piemont vgl. GYSIN, PEDRAZZINI, SCHAFROTH.

[38] Die hier genannten Söldner aus dem Wallis sind in biographischen Nachschlagewerken nicht erwähnt; auf Archivforschungen zu ihrer Identifizierung wurde verzichtet.

in fremden Ländern zu finden. Von ihnen vernahm ich manches, das mich betraf, und wie übel es der Vater hielt, dass ich nicht nach Raron gekommen sei, als mich der Metzger Gugler in Brig durch seine Drohungen zu neuem Fortlaufen verleitet hatte. Der Vater hätte diesem Wirt einen derben Verweis gegeben, und alle, welche diese Geschichte vernahmen, hielten ihn für einen groben Unverstand u.a.m. /63/ Auch mir gefiel es, diesen Ortsleuten mein Geschick zu erzählen. Nach meinem körperlichen Aussehen, Kleidung und Geld hielten sie mich für glücklich, und ich war es auch in dieser Hinsicht. Sie verwunderten sich sehr, wie ich so heimathilflos in der Welt fort- und ausgekommen sei; alle wussten, dass ich sozusagen ohne Geld und äusserst übel gekleidet von Hause floh.

Sie erfuhren von mir, dass ich nach Genua wollte und keineswegs Lust hatte, in ihren Stand zu treten, welchen sie mir anrieten. Man muss nur wissen, was für eine Meinung der Italiener, besonders der Genueser, vom Soldatenstand hat, dann wird man diesen gewiss nicht schätzen. Ich zeigte ihnen zwar meinen Widerwillen nicht so sehr, wie ich ihn selbst fühlte; ich widerstand ihrem Antrag unter diesem und jenem Vorwand, besonders dass ich für Soldat noch zu jung und zu /64/ klein sei und dass mir in der Welt, ich möge sein, wo ich wolle, so wohl und gut sein würde, als es ein gemeiner Soldat immer sein kann. Ich verweilte mich einige Tage mit ihnen, und diese verflossen uns beiderseitig angenehm.

Ein gewisser Werbsergeant Iten[39] von Visp befand sich da unter diesen Leuten, dieser versprach mir, dass ich als Compagnie-Schreiber, deren jede einen haben könne, möchte angestellt werden, es seien derselben Stellen eben einige vakant; auf diese Art wolle er mich als Freiwilligen, das ist: nicht Engaschierten [= vertraglich gebundenen], einschreiben, und falls kein solcher Platz zu haben sei, dürfe ich dann wieder frei gehen, wo ich wolle. Der Antrag war sehr gut, nur kam es auf den Besitz des Platzes an. Ich konnte mir auch vorstellen, das ich in dieser Funktion eine gute Buchhaltung lernen würde, mich in Übung der Rechnungen verfestigen und endlich zu einem guten Comptable (Buchhalter) machen und bilden könne.

/65/ Zu allem dem war ich noch nicht entschlossen; ich wollte mich auf den folgenden Morgen von meinen Bekannten verabschieden. Früh ging ich zu ihnen, um das Lebewohl zu geben; man wollte mich ein Stück Weges begleiten; Wachtmeister Iten kam mit. Vor dem Tore, ungefähr eine Meile von der Stadt, hielt man an, um zu scheiden, es musste aber in einer Pinte noch das Adieu getrunken sein!

Hier sassen wir nieder, das Gespräch leitete sich neuermalen auf das Versprechen des Sergeanten, er versicherte mir seinen Beistand und Credit, dessen er sich beim Regiment schmeichelte. Meine Ortsleute hiessen mich folgen, sagend, ich solle doch ein sicheres Brot und ein solches ehrenvolles Antragen annehmen und mich nicht einem unsicheren Geratewohl überlassen. Ich stotzte [= war verdutzt] eine Weile und manches: ja, wenn dies und das, hielt mich in Ausflüchten, doch endlich, vom Hang /66/ zu meinen Ortsleuten, der in einem fremden Lande, wo man sich findet und scheiden soll, starken Eindruck auf ein

---

[39] Mit Anwerbung von Rekruten beauftragter Wachtmeister; Person nicht identifiziert.

junges Gemüt hat, ergriffen, machte ich den ersten Schritt in mein mühevolles und so sehr in Glück und Unglück verwickeltes Militärleben.

Ungefähr acht Tage blieben wir noch in Novara. Eine Order rief uns nach der Festung Demont[40], wo das Regiment lag; ein Teil dessen aber befand sich auf den da nahestehenden Gebirgen der französischen Grenze vor dem Feinde, denn der König von Sardaigne[41] hatte schon lange Krieg mit der Französischen Republik. Ich kam der Kompagnie Belmont[42] von Schwyz zugetan, in welcher wirklich der Kompagnie-Schreiber fehlte; allein diese Plätze durften gemäss einer jüngst ausgekommenen ministeriellen Verordnung in keinem Schweizer Regiment während dem Kriege mehr /67/ ersetzt werden. Die Rechnungsformen hatten sich für einstweilen vereinfacht und nach den Verhältnissen des Kriegsfusses eingerichtet, so dass die Feldweibel alles leicht besorgen konnten.

Obschon ich zum Soldat nicht kräftig genug war und auch dazu nicht konnte gehalten werden, liess mich doch mein Hauptmann nicht gern fortgehen. Er versprach mir seinen Beistand und sagte mir, bei der Kompagnie zu bleiben, wo ich als Pfeifer in der Musik ihm für einen Mann zählen könne, und ich als solcher, bis sich die Zeiten etwa ändern, Kleider, Brot und Sold erhalten werde, indessen solle mich sein Feldweibel in der Buchhaltung unterweisen, mir die nötigen Anleitungen geben, damit ich im nötigen Fall dazu geschickt sei. Der Feldweibel war mir nach und nach sehr gewogen, unterwies mich gern, wofür ich ihm nach einem Jahre /68/ beinahe die ganzen Schreib- und Rechnungsarbeiten à jour hielt[43].

Ich genoss alle Freiheit, welche das Regiment verleihen konnte. Mit meinem erst mitgebrachten Kapitalchen assoziierte ich mich mit einem Pensionshalter. Wir stimmten gut zusammen, so dass ich in Zeit von ungefähr zwei Jahren für meinen Teil über 700 Piemontesische Pfunde (libras), jedes zu 8 Batz, vor mir hatte, freilich für manchen eine kleine Summe, man nehme aber an, dass aus 10 oder 12 Louis d'or [als] Fonds nicht ein Grosses vorkommen kann[44].

Die piemontesische Armee, vereint mit der kaiserlichen österreichischen, hatte täglich Angriffe mit der französischen; das Glück war abwechselnd. Nach der Schlacht von Mondovi[45] 1796, wo die Schweizer Regimenter in Diensten des Königs von Sardaigne sehr viel litten und sich drei Tage /69/ lang in geschlossenen Carrés hielten, ging bald alles über und über. Vermög eines Traktats gab der König den Franzosen freien Durchzug durch das Piemont nach der Lombardei. Er schloss mit ihm Frieden, und die Kaiserlichen unter den Oberbe-

---

[40] Liegt im Tal der Stura, am Wege nach Frankreich.

[41] Das Königreich Sardinien entstand nach dem Spanischen Erbfolgekrieg (1713); es umfasste Savoyen, Piemont und Sizilien, das 1720 gegen Sardinien getauscht wurde.

[42] Joseph Franz Marie Belmont (1746–1829). Nach dem Tode von Prosper Fidelis von Streng befehligte er das Walliser Regiment bis zu dessen Auflösung und teilweiser Integration in die französische Armee (1798/99). Vgl. SCHAFROTH, S. 150.

[43] In Fussnote im Manuskript: *heisst täglich abgeschlossen.*

[44] Für Geldwertberechnungen vgl. REICHENBACH und BERCHTOLD, sowie S. 20, Anm. 6.

[45] Befestigte Stadt in der Provinz Cuneo. Entscheidende Schlacht am 21. April 1796. Nach dem Sieg der Franzosen kam es am 28. April zum Waffenstillstand von Cherasco und am 15. Mai zum Friedensvertrag von Paris, der für Frankreich im Piemont alle Tore öffnete. Vgl. TULARD, Napoléon, S. 1186.

fehlshabern Beaulieu[46], General Koly[47] und anderen Heerführern zogen sich an die lombardischen Grenzen hinter dem Tessin und Po [zurück].

Unser Regiment kam nach Alessandria. Die Franzosen folgten uns auch gleich. Hier sah ich zum ersten Male ihren Oberbefehlshaber Bonaparte, mitten seines Generalstabes zwischen einem grossen Kriegsheer, Kavallerie und Infanterie, durch die Stadt ziehen. Die Franzosen, durch ihre Siege in dem Mailändischen stolz geworden, achteten sozusagen den Traktat, welchen sie mit Piemont hatten, nur nach ihrem Belieben; unter /70/ diesem und jenem Vorwand nahmen sie eine Festung nach der anderen in Besitz und zwangen endlich den König nach Sardaigne zu fliehen.

Die piemontesische Armee löste sich auf und kam teils in die französische vermischt; unsere Schweizer Regimenter, deren da sechse waren, wurden in Halbbrigaden gebildet und sollten auch den Franzosen dienen. Ich kam als Feldweibel in die erste Cisalpinische Halbbrigade[48]. Fünfzehn Tage später beordete

Abb. 12: Karte der Republik Venedig, 1835.

[46] Johann Peter Freiherr von Beaulieu (1725–1819); vgl. ADB, II, 191.

[47] Identifikation unsicher; möglicherweise Baron Kolli (1757–1825); vgl. Tulard, Napoléon, S. 1006.

[48] Laut Dienstausweis, den er bei seiner Entlassung 1801 erhielt (CL: P 11), wurde er am 15.2.1797 als Volontär der Lombardischen Legion eingegliedert, am 25.2.1797 zum Korporal und am 20.5.1798 zum Wachtmeister befördert. Als Feldweibel hat er ohne entsprechenden Grad gewirkt. – Der Übertritt der piemontesischen Schweizer Regimenter in die französische Armee wurde offiziell erst am 4.12.1798 zwischen der Schweiz und Frankreich vereinbart. Vgl. Gysin, S. 538–539.

man mich in das Büro eines der Armee folgenden Kriegskommissärs. Dieses Armeekorps wurde kurz hernach zur Besitznahme der ex-venetianischen Staaten in Dalmatien beordert[49]. Bevor wir aber in Venedig waren, kam es zu vielen sehr blutigen, schweren Schlachten. Der Übergang des Mincios, bei Brescia, Verona, Pizzighitone und Mantua kostete Tausende und Tausende der Menschen und /71/ manches Tausend Verkrüppelte[50]. Bei Peschiera bekam ich einen Säbelhieb am linken Arm; ein Trupp Reiterei stiess unversehens auf das Gefolg, in welchem ich Teil machte[51]. Dieses Hiebs schon tiefer Wunde war in etlichen Wochen genesen. Er hinterliess mir nichts als die grosse Narbe.

In Padua schifften wir auf dem Kanal nach Venedig, von wo aus die Armee auf vielen Schiffen nach den Ionischen Inseln abfuhr[52]. Bei mir befanden sich auch zwei Walliser, Christian, ein Sohn [von] Statthalter [Johannes] Theler in der Düsterne [= Dischtera] an Ausserberg, und ein gewisser Wellig von Naters, dieser starb während der Überfahrt auf dem Meere, die See wurde sein Grab. Theler kam in Corfu unter die Kavallerie, den ich nachher nie mehr sah.

Wunderlich fielen mir in diesen entfernten Gegenden alle Einrichtungen auf. /72/ Die Wohnungen auf dem Lande und in den Städten, auch die Kleidungsarten und Manieren der Orientalen machten in mir manche auffallende Impressionen, denen ich begierig nachdachte. Eine Kommission geographischer Wissenschaftlichen und ein Kriegskommissar erhielten Befehl, um in Corfu, Zanta, Zara und anderen Gegenden Pläne aufzunehmen. Ich kam zum Gefolge meines Herrn Prinzipalen, was meiner Neugierde sehr schmeichelte. Unter einer starken Bedeckung von Reiterei und [mit] inländischen Führern reisten wir von Corfu ab, um den Auftrag zu beginnen. Wir kamen in einige grosse griechische und türkische Dörfer, wo man uns und wir sie bewunderten.

Da in diesen Ländern wenig grosse Strassen angelegt und fast alle Berg- und Schluchtpässe von zusammengerotteten Scipetaren, Montenegrinern und anderen /73/ sehr gefährlichen Briganten besetzt waren, folgten uns vorsorglich einige Schiffe nahe den Küsten, um uns an bestimmten Orten auf das Meer zu nehmen und dann wieder an anderen an das Land zu setzen. Alle Tage hatten wir nun Gegenstände zu bewundern, deren Wert durch die Auslegung der Sachen von unseren in den Geschichten der alten Zeiten bewanderten Gelehrten um Vieles schätzlicher vorfiel.

Wie es sich tun liess, kann ich nicht sagen, dass wir zur See auf unseren Transportschiffen bis in den Archipel fahren konnten; vermutlich wird uns die Unsorge der Türken und die ihnen unerwartete Expedition diese Fahrt ungehindert gemacht haben. Wir sahen die Stadt und die Insel Negroponte. Negroponte steht auf der nämlichen Stelle, wo das alte Calcides[53] thronte. Die Cicladischen Inseln, Lemnos auf dem Promontorium von Athos in Macedonien, Siria, Kea,

[49] Am Rande im Manuskript, irrtümlich: *1796*.

[50] Zur Chronologie dieser und der nachfolgenden Ereignisse vgl. TULARD, Révolution, S. 313–410. – Ausführlichere chronologische Beschreibung der Ereignisse, vgl. FRANCE MILITAIRE.

[51] Am Rande, irrtümlich: *1796*.

[52] Landung der französischen Truppen in Corfu: 28. Mai 1797.

[53] Chalkis. – Die griechischen Ortsnamen (im Manuskript mit lateinischen Buchstaben hervorgehoben) sind hier originalgetreu wiedergegeben. Abweichende, heute gebräuchliche Schreibweise: Kykladen, Siros, Keos, Tenos, Naxos, Paros, Nios, Mykonos.

Thennos, Nasso, Paras, /74/ Nias, Micone und andere, stellten sich unseren Augen unter tausend der herrlichsten Gemälde und Gedanken dar. So wenig ich von den Geschichten der alten Griechen und Römer reden konnte, fühlte ich doch beim Anblick dieser Stellen eine hohe Idee für so viele berühmte Männer, welche da der Welt gegeben waren, deren Namen in den Kriegs- und Staatsgeschichten, so wie auch in den Museen herrlich prangen.

Ich kam aber zugleich auf den Ausruf: was ist doch die Welt, und was die Menschen? In diesem schönsten Teil der Erde blühten einstens die Wissenschaften und die Künste, und jetzt, unter dem Joch des Musulmans, muss sich der Abstammling des stolzen Griechen, der Armenier und der Christ, kriechend beugen. Vormals waren die Bewohner /75/ eines so glücklichen Himmelstriches die Gebieter, Lehrer und das Muster so vieler Völker, jetzt sind sie für solche Erhabenheiten schier gar gefühllos. Unglaublich erfasst unterhielten mich solche Gedanken, in denen ich manche Weile staunte. Später, wie es jetzt der Welt bekannt ist, empörten sich die Griechen gegen ihre Beherrscher, die Türken[54].

Die Bewohner zwischen dem Olymp, dem Pinto, Pelio und Onta, die Tessalonizenser, die Livadier des alten Athens, die Bontzier, die Thebeer, die Völker nahe dem unvergesslichen Isthmus von Korinth, kurz, ganz Morea und andere griechische Ländereien wurden mit Feuer und Schwert überzogen, sie opferten ihrer Befreiung und dem Vaterlande alles, was sie hatten. Mutig kämpften diese Völker manche Jahre; viele Nationen und Herrscher nahmen sich ihrer an und unterstützten sie durch Geld und Waffen, auch unsere Schweiz blieb zu ihrer Hilfe und Beistand nicht fremd.

/76/ Dass der heutige Grieche in Hinsicht seines privaten Betragens nicht allerdings der Philanthropie sich würdig zeigt, will ich gern, wie alle, welche diese Leute besucht oder erfahren haben, zulassen, denn ich erinnere mich noch zu sehr an jene gefahrvollen Tage, die ich in diesem Lande erlebt habe. Unsere Reise in diese Gegenden war eigentlich nicht gegen sie gerichtet, weil die Franzosen nicht Ländereien der türkischen Monarchie, sondern nur die ex-venetianischen in Dalmatien in Besitz genommen hatten; sie war als eine wissenschaftliche anzusehen, und wenn auch einiger Verdacht durch die Forschungen, deren wir beauftragt waren, durfte genommen werden, so war es nicht an einzelnen Strassenräubern und Korsaren gewesen, selben zu heben. Die türkischen Behörden zeigten sich uns, wo wir hinkamen, nicht ungeneigt; auch unsere ziemlich starke Bedeckung /77/ hielten diese für etwas Gewöhnliches, da jede ansehnliche Reisegesellschaft eine solche, wenn sie keine mit sich bringt, von einem Paschalatum bis zum andern mit schwerem Gelde zur Sicherheit aus der Miliz erhält.

Scipetaren und Montenegriner, die sich nichts daraus machen, fremde Reisende rein auszuplündern, hatten uns fünfmal angefallen und elf Mann getötet, auch mehrere schwer verwundet; die Beute, die sie aber hofften, war nicht beträchtlich, und ihr Verlust an Toten und Verwundeten machte ihnen fernere Angriffe höchst bedenklich. Wir besorgten [= fürchteten] auf dem Meer vielmehr die Piraten als die Räuber auf dem Lande, besonders die des Archipels, welche ihre Waffen und sehr fertige Fahrzeuge ([Fussnote:] ein Schifflein mit Kano-

[54] Der griechische Befreiungskrieg begann 1821 und führte mit auswärtiger Hilfe 1829 zur Errichtung des griechischen Königreichs.

nen) um schweres Geld den gleichen Herren am Morgen zum Schutze und am Abend zur Beraubung hingeben und gebrauchen.

Die Brigantine[55], auf welcher ich war, kam eines Morgens sehr früh von zwei kleinen Korsar-Barken angegriffen; unsere Schiffleute, die meisten Griechen, zeigten schlechten /78/ Mut, sich zur Gegenwehr zu rüsten; wir andern ergriffen augenblicklich die Waffen, und unsere vier Böller schossen sogleich mit gutem Erfolg auf die schnell auf uns zukommenden Räuberschiffe. Wir hatten uns alle zweckmässig auf dem Verdeck an die Sponden gestellt, um da den anhängenden Schelmen, die Haggen [= Enterhaken] abzuwerfen und dem Aufschwung kräftig zu widerstehen. Die Korsaren bestrichen unseren Bord an beiden Seiten, und beinahe wären wir in ihre Hände gefallen, doch schossen und hieben wir so heftig auf sie und mit so gutem Erfolg, dass sie die Flucht ergriffen. Hier verlor ich schier gar meinen Zeigefinger der linken Hand ([am Rande:] dieser Zeigefinger wurde mir später bei Varese in der Lombardei in einem Duell abgeschnitten). Vier Tote und neun Mann Verwundete hatten wir auf unserem Schiff. An uns würden diese Piraten einen reichen Fang gemacht haben; man denke sich eine kräftige und junge Mannschaft von etlichen sechzig Streitbaren, die wir da entgegenstanden. /79/ Und man nehme an, dass jeder männliche Sklave jungen und kräftigen Alters, wie diese Leute waren, in den Bazars der Türkei bis auf 2500 türkische Piaster verkauft werden. ([Fussnote:] der türkische Piaster macht nun circa Batz 5 x 2). Dreiundsechzig Tage waren wir von Corfu fort. Wir vernahmen, dass eine englische Flotte im Begriffe sei, dahin zu segeln; wir eilten demnach zurück. Da wir ankamen, war man schon mit dem Einschiffen beschäftigt, um wieder nach Italien zu fahren. Die illyrische Expedition hatte seit ihrer Abfahrt von Venedig keine Verstärkung erhalten, und so fühlte sich der Befehlshaber zu schwach, dem anrückenden Feinde und dem nicht zu trauenden Volke zu widerstehen.

Anfangs der Abfahrt hatten wir guten Wind, sämtliche Segel der Transportschiffe blieben einige Tage gegeneinander im Gesichtskreis, hernach aber stiess ein starker Nordwind die meisten auseinander; manche kamen so einzeln überlassen und konnten nicht die bezeichnete Direktion halten. /80/ Etliche Tage blieb es stürmisch. Die Schiffe kamen einander bald zum Vorschein, und bald verschwanden sie wieder, ohne sich dem Bestimmpunkt merklich zu nähern. Der Feind und die Piraten, uns an geschickten Marinärs [= Matrosen] und guten Seglern weit überlegen, benutzten diese Tempeste [= Sturm], der eine, um Siege zu erwerben, und die anderen, um zu stehlen und Sklaven zu machen. In dieser letzteren Macht fiel eines unserer übel segelnden Fahrzeuge, glaublich wird Theler von Ausserberg darauf gewesen sein, von dem ich nichts mehr vernehmen konnte.

Ich war auf der Cleopatra, ein guter Zweimaster, mit welcher immer in allem Sturm drei andere Schiffe nahe fuhren. Am siebenten Tage unserer Seefahrt /81/ bemerkten wir in der Ferne eine englische Fregatte. Der Sturm hatte sich ein merkliches gelegt, doch blies noch ein ungünstiger Wind, der zwar uns wie der bemerkten Fregatte gleich widrig war. Gegen Abend wurde unseren drei im Gesichtspunkt befindenden Schiffe das Signal näherer Vereinigung gegeben, damit alle vier einem Angriff besser begegnen möchten. Die finster eingetretene

---

[55] Kleines Segelschiff.

98

Nacht verhüllte die einen wie die anderen; der folgende Morgen aber zeigte der Cleopatra, dass sie sehr nahe dem englischen Kriegsschiff hinfuhr und dass ihr die Hilfe der andern Schiffe nicht sehr entfernt sei, alles zufällig glücklich.

Wie gefährlich ein gemeiner Zweimaster, wenn er schon gut besetzt und bewaffnet ist, gegen eine Fregatte zu streiten hat, kann sich jeder, der Schiffe auf dem Meer gesehen, /82/ leicht vorstellen, allein die Not bricht Eisen, und vier kleine gegen ein grosses heisst auch etwas. Wir schwimmen dem anrückenden Kriegsschiffe, wie Krötchen ähnlich, aber rüstig und wohlentschlossen entgegen. Zwei der unsrigen suchten, die Fregatte vorsegeln zu lassen, und die andern zwei sollten sich nach den Umständen verhalten, um diese in der Mitte zu haben, sobald alle unter dem Kanonenwurf stehen würden. Der nicht lange vorher erlittene Angriff der Piraten im Archipel hatte mich gelehrt, wie erschrecklich ein Seekampf ist, und dazu leidete ich noch an meiner da erhaltenen Wunde. Ich gestehe es, als ein niemals gewesener Feiger, dass ich mich dieser erschrecklichen Vorbereitung gerne entzogen hätte, aber wohin auf einem unübersichtlichen /83/ Wasserspiegel? Wir Schweizer sind überhaupt keine guten Seesoldaten, wenn wir sonst schon auf dem Lande einigen Ruhm besitzen.

Das feindliche Kriegsschiff hatte sich kanonenschussweit an uns genähert; es gab uns ein Zeichen, die Flagge zu strecken und die Segel zu winden, was wir aber nicht annahmen; gleich darauf begoss es unsere Cleopatra mit einer heftigen Barde[56], der wir gleich erwiderten. Diese erste Scharsche[57] hatte an unserem Bord einige Verwüstungen angerichtet, die andern Schiffe aber unterhielten das Feuer, [so] dass wir Zeit gewannen, uns zu erholen. Wir unterstützten die unsrigen geschwind wieder, und so ging es wechselseitig einige Zeit fort, in welcher mancher Brave niedersank. Indessen näherten /84/ sich alle Schiffe so sehr, dass man mit Mitraillen auf die Verdecke schoss und das Gefecht mörderisch zuging.

Obschon die englische Fregatte an Menge der Kanonen grossen Kalibers uns alle sehr übertraf und unstreitig geschickter in den Wendungen war, so konnte sie sich doch nicht den Fang aller unser vier Schiffe versprechen, ja auch nicht des Sieges versichert sein; ihr Feuer konnte zum Mal nur eines der unsrigen erreichen, und indessen kam sie von drei Seiten den unsrigen ausgestellt.

Es ist leicht zu begreifen, wie stark eine Scharsche von ungefähr 36 Kanonenschüssen, fast auf einmal losgebrannt, ein nicht so festes Schiff müsse beschädigen, wenn diese dasselbe ganz bereichen [= treffen]. Unser Neptuno hatte das Unglück, einige dergleichen zu ertragen, auch fing er an zu brennen und geriet in des Feindes Hände, welcher /85/ sich des Equipages bemächtigte und selbes den Flammen und dem Sinken entzog. Die feindliche Fregatte muss auch sehr beschädigt gewesen sein, da sie uns nicht mehr verfolgte und sich allein mit dem unglücklichen Neptuno beschäftigte.

Die Cleopatra mit dem Sirocco und Fallispeno flüchteten sich soviel [als] möglich; allein alle drei [waren] auch sehr beschädigt, hatten manches zu verbessern, bevor sie völlig segeln konnten. Der untere Raum der Cleopatra war so durchbohrt, dass sie Gefahr lief zu versinken. Alles, was gesund war, ja auch noch mancher Blessierte, arbeitete aus allen Kräften; lange konnte man nicht

---

[56] Bombarde, Beschiessung.

[57] Französisch: charge = Salve.

alle Löcher finden, die unter Wasser standen, doch endlich kam zum Glück dem nahen Untergang vorgebeugt. Im Fondekale[58] wieder öffneten /86/ sich dann und wann die Durchschläge, welche die Kanonenkugeln gemacht hatten; kehrweise musste man da wachen, um die Stopper herbeizurufen.

Günstiger Wind war eingetreten, doch ging es übel vorwärts, denn ein Mastbaum war zerschmettert und das ganze Seil und die Segel waren schier gar zerrissen, es brauchte viele Sachen, um wieder in guten Stand zu kommen, und alle diese hatten wir nicht im Vorrat. Aus den vielen stark Verwundeten, die wir hatten, wurden täglich einige den adriatischen Wellen übergeben, kurz, das Elend aller Art hatte sich eingestellt.

Die übrige Fahrt ging für uns im ganzen nicht mehr sehr übel; der Teil unserer Flotille, den wir wegen dem Sturm in den ersten Tagen der Abfahrt von Corfu aus dem Gesicht /87/ verloren hatten, musste sich auch mit einigen Piraten schlagen; zwei dieser Schiffe wurde capturiert [= gefangen], nachdem sie ein feindliches in Grund gebohrt hatten. Die Cleopatra mit ihren zwei Begleitern landete al Lido di Venezia, andere nahe Udine und Palma Nuova etc., und so kam der Rest einer nach Dalmatien gesandten Armee zurück in Italien, von wo aus sie hinspediert worden [war].

Nach dem Frieden von Campoformio blieb ich, wie in den Kriegszeiten, bei meinem Herrn Kriegskommissär angestellt, weil ich seine Gunst mehr als andere Schreiber besass, die er nun nicht mehr alle brauchen konnte. Wir kamen in Mantua, Cremona, Vicenza, Treviso, Verona, Brescia und in viele andere Städte verlegt; in dieser Zeit habe ich gewiss die besten Tage meines Lebens gehabt; ich war im Range als Offizier, von allen geschätzt, im Umgang durch meine Funktion mit vielen Generälen und Chefs, /88/ von meinem Oberst Kriegskommissär geliebt, immer [hatte ich] an seiner Tafel meine Kost und hatte in seinem Haus oder Logie immer einige herrliche Zimmer für mich, eines von seinen Pferden mir zugeordnet, gut gekleidet und bezahlt, mit etwas Erfahrnis, mit guten und bösen Geschicken bekannt und vertraut, was meinen Stand und mich ehrte; alles dieses zusammengenommen musste mich in einer blühenden Gesundheit fröhlich und zufrieden machen.

Mit den Menschen geht es aber auf dieser Welt wie mit dem Wetter: nach heller Luft pflegt trübe einzutreten und nach der Stille der Sturm, nach der Ruhe die Arbeit und nach dem Frieden auch Krieg. Ich hatte mich nun zwei Jahre meines Wohlseins gefreut, es hiess wieder ins Feld. /89/ Eine starke Armee zog sich bei Modena, Ferrara und Bologna zusammen; sie kam nach Florenz und Ancona bestimmt. Diese, in mehrere Kolonnen geteilt, wurde später dem Königreich Neapel aufgedrungen; sie überzog auch Calabrien, Benevento, Puglien und fast alle Gegenden dieses Reichs[59]. Das beständige Hin- und Herziehen der Truppen hatte mich beinahe in alle diese Ländereien gebracht, aber auch schon wieder in manche Gefahr versetzt. Plötzlich ergriffen die Calabresen und andere die Waffen, töteten viele Tausende und jagten die übrigen über Capua und andere Rich-

[58] Französisch: fond de cale = unterster Teil des Schiffes.

[59] Dieser Feldzug führte zur Besetzung von Rom (11.2.1798) und Neapel (23.1.1799). An beiden Orten wurde die Republik ausgerufen. Im Mai 1799 sah sich Frankreich wegen veränderter Kriegslage jedoch veranlasst, die Truppen aus Süditalien zurückzuziehen. Vgl. FRANCE MILITAIRE und TULARD, Napoléon.

tungen zum Land hinaus. Ich kam das zweite Mal nach Rom, wo ich zwei Tage zubrachte und die christkatholische Metropolitane bewunderte.

([Am Rande:] 1798 u. 99) Über Acquapendente, Viterbo, Montefiascone, Radicoffani und Siena kam ich nach Florenz, von da nach Pisa und Livorno[60]. In /90/ dieser Stadt blieben wir mehrere Monate; der grössere Teil der Armee lag längs der hertrurischen[61] Küste, der andere im Innern, in Städten und Burgaden, das Generalquartier in Livorno. Alles schien wieder ruhig, und so verflossen mehrere Monate in herrlichem Wohl. Die Leute in Livorno zeigten sich uns gut geneigt, die Bewohner grosser Handelsstädte wissen sich in alle Zeiten zu schicken. Wir lebten im Zutrauen und Frieden, ohne Verdacht auf eine baldige Änderung.

Wegen der grossen Hitze zog die Wacht gewöhnlich am Abend um sechs Uhr auf. Die Garnison war von ungefähr fünftausend Mann und der Dienst verhältnismässig. Man glaubte sich vor jedem Angriff sicher; allein der Schlag, den die Franzosen in der Lombardei so plötzlich vom russischen Feldherrn Sowarow[62] erhalten hatten, /91/ war uns noch unserem General nicht, den Unzufriedenen in Toscana aber wohl bekannt. Die Bauern und das Gesindel, durch den Adel und andere Unzufriedene angestiftet, ergriffen die Waffen und fielen in allen Orten, wo Franzosen waren, auf diese hin[63]; sie suchten selbe, gleich wie in der Zeit der sogenannten Sizilianischen Vesper, auf die eine und andere Art zu ermorden. In Livorno fiel man über uns her im Heumond [= Juli], am 7. (1799), ungefähr um Mittagszeit, denn am Morgen waren die Truppen oft am Exerzieren versammelt und am Abend hielten sie sich zur Wacht bereit, was die Briganten wohl wussten. Ich nenne diese so, weil es am mehristen Leute waren, welche sich von anderen um etwas Geld und in der Hoffnung, stehlen zu können, zur Empörung verleiten liessen, ohne dass selbe ein ehrliches Gefühl von Vaterlandsliebe und reine Absichten hatten, ja bald nicht wussten, was dieses sei. Nur solche Schurken kamen bewaffnet auf uns los, denn der reiche /92/ und der wohlhabende Italiener ist zu grosser Egoist und die meisten [sind] auch zu feige, um ihre Haut für das Vaterland darzustellen.

Einige Wachtposten kamen der Wut des Gesindels geopfert, andere hinterzogen sich mit Verlust auf die gegebene Order auf dem Hauptplatz. Alle die sich in den Gassen, Häusern, Caffeen und Pensionen herum befanden, kamen teils grausam ums Leben, teils entrannen [sie] und konnten sich mit den schon unter den Waffen stehenden vereinigen, je nach der Lage, in welcher ein jeder sich in dem Augenblick des Ausbruchs der Revolution befand. Offiziere, welche da in ihren Wohnungen waren und gute Freunde oder Hausleute hatten, wur-

---

[60] Die Franzosen hatten diese Stadt am 27.6.1796 eingenommen und betrachteten sie als einen wichtigen Stützpunkt für die Wiedereroberung von Korsika, das die Engländer besetzt hielten. Vgl. TULARD, Révolution, S. 385.

[61] Ertrurische Küste; Etrurien war im Altertum gebräuchliche Benennung der etruskischen Territorien.

[62] Alexander Suvorov (1729–1800). Er rückte 1799 mit russischen Truppen in die Lombardei ein, traf am 14. April am Mincio mit der österreichischen Armee zusammen, besetzte am 29. April Mailand und zwang die Franzosen zum Rückzug ins Piemont. Vgl. TULARD, Révolution, S. 405.

[63] Der Aufstand in der Toskana begann am 6. Mai 1799 in Arezzo; am 28. Juni folgte Siena, am 7. Juli Florenz und Livorno. Vgl. TULARD, Révolution, S. 405–407.

den verborgen gewarnt oder sonstwie gerettet; viele andere, deren es sehr viele gab, kamen erschlagen, die Sachen aber der einen wie der andern blieben zurück oder kamen geraubt, so dass keinem nichts blieb als was er zufällig auf sich getragen [hat].

/93/ Mein Kommissär beorderte eine starke Patrouille, welche mit mir im Büro bleiben sollte, bis ich einige Kisten und die wichtigsten Papiere eingepackt hatte. Beim ersten Ausbruch unterstanden sich die Briganten [= brigants] nicht, die starke Hauptwache, welche mit zwei Piessen [= pièces] Artillerie vor dem Palast, in welchem der General und der Oberst Kriegskommissär logierten, anzugreifen. Der Auflauf vermehrte sich aber so stark, dass sie anfingen, auf die Wacht zu werfen und endlich zu feuern; eine Scharsche mit Metraille[64] leerte die Gassen nur für eine kurze Zeit, und dann begann der Lärm auf ein neues.

Sobald ich konnte, fuhren wir mit einigen geladenen Fourgons aus dem Hause, die Sattelpferde folgten denselben, ein Piquet mit einer Kanone ging vor, das andere mit der zweiten Kanone schloss alles ein, und in dieser Ordnung schlugen wir uns durch die Strassen bis auf den Waffenplatz, wo der General schon war. Während diesem Zug verlor die Wacht und die dazu gegebene Unterstützung einige Männer. Dank [sei] der Artillerie, /94/ welche sehr oft die Gassen putzte, sonst würde man uns die beladenen Fourgons, die den Briganten sehr in die Augen stachen, abgenommen haben. Unsere Metraille-Feuer hatte ihnen doch die Lust genommen und Haufen über Haufen, sowohl vor als hinter uns, niedergestreckt. Was sich mit der grössten Macht, die auf dem Waffenplatz stand, vereinigen konnte, reiste mit derselben nach Pisa ab. Die im Spital liegenden Kranken sowie alle Einzelnen ermordete der rasende Pöbel erbärmlich. In allen andern Orten, wo Truppen lagen, verhielt es sich ungefähr auch so, bis sie die Hauptarmee erreichen konnten.

Von Pisa gingen wir nach Massa Carrara, immer unter anhaltendem Gefecht mit den Briganten, die bis auf zwölf- bis fünfzehntausend angewachsen waren. Wer aus Mattigkeit zurückblieb oder sonst unvorsichtig die Masse verliess, /95/ war verloren. Am dritten Tage lagerten wir uns wie gewöhnlich nur einige Stunden. Es war Nacht, ich befand mich unter einem Bataillon Polacken, wo ich einige gute Kameraden hatte, die mir Erfrischungen mitteilten. Unser Lager war als Seitenbedeckung in etwas von der Hauptkolonne entfernt; auf einmal fielen etliche tausend Briganten auf uns, überraschten sämtliche so unbemerkt, dass 450, in welchen ich auch war, von ihnen gefangen wurden. Eine solche Menge auf der Stelle zu töten, hatten sie nicht Zeit. Sie führten ihre Beute triumphierend nach einer grossen Burgschaft, welche auf einer Anhöhe lag, wo die Artillerie noch die Kavallerie nicht leicht hinkommen konnte. Am frühen Morgen da angelangt, belegte uns das Volk mit Schmach und Todesdrohungen, man sperrte uns in einen grossen Hof ein, vor dem sich der Pöbel versammelte und unter Hohn und Schimpf den baldigen Tod zurief. Sie schritten auch bald zu unserer Vernichtung. Vor dem Hoftor standen bewaffnete Scharen. /96/ Diese öffneten die Pforte und rissen den ersten den besten nahe derselben Befindlichen heraus, der sogleich erschossen oder erstochen wurde.

Diese Trauerszene hatte sich schon viermal erneuert, als wir auf einmal ein grässliches Angstgeschrei unter unsern Mördern hörten. Wir vernahmen den

[64] Eisenstücke und Nägel, die als Geschoss verwendet wurden.

Ruf: *Gli Francesi vengono! fugite! andate a l'incontro!* Man schloss uns so-gleich fest ein, liess die Toten liegen, wo sie waren, und [alle] liefen da fort. Zwi-schen Hoffnung und Todesangst staunten wir einander an, ohne dass einer dem andern einen Mut einsprach. Wir waren noch über 380, ungefähr 70 waren geop-fert. Wir hörten dem Abnehmen nach ein heftiges Musketenfeuer nahe vor dem Orte; sehen konnten wir nichts wegen den hohen Gebäuden und Mauern, die uns umschlossen. In dieser ängstlichen Lage verstrichen wohl drei Viertelstun-den oder ungefähr /97/ eine Stunde; endlich näherte sich das Feuer merklich, und unser Sturmmarsch fiel uns zu Gehör. Gott Lob Rettung, rief ich aus, es ist unser Sturmmarsch, die Briganten weichen! Nur getrost, Kameraden, es kann noch alles gut gehen, fasset euch, und kommen sie, um uns vor ihrer Flucht noch zu töten, so wollen wir kräftig auf sie fallen; wir bekommen hier Steine aus den Mauern, und es gibt hier auch solche Holzsachen, mit denen wir uns ver-teidigen können. – Vorher konnten wir diesen Entschluss nicht nehmen, unsere Bestürzung war allgemein und zu gross, keiner suchte und wollte das erste Op-fer werden, in dem ein jeder auf Gottes Hilfe und Barmherzigkeit wird gedacht haben, oder aufs wenigste an die Erbarmnis der Menschen oder irgend an einen günstigen Zufall. Nun hört ihr unsere Hilfe, und nun wollen wir mitwirken, un-ser Tod muss diesen Unmenschen teuer werden, so sprach ich [zu] den Kamera-den.

In der Zahl der Mitunglücklichen befanden sich Hauptleute und andere hö-heren Grades als ich, so dass es nicht an mir gewesen wäre, zu perorieren oder die Leute aufzumuntern; ich war aber durchaus als ein beim Generalquartier an-gestellter Offizier bekannt, /98/ so dass man gegen mich eine besondere Ach-tung hatte, zwar nicht in unserem Befinden kam es darauf an, doch aber kann nun desto eher in bösen und den misslichsten Umständen einer auf den Gedan-ken geraten, etwas für seine Untergebenen auch in Gegenwart seiner Obern zu tun oder anzuraten, je nachdem einer in der äussersten Not seine Geistesgegen-wart besitzt und zu nützen weiss.

Alle gaben mir Beifall; wir brachen Steine aus den Mauern, aus Holzgerä-ten machten wir uns Mittel zum Widerstand eines neuen Anfalls und zum Entrin-nen. Indessen hörte man noch deutlicher, dass unsere Leute sich näherten. Durch die Spälte der grossen Hofporte sahen wir die Bewohner des Ortes fort-laufen, ohne dass man an uns mehr dachte. Endlich drangen unsere Krieger in den Ort, sahen vor dem Hof die erschossenen Kameraden, schlugen die Pforte ein, und wir fielen in die Arme unserer Erretter. Fröhlich umschlungen wir uns, und Tränen /99/ der Freude entwischten manchem braven Helden. Mit Mord und Brand straften wir die Briganten, alles, was nicht entfloh, wurde nieder-gemacht.

Die uns abgenommenen Waffen fanden wir grösstenteils in dem Orte wie-der, und mit vieler Beute beladen zogen wir zu unseren Kolonnen, die uns mit grosser Freude empfingen. Die Armee überstieg die Apenninen bei Turillia, nachdem sie Massa Carrara hinterlegt hatte. Der Zug ging durch Bergschluch-ten in das Tal Seravalle, von da längs dem Strome Scrivia[65] hinunter bis in die Ebene nach Tortona in Piemont. Unglaublich beschwerlich war dieser fast Tag und Nacht anhaltende Marsch. Viele Leute erkrankten durch Mattigkeit, blieben

---

[65] Zufluss des Po; kein Strom im eigentlichen Sinne des Wortes.

zurück und wurden unglücklich ermordet: Am 26. Thermidor 7. Jahres der französischen Republik (August 1799) abends lagerten wir uns am Ufer dieses Stromes [Scrivia], gegen den Collinen [= Hügeln], die da von Novi her nach Serravalle sich ziehen. Der Mundvorrat fehlte uns in allem, so dass /100/ man sich mit unreifen Meerweitzzapfen [= Maiskolben] nähren musste, oder sogar mit Rebblättern den Magen stillen.

Im allgemeinen war es noch nicht bei der Armee bekannt, dass die Austro-Russen die Franzosen aus ganz Italien in diese Gegenden verdrängt hatten, und niemand glaubte, dass der darauffolgende Tag[66], 27. besagten [Monats], einer der blutigsten, den die Kriegsgeschichte neuer und älterer Zeiten aufweisen kann, sein werde. Von so fürchterlichen Vorbereitungen zu einer entscheidenden Schlacht unbewusst, ruhten unsere Kolonnen nach so vielen und raschen Märschen unter freiem Himmel ganz wohl; die ausgestellten Wachten, wie es in Kriegszeiten und im Feld geschehen soll, liessen die anderen nichts besorgen [= befürchten].

Aus grosser Ferne vernahm man am frühen Morgen einige Kanonenschüsse grossen Kalibers, etliche Sekunden hernach mehrere, so dass alles wachbar wurde. Bald darauf ertönten dergleichen aus verschiedenen Richtungen; ihre Di-

Abb. 13: Bild der Schlacht bei Novi, 15. August 1799.

---

[66] Die Schlacht fand am 28. Thermidor (15. August) statt; vgl. TULARD, Révolution, S. 407 und 1007, sowie: FRANCE MILITAIRE, Vol. 3, S. 42–45, mit ausführlichen Angaben über Aufstellung der Truppen, Kommandanten, Schlachtpläne usw. – Gattlens Schilderung der Schlacht, vgl. I, 103–119.

stanzen /101/ von unserem Lager schätzten wir auf zwei Stunden. Im Verlauf einer Stunde krachte das Kanonenfeuer anhaltend wie Trommelwirbel aus vielen Linien, es wuchs und näherte sich und gab uns die sichere Anzeige einer schon begonnenen mörderischen Schlacht. Um sechs Uhr morgens kamen uns unübersehliche Frontlinien zu Gesichte, wir konnten aber wegen der ziemlichen Absonderung noch nicht erkennen, was für Leute es seien. Im vollen Galopp zeigte sich ein General-Adjudant am entgegengesetzten Ufer der Scrivia. Er gab uns zu verstehen, über diesen Strom zu setzen, den er selbst aber mit seinem Pferd nicht betrat.

Es war ein Bedenkliches, durch dieses trübe und reissende Wasser zu kommen, allein sein musste es, und sollten alle darin ersaufen. Man beschloss, dass jeder Soldat sein Gewehr und Munition auf den Tornister binde und dass sich alle Pelotone auf drei Gliedern die Arme bieten sollten und so einer den andern unter der Achselen haltend treufest angeschlossen unterstützte, um dem Wasser zu /102/ widerstehen und durchzukommen. Auf eine tauige Nacht und schon erschwächten Magen kam ein solches Frühstück.

Die ersten Brigaden der Toskanischen Division traten so in den Strom; es gab etliche Unglückliche, was aber nicht durfte geachtet werden. Die andern folgten auch bis alles hinüber oder ertrunken war. Nass bis an den Hals und noch darüber, hiess es: vorwärts! Wir loffen ungefähr eine Stunde in Feldern und Früchten gegen Novi zu; man machte Halt; ein jeder bekam etwas Branntwein mit Zwieback (Galette), wie es bei allen grossen Geschichten dieser Art gepflegt wird. Gewehre für die überzähligen Offiziere und Munition für alle vorfanden sich im Überfluss in einem Feldpark.

Etwa eine Viertelstunde weiter vorwärts stand die dritte Linie der französischen Armee in dieser Lage oder in dieser Gegend von Novi. /103/ Unsere Division passierte diese und die zweite, um sich in der ersten in Bataille zu formieren. Der Armeeteil, welcher dem Feinde nördlich oder gegen Pieve del Cairo und Alexandria entgegen gestellt war, lag mit demselben im grössten Feuer, so wie auch jener westlich hinter Novi. Wo wir waren, sah man nichts als die neben und hinter uns stehenden Linien, die Kavallerie, die alle Flügel der drei Linien einschloss, und die Artillerie, welche in den Zwischenräumen der Brigaden und Bataillone, wie auch auf den Extremitäten jeder Front aufgestellt war.

Der Anblick einer solchen Stellung und Vorbereitung eines einzigen Armeekorps, zu welchem wir jetzt gestossen waren, das sich auf 20 000 Mann verschiedener Waffen belief /104/ und welche noch keinen einzigen Schuss getan hatten und in dieser Gegend entschlossen den Feind erwarteten oder demselben entgegen zu gehen bereit waren, sprach jedem Mut und Vertrauen, währenddem dass die anderen drei Armeeabteilungen, jede von ungefähr 25 000 Mann, im blutigsten Kampf mit den Austro-Russen begriffen waren, was man aus dem erschrecklichen Krachen der Kanonen und Flinten ringsherum, aber noch ziemlich entfernt, abnehmen konnte. Wir hörten über zwei Stunden diesem mörderischen Lärm zu.

Unsere Untätigkeit liess manchen sein Gewissen untersuchen und Reue-Seufzer ausstossen. Man konnte mit Grund schliessen, dass alle Augenblicke viele ins Gras beissen und dass es uns auch bald so gehen müsse. Gegen neun Uhr näherte sich der /105/ Lärm unseren Linien, eine Anzeige, dass die Franzosen aus ihren ersten Stellungen gewichen seien. Nicht lange hernach kamen mehrere Massen zum Vorschein und viele hundert Verwundete; die, welche fliehen konnten, zeigten sich in mehreren Richtungen nahe und bei uns. Die russischen und kaiserlichen Kolonnen bewegten sich den weichenden Franzosen nach, dergestalt dass auch unser Armeekorps anfänglich mit ihren Kanonenkugeln bestrichen kam. Sämtlichen Brigaden hielt ein jeder Chef eine zweckmässige Rede, um sie zur Tapferkeit anzufeuern und zugleich die überzähligen Offiziere, deren es viele gab, nebst den freiwilligen Unteroffizieren und Soldaten hervorzurufen, um als Plänkler[67] etliche Bataillone leichter Infanterie zu unterstützen.

Da alle Zweige der Verwaltungen bei ihren Divisionen waren und das Personelle derselben, da jetzt sonst nichts zu tun war, sollten sich diese Leute auch zum Kampfe stellen; ich als einer aus solchen nahm teil bei den freiwilligen Plänklern. Ohne die Bataillons-Jäger /106/ traten ungefähr 1700 hervor. Wir liefen den vorrückenden feindlichen Streifparteien entgegen; hinter uns und ihnen befanden sich die in Bataille [= Kampfformation] stehenden respektiven Divisionen zu grösseren Schlägen bereit. Die Jäger-Bataillone nahmen die Freiwilligen in die Mitte, und so in der Kette rückten wir auch auf die feindlichen Plänkler, wie diese auf uns, vor. Nach langem Hin- und Herfeuern und -laufen zwangen wir unsern Gegner zum Rückzug, und so weit, dass man uns aus den feindlichen Linien mit grossen Kugeln beschoss, auch endlich die Kavallerie in vollem Galopp auf uns streckte.

Die französischen Tirailleurs kehrten um, da sie sahen, dass keine Vereinigung, um der Reiterei zweckmässig zu widerstehen, möglich war; ein jeder nahm seine Richtung nach Gutdünken, um zu entrinnen. Ich hatte mich schon vorher im Vorlaufen sehr ermattet und lag ganz in Schweiss, so dass es mir unmöglich schien, der feindlichen Reiterei /107/ zu entgehen. Etliche meiner Kameraden mahnten mich an, den Laufschritt anzunehmen, allein vergebens, und in diesem wurde ich überfallen und mein rechter Ellbogen ganz durchgeschnitten. Die meisten Reitenden sprengten vorüber nach den Fliehenden, einige verfolgten jene, welche sich da nahe befanden, und so sah ich auch noch einen anderen vor mir. In der Hitze des Geblütes fühlte ich beinahe fast meine bekommene Schlappe nicht, auch hatte ich keine Zeit, selbe zu besichtigen, denn der vor mir zu Pferde sitzende Feind hatte schon den zweiten Pistolenschuss auf mich fehlgeschossen und stand im Begriff, seinen Karabiner auf ein neues zu laden.

Ich sprach in deutscher Sprache: Kamerad, Pardon! ich bin schon blessiert, ich will mich ergeben. Vermutlich war dieser ein Russe oder sonst einer nicht deutscher Nation, denn er brummelte mir unverständlich. Ich hatte keinen Augenblick zu verlieren, weil er schon fast mit /108/ dem Laden fertig war. Mit gefälltem Bajonett fiel ich auf das stillstehende Pferd, ich erreichte es in die Nasen, das Tier, dadurch ungeduldig gemacht, sprang auf jede meiner Bewegungen hin und her, so dass der Ritter den Karabiner wieder anhängte und nach seinem Schwert griff. Ich blieb in meiner Stellung mit gefälltem Gewehr und hielt mir manchen Hieb ab, traf zugleich dann und wann das Pferd, welches nicht leicht mehr auf mich zu bringen war. Mir zweifelte stark, ob mein Gewehr geladen sei oder nicht, denn in solchen Umständen ist der Geist nicht immer so ruhig, dass man alles behaltet; auch wusste ich, dass ich eine solche Flinte ergrif-

---

[67] Individuell vorrückende Infanteristen; französisch: tirailleurs.

fen hatte, die das Zündpulver ab dem Bassinet verlor, welches ich oft erneuern musste. Diesen Zweifel überlegte ich wohl während meiner Verteidigung mit dem Bajonett, Zeit zum Laden noch zum Untersuchen hatte ich nicht, und länger diese Stellung auszuhalten, fühlte ich wegen abnehmender Kraft /109/ und anwachsenden Schmerzen auch unmöglich; gerate es, wie es wolle, ich schlug mit Mut an und, glücklich für mich, fiel der Feind, dem ich meine Kugel durch den Hals gejagt hatte. Nach einigen aussterbenden Bewegungen fiel er hinten auf die Kruppe seines Pferdes, das, wie die Rosse der Ritter eines Kriegsheeres abgerichtet sind, ganz still stand. Entschlossen, den Erlegten abzuwerfen und mich aufzusetzen, näherte ich mich dem Tiere; allein, da ich mich umsah, erblickte ich manche blutige Stellen in meiner Nähe und durfte befürchten, gleich wieder angefallen zu werden. Schmerzen und Schrecken überzogen mich mehr als vorher, und so liess ich das erwünschte Pferd stehen und floh in einen mit hohen Meerweitzstengeln [= Mais] bepflanzten Acker. Hier verliess mich das Aufwallen meines Geblütes, der Mut entsank durch das verlorene Blut und dadurch meine Kräfte. Ich sass nieder und besah zum ersten Mal meinen hoch aufgeschwollenen Arm und durchgehauten Ellbogen. Nun hast du einmal genug, dachte ich, in Gottes Namen!

/110/ Ich nahm meine Halsbinde ab, hing darin meinen Arm an den Hals. Indessen hörte ich, dass die feindlichen Linien sich anschickten, die unsrigen anzugreifen. Schon durchstrichen die Kugeln mein Verhüll [= Versteck], so dass ich diese Lage verlassen musste. Ich raffte mich zusammen, stand mit grosser Beschwerde auf und suchte den Ausgang. Als ich auf der Blösse stand, orientierte ich mich nicht mehr, so hatte mich auch meine Geisteskraft verlassen. Endlich erkannte ich die Gegend, nach welcher ich zu gehen hatte, an einigen Hügeln, die mir früher um Novi um bekannt waren; ich richtete mich dahin und geriet unter ein fürchterliches Kreuzfeuer von grossen Geschützen, welches die beiden Armeen einander wechselten. Wenn ich mir einmal im Leben herzlich den Tod gewünscht habe, so war es da; auch ging ich gleichgültig durch, neben mir fiel eine grosse Kugel, die Erde, welche sie aufwühlte, warf mich so stark zu Boden, dass ich einige Zeit fast sinnlos lag. /111/ Wieder aufgerafft, schwankte ich taumelnd fort, sass wieder nieder, dann auf, bis ich zu meiner Division kam, welche in einer festen Stellung den vorrückenden feindlichen Massen entgegensah, diese aber noch nur mit dem Artilleriefeuer bestreichen konnte.

Hier fand ich viele der bemelten Kavallerie-Scharsche entgangene Tirailleurs, unter welchen mehrere Verwundete waren. Man hiess diese nach einer Ambulanz ziehen, um verbunden zu werden. Auch ich nahm Abschied von meinem Herrn Prinzipal und Freunden und verliess jene blutige Stelle, wo bald hernach alle ihr Leben endeten. Diese Ambulanz befand sich auf der Berghöhe von Novi, dort rechter Hand der jetzigen neuen Landstrasse, wenn man nach Serravalle oder Genua reisen will. Diese ganzen Anhöhen waren mit der dritten Linie der französischen Armee besetzt, eine Stellung mit vieler Artillerie versehen, welche endlich dem Feind fürchterlich sein musste. Wir waren sieben Gutbekannte, die wir einander nicht zu verlassen versprochen hatten; unter allen aber war ich der /112/ schwerlichst Verwundete. Jeder Blessierte suchte seinen Freund, und so gingen die Parteien jede nach Willkür zur chirurgischen Besorgung. Die Unglücklichen, welche nicht zu gehen vermochten, blieben auf dem Schlachtfelde ihrem Schicksal überlassen. Das schon lange auch auf dieser Seite begonnene Kanonenfeuer und die angebrachte Reiterei-Scharsche hatten etliche hundert aus dem Schlachtfeld geräumt. Dieses alles war aber nichts gegen das, was später erfolgte, und ich schätze mich noch glücklich, mit meinem verkrüppelten Arm daraus gekommen zu sein.

Es war ungefähr zwei Uhr nachmittags, als die Linien der westlich bei Novi gestandenen Divisionen, etwa, wie ich sagte, 25 000 Mann, gesprengt wurden. Dieser Schlag wirkte nachteilig auf den Armeeteil, der blutig nördlich vor der Stadt Novi kämpfte. Novi wurde mehrmalen von den Franzosen verlassen und dann wieder erobert. Aus Mist, Futter, Möbeln, Karren, Holz und andern Sachen waren in den Gassen Verschanzungen angelegt, deren sich in einer Stunde bald die Austro-Russen, bald die Franzosen bemeisterten. Man hielt so auf den Besitz dieser Stadt, /113/ weil da der Eingang in die alte Bergstrasse nach Genua anfing und weil bei den sich da auf der ersten Höhe dieser grossen Landstrasse befindenden alten Türmen der französische Reservepark lag.

Unglaublich war das Morden, alle Gassen gaben den verheerendsten Anblick, besonders jene ausgehends der Stadt, wo das Steigen anbeginnt. Aus toten Menschen und Pferden kamen Verschläge und Batterien gemacht, um den Eingang in die Bergschluchten zu behaupten. Obschon schmerzlich an meiner Wunde leidend, konnte ich doch nicht meiner allein beschäftigt sein; die Schaubühne war zu auffallend und zu erschrecklich, um nicht innigst gerührt anzustaunen. Hier so dort sassen wir nieder, unser vergessend, und liefen neue Gefahren, um unsere Sehbegierde zu befriedigen und manches mörderischen Erfolges Zeugen zu sein.

Wir hockten just neben einer Batterie von acht grossen Kanonen, als wir gewahr wurden, dass alle drei hintereinander stehenden feindlichen Linien, welche unserem Armeekorps entgegen gestellt waren, sich in Masse setzten, kolonnenweis, auf gleicher Höhe jeder Linie, in geschwindem Schritt vorrückten, /114/ sich dann auf Flintenwurf deploierten (ausdehnten) oder in Bataille formierten und so im Sturmschritt lärmend auf die Divisionen fielen, welche wir kurz vorher verlassen hatten. Diese empfingen den Feind, als er sich auf Pistolenschuss genähert hatte, mit einem durch die ganze erste Front durchgehenden Musketenfeuer, so dass es schien, als wenn alles hingestreckt läge.

Gleich darauf fällten die Franzosen das Gewehr und auch im Sturmschritt fielen sie über die Austro-Russen her. Alles geriet untereinander. Diese zwei ersten Linien wurden handgemein, das Kartätschenfeuer stiess vielmal ganze Pelotone nieder, endlich hieb beiderseitig die Reiterei ein und endigte Tausende, ohne etwas entschieden zu haben. Die zweiten Linien hatten sich indessen nach den Umständen der ersten auch bewegt; ihre Lage bemüssigte sie, auch zu feuern, weil viele Brigaden oder Regimenter von dem ersten Treffen entblösst waren. Der todbringende Kampf dauerte auf der Stelle, welche jede Armee hatte, über neun Stunden. /115/ Tausende und Tausende hatten ausgehaucht, Tausende und Tausende lagen den Streitenden unter den Füssen; Pferde, Trümmer der Fourgonen und Karren, Kanonen-Lafetten und ihre Räder, Sättel und andere Bagage, mit menschlichen Körpern [vermengt], bedeckten die Felder zwischen Novi und der Stura. Einen so rasenden Angriff, ein solches Handgemein, ein so nahes und deswegen so mörderisches Artilleriefeuer aus mehr als 150 Feuerschlünden hatten die andern Armeeteile an diesem Tage noch nicht gehabt. Vom frühen Morgen [an] standen diese im Feuer und verloren über die Hälfte ihrer Leute, hier aber, dieser unglückliche Teil, in welchem ich so manchen braven Freund hatte, wurde in minder als zwei Stunden fast ganz aufgerieben. Ganze

108

Bataillone vermisst, Brigaden vernichtet, ohne Anhang noch Ordnung; im ganzen blieben kaum 40 Mann auf hundert, wie man nach der Schlacht behauptete. Die Kaiserlichen und Russen büssten im personellen Verlust nicht viel minder ein, /116/ und den Sieg hatten sie ihrer an Menge und Güte der Pferde der französischen weit überlegenen Reiterei zu verdanken.

Die feindliche Kavallerie entschied nicht nur auf diesem Punkte; alle französischen Kolonnen kamen beinahe an diesem so blutigen Tage nicht durch die russischen noch kaiserlichen Fussleute, sondern von ihren Rittern geworfen. Die dritte Linie oder die Reserve, mit dem kleinen Rest der zwei ersteren, zog sich nun an die beschriebenen Berghügel [zurück] und nahm eine defensive Stellung [ein] unter dem Schutz einer langen Reihe von Kanonen. Der Feind blieb im Besitze des mit Leichen und Pferden belegten Schlachtfeldes; da organisierte er sich wieder und rüstete sich zu einem neuen Angriff. Noch waren die anderen Linien der Franzosen vor Novi und anderen Stellen im heftigsten /117/ Gefecht, die Sache schien noch nicht ganz verloren.

Ich und meine mitverwundeten Kameraden gingen zur nächsten Ambulanz, um uns verbinden zu lassen. Vor diesem Landschlösschen lagen über 2000 Unglückliche. ([Am Rande:] Jedes Armeekorps hatte eine solche Ambulanz in seiner Nähe). Die Chirurgen beschäftigten sich nur mit jenen, welche man dahin getragen hatte und nicht marschieren konnten; alle andern hiessen sie, Binden, Kompressen und Schärpen zu nehmen und gleich fortzugehen. Jeder versah sich mit diesen Sachen und ging. Zwischen dieser Zeit erstürmten die Russen und Kaiserlichen noch einmal die Stadt Novi, sie bemächtigten sich derselben ganz, so dass der sich darob befindliche Reservepark in äusserster Not befand. Überall schlug es den Franzosen zur Retraite, die Feinde verfolgten sie auf dem Fuss, die dritte Linie musste herhalten, um den Rückzug zu unterstützen. Viel Gepäck und die fast sämtliche Artillerie geriet schon in der Ebene um die Stadt herum in die Hände der Sieger, nur noch an den Anhöhen gab man ihnen zuweilen Widerstand, bis ein Teil der Reservekanonen und Munition /118/ auf die bergichte Landstrasse geschafft war. Diese letzte Linie wehrte sich zwar verzweifelt, sie überschüttete den Feind mit Kartätschen und Kugeln dermassen, dass er auf vielen Stellen zurückwich, auch Artillerie verlor und so letztlich mehrere tausend Mann einbüsste, allein der stärkste und beträchtlichste Teil brach durch und versuchte den Franzosen die Landstrasse nach Gavi abzuschneiden, die einzige, durch welche sie sich mit bespannten Wagen und mit der wenig überbliebenen Kavallerie flüchten konnten.

Wie erschrecklich es da wieder zuging, vermag ich nicht zu beschreiben. Ich flüchtete mich neben dieser Landstrasse so wie viele tausend anderer Fussgänger fort. Diese war mit fliehenden Wagen und Kanonen angefüllt, die Reiterei folgte und auf diese der Feind mit grobem Geschütz, welches er dann und wann anwendete und die Fliehenden beschoss, über und über warf; darauf sprengte allemal ein Schwadron Reiterei in vollem Galoppe nach, /119/ um die entstandene Unordnung zu vergrössern und Beute zu machen. Pulverkästen entzündeten sich und flogen in die Luft, deren Trümmer auf und noch neben der Strasse manches Unheil verursachten. Die Strasse war so mit Leichen, Sterbenden und Blessierten, mit verstümmelten Pferden und Wagen angehäuft, dass die feindliche Artillerie nicht mehr leicht nachspringen konnte, so dass die Franzosen sich wieder erholten, auf vorteilhaften Positionen Posten fassten und den Feind aufhielten.

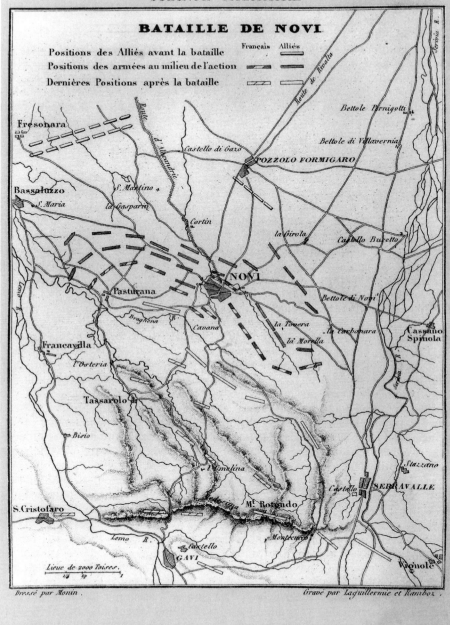

Abb. 14: Schlacht bei Novi, schematische Darstellung ihres Verlaufs.

Gavi ist ein altes Städtchen mit einer kleinen Festung; unter deren Schutz begab sich der Rest der französischen Armee am Abend dieses in der Kriegsgeschichte unserer Zeiten so bedeutenden Tages, 1799, 16. August[68], Tag, von dem die Franzosen nicht gern sprechen. Ich sagte, dass die Sieger ihre Lorbeerkränze ihrer starken Kavallerie zu verdanken hatten. Sowarow war der tapfere Anführer der Russen und Österreicher; gleich war es ihm, Tausende der Seinigen für die Einnahme einer Batterie oder eines Postens zu opfern. Er stand immer an der Spitze, /120/ wo die Not am grössten war, und so musste jeder Chef auch dabei sein und seine Schuldigkeit erfüllen. Sein Gegner, der französische Hauptgeneral Joubert[69], war schon am Morgen um 9 Uhr erschossen. Man verhüllte der Armee freilich seinen Tod, allein seine Pläne lagen vielleicht nicht im Kopfe seines Nachfolgers[70], vielleicht fehlte es ihm auch an Kenntnis der Sache und der Lage, wie etwa am Zutrauen.

Ganz Italien ging für einmal den Franzosen verloren. Da büssten sie über 200 Kanonen und ein ungeheures Gepäck ein, da zernichteten die Russen und Österreicher ein französisches Kriegsheer von mehr als achtzigtausend Streitenden bis gegen zwanzigtausend herab. [Es war][71] eine der schrecklichsten Niederlagen, die unsere Zeiten anführen können; die Franzosen schweigen darüber.

Über Hügel und Schluchten langte ich mit meinen Kameraden auch in Gavi an. /121/ Wir trösteten uns, da Labungen zu bekommen, deren wir höchst nötig hatten, besonders ich, der sich so stark verblutet [hatte], fast kraftlos fühlte. Das Städtchen war aber bei unserer Ankunft schon so mit Truppen, Blessierten und auch gemachten russischen und österreichischen Prisonnieren [= Gefangenen] überbesetzt, dass man nichts mehr erhalten oder bekommen konnte. Alle Läden und Porten fanden sich beschlossen. Wir konnten bloss, wegen dem Gedränge und daraufgelegtem Biwak, dardurch[gehen], und nur mit Bitten bekam ich von einem mir unbekannten Kanonier einen Trunk Wasser.

Wir glaubten, ausser[halb] Gavi in etwa einem Wirtshause oder sonst wie etwas Nahrung und ein Obdach für die schon eingetretene Nacht zu finden, wo wir aber hinkamen, war alles so angefüllt, dass ich mich mit meinem hoch aufgeschwollenen Arm gern auf dem Freien hielt; Nahrung zu bekommen, war keine Hoffnung.

Wir konnten auf der Strasse nicht einmal ohne Gefahr fortwandern; Wagen, Kanonen, Pferde, Blessierte, Gehende und Hunderte und Hunderte auf Tragbahren, fortschleppende Offiziere aller Ränge, in welchen auch russische und kaiserliche gefangen gemachte, die man aus Absicht nicht gern zurückliess, sich befanden, nebst etwa noch sonst über 3000 Gemeinen dieser Nationen, die den Franzosen noch als Gefangene geblieben sind, besetzten auf Stunden weit die Landstrasse dermassen, dass ein armer /122/ Verwundeter mit Grund böse Stösse zu fürchten hatte, daher lieber mühsam und so viel möglich aus derselben sich fortschleppte.

[68] Zum Datum vgl. Anmerkung 66.

[69] Barthélémy Joubert (1769–1799); vgl. TULARD, Napoléon, S. 978–979.

[70] Jean-Victor Moreau (1763–1813); vgl. TULARD, Napoléon, S. 1198–1199.

[71] An Stelle der hier eingefügten Wörter: [Es war] ist im Manuskript zu lesen: *Der Sieg kostete aber den Feinden der Franzosen da ...*, was keinen Sinn ergibt.

Neben einer verlassenen armen Wohnung, ungefähr fünf Minuten von der Strasse, in einem unsichtlichen Ort, fanden wir einen Haufen Laub, Streue, auf diese legten wir uns. Ich entschlief sogleich von Mattigkeit und Elend. Meine Kameraden, vom Tau der Nacht und ihrer Frische erweckt, riefen sich sämtlich aufzustehen, und da es finster war, glaubte man sich beisammen abgereist. Nach einer kleinen Zeit vermissten sie mich, sie kamen zurück und fanden mich auf der Streue eingeschlummert; sie riefen mich auf, aber unmöglich kam es mir, mich aufzurichten, meine Glieder waren so erstarrt, dass ich mich nicht regen konnte. Mich deuchte, als wenn es im Rücken klopfen tue, sobald ich mich bewegen wollte, was mir die heftigsten Schmerzen machte; auch ein Arm pochte schmerzlich, kurz, ohne diese meine Freunde würde ich da meinen Geist, der zwar schon sehr schwach war, ganz ausgehaucht haben. Unter lautem Klagen rieben sie mir Rücken und Beine, bis sie mich ein wenig erwärmt hatten, dann nahmen sie mich unterstützt in Marsch, bis sich mein noch habendes Tröpfchen Blut wieder gehörig in Lauf gelegt hatte.

/123/ Am Morgen kamen wir in Ottaggio, eine grosse Bourg[ade]; hier war auch schon alles voll, doch bekamen wir etwas, um uns zu erfrischen. Nach einiger Ruhe gingen wir vorwärts gegen mein liebbekanntes Genua, wo ich mir manchen Trost versprach. Ich sann an die glücklichen Tage, die ich da hatte, allein wie getäuscht fand ich mich, als man uns anzeigte, dass kein von Novi kommender Militär in die Stadt dürfe, weil diese sogleich von der bei Novi übriggebliebenen französischen Armee sollte besetzt werden, wie es auch geschah. Die Geschichte sagt uns, was für eine grauenvolle Belagerung diese Stadt unter dem Kommando des Marschalls Masséna ausgestanden hat[72].

Alle Verwundeten wurden, sobald sie da ankamen, auf Wagen und kleinen Schifflein, die immer nahe dem Lande segeln mussten, nach Savona und Nizza de Provence geschickt. Meine Kameraden und ich kamen auf eines dieser letzteren. In Savona mussten zwei unserer Freunde wegen starkem Fieber ans Land gesetzt werden; sie kamen da in ein schon übersetztes Spital auf Strohlager in die Gänge hingelegt. Wir andern fünf mussten weiter nach Frankreich. Meine Wunde hatte sich so verschlimmert, dass ich in Nizza ins Spital verlegt wurde, wo sich wiederum äusserst wenig Platz befand. Mit grosser Bitte und in Betracht meiner schweren Blessur liess man einen Kameraden mit mir, die andern drei mussten sich von uns trennen, /124/ um den immer von Novi herkommenden Schwerkranken Raum zu machen. Sie kamen in die nächsten Spitäler von Frankreich geordert.

Übel verwaltet lagen wir im Spital von Nizza 16 Tage, und obschon meine Wunde im Zerfall einer stinkenden Fäulnis stand, musste ich nach Aix en Provence verlegt kommen; mein Freund kam mir zugeteilt. In Aix angekommen, wies man mir im dasigen schönen Spital endlich ein gutes Zimmer an, denn man glaubte mein Ende nahe. Die ziemlich lange Reise hatte den Rest meiner noch gehabten Kräfte entzogen, weil die Stösse des Wagens mir von Tag zu Tag die Schmerzen der Wunde vermehrten. Mich ergriff da am zweiten Tage ein heftiges Fieber mit Phantasien, in welchem ich 13 Tage lag. Mein letzter Kamerad genas in den ersten [Tagen], da wir ankamen; auch dieser war gezwungen, aus

[72] André Masséna (1758–1817). Er hat im Februar 1800 das Kommando übernommen, traf am 18. Februar in Genua ein, musste aber am 4. Juni kapitulieren. Vgl. TULARD, Napoléon, S. 789 und 1150.

dem Spital zu treten und mich in meinem Delirium zu verlassen, dessen er sich bitterlich soll beklagt haben, wie man mir später sagte.

Als ich besser ging, sprach man mir mit vielen Versprechungen vom Amputieren. Das Gesetz wollte dazu die freie Einwilligung des Patienten. Ich hatte wahrgenommen, dass die meisten, die man da amputiert hatte, und auch in Nizza, in 5 bis 7 Tagen, einige in 11, starben; fast täglich konnte man sich dessen überzeugen, weil da viele Blessierte von Novi lagen. Der Oberchirurg und Arzt zugleich fand meine Wunde solcher Beschaffenheit, dass er mir seinen Zweifel [an] meiner Genesung nicht verhüllte. /125/ Er erklärte mir, dass ich nur durch die Ablösung meines Arms mein Leben erhalten könne, und so drang er in mich, dazu einzuwilligen, sagend, ich werde hernach im Invalidenhotel zu Paris eine gute und ehrenvolle Existenz geniessen etc. Eines Morgens bei der Visite sagte er mir, ich solle mich entschliessen, es sei die höchste Zeit. Citoyen, erwiderte ich, je ne puis me décider à l'amputation parce que l'exemple m'a démontré dans cet hôpital qu'elle est très dangereuse, la plupart des amputés ont succombé quelques jours après l'opération, et pour courir le danger de la mort, je préfère de le courir avec mes deux bras. Je m'abandonne au destin de la Divine Providence. Ich hatte genug gesagt. Mit sichtlichem Unwillen verliess er mich, und ich durfte daraus schliessen, dass es mit mir misslich stehe. Meiner traurigen Lage nachsinnend, berichtigte ich mein Gewissen nach den Grundsätzen meiner ersten Erziehung, die mir immer eigen geblieben sind. Mein Schicksal hatte mich im Dulden und [mit] Schmerzen schon oft vertraut gemacht, und es war mir kein neues, sterben zu lernen.

Meine gepflogene Ordnung und Sparsamkeit hatten mich zum Besitz von 45 Gold-Sovrainen, jede neun Kronen und fünf Batzen unseres Geldes, gebracht. Das Unglück hatte selbe mir noch nicht vom Halse geraubt, an welchem diese in einem flachen ledernen Säcklein über den Rücken ab hingen. Sehnlich /126/ hätte ich dieses Vermögen meinen Leuten zugeschickt; aber wie? durch wen? wem darf ich trauern? Der Mensch schaut in seinem Elend und [in] Not immer nach Hilfe und Mitteln. Unter unbekannten Fremden hofft er, diese mehr und ehender in einer Gesichtsbildung als in der anderen, je nach dem eine mit ihm sympathisiert, zu finden. Bei allen chirurgischen Untersuchungen, die man mir machte, pflegte ein junger Eleve zu erscheinen; meine Gedanken fielen auf diesen, und diesem schenkte ich sogleich all mein Vertrauen, ohne zu wissen, wer und was er sei.

In diesem durch die Not erzeugten Schluss fühlte ich schon einigen Trost. Mein Verlangen, ihn zu sprechen, mich ihm ganz zu übergeben, ihn durch die Mittel, die ich hatte, für meine besondere Sorge und Verpflegung zu bitten und zu reizen, liess mir die Zeit der ersten neuen Visite lang vorkommen. Die erwünschte Stunde kam endlich. Mit frohen Blicken fiel mein Auge auf ihn, ihm winkend, sich meinem Lager zu nähern; ich bat ihn da, nach gemachtem Kehr doch zu mir zu kommen, ich hätte ihm etwas Wichtiges zu melden. Er beliess mich mit bejahendem Verspruch, weil er dem Oberchirurg sogleich folgen musste. Nach gemachter Tournée kam er zu mir, ich bat ihn zu sitzen. Sie wissen eben so gut, sagte ich in französisch, als der /127/ Herr Oberarzt, wie es mit mir steht; sie hörten, was er mir heute morgens gesagt hat, da ich die mir vorgeschlagene Amputation förmlich ausschlug; nach seinem Ausspruch wird mich die Gangrene in der Wunde so übernehmen, dass ich sterben muss, denn schon jetzt soll diese bis auf das Mark gedrungen sein; ich bin ein Fremder und habe in

Frankreich keine Befreundeten; meine guten Kameraden haben die dringenden Umstände alle von mir getrennt, so dass ich jetzt keinen bei mir habe und ganz verlassen bin. Zu Ihnen findet meine Sympathie eine Hoffnung, und Ihnen will ich alles geben, was ich besitze; ich bitte, schneiden sie diese Schnur abeinander, nehmen Sie die 45 Goldstücke, welche in diesem Säcklein sind. Können Sie mich mit besseren Mitteln und Beistand retten, so wenden Sie an, was anzuwenden ist; ich bitte Sie, nehmen Sie sich meiner an. Hilft alles nichts, so behalten Sie zum Andenken meines Zutrauens 10 dieser Goldstücke: fünf teilen Sie sehr bedürftigen Hausarmen aus und das andere, was noch überbleibt, wechseln Sie an einen Anweisungszettel auf ein Handelshaus in Genf oder Lausanne in der Schweiz und senden Sie diesen Zedul an die Regierung des Staates Wallis in der Schweiz zugunsten der Haben des Bürgers Christian Gatlen von Raron, nebst dem gehörig verfertigten Zeugnis meines Hinschiedes. Tun Sie dieses Gefallen dem, der Sie für menschlich und redlich mehr als alle andern hält und schätzt. Sie tun zugleich /128/ ein Werk der Liebe und Barmherzigkeit, welches Gott Ihnen nicht unbelohnt lassen wird.

Mir und ihm entgingen Tränen, mir durch den innigsten Ausdruck der Seele und ihm durch das aufrichtige Zutrauen und die so flehentlich an ihn gestellte Bitte. Wir verstunden uns, dass er mein fleissigster Arzt sein solle, dass ich ihm von jemand sehr anbefohlen sei und dass auch diese [Person] alles bezahle, was meine Verpflegung kosten möchte; so sollten ich und er am folgenden Morgen vor dem Oberarzt des Spitals sprechen, um von diesem die Erlaubnis zu bekommen, dass ich seiner Sorge allein überlassen sein könne. Unvergesslich hatte mir diese Besprechung wohl getan, und mit grösster Sehnsucht erwartete ich die Morgenvisite des anderen Tages.

Herr Bongester[73] brachte dem Oberchirurg die Verabredung so gut an, dass er gleich, zwar mit einem etwas verächtlichen Lächeln, einwilligte. Er wünschte ihm Glück zu meiner Genesung, liess die Bewilligung in das Tagebuch eintragen und ging vorüber. Mir ward gleich hernach ein verständiger und fleissiger Abwarter zugeeignet, Getränke verschrieben, kam sorgfältig verbunden und zu verschiedenen Beobachtungen angemahnt. Mein Bett wurde /129/ in der Folge selten mehr von dem Oberarzt besucht; dieser begnügte sich mit dem Bericht über meinen Zustand, welchen ihm mein Helfer abstattete. Mein fleissigster Arzt kam sogar manchesmal in der Nacht zu mir, änderte meine Aufschläge und hiess mich oder meinen Abwarter dieses oder jenes besorgen. Mehr als einen Monat blieb es unentschieden, ob ich an meiner Wunde genesen kam oder nicht. Eines Morgens, als er mich verband, gab er mir die fröhliche Hoffnung und nach einigen Tagen die Versicherung, dass ich aus aller Gefahr sei, doch so, dass die Biegung meins Arms für immer werde gehemmt bleiben.

Die Kräfte erlaubten mir jetzt, das Bett zu verlassen. Ich ging bei schöner Witterung spaziern, und so erlangte ich in kurzer Zeit meine vorige Gesundheit und die vollkommene Zuheilung meiner Blessur. Der Oberarzt, ein wenig ob seinem Vorurteil beschämigt, sagte mir, ich hätte meine Rettung, den ausser dem Spital zugeschafften Mitteln, der fleissigen Besorgung des Herrn Bongester und der guten Abwart zu verdanken, es stehe aber nicht in seiner Gewalt, jeden Kranken im Spital so zu behandeln, weil die Regierung nicht einem jeden einen be-

---

[73] Nicht identifiziert.

sonderen Arzt und Abwarter geben könne und solche Kosten zu ertragen vermöge; dazu hätte ich auch ein besonderes Glück gehabt, denn samt allen meinen Vorteilen, die ich gehabt habe, sei meine Genesung eine besondere Seltenheit; er wünsche mir Glück und dürfe mich aus dem Spital entlassen. /130/ Der Tag zu meinem Austritt ward bestimmt, ich erhielt vom Kriegskommissär in Aix eine Marschroute nach Lyon, wo ich neue Order erhalten sollte. Vom Oberchirurg hatte ich das Zeugnis, dass ich von Station zu Station zu meiner Reise einen Platz auf dem Wagen oder ein Sattelpferd bedürfe.

Mein gütiger Bongester kam am Vorabend zu mir, versah mich mit einigen auf die Narbe zu legenden Sachen und empfahl mir, besonders im Speisen vorsichtig zu sein. Ohne [dass ich] ein Wort von meinem Geld zu sagen [brauchte], legte er mir meine Börse in die Hand und sagte in Französisch: Mon cher ami! Voilà le reste de votre or; j'ai dépensé pour vos besoins sept de ces pièces, dont une reste encore ici dans ce papier. Je m'estime bien heureux d'avoir pu vous conserver votre bras et votre vie, car vous étiez fort en danger de perdre ou l'un ou l'autre. La Providence a prodigué à vous et à moi des bienfaits; il m'est doux d'avoir sauvé un jeune homme qui s'est donné tout à moi.

Ich umfasste seine Hand, küsste sie und stiess ihm die Börse zurück, sagend: alles dieses gehört Ihnen; Sie haben mich /131/ so verpflegt, dass ich jetzt gesund [bin] und Ihnen wohl kann erkanntlich sein. Was ist mir angenehmer als dieses? O mein Lieber, erwiderte er, mir das Geld wieder zuschiebend, dieses Geld wird Sie zu viel Blut gekostet haben, um es so zu verschenken! Ich nahm zehn Sovereigne aus dem Säcklein und drückte sie ihm mit herzlichstem Dank in die Hand; auch diese versagte er und mit vielen [Bitten] endlich nahm er nur fünfe davon. Schwerlich wird ein Unglücklicher einen so uninteressierten und edeldenkenden Helfer in der Welt antreffen. Mir gab das Glück einen solchen Franzosen; mein Dankgefühl wird für ihn nur mit meinem letzten Hauch erlöschen.

Meine Reise ging über Avignon und Valence. In dieser Stadt besuchte ich das Grab des Hl. Vaters Pius VI., welchen das Ungeheuer der Revolution bis dahin getragen hatte[74]. Bei diesem ehrfurchtsvollen Monument staunte ich eine Weile und überdachte durchdrungen der sterblichen Geschicke. In Lyon beorderte man mich nach Poitou oder Poitiers en Poitou in der Vendée[75]. Ich hatte also eine grosse Reise vor mir, um zum Depot zu kommen, zu welchem ich gehörte. Für jeden Tag, auf meinem Pass bezeichnet, /132/ erhielt ich in den bestimmten Städten zwei und einen halben Franken, nebst freier Logie und Fuhrwerk; ich konnte dabei sehr wohl durchkommen, ohne von meinem Gelde zu zehren, meine Wunde aber ging wieder auf und liess mich neues Unheil besorgen. Schon in Mâcon musste ich ins Spital, doch versicherte man mich da, dass das Übel nicht gefährlich sei, nur Ruhe sei mir nötig. In diesem Spital waren bei 400 Blinde, die in Ägypten unter der Armee des dahin gesandten Generals Bonaparte von den Engländern gefangen wurden und nachher in Frankreich zurückgeschickt waren. Von diesen Leuten vernahm ich manche interessante Geschichte über dieses Land und dessen Bewohner.

[74] Pius VI. musste 1798, nach der Eroberung Roms durch die Franzosen, den Vatikan verlassen und sich nach Frankreich begeben, wo er in Valence am 29. August 1799 starb. Vgl. TULARD, Révolution, S. 1031.

[75] Die Vendée bildet einen Teil der früheren Provinz Poitou, deren Hauptstadt Poitiers war.

Mittlerweile ich da krank lag, erhielt mein Depot Befehl, nach Bourg en Bresse zu kommen, wo ich dann auch hinkam. Unvermutet langte Bonaparte aus Ägypten in Frankreich an. Er ging auf Paris, stürzte die damalige Regierung und erhob sich zum ersten Konsul der französischen Republik; diese Revolution ist weltbekannt[76]. /133/ Die sogenannte Reservearmee[77] wurde in Dijon und anderen Städten sogleich organisiert, neu gekleidet, bewaffnet und marschfertig gehalten, niemand wusste aber, wohin es gehen sollte. Auch in Bourg en Bresse schickten sich die Reste des ex-Cisalpinischen Kriegsheeres zu einer unbekannten Expedition an. Alles, was nur marschieren konnte, ward gebraucht. Man sagte mir, dass mich mein blessierter Arm nicht verhindere, einen Degen zu tragen, ich sei für Offizier gut genug!

Unglaublich geschwind hatte Bonaparte diese Reservearmee gebildet; sie zog durch Genf und das Pays de Vaud, wie ein ausgetretener Strom, nach St. Moritzen und Martinacht und bestieg den St. Bernhardsberg. Kanonen und Munition wurden zum Erstaunen der Menschen darüber gebracht und alles so geschwind, dass der befehlshabende General Melas[78] in Piemont, als man ihm davon sprach, darüber spasste und sich mit seiner kaiserlichen prachtvollen und starken Armee, welche von Nizza de Provence weg das ganze ligurische Littoral mit Genua selbst, das ganze Piemont und die Lombardei ganz ruhig und unbesorgt still hielt. Melas soll gesagt haben: Wie werden mich die Franzosen angreifen können? Masséna hat mir vor wenigen Tagen Genua übergeben. Wenn diese Stadt einen Entsatz hätte hoffen können, so hätten die Franzosen sich darin nicht ergeben.

/134/ Von dem Unglück der Oberwalliser[79] in den Jahren 1798 und 1799 hatte ich noch nichts gewusst, denn seit der Schlacht von Novi hatte ich mich mit politischen Verhältnissen wenig abgeben mögen und war auch zu weit vom Vaterlande entfernt, um von diesem Teil der Schweiz etwas zu erfahren. Von sämtlicher Schweiz aber hiess es, dass darin Unruhen seien, dass die Franzosen ins Mittel treten u.d.gl., was mir aber dazumal unbedeutend vorkam.

Erst in Bex vernahm ich die traurige und elende Lage des obern Wallis. Der, welcher mir manches erzählte, machte sich gross mit dem Rauben und Brennen, das er da mit den Franzosen und untern Wallisern mittat. Er freute sich der Beute aller Art, welche mit Wagen nach Welsch-Bern [= Waadt], Bietsch [= Bex] und Unterwallis geführt wurde und schmeichelte sich auch, einen guten Teil zu besitzen. Ich gab mich, wie vorsichtig, nicht für einen Oberwalliser aus und unterhielt diesen Menschen so viel [als] möglich auf diesen Geschichten. Er war beinahe in allen Dörfern im Grund und in vielen am Berg gewesen, die er aber meistens schlecht zu benennen wusste, doch die Lage so beschrieb, dass

---

[76] Napoleon Bonaparte verliess am 22. August 1799 Ägypten, landete am 9. Oktober in Frankreich, erschien am 16. Oktober in Paris, organisierte einen Staatsstreich, liess eine neue Verfassung genehmigen (15.12.1799) und die Regierungsgewalt drei Konsulen übertragen. Vgl. Tulard, Napoléon, S. 1227.

[77] Organisation der Reservearmee im Auftrage Bonapartes durch General Louis-Alexandre Berthier (1753–1815); Ziel: Wiedereroberung Italiens. Vgl. Tulard, Napoléon, S. 203–204.

[78] Michael Ferdinand Benedikt von Melas (1729–1806); vgl. Tulard, Napoléon, S. 1160–1161.

[79] Zu den Ereignissen von 1798–1799 im Wallis vgl. Donnet, Imesch, Kämpfen, Salamin.

ich wohl erkannte, wo er war. Rarogne, Raron kannte er gut; da habe er einiges Zeug bekommen. Wie mir mit diesem Kerl zumute war, /135/ lass ich einen denken, der einen Degen zu führen weiss; ich hätte den Prahler fast durchstechen mögen.

Am andern Tage leitete ich die Sprache in meinem Logie zu Martinacht, wo einige Männer waren, auf den Krieg mit den Oberwallisern; diese erzählten mir auch manches für sie fröhliches und mir herzdurchbohrendes Ereignis. Sie hielten mich für einen Franzosen und machten sich eine Ehre, gegen das Oberwallis gute Krieger, Verbrenner und Räuber gewesen zu sein; ich gab ihnen Beifall und erstickte meinen Zorn im Herzen. Ich frug nach der Ursach des Aufruhrs der Oberwalliser, allein ihre Auslegung, wie es gewöhnlich mit Bauern geschieht, war so grund- und wahrlos, dass ich mich damit nicht begnügte. In der Absicht, diesen Abend noch, denn am Morgen sollten wir fort, gründlicher diese Ursache zu vernehmen, fand ich einen Handelsmann in der Bourg [Martigny-Bourg], der mir mit vielen Umständen die Empörung der obern Walliser angab.

Aus dessen Bericht erfuhr ich, dass das gute Volk von Ignoranten, Schurken und Bösewichten durch absurde Lügen und Vorurteile zu unsinnigen Werken verleitet worden ist und dass es, wie vernunftlos, wohl ohne Überlegung der Sachen, allen einsichtsvollen Männern, geistlicher und weltlicher Obrigkeit, den Verlust seiner alten Freiheit und Gebräuche zur Schuld legte, als wenn diese den damaligen gewalttätigen Sturz so vieler Staaten nach ihrer Willkür verhindern könnten, wenn sie es nur wollten. Kann so ein Unsinn beglücken? Muss er nicht, dachte ich, /136/ so ein rasender Unsinn, allen rechtschaffenen und wahren vaterlandsliebenden Bürgern ein Greuel und eine sichere Anzeige eines grossen bevorstehenden Unglückes sein, das gegenseitige Zutrauen entziehen, die Streitkräfte zu einer gerechten Verteidigung vermindern, die Mittel dazu benehmen, die Bande aller Ordnung und des nötigen Gehorsams auflösen, und so Mord und Brand ohne vernünftigen Grund und Zweck erzeugen, durch eigene Schuld, ohne Not.

In diesen Überlegungen verstand ich keineswegs, dass meine guten Landleute ihre Freiheit und alten Rechte unbedingt oder glatterdings aufopfern sollten, obschon ihre Feinde ungeheuer mächtiger waren. Die Nachwelt weiss den Mut und die feste Tapferkeit eines armen und kleinen Völkchens immer zu preisen, wenn es für seine Religion, Freiheit und gute Sitten gegen einen tausendmal stärkeren Feind entschlossen gekämpft hat, allein die Nachwelt wird es auch wissen, wenn so ein Volk sich einigen dummen, ja auch noch wohl räuberischen Führern durch ihre hochsträflichen, unüberlegten Absichten und Anschläge ohne Bedenken überlassen hat, wenn dieses Volk den für sein Wohl und [seine] Ehre anfänglich auch /137/ aufgetretenen tapferen, hochzuschätzenden Männern misstrauisch und beschimpfend das Kommando entzog[80], seine Magistraten und alle vorsichtigen, klugen, ja sogar nur vernünftigen Mitbürger, die in ihren rasenden Unsinn nicht einstimmten, auf alle erdenkliche Art misshandelte, selbe sogar ohne Grund einkerkerte und auch noch bestahl, folglich demnach zur Strafe in Mord und Brand geriet, wie es in vielen Teilen des Oberwallis anno 1798 und 99 geschehen ist.

---

[80] Gemeint ist die Absetzung des Oberkommandierenden Franz Joseph de Courten (1741–1824) und anderer Offiziere; vgl. IMESCH, S. 46 und 59–60. – In seinen Memoiren erwähnt Gattlen diese Ereignisse noch einmal: I, 156.

Von solchen Gedanken durchdrungen, sah ich das mir erzählte Unglück der altfreien Walliser als ein sich ihnen selbst zugezogenes an und fühlte dabei einen hohen Unwillen gegen jene, welche so unvorsichtig und gottlos diese Verheerungen verursacht hatten. Dass aber ursprünglich die Franzosen an allem Unheil schuld waren und mir von da fort als die Urheber der damals äusserst traurigen Lage meines Vaterlandes, meiner Heimat und aller der Meinigen, wie ich es denken durfte, seien, fiel mir so stark auf, dass ich mich bald entschlossen hätte, ihren Dienst zu verlassen und meinen Degen irgendwo gegen sie zu gebrauchen. Die damalige Beschaffenheit der Sachen im Wallis, die fühlende Schande zu desertieren, mein Rang, das Bewusstsein, dass ich nicht als ein empörter Franzose, sondern als ein zu ihrem Dienst bemüssigter Schweizer, wie alle die, welche in Diensten des Königs von Sardaigne in Piemont nach der Auflösung der Schweizer Regimenter allda tun mussten, eingetreten bin und so am mindesten nicht zur greuelvollen Französischen Revolution beigetragen habe, ja /138/ die Folgen derselben nicht vorsehen konnte und wegen meiner eigenen Person allein nur das getan habe, was ich durch Gewalt tun musste, beruhigte mich und verminderte meinen innerlichen Gram gegen dieselben, so dass ich da blieb, wo ich eigentlich ehrenhalber zu bleiben gezwungen war. Am andern Morgen verliess ich Martinacht und zog über [den] Bernhardsberg. Auf der Höhe, neben dem Kloster, standen drei Kanonen mit dem Wappen des alten Standes Wallis bezeichnet und gegen dieses Land aufgepflanzt. Dieser Anblick gab mir wieder neue unbeliebige [= unliebsame] Gedanken. ([Am Rande:] 1800, 16. Mai, 17. u. 18. auch noch.).

Unglaublich mühsam war der Übergang der Armee. Diese musste die demontierten Kanonen in eingeholeten Holzen[81] nach sich schleppen, die Lafetten und Räder tragen und so öfters von einer Stelle zurückkehren, um solche Arbeiten zu wiederholen. Wie sehr diese überwundenen Schwierigkeiten die Welt in Erstaunen gesetzt haben, lese man in der Geschichte dieser Kriegszeiten[82], darin wird man auch finden, wie überrascht der in Piemont kommandierende kaiserliche Feldherr Melas gewesen war, als er glauben musste, dass eine grosse französische Armee diesen Pass überschritten hatte.

Melas hatte einen Offizier mit einem Detachement nach der Festung Bard[83] im Augsttal, um sich der Wahrheit dieser Sage /139/ zu überzeugen, hingeschickt. Bonaparte, der da schon angekommen war, machte eines Tages mit etlichen seiner Generäle und einer Bedeckung seiner Garden einen Untersuch, wo ein schicklicher Weg zu finden [wäre], um dem Feuer dieser Festung auszuweichen. Er geriet, indem er zu Fuss etwas vorging, zufällig unter dieses kaiserliche Detachement. Der Offizier desselben hielt Bonaparte für einen gemeinen französischen General; er nahm ihn und einige andere, welche mit ihm waren, gefangen. Bonaparte unterhielt den kaiserlichen österreichischen Leutenant so artig, dass sie miteinander auf der Stelle weilten. Indessen erschien, durch gleiche

---

[81] In ausgehöhlten Baumstämmen.

[82] Die erfolgreiche Überquerung des Grossen St. Bernhards wurde von den Zeitgenossen als militärische Grosstat in Wort und Bild ausgiebig gefeiert. Vgl. zu den Ereignissen: Lathion; zur Ikonographie: Gattlen, Ortsansichten.

[83] Die Festung Bard, von der aus der Verkehr durch das Aostatal unterbunden werden konnte, war von österreichischen Truppen besetzt und hielt den Belagerern bis zum 1. Juni 1800 stand. Vgl. France Militaire, Vol. 3, S. 121–123.

Krummwege, welche Bonaparte gemacht hatte, seine Garde. Die Kaiserlichen, darüber ertappt, sahen sich übermannt. Der erste Konsul sprach nun zu seinem Besitzhaber: Herr! vor wenigen Minuten war ich Ihr Gefangener, jetzt sind Sie der meinige, ich werde aber für Sie sorgen. Da erkannte das kaiserliche Detachement erst den Verlust seines unschätzlichen Fanges, es war aber zu spät[84].

Vielleicht hätte sich durch den Fang Napoleon Bonapartes, damaligen ersten Konsuls der französischen Republik, nachher Kaiser der Franzosen, König von Italien etc., das ganze politische System in Europa geändert. Millionen der Krieger wären vielleicht nicht gefallen, die Schweiz hätte sich nicht so sklavisch biegen müssen, die Germanier und Russen würden nicht in ihren Ländern verwüstend überzogen worden sein, mancher entkräftete Greis wäre seiner Unterstützung nicht beraubt worden, manche liebende Gattin hätte den Verlust ihrer Hälfte nicht zu beweinen gehabt, Tausende und Tausende Mutterherzen wären durch den gewalttätigen Entriss ihrer Söhne /140/ nicht zerrissen worden und Millionen der Väter hätten nicht dem Stolz und der grenzenlosen Siegbegierde dieses Mannes ihre Söhne, viele sich selbst und was sie hatten, opfern müssen.

Die Festung Bard herrscht in einer Enge über die Landstrasse. Das Fussvolk konnte über steile Felsen einen andern Weg nehmen, die Kavallerie und Artillerie musste unter dem sehr nahen feindlichen Feuer über die einzige fahrbare Strasse ziehen. Man benutzte die finsteren Nächte, dennoch aber ging da viel verloren.

Den 16. Mai 1800 stiessen die ersten Kolonnen in Martinacht [ab] und am 22. desselben war sozusagen fast die ganze französische Armee mit ihrem grossen Geschütz in der Ebene von Piemont[85]. In den Gegenden von Ivrea teilten sich die Divisionen der Armee und bildeten verschiedene Armeekorps. Eine Armeeabteilung ging gegen Turin, eine gegen Alexandria, eine blieb zwischen Augsttal, Biella und Valenza, eine streichte längs dem Fluss Po, um sich da zu stellen, wo die Zufälle sie bedurften, und eine ging über Biella und Novara gerade auf Mailand zu; diese besetzte die Zitadelle von Piacenza und etliche andere gute Stellungen am Fluss Po, der da auch vorbeifliesst. Die letzte Armeeabteilung hatte sich bei Varallo, Borgo Mainiero bis an den Langensee ausgedehnt und bestrich den Fluss Ticino bis gegen Buffalora, wo sie sich mit den Divisionen, welche in Valenza und Alexandria waren, in Verhältnis hielt.

Diese Dispositionen des ersten Consuls fielen /141/ jedem fast unbegreiflich vor und entsetzten die Kaiserlichen dermassen, dass Melas, so geschwind er konnte, seine Truppen im Piemont um Turin um vereinigte. Die Franzosen griffen ihn aber so rasch an und schlugen die Kaiserlichen bei Montebello und Casteggio unter dem Kommando des Generals Ott[86], dass dieser sich mit Melas

---

[84] Das Vorkommnis ist urkundlich nicht belegt. Es handelt sich wahrscheinlich um eine der vielen Anekdoten, die über Napoleon erzählt wurden. Dafür spricht auch, dass FRANCE MILITAIRE (Vol. 3, S. 122) in diesem Zusammenhang eine andere Geschichte überliefert: Napoleon soll bei seinem Erkundungsgang unter einem Baum ermüdet eingeschlafen sein; vorbeimarschierende französische Soldaten hätten, als sie ihn entdeckten, ihren Gesang abgebrochen, um ihn nicht zu wecken!

[85] Die Vorhut unter General Jean Lannes, duc de Montebello (1769–1809), erreichte Ivrea am 24. Mai; die Hauptmacht samt Artillerie traf dort am 26. und 27. Mai ein. Vgl. FRANCE MILITAIRE, Vol. 3, S. 124.

[86] Peter Carl Ott (1738–1809), Feldmarschall. Vgl. TULARD, Napoléon, S. 775.

Abb. 15: Hauptmann Gattlen in Uniform des 3. Schweizer Regiments in Neapel.

nicht ganz vereinigen konnte. Die französische Armee drängte die Kaiserlichen zusammen, um sie jetzt zu einer Schlacht zu zwingen, denn Zeit zu verlieren hätte Melas benutzt, entweder um sie aus der Lombardei aus angreifen zu lassen oder um Zeit zu gewinnen, dass seine Truppen, deren noch viele am Varo Fluss oder von Nizza di Provincia längs der ligurischen Küste bis Genua standen, sich mit ihm in Piemont vereinigen konnten. Den 9. Juni 1800, nach den Schlachten von Montebello und Casteggio, befand sich der grösste Teil der Kaiserlichen um Alexandria um, sicherlich in der Absicht, um aus dieser grossen Festung Unterstützung zu ziehen. Die Franzosen gingen an diesem Tage über den Strom Scrivia. General Gardanne[87] kommandierte die Vormacht; er griff mit seiner Armee die Kaiserlichen bei dem Strom Bormida an und schlug sie. Den 11. gleichen Monats kamen die kaiserlichen Divisionen der Generäle Kaim[88] und Hadik[89], welche sich mit der Armee des Generals Oberbefehlshabers Melas vereinigten; den 13. kampierten die Österreicher vor Alexandrien zwischen den Flüssen Bormida und Tannero; die Franzosen schlossen sie da ein, so dass sie nur mit der Stadt und Festung Alexandrien in Verbindung standen. Melas sah seine böse Lage, er konnte sich aber aus derselben ohne eine entscheidende Schlacht nicht ziehen und des ihm günstigen Entscheides durfte er nicht versichert sein, doch in dieser Stellung musste er es wagen, und zur Bataille entschloss er sich.

Den 14. Juni 1800 (25 Prairial an 9) bei Tagesanbruch überging die kaiserliche Armee auf drei Brücken den Fluss Bormida; sie formierte sich in drei Linien; hinter diesen war noch eine Reserve, welche die Strasse von Novi, wo sich der französische General Suchet[90] befand, zu verteidigen hatte. /142/ Die erste kaiserliche Linie kommandierte General Hadik; dieser griff die Franzosen beim Dorf Marengo an; die zweite und dritte zogen nach Frugerolo und Sali. Der französische General Victor[91] kommandierte das Zentrum und rechts der General Lannes[92]. Die Franzosen standen auf zwei Linien in Bataille und hinter diesen die Kavallerie; die Flügel beider Linien waren auch mit schwerer Kavallerie und grobem Artilleriegeschütz bedeckt. Die kaiserlichen 2. und 3. Linien suchten durch Flankenmärsche von Frugarolo und Sali die Franzosen zu umgehen, mittlerweilen die Front der Franzosen ein Artilleriefeuer aus mehr als hundert Kanonen vor sich hatte.

General Victor musste weichen, Berthier liess die Kavallerie vorrücken und die Kaiserlichen wurden ein wenig aufgehalten. Bonaparte zeigte sich der Armee in der Mitte eines erschrecklichen Feuers beider Teile. Eine andere österreichische Kolonne kam von Castel Ceriolo auf die Franzosen, und diese fingen an, in Unordnung zu geraten und das Dorf Marengo zu räumen, sich auf ihre Reserve zurückziehend. Der französische Kavalleriegeneral Kellermann[93] machte mit seiner Reiterei mehrere blutige Scharschen, aber vergebens; Lannes war mit

[87] Gaspard-Amédée Gardanne (1758–1809), Feldmarschall. Vgl. Tulard, Napoléon, S. 775.

[88] Nicht identifiziert.

[89] Andreas Hadik von Futak (1764–1840). Vgl. ADB, Bd. X, S. 301.

[90] Louis-Gabriel Suchet, duc d'Albufera (1770–1826). Vgl. Tulard, Napoléon, S. 1599–1600.

[91] Claude-Victor Perrin dit Victor, duc de Bellune (1764–1841). Vgl. Tulard, Napoléon, S. 1717–1718.

[92] Vgl. Anm. 85.

[93] François-Etienne-Christoph Kellermann, duc de Valmy (1735–1820). Vgl. Tulard, Napoléon, S. 1002–1003.

seiner Division ganz von den Österreichischen überflügelt, eine Brigade Dragoner zog ihn aus der Not.

Bonaparte begab sich zu dem weichenden Armeeteil der Franzosen, sprach ihnen Mut ein und hielt sie auf. Die Ordnung wurde hergestellt; sie formierten sich gleich in Echiquier (Bataille Linien im Retirieren), wichen in solcher Ordnung den Kaiserlichen nur Schritt für Schritt bis die /143/ Reserve des Generals Desaix[94] anlangte, dann setzten sie sich, vereinigt auf zwei Linien, neuerdings in Bataille und nahmen die Offensive. Indessen hatte ein starkes Korps kaiserlicher Kavallerie mit vieler Artillerie den rechten Flügel der Franzosen in der Ebene von St. Juliano stark angefallen und umgangen. Die Division des Generals Meunier[95] kam den Franzosen im gefährlichsten Augenblick zu Hilfe und rettete sie. Zwei halbe Brigaden gingen sogleich nach Ceriolo, wo der linke Flügel der Franzosen zu weichen anfing. In diesem Dorfe war viel österreichische Kavallerie, diese griff die zwei kommenden Halbbrigaden an, wurden aber nicht getrennt und unterstützten besagten linken Flügel. Während dieser Zeit wurde das Zentrum der ersten französischen Front auch gesprengt, die kaiserliche Kavallerie hieb ein und vermehrte die Unordnung. Auf dieses rückte die ganze österreichische Linie rasch vor; vor ihr her fuhren mehr als hundert vierundzwanzigpfündige Kanonen (Caliber) ohne die grosse Menge der Feldstücke, welche in den Intervallen verschiedener Korps eingeteilt waren. Die Franzosen verliessen die Dörfer Marengo, Ceriolo und andere Stellungen, behielten aber dennoch den Zusammenhang, ungeachtet des mörderischen Kanonenfeuers und der wütigsten Kavalleriescharschen. Alle gehabten Positionen, alle Strassen und Felder da nahe waren mit Toten, Sterbenden, Blessierten und Verirrten belegt, die Bataille schien für die Franzosen verloren.

Die Reserve unter dem Kommando des Generals Desaix war in der Ebene von St. Juliano auf zwei Linien aufgestellt, nahe dem Dorfe dieses Namens. 12 000 Grenadiere bildeten den rechten Flügel an einer Batterie von 12 grossen Kanonen, Vierundzwanzigern, angelehnt; das Zentrum /144/ beider Linien hatte Reiterei hinter ihm; die linken Flügel stiessen an die Kavallerie des Generals Kellermann; vor der Front der ersten Linie standen acht Kanonen der fliegenden Artillerie; verteilt zwischen beiden Linien jedes Flügels befanden sich zwei Bataillone in geschlossener Kolonne, um nach den Umständen zu deploieren und gebraucht werden zu können. Bonaparte durchritt alle Reihen dieser Reserve, rufend: hier sterben, oder siegen! Es war ungefähr 4 Uhr nachmittags.

General Desaix liess seine Armee keinen Schuss auf die vorrückende, mächtige kaiserliche Linie tun, bis man ihnen die Augen im Kopfe sah. Ein fürchterliches Metraillenfeuer aus allen Stücken und Flintenkugeln empfingen dieselben; darauf fällte die ganze französische Linie das Bajonett und lief im Sturmschritt, überfiel sie (die Kaiserlichen) so heftig, dass in ihren Reihen Unordnung entstand, und sie durchbrachen die Front der Kaiserlichen. Viele vor der Linie hingerückte grosse Kanonen erbeuteten die Franzosen schon in diesem Augenblick, welche sie teils umkehrten und gegen ihre Feinde gebrauchten. Die fran-

---

[94] Louis-Charles-Antoine des Aix dit Desaix (1768–1800), in Marengo getötet, auf dem Grossen St. Bernhard beerdigt; Grabmal im Hospiz (vgl. GATTLEN, S. 63, Nr. 346 und S. 214, Nr. 1672–1673). Zur Person vgl. TULARD, Napoléon, S. 593–594.

[95] Benoît Meunier, baron de St-Clair (1769–1845). Vgl. SIX, Vol. 1, S. 190.

zösische Division Boudet[96] kam auch im Sturmschritt herbeigeeilt, und so kam die erste deutsche Linie ganz ausser Fassung und ritirierte auf ihre zweite zurück. Es schien als wenn diese zwei Linien wieder, sobald die zweite die erste empfangen hatte, in vollkommener Ordnung stünden. General Kellermann machte aber mit seiner Kavallerie eine solche Scharsche, dass er auf ein neues durchbrach. Lannes lief ihm mit gefällten Bajonetten mit seiner Division zu Hilfe, die Consul- /145/ Garde machte das gleiche, General Marmont[97] umzog sie mit einigen Batterien. 6000 Mann streckten da das Gewehr und 1800 sassen vom Sattel ab. Die dritte kaiserliche Linie, von ihrer Kavallerie und Artillerie unterstützt, deckte den Rückzug der zwei ersten und die Nacht begünstigte ihnen die Überfahrt über die Bormida oder dahin, von wo aus diese schöne Armee am Morgen früh gezogen war[98].

Überhaupt ist dieses, die Geschichte dieses so blutigen Tages, nicht weit von den Gegenden, wo zwei Jahre vorher die mörderische Schlacht von Novi geschah. Die Franzosen verloren bei Novi in einem Streich ganz Italien, und bei Marengo gewannen sie es wieder. Im Schoss der Erde dieses Landstriches liegen ungeheure Tausende der Krieger aus Russland, ganz Germanien, Ungarn, Böhmen, Polen, der Schweiz, Italien und ganz Frankreich. Da kam zweimal das Schicksal sämtlichen Europas entschieden, da kroch der französische Adler aus seiner Schale hervor, der später so wütend mit seinen Flügeln fast den ganzen Kontinent überzog. Der kaiserliche Feldherr Melas konnte mit der sich bei Alexandria mit ihm befindenden Armee gegen die Franzosen nichts mehr unternehmen. Er schloss daher mit Bonaparte einen Waffenstillstand für 90 Tage ab[99]. In dieser Zeit sollten die Kaiserlichen ganz Italien bis hinter oder an das Tagliamento (Fluss) räumen, Mantua allein war ihnen vorbehalten.

Ich war auch bei der Belagerung der Zitadelle von Piacenza[100] vor der Schlacht bei Marengo. Die starke kaiserliche Besatzung machte täglich Ausfälle und zernichtete unsere Beschiessungsanstalten, wobei beide Teile viele Leute verloren. Eines Abends jagten wir die Ausgekommenen wieder in ihre Festung; nicht weit von einem Walle /146/ bekam ich eine Balle [= Kugel] in die linke Hüfte, die in derselben stecken blieb. Der Schmerz liess mich nicht stehen, ich musste niedersitzen. Meine Soldaten eilten herbei, um mich fortzuschaffen. Aus dem Walle feuerte man auf uns; zwei blieben da, wegen meiner niedergestreckt, und drei schwerlicher verwundet als ich war. Man schaffte mich und diese über den Fluss Po in eine Ambulanz. In Zeit von einem halben Monat war ich wieder gut hergestellt.

---

[96] Jean Boudet, comte (1769–1809). Vgl. TULARD, Napoléon, S. 274.

[97] Auguste-Frédéric-Louis Viesse de Marmont, duc de Ragusa (1774–1852). Vgl. TULARD, Napoléon, S. 1144.

[98] Gattlen hat an der Schlacht von Marengo nicht teilgenommen; seine Schilderung beruht zweifellos auf gedruckten Quellen und mündlicher Überlieferung. Vgl. FRANCE MILITAIRE, Vol. 3, S. 127–136.

[99] Übereinkunft von Alessandria: 16. Juni 1800; vgl. FRANCE MILITAIRE, Vol. 3, S. 134–135.

[100] Eroberung der belagerten Stadt am 7. Juni 1800; vgl. FRANCE MILITAIRE, Vol. 3, S. 127–128.

Vor Verfluss des abgeschlossenen Waffenstillstandes rüstete man sich wieder auf den bezeichneten Grenzen zu neuen Angriffen. Die Division Lechi[101], in welcher ich Teil machte, kam nach Valtellina über den S[an]ta Maria-Berg in die Bergschluchten des welschen Tirols (im Tridentinischen) beordert[102]. Als die 90 Tage verstrichen waren, fanden wir die Kaiserlichen ungefähr eine halbe Tagreise von der Stadt Trient in engen Pässen stark verschanzt; aus diesen mit Kanonen versehenen festen Stellungen sollten wir sie ausjagen. Die darin sich befindenden Tiroler Scharfschützen hielten gewaltig und erschossen viele Hunderte, allein auf den Verlust der Menschen nahmen die Generäle keine Rücksicht; ihrem Ruhm opferten sie leicht Tausende, denn die Conscription der jungen Söhne trauervoller Ältern und Familiaren ersetzte der Armee alle eingebüssten. Es hiess: vorwärts! die Schanzen müssen heute noch erstürmt werden!

Mehrere Halbbrigaden rückten sogleich vor, sie setzten sich in Kolonne, andere leichte Infanterie (Jäger) erhielt Befehl, die Nebenseiten der Landstrasse zu besetzen und in die Redouten zu feuern, um die Wachsamkeit /147/ des Feindes auf sich zu ziehen, indessen die ersten Massen mit Kanonen auf die Schanzen fallen sollten; kam eine Kolonne fast zernichtet, so musste die folgende herheben und so fort bis endlich achtzehn Schanzen erstürmt waren. Man konnte kaum über die Gefallenen kriechen, ein erschreklicher Anblick! Ich kann mir nicht vorstellen, wie ich da nicht umkommen bin.

Die Kaiserlichen ritirierten sich über den Fluss Adice in die Stadt Trient; wir verfolgten sie bis an denselben. Die Brücke vor Trient war abgebrannt, alle Schifflein hafteten an dem uns entgegengesetzten Ufer, so dass wir haltmachen mussten. Ein Teil unserer Armee hatte sich längs dem Ufer der Etsch, nahe der abgesprengten Brücke, kampiert und die Nachtfeuer angezündet. Die Kaiserlichen beschossen diese mit Erfolg aus einer Batterie, die sie am andern Brückenkopf angelegt hatten. Die Franzosen liessen eine gleiche an einer Kapelle bei der Brücke auf ihrer Seite aufführen, um dem Feind zu erwidern. Mein Kehrdienst traf mich auch dahin, um die zur allfälligen Arbeit bestimmte Mannschaft anzuhalten. Um 10 Uhr nachts war die Batterie fertig und 6 Kanonen mit 2 Haubitzen aufgeführt. Der Feind hatte dieses nicht vermutet, als ihn aber das Feuer dieser Batterie überschüttete, erwiderte er mit seinen 12 Kanonen ganz auf diesen Punkt. Die Batterie kam oft stark zerrissen, so dass die Arbeiten zur Herstellung unter einem erschrecklichen Feuer geschehen musste. 250 Mann waren nur zur Arbeit bestimmt, diese mit zwei Hauptleuten und 6 andern Offizieren sollten durch eben so viele andere nach angefangenem Feuer von Stunde zu Stunde abgelöst werden; in minder /148/ als einer halben Stunde lagen schon dreiundzwanzig Tote und mehr als 30 Blessierte danieder, unter welchen einige Kanoniere. Mich traf ein Kartätschenschlag durch das linke Bein, unter dem Knie, der durch und durch ging. Da hat's dich wieder! sagte ich. Man schleppte mich fort wie die andern, und so kamen wir abgelöst.

---

[101] Giuseppe Lechi (1767–1836), von Brescia; diente zuerst in der österreichischen, dann in der piemontesischen und französischen Armee. Vgl. Tulard, Napoléon, S. 1045.

[102] Die Division Lechi strebte über Pässe am Monte Tonale, wo heftige Kämpfe stattfanden, gegen Trient; andere Truppen näherten sich auf einer südlicheren Route der Stadt, die am 7. Januar 1801 eingenommen wurde. Vgl. France Militaire, Vol. 3, S. 162 und 168–169.

Alle Blessierte kamen zurück nach den Spitälern von Verona, Brescia, Soncino und andere. Die [zu]erst darin Gekommenen mussten immer weiter rückwärts, um den nachkommenden Verwundeten Platz zu machen. Auf diese Weise kam ich in obige alle, in Soncino aber ergriff mich ein hitziges Fieber oder ein epidemisches, welches die Armee in der Belagerung von Mantua befallen hatte und durch diese ausgedehnt kam. Alle, welche von diesem Fieber behaftet kamen, mussten auf Tod und Leben in das Lazarett von Bozzolo (nicht weit von Mantua). Dieses Lazarett war gleich einem verpesteten Ort angesehen, von Truppen umgeben, um alle Verbindung mit dem Lande zu verhindern. Anfänglich war die Krankheit minder heftig, nachher aber, da die Befallenen [auf] 300 anstiegen, wütete sie, dass 21 bis 23 per Tag auf jedes Hundert starben. Kam einer davon, so musste er noch 40 Tage in einem andern Spital sich ausreinigen; alle seine Effekten /149/ bis zum letzten Hemd wurden verbrannt, sogar das Geld musste in Kalkwasser gelegt werden. Beim Auskommen bekam ich einen Reisekittel und was ich äusserst nötig hatte, bis ich in Mailand, wo das Depot meines Regiments war, mir andere Kleider verschaffen konnte.

Bozzolo ist das Grab vieler hundert an dieser Pestart Verstorbenen. Das grosse Krankengebäude war immer voll. Die wenigen Genesenen und die Verstorbenen machten über 7 Monate lang den neu Eingebrachten Platz, kurz, es hiess: die Pest in Bozzolo. Man fand ohne Zwang keinen Krankenwärter, ja auch nicht Doktoren. In Zeit von 24 Stunden erzeugten sich Geschwülste unter dem Uichse [= Achsel], dann später kam der Mund aufgeschwollen, der Patient fiel in Delirium und verschied. Ich hatte alle diese Symptome, lag 11 Tage ohne mein Bewusstsein, bis ich aus dem gefährlichen Schlummer erwachte und ein Augenzeuge des Elends meiner armen Umgebenen und des meinigen selbst sein und fühlen musste.

Ich kam nach einiger Zeit endlich auf das Depot in Mailand, nicht ganz mit Kräften; ich hatte da Zeit und Weile, meinem ertragenen Guten und Üblen nachzudenken und in Vermutungen die Zukunft zu überlegen; im ganzen fand ich nichts als ein Gewebe von Gefahr und Beschwerlichkeiten, die mich getroffen hatten, denen die auf meinem Leibe tragenden Narben das beste Zeugnis gaben und mir [mein] Leben lang sehr beschwerlich sind. Seit der in Martinacht über Oberwallis vernommenen Geschichte hatte ich auch keine Liebe noch Freude zum Dienste, wo ich war; ich sann auf Mittel, mich diesem zu entziehen.

Die Wunde an meinem rechten Arm allein berechtigte mich zur Entlassung aus dem aktiven Dienst. Man schlug mir /150/ andere Plätze vor, die mir aber, wie allen jenen, welche aus der Aktivität getreten sind, nur ein kümmerliches Leben gewährten, weil damals unter der republikanischen Regierung keine Pensionen, keine besseren Anstellungen, keine Dekorationen, wie etliche Zeit später unter dem Kaiser Napoleon, den mit Wunden belegten Krieger belohnten und ehrten. Ich entschloss mich also zum Abschied in meine Heimat, den ich, obgleich nicht leicht, endlich vom Kriegsminister erhielt[103].

Als ein besonderes Zeichen meiner Verdienste und des gegen mich hegenden Wohlwollens wurde bei dem betreffenden Kriegskommissariat eingeschrieben, dass ich, falls ich aus meinem Vaterlande zurück in den Dienst kehren woll-

---

[103] Im Nachlass (CL: P 11) befindet sich ein Dienstzeugnis, datiert: *Brescia, 10 Messidoro anno 9* [29. Juni 1801]; Briefkopf: Republica Cisalpina.

te, nach Verlauf zweier Monate noch 15 Tage Zeit hätte, um im gleichen Grad und Recht wieder darin treten zu können. Diese habende Wahl war mir wohl beliebig. Mit gut ausgefertigten Schriften reiste ich von Monza ab, wo wir jetzt waren. Ich ging auf Laveno, von da über den Langensee nach Mergozzo und Domodossola. In diesem Städtchen traf ich einen Simpeler, mit welchem ich nach Simpelen reiste. Simpelen war noch wie das meiste Oberwallis mit Franzosen besetzt. Die Wacht hielt mich an und führte mich zu einem Hauptmann, der da Platzkommandant war[104].

Als dieser meine Schriften übersah, erfuhr er, dass ich ein Oberwalliser sei; mit gewissem Hohn sprach er zu mir: «Vous êtes donc du Haut Valais! qu'allez vous faire dans ce pays de brigands?» – «Capitaine», sagte ich zu ihm, «c'est dans mon pays natal que je vais chercher de l'asile et du repos après tant d'années de service et cinq blessures qui me donnent le droit, comme vous le /151/ voyez sur mes papiers.» – «Vous êtes bien fier», erwiderte er, «il dépend de moi de vous laisser passer; j'ai mes instructions concernant tous ceux qui vont et qui viennent de ce et vers ce pays de canailles.» Ein wenig erhoben antwortete ich: «Si mes papiers vous paraissent pas en règle, vous pouvez me faire rétrograder jusqu'à la première autorité compétente, si non, vous devez me laisser passer sans me causer de la peine.» – «Encore des raisons? impertinent que vous êtes, il paraît que deviendrez aussi brigand que vos hauts valaisans.» – «Capitaine, je ne suis pas plus brigand que vous!» Auf dieses griff er nach seinem Degen, der neben seinem Sessel stand. Als ich sah, dass er von Leder zog, machte ich das gleiche und hielt mich in Verteidigerstellung, ihm zurufend: «Commandant, si vous avez le malheur de fondre sur moi, je me défendrai je ne crains pas votre épée et ainsi vous ne me faites pas peur.» Ich war entschlossen, mich zu verteidigen; fest in meiner Stellung erwartete ich unerschrocken seine Bewegungen, welche er aber grossmütig sogleich einstellte... Hinter dem Tisch war seine Französin; sie rief aus allem Kragen: «la garde! la garde!» Die Wacht eilte ins Zimmer auf, und ich ward auf Befehl des Platzkommandanten entwaffnet und in Verhaft gebracht. Ein schöner Empfang auf den Grenzen meines Vaterlandes! Meine Arrestkammer stiess an das Wachtzimmer der Franzosen an, mit denen ich mich unterhalten konnte. Unser Gespräch leitete ich nach einer Zeit auf ihren Kommandanten; ich erfuhr von ihnen, das /152/ ihr Hauptmann etwas dem Wein ergeben sei und in diesem leicht zornig werde.

Am folgenden Morgen liess er mich vor sich führen und fragte: «Wisset Ihr, was Ihr gestern hier gemacht habt?» – «Jawohl», sagte ich. «Ihr habt also einen Insubordinationsfehler begangen.» – «Nein, Herr Hauptmann!» – «Wie das?» – «Ich hielt mich in einer defensiven Stellung, als Sie Ihren Degen gegen mich zogen. Sie haben die Wacht vor Ihrer Wohnung», sagte ich, «warum denn zu Waffen greifen? Durfte ich demnach nicht einen bösen Stich von Ihnen fürchten? Meine guten Papiere geben mir das Recht, in meine Heimat zu gehen; Sie haben mich deswegen als einen Briganten gescholten, indem ich ein Ehrenmilitär bin. Solche Worte und Behandlungen liessen mich meines Lebens sogar nicht unbesorgt, darum stellte ich mich zur Gegenwehr.» Er erinnerte sich, ge-

---

[104] Hier steht am Rande (später hinzugefügt): 1800 im Dezember, was ein Irrtum ist (vgl. Anm. 103), offensichtlich eine Verschreibung der Jahrzahl. Gattlen kam im Dezember 1801 ins Wallis; damit stimmt überein, wenn er später erwähnt (I, 157), bei seiner Wahl zum Präsidenten von Raron (1. Mai 1802) seien weniger als sechs Monate seit seiner Heimkehr verflossen gewesen.

sagt zu haben: *il parait que vous deviendrai aussi brigand comme vos hauts valaisans,* und wollte mir da eine Ausnahme machen. Mir entschlüpfte die Geduld zum Schweigen und [ich] fuhr auf: «Briganten (eigentlich in Deutsch Strassenräuber) kann kein sämtliches Landvolk, besonders in der Schweiz, genannt werden. Haben meine Landleute gegen die Franzosen und andere ihre Feinde die Waffen ergriffen, so war es, um ihre alte Freiheit zu verteidigen, welche sie von ihren Vätern ererbt hatten und Jahrhunderte von allen Nationen anerkannt war; sind sie jetzt überwunden, so ehre man sie als Verteidiger ihrer gerechten Sache, die sie verloren haben, und man nenne kein Volk Briganten, welches, obschon besiegt, /153/ den Mut hatte, gegen einen so mächtigen Feind aufzutreten.» Er sah mich zornig an, setzte sich an den Schreibtisch und beschäftigte sich da lange. Indessen kam ich auf allerlei Gedanken; bald durfte ich auf Zurückweisung denken, bald auf einen falschen Rapport und langen Verhaft und sogar auf willkürliche Gewalttätigkeiten. Er schloss meine Papiere mit einem Schreiben zusammen, liess einen Caporal mit vier Mann kommen, diese erhielten Befehl, ihre Gewehre zu laden, übergab mich und die Papiere dem Caporal und hiess mich, ihnen folgen.

Ich wusste noch nicht, wohin es ging. Aus dem Hause, ersuchte ich meine Wächter, sie möchten mich nach meinem Mantelsack fragen lassen, welchen mein Simpeler seit gestern hatte. Vernommen, dass sie mich auf Brig liefern sollten, bestellte ich einen Träger zu meinen Sachen. Auf der Strasse waren diese Franzosen mit mir höflich und gut. Sie sagten mir, sie hätten Befehl, falls ich zu entweichen suchte, auf mich zu feuern. Ich lachte darüber und versicherte sie, dass diese Order unnütz sein werde. In Brig übergaben sie mich dem damaligen Platzkommandanten Oberstleutnant Valet[105]. Dieser erbrach den Umwund der Papiere, las den Rapport gegen mich, untersuchte meine Schriften und entliess, mit dem Empfang, meine Wächter. Herr Valet liess sich von mir die gehabte Geschichte mit dem Platzkommandanten erzählen, und nach mancher deutlichen Erklärung über seine Fragen, sagte er mir, Geduld zu haben und wünschte mir Glück nach Hause.

Mehr als neun Jahre waren verflossen, als ich zu Brig eine so traurige Nacht hatte[106], da ich von Genua kam und am Morgen darauf, ohne nach Raron zu gehen, das Vaterland verliess. Jetzt hatte ich eine traurige /154/ Ankunft, aber eine bessere Nacht, und am Morgen darauf ging ich fröhlich nach Raron. Vor dem väterlichen Hause stieg ich ab, begab mich in die Stube. Der Vater befand sich da und glaubte, einen Offizier zum Einquartieren zu bekommen. Er sprach in verderbtem Französisch, dass er nicht wohl Offiziere aufnehmen könne, welche gemeinlich zu Raron anderen Häusern angewiesen kamen. Fröhlich sah ich ihn an, er kannte mich aber nicht, wie auch meine Brüder Peter und Ignaz, die zugegen standen. Ich konnte mich unmöglich länger enthalten. Vater! rief ich, für mich werdet ihr wohl einen Platz finden. Er starrte [mich an], fing an zu weinen und fiel mir um den Hals. Meine Brüder, die kleinen Stiefbrüder

---

[105] Vermutlich identisch mit dem Platzkommandanten von Sitten, den Anne-Joseph de Rivaz in seinen Memoiren mehrmals erwähnt (von André Donnet, dem Herausgeber der Memoiren, nicht identifiziert). Vgl. RIVAZ, Vol. 3, S. 311.

[106] Es war im Sommer oder Herbst 1793; vgl. Einleitung, S. 23, und Schilderung in den Memoiren (I, 51–59).

Johann Joseph und Anton umschlungen mich sogleich und riefen manche Bekannte herbei[107].

Der Vater sagte weinend zu mir, nun bin ich getröstet, mein Elend ist nicht halb mehr, allein mein lieber Sohn, du wirst auch Anteil an unserer Armut nehmen müssen. Wir haben alles verloren, nicht eine Decke, nicht ein Feuergeschirr, kein Löffel sozusagen ist uns geblieben; wir waren alle einige Zeit von Haus geflohen. Bei der Rarner Brücke hatten die Franzosen ein Lager, so dass sie hier alles rein ausplünderten, und was die Franzosen nicht schätzten, haben die Untern [Walliser] auf Wagen fortgeführt. In Gottes Namen, habe Geduld, wir wollen uns deiner erfreuen und auf gute Jahre und bessere Zeiten hoffen.

/155/ Herzbrechend war mir sein Jammern. Der Anblick unseres von allen Bedürfnissen entblössten Hauses drückte mich unendlich, und erst, wo ich sah, dass alle im Hause sich nicht einmal im Tage mit Brot oder Gemüse zu sättigen hatten. Die meisten Leute waren vor wenigen Monaten von ihrer Flucht zurückgekehrt, andere freilich auch früher, aber manche ohne Vieh, ohne angepflanzt zu haben, von allem beraubt, litten Hunger und Elend[108].

Die Armut war damals in den oberen Zehnden so weit gekommen, dass man sich mit Geld viele höchst nötige Sachen nicht verschaffen konnte, und was sich zum Verkauf vorfand, hatte mehr als doppelten Preis des wahren Werts, dazu sollten die guten Leute in vielen Örtern im Grund noch Franzosen logieren und diesen das manchesmal geben, was ihren Hunger stillen sollte. Empörend und bis zum Verzweifeln war damals die Lage der Sachen des Oberwallis. Die zwei aufeinandergefolgten Kriegsjahre 1798 und 99 hatten alles Unglück auf diese obern besondern fünf Zehnden gezogen. Leider Gottes! aber ohne dass durch so viel Unglück und Aufopferung für die politische Sache ein einziger Vorteil zu ihren Gunsten erkämpft geblieben ist, sei es, sagte ich früher, dass sich diese Leute von untüchtigen und auch schelmischen Anführern haben anleiten lassen, dass sie alle schätzenswürdigen, klugen und erfahrenen Leute wegen manchem vorsichtigen Rat und Lehre des Zutrauens beraubten und diese sehr misshandelten, dass sie den gröbsten und sogar den unmöglichsten Lügen glaubten, alle Betrüger und unsinntreibenden Spitzbuben für ihre Helfer ansahen. Wie konnte dieses Stand haben? Wie sich fortsetzen? Was musste daraus erfolgen? Unheil, Elend und Armut aller Art, nebst dem noch die Schande bei allen vernünftigen Menschen, auch der grössten Feinde der Franzosen, dass die Walliser im obern Teil /156/ so unvernünftig, so unvorsichtig, so dumm und der Lage der Sachen mit andern alten freien Ständen so unkundig und nicht vorabgeredet, unter Anleitung einiger Querköpfe, auch elender Schurken, zum damals unzweckmässigen, ich will sagen, nicht mit andern Kantonen der Schweiz, welche sich auch gegen die Franzosen wehrten, einverstanden, zum Krieg haben verleiten lassen, ohne dass eine Hoffnung vorstunde ([am Rande:] durch die Anführer) etwas erzwecken und erhalten zu können[109].

Die wenigen kaiserlichen Truppen, welche ins Wallis kamen, sahen und erkannten, das an der Spitze des für sie gutgesinnten Walliser Volks untätige, dumme und auch schelmische Führer waren. Die Kaiserlichen hatten mit diesen we-

---

[107] Biographische Hinweise, vgl. Einleitung, S. 20.

[108] Vgl. dazu die in Anm. 79 zitierte Literatur.

[109] Vgl. Anm. 80 und Memoiren I, 136–137.

nig Umgang, verachteten sie und gesellten sich zu schätzbaren Leuten, welche vom Volk verfolgt waren. Die Österreicher sahen den Unsinn, mit dem diese guten Leute zu Werk gegangen sind; sie erkannten aber auch, dass es durch Lügen und schelmische Absichten der meisten seiner Anleiter dazu ist gebracht worden. Sie legten ihrem Unsinn Schranken und setzten die Verfolgten in Freiheit[110]. Sage man nicht, dass ich mich so lange in dieser Geschichte aufhalte, sie betraf mich so sehr in Hinsicht der dadurch mir geraubten Hinterlassenschaft meines Grossvaters; sie wirkte und wirkt noch zu stark auf mein Herz, dass ich sie vergessen kann.

/157/ Um das drückende Leben, in welchem wir uns im väterlichen Hause damals befanden ([am Rande:] in etwas zu erleichtern), schaffte ich gleich das Bedürftige herbei. Meine Ankunft war allen den Meinigen fröhlich und wohltätig. Der Vater verschmerzte um so leichter den Tod meiner Stiefmutter[111], die Brüder fanden in mir manchen Ersatz zur Erziehung und Hilfe, welche sie durch den Verlust derselben zu ertragen hatten. Nicht sechs Monate verflossen, als man mir unter der damaligen Helvetischen Regierung die Gemeinds-Präsidentenstelle auftrug[112]. Raron, schier allezeit mit Franzosen belegt, hatte durch diese viel zu dulden. Der Munizipalrat wurde oft für Unmögliches angegangen, und die Sachen auszumachen fiel am meisten auf mich.

Mich lange ohne Verdienst (denn zur Feldarbeit war ich nicht allerdings geschickt) erträglich fortzubringen, vermochte mein Geld nicht, und bevor ich dasselbe ganz verbraucht hatte, musste ich mich zu etwas entschliessen, um nicht auch sogar mit der Zeit meine ererbten Liegenschaften angreifen zu müssen. Ich wählte den Handel. Dieser erfordert ein grösseres Kapital als ich besitze, dachte ich. Gut [= Grundbesitz] verkaufen wollte ich nicht, und zudem hätte ich in dieser Zeit auch keine Käufer gefunden. Du hast etwas, sagte ich zu mir selbst, und wenn du etwa fünfundzwanzig Louis d'or zu borgen findest, so mag es angehen; du willst behutsam in die Sache gehen, sparsam leben, gute Ordnung halten und so allgemach vorrücken. Die Herren zu Raron, Dank ihnen, waren mir gewogen. Die in Gott ruhende Frau Zehndenhauptmännin Blatter[113], geborene Roten, welche zu Raron bei ihrem Herrn Bruder Landeshauptmann-Statthalter[114] wohnte, entlieh mir um 4% hundert und fünfzig Walliser Kronen, jede zu 25 Batzen. Mit etwa 60 Louis d'or fing ich also an, eine kleine Ware zu halten. Ich nahm anfänglich meine zwei ledigen Muhmen[115] zu mir, um mit ihnen zu hausen; allein weder diese /158/ noch der Vater waren gefällig nach meinem Kopf für Handelssachen gestimmt, und so sah ich mich bemüssigt, dieselben allein zu treiben. Wir unterstützten aber uns dennoch mit Liebe und Eintracht.

---

[110] Österreichische Mitwirkung an den Walliser Freiheitskriegen, vgl. Imesch, S. 96 ff. und 119 ff.

[111] Catharina Baumgartner, vgl. Einleitung, S. 20.

[112] Vgl. Einleitung, S. 31.

[113] Maria Patientia Roten (gest. 1814), Tochter des Johann Ignaz (1712–68), verheiratet mit Zendenhauptmann Franz Joseph Blatter; vgl. Roten, Ernst v., S. 102, Nr. 702.

[114] Joseph Nikolaus Roten (1754–1839); *ibid.* Nr. 703.

[115] Unverheiratete Schwestern des Vaters; vgl. Anm. 14.

In diese Zeit fiel die Verfolgung des Generals Turreau[116] ([am Rande:] 1801 und 1802), welche in der Walliser Geschichte Epoche macht. Auch Raron kam hart hergenommen. Lange mussten wir Verfolgungstruppen nähren und bezahlen, weil wir uns nicht freiwillig zu Frankreich bekennen wollten. Turreau suchte durch Umwege und Strafen das obere und untere Wallis dahin zu bringen, dass es selbst begehren sollte, französisch zu werden und sich von der Schweiz zu trennen. In allen Gemeinden des Landes sollten Umfragen von Haus zu Haus gemacht werden, um alle jene aufzuzeichnen, welche dafür und dawider stimmten; die meisten erklärten sich aber zur Schweiz. Die vier alten Viertel als Raron, Birchen Unterbäch und Ausserberg sollten demnach bald 30, bald 40, bald 80 Louis d'or bezahlen und eine Kompanie erhalten, auch Gestelen sollte uns helfen; der übrige Teil der zwei untern Drittel gehörte zu Leuk. Standhaft ertrugen die Walliser diesen Krieg, wenn ich diesen so nennen darf. Unterwallis hielt am meisten eben so fest als das obere, und Turreau strafte vergebens. Wallis mit einem Dekret, von der französischen Regierung ausgegeben, an sich zu bringen, wäre ein leichtes gewesen, allein Frankreich unterstand sich dessen wegen andern Potentaten nicht, und auf eine andere Art, wie es General Turreau tun sollte und angefangen hatte, ist [es] der Regierung von Frankreich nicht gelungen.

Jene Gemeinden im Wallis, welche sich den Emissarien des Generals Turreau als Pittier[117] etc. ergaben oder vor denen erklärten, die französische Regierung anzuerkennen, kamen sogleich von allen Einquartierungen der Truppen, von den ihnen zu leistenden Lebensmitteln und von Geldauflagen befreit und losgesprochen, jene aber, welche einsahen, dass ein solcher Zwang doch nicht lange bestehen /159/ könne, indem man schon bei der Regierung der Schweiz Klagen und Protestationen eingelegt hatte, und geduldig und fest hielten, wurden mit allem solchen stark belegt. Dank und Lob denen, die ausharrten, standhaft blieben und so den Franzosen mit Ehr und Ruhe in den Augen aller reinsichtigen Menschen siegreich den Krieg machten.

Es sei mir nicht übel ausgelegt, wenn ich hier einen Fall anführe, der mich als von allen vier Vierteln bestellten Schaffner für die uns aufgedrückten Erpressungen tief schmerzte und alle ein bisschen einsichtige Rarner, besonders aber die Herrschaft allda, in Erstaunen setzte. Die Gemeinden der vier Viertel mit Gestelen lieferten schon eine Zeitlang tourweise das Fleisch, Brot und Gemüse für die Franzosen, die in Raron waren. Als ich im Namen derselben im Kehr der Ausserberger das Erforderte ausschrieb, wurde mir geantwortet, sie seien von solchen Beschwerden losgesprochen und niemand könne sie mehr dazu anhalten, man möge sich benehmen wie man wolle. Diese Anzeige eines uralten Vier-Viertel-Bruders setzte mich für einen Tag äusserst in Verlegenheit; da sie (die Franzosen) um die bestimmte Stunde nicht ihre Rationen erhielten, fielen mich die Franzosen, welchen ich sonst schon nicht geneigt bekannt war, mit Ungestüm an. Ein Fourier packte mich sogar in meinem Haus beim Hals, den ich aber über die Diele zurückwarf. Jetzt liefen andere herbei, sprengten die verschlossene Stubentüre, unter welcher ich mich verteidigen musste, bis zum

[116] Louis-Marie Turreau de Garambouville, baron de Linières (1756–1816). Beginn seiner Regierung im Wallis: 23. November 1801. Vgl. MASSEREY und SALAMIN I, S. 156 ff.

[117] Joseph-Louis Pittier (1753–1815), von General Turreau 1802 zum Nationalpräfekten ernannt. Vgl. RIVAZ, Vol. 3, S. 301.

Glück einige Männer mit Prügeln versehen mir zu Hilfe kamen und die Offizie-' re der Franzosen die Ordnung herstellten. Den gefährdeten alten Eid der Ausser-berger gegen ihre alten Brüder von Raron, Unterbäch und Birchen verabscheu-ten diese alle; keiner dieser andern Viertel hätte diesen Bruch geglaubt, allein man durfte dazumal nicht einmal darüber schmähen, weil partielle Reden jeden insbesonders hätten unglücklich machen können.

Es mag sein, dass nur einige damalige Vorsteher der Gemeinde Ausserberg diesen Streich gemacht haben /160/ und diesen noch durch ihre grosse Einfalt in Kenntnis der Sachen; sie glaubten gewiss, ihrer Gemeinde einen wesentlichen Dienst und Vorteil zu verschaffen, wenn selbe sich unter den Schutz der Partei des Generals Turreau, oder besser zu sagen, französisch bekannten, um so da-durch vieler Beschwerden und Leistungen zu entgehen; ich glaube nicht, dass sie die Wichtigkeit und die Folgen der so heroisch ertragenen und noch damals habenden Erpressungen der Franzosen begriffen oder einsahen, verwundernd ist es aber, dass die Ausserberger als ein in den Jahren 1798 und 99 so zu unsinni-gen Kriegen begeistertes Volk, aus welchen einige beinahe rasend wurden, sich jetzt, wo es nur zwar auf drückende Lieferungen ankam, ohne Beratung treuer Freunde und auf Anlobung ihrer alten Feinde glatterdings denselben [sich] hin-gaben. Ich rede und begreife nicht die ganze Gemeinde Ausserberg, es blieb ver-steckt, wie es gegangen [war]. Die damaligen Munizipalräte oder Vorsteher der-selben aber hätten hohe Schmach und Verachtung von allen den Ihrigen ver-dient. Man schrieb diesen Judasstreich der sehr eingeschränkten Vernunft und Kenntnis ihrer Vorständer zu. Unwissenheit oder Dummheit erzeugt gemeinig-lich Falschheit und Misstrauen und diese oft Laster.

Anno 1802 wurde Wallis durch die Standhaftigkeit der wahren Vaterlands-liebenden von Frankreich, der Italienischen Republik und der Schweiz als eine selbständige Republik erklärt[118]. In diesem Jahr ging ich das erstemal auf Zur-zach[119], um Waren einzukaufen. Meine Sachen gingen gut von statten; ich ver-mehrte meinen Handel alle Jahr, meine Inventarien bewiesen /161/ mir das gute Vorkommen. Sieben Jahre blieb ich im Ledigen Stand und hauste mit Diensten. Eine gute Magd besorgte das Hauswesen in meinen Reisen, die ich wegen mei-nes schon ziemlich ausgedehnten Handels in Italien und der Schweiz zu machen hatte.

Im August [1808][120] übernahm ich vom Haus de Riedmatten und Comp.[121] von Sitten, und diese vom Haus Pasteur & Comp. ([am Rande:] in Genf), das Postwesen über den Simpelberg bis Domodossola und von da zurück bis Visp. Bis daher war im Wallis ein regulierter Diligence-Kurs und Postpferdhaltung

[118] Ausrufung der Unabhängigen Republik: 5. September 1802. Zu den Ereignissen vgl. SALAMIN II.

[119] Die Zurzacher Messen sind seit dem 14. Jh. urkundlich nachgewiesen (vgl. HBLS), na-mentlich bekannt für den Handel mit Tuch, Leder, Eisenwaren und Spezerein. Über Gattlens Han-del, vgl. Einleitung S. 34–35.

[120] Im Manuskript steht irrtümlich: *1827.* – Zu Gattlens Beteiligung an der Simplonpost, vgl. Einleitung S. 35–36.

[121] Zu dieser Gesellschaft gehörten: Joseph-Emmanuel de Riedmatten (1774–1846), Adrien Zimmermann (1777–1829), Charles-Emmanuel de Rivaz (1753–1830), Jacques-François de Quarté-ry (1750–1826), Joseph-Alphonse de Nucé (1753–1814). Vgl. RIVAZ (Register). – Vertragsschluss: 26. August 1808; vgl. ODET, Nr. 4; andere Dokumente zu dieser Angelegenheit: *ibid.* Nr. 3, 6, 11, 19.

nicht eingerichtet, ja bloss bekannt. Man glaubte nicht, dass im Winter die Diligence zweimal zur Woche, vice et versa, an bestimmten Tagen könne über den Berg gebracht werden. Deswegen fanden sich auch keine Liebhaber in Brig, welche die Post zu halten wünschten. Am ersten September besagten Jahres ging der Dienst an. Eine schwere Diligence sollte wöchentlich zweimal von Lyon aus nach Mailand und von da zurück auf Lyon über den Simplon, Wallis, Savoyen und Genf fahren, alles war eingerichtet. Ich befand mich für den Berg [Simplon] deswegen in Glis, wo ich meine Niederlage und Pferde hatte; in Simpelen und Domodossola waren meine Anstalten und Einrichtungen für diesen Dienst auch getroffen, so dass er gehörig anfing und sich fortsetzte. In der Absicht, den Speditionshandel zugleich in Glis zu betreiben, assoziierte ich mich mit Herrn Franz Corgioli[122] in Domodossola. Wegen nicht von diesem Herrn erfüllten Konditionen laut unserem Traktat, blieb mir endlich in Glis alles auf dem Rücken, so dass ich, ohne meine Haushaltung zu Raron, noch Tag noch Nacht Ruhe hatte.

Die Herren Briger sahen, dass die Diligencen und Postkutschen guten Gang hatten, und dass auch die Regierung für den Unterhalt der Simpeler Strasse und ihre Offenhaltung im Winter sorgte und Anstalten genommen hatte, und begriffen, dass meine Niederlage in Glis Brig nachteilig werden konnte. Seine Exzellenz weiland Baron Stockalper[123], alt Landeshauptmann, /162/ machte mir den Antrag, nach Brig zu kommen, was ich aber wegen der Gemeinde Glis, die mir im Anfang viel beistund, nicht wohl tun konnte, machte aber mit alt Postreiter Schmidhalter, Escher genannt Spitler, Wirt Anton Seiler und andern unter der Bürgschaft oberwähnter Herren einen Untertraktat[124], vermög dessen sie mir hundert Louis d'or zahlen sollten, in alle meine Pflichten als Postmeister treten, doch so, dass ich allzeit die Aufsicht über alles haben und als Postmeister des Simpelberges solle betrachtet oder gehalten werden, dieses weil ich von de Riedmatten & Comp. allein dafür gehalten war.

Ich hatte und gab diesen Accord für zwölf Jahre[125], allein die Anno 1810 gehabte Staatsumwälzung[126], wo Wallis ein französisches Departement wurde, liess uns nicht weiterkommen. Das Postmeisteramt in Frankreich hatte einige gute Privilegien, und diese Stelle wird von einem Generaldirektor vergeben, so dass ich davon kam und ein gewisser Calvet[127] als Postmeister zu Brig eintrat,

---

[122] Das Postunternehmen erscheint in den Akten unter der Benennung; *Gatlen & Borgnis, Glis*. In Gattlens Rechnungsbuch No 2 (CL: R 8a, S. 181) sind Vater und Sohn Borgnis genannt; diese kamen aus Craveggia in Vigezzo, waren in Glis oder Brig wohnhaft und betrieben dort Kaufhandel.

[123] Kaspar Eugen Stockalper (1750–1826).

[124] In Gattlens Rechnungsbuch No 2 (CL: 8a, S. 163–164, 173–182, 187–194) erscheint unter der Bezeichnung *Jean-Antoine Seiler & Co* bzw. *Jean-Antoine Seiler, Joseph-Antoine Escher & Co* eine Gesellschaft, die sich 1808 Gattlen und Borgnis gegenüber verpflichtet hatte, den Postdienst Glis–Domodossola während 3 Jahren und 4 Monaten konventionsgemäss auszuführen.

[125] Der Vertrag vom 26. August 1808 (ODET, Nr. 4) sah in Art. 1 eine Geltungsdauer von 3 Jahren und 4 Monaten vor. Für eine Verlängerung auf 12 Jahre konnte kein urkundlicher Beleg gefunden werden.

[126] Vgl. Einleitung, S. 37.

[127] Guillaume Calvet, gestorben Februar 1824. Aus Briefen im Staatsarchiv Sitten (T 7/3/20, Nr. 358–360) geht hervor, dass Calvet das Postmeisteramt von 1810–1824 versehen hat. Nach seinem Tode, der im Sterbebuch der Pfarrei Glis nicht vermerkt ist, hat seine Frau die Tätigkeit während 10 Monaten weitergeführt; im Dezember 1824 hat sie nach eigenen Angaben das Wallis verlassen und ist nach Frankreich zurückgekehrt.

nachdem in der Zwischenregierung die Herren de Sepibus und Tafiner[128] diese Stelle auch einige Monate verwaltet hatten.

Zurück in meine Geschäfte zu Raren, sehnte ich mich nach einer Gefährtin. Diese fand ich in der geliebten Barbara, einer Tochter [des] Meiers Amacker von Unterbäch[129]. Den 8. Mai 1808 vermählte ich mich mit derselben zu Raren auf der Burg um 4 Uhr nachmittags. Sie glaubte, dass es mir und ihr nützlich sein werde, Französisch zu lernen und sich irgendwo für meine Geschäfte besser zu bilden. Nach diesem Zweck tat ich sie für ein Jahr in Martinacht zum Herrn Zehndenpräsident, jetzigen Staatsrat Morand[130], dessen Gemahlin den besondern Ruf hatte, junge Frauen zu vorteilhaften Haushälterinnen zu machen. Um Pfingsten nahm ich sie auf Raren. Ihr Empfang wurde von den /163/ Rarnern ehrenvoll bezeichnet (1809). Im Christmonat 1810 brachte sie mir meine Tochter Barbara[131] zur Welt, nachdem sie eine schwere Krankheit bestanden hatte, welche sie am Hoch heiligen Dreifaltigkeits Sonntag[132] im vorgehenden Sommer ergriff, als sie an diesem Fest an Unterbäch war, wo sie lang krank lag. Ihre Gesundheit litt mehr oder minder immer seit dieser Krankheit, Badfahrten, Doktorconsulten, Luftänderungen und all mein mögliches erhielt sie, aber nur kränkelnd blieb der Erfolg.

Wallis war kurz nachher als das Departement des Simpelberges[133] erklärt worden und neuerdings mit französischen Truppen, Gendarmes und Mautdienern besetzt, welches meinen Handel, den ich aus Italien in die Schweiz und von da etwas in Italien [führte], aufhob. Auf meine Boutique in Raron hielt ich nicht viel, ich hielt sie mehr für eine Zusache als für meinen Handel, ich musste daher auf andere Mittel denken. Der grosse Durchpass der transitierenden Waren aus Italien nach Frankreich und vice versa brachte mich auf den Gedanken, im Goler[134] das Gut besser zu benutzen. Ich erweiterte dasselbe durch Ankäufe, im Vorhaben da eine Niederlage für Fuhrleute zu errichten, damit mir das Futter da ausgenützt kam und dadurch s.v. auch Mist erhalte, durch welchen die magern Wiesen einträglicher gemacht werden konnten. Da aber Napoleon seine Eroberungen überall einbüsste, hatte auch Wallis das Glück, dem französischen Joch zu entschlüpfen, und ich freute mich der gefehlten Spekulation.

---

[128] Leopold de Sepibus (1759–1832), Landeshauptmann, und Johann Franz Taffiner (1756–1844), Landratsabgeordneter. Vgl. Rivaz, Vol. 3, S. 307 und 309.

[129] Anna Maria Barbara (geboren 1791, 9. Oktober), Tochter des Franz Sales Amacker (1755–1832) und der Barbara Schnidrig (1764–1839). Im Ehebuch der Pfarrei Raron ist die Heirat am 10. Mai 1808 eingetragen. Zeugen: Grosskastlan Nikolaus Roten (1754–1839), sein Sohn Jakob Nikolaus (1778–1838), Johann Christian Amacker (1785–1862), Bruder der Braut.

[130] Jean-Philippe Morand (1773–1856), Staatsrat 1820–1839, verheiratet mit Marie-Josèphe Meilland (gest. 1856); vgl. Rivaz, Vol. 3, S. 298.

[131] Maria Barbara Cresentia, getauft am 6. Dezember 1810; Taufpaten: Majorissa Barbara Schnidrig (1764–1839) und Pfarrer Joseph Zenhäusern (gest. 1812).

[132] Am 28. Mai 1809.

[133] Vgl. Einleitung S. 32–33.

[134] Landgut am Ausgang der Goler-Rufi, die von Bürchen herunterfällt. Die Familie Gattlen ist dort als Grundbesitzer seit dem 16. Jahrhundert nachgewiesen. Christian Gattlen hat in seinen Rechnungsbüchern an verschiedenen Stellen Angaben hinterlassen über Bodenkäufe und Grundbesitz. Vgl. CL: R 8a, S. 301; R 8e, Fol. 93–98; Nachtrag Dr. A. Lanwer.

Im Jahr 1812 gebar meine liebe Gattin meine zweite Tochter Catharina[135]. Dieses sehr hoffnungsvolle Kind freute uns wieder, auch schien ihre Gesundheit auf diese Entbindung sich etwas gebessert zu haben.

Der französische Präfekt Derville Maléchard[136] kannte mich sehr gut, denn er nahm über viele seine Noten ein und hatte mich nicht ausser Acht, um so mehr weil ich von der vorgehenden Regierung einiges Zutrauen besass, /164/ nämlich als Einnehmer des Zehndens von Anno 1802 bis zur französischen Zeit, und wie schon gesagt, als Postmeister zu Brig etc., welches mir alles sorgfältig abgenommen ward, hingegen aber mich zum Greffier [= Schreiber] des Friedensgerichts zu Raron und dessen Statthalter wählte.

Manche unbeliebige Begebenheit trug sich mir während dieser französischen Regierung vor, und mancher Walliser musste hart den Druck derselben erfahren. Die glückliche Periode des Jahres 1813 (um Weihnachten) erlöste uns. Die Franzosen zogen aus Wallis, und die alliierten Mächte liessen Wallis einen neuen Kanton der Schweiz werden. Wie sich dieses alles in unserem Vaterlande verhielt, will ich übergehen, weil es genug bekannt ist, nur muss ich etwas von dem nächst darauffolgenden 2. und 3. März des Jahres 1814 melden, Tage, welche mich besonders auch betreffen und unvergesslich sind.

Im Wallis waren unter dem Kommando des kaiserlichen österreichischen Oberst Simbschen[137] einige Kompagnien. Zu diesen kamen 400 Mann Inländische gestossen, um uns der wiedererhaltenen Freiheit desto verdienter zu machen. Diese, mit den Kaiserlichen vermengt, standen im Lande und auf den Grenzen verteilt. Ein Teil der Walliser war mit den Österreichern bis und unter Domodossola vorgerückt, wurde aber durch die Franzosen, die noch in Mailand und Piemont waren, bis nahe Simpelen zurückgedrängt, am ersten März 1814 da auch wieder angegriffen und bis [Berisal] gejagt, wo sich ein Bataillon Franzosen oder ihrer italienischen Truppen am 2. [März] einlogierten. Nicht sobald war dieses bekannt gemacht, als man in Brig, Naters, Mörel, Visp und in allen nächst Brig gelegenen Gemeinden Sturm läutete und zu /165/ den Waffen griff. Briefe zur gleichen Aufforderung ergingen im ganzen Land, um dem anrückenden Feinde entgegen zu gehen. Man sagte, dieser wolle sich mit einer starken Kolonne im Wallis mit der Armee des Generals Suchet, die noch in Savoyen agierte, in Verbindung setzen.

Die Leute von den besagten Gemeinden, welche rüstig waren, zogen am 2. März abends gegen Berisal, fanden da den Feind und nahmen nach einem kleinen Gefecht das 6. Elite-Bataillon der mailändischen Truppen gefangen

---

[135] Laut Eintrag im Taufbuch der Pfarrei Raron getauft auf den Namen Maria Josepha Catharina Theresia am 18. Februar *1813*; Paten: alt Landvogt Nikolaus Roten (1754–1839) und Catharina Amacker (geb. 1791, Tochter Franz Salesius). Das Kind ist am 19. Dezember 1821 gestorben.

[136] Claude-Joseph-Parfait Derville-Maléchard (1774–1842), französischer Resident in Wallis 1806–1810, Präfekt des Département du Simplon 16.1.1811–13.3.1813. In seiner Beurteilung der Kandidaten für das Amt des Friedensrichters entsprechend Instruktion vom 14. November 1812 (S 10/1/10) schreibt er: *Gattlen Christian. N'a pas fait d'études, mais ne manque ni de probité, ni de mérite, ni même de connaissances, fort bon sujet.* – Im Verzeichnis der Persönlichkeiten *«fichés par l'administration française du Département du Simplon, 1811»* (Donnet, Personnages, S. 193–308) ist Christian Gattlen nicht erwähnt.

[137] Joseph Franz von Simbschen (1781–1824), Kommandant der österreichischen Truppen im Wallis 1814. Über sein Wirken im Wallis vgl. Cordon, S. 233–249, der die Expedition auf den Simplon, welche Gattlen ausführlich beschreibt, nicht behandelt, sowie Biollay I, 530.

([Nachtrag:] *Guardia del Vice Presidente Melzi*[138]). Indessen machten wir Rarner und die umliegenden Gemeinden uns auch zu Weg, ausgenommen die Lötscher, die wegen ihrer Entfernung noch nicht eingetroffen waren.

Im Begriff, noch vor meiner Abreise einige Bücher und Schriften mit den besten Sachen auf Pferden an Unterbäch zu schicken, wohin auch meine weinende Gattin und zwei Töchterlein gehen sollten, kam ein guter Freund schnaubend zu mir, sagend, die Ausserberger seien Vorhabens, bevor sie von Raron gingen, alle Mutterrollen und Schriften der französischen Zeit zu verbrennen, und da ich auch ein Mitglied der Munizipalität sei oder war, auch derselben als gewesener Greffier des Friedensgerichts, dergleichen von der Gemeinde bei mir glaubten, so möchte ich mich auf jeden Angriff gefasst halten, denn ihre Anschläge seien grob und gefährlich. Er sagte mir, ein anderer habe eben in diesem Augenblick den alt Landvogt Roten[139], seinen Sohn, den Friedensrichter, und die andern Herrn desgleichen einberichtet, damit auch diese auf ihrer Hut seien. Wie vom Blitz getroffen stand ich sprachlos, ich konnte mir so etwas nicht glaublich machen. Eine Hausmagd des alt Landvogts Roten kam daher gesprungen, mich im Namen desselben ersuchend, /166/ ich möchte doch zu ihm kommen. In diesem Hause waren alle in grösster Sorge; man fragte mich, wie wir uns benehmen sollten. Die Antwort war, treue Leute von Raron um sich zu ziehen, denen das Vorhaben ([am Rande:] der Ausserberger) auf eine kluge Weise zu sagen, ihnen den Unsinn dieser Leute begreiflich zu machen und sich im Fall der äussersten Not gegen persönliche Angriffe zu verteidigen. Man beschloss es so, und ich ging zu meiner weinenden Gattin, schloss die Hausporte und fing wieder an einzupacken, um fortzuschicken. Meine Frau wusste von der mir gebrachten Nachricht kein Wort, und ich hütete mich, ihr davon was zu sagen, denn sie konnte mir ohnedies nicht im mindesten behilflich sein; ich musste mit dem Knecht und Mägden alles besorgen.

Man wartete noch auf einige Leute zum Abmarsch, und da ich früher in allen militärischen Versammlungen in den 2 untern Dritteln des Zehndens das Kommando führte und die Leute sich auf meine Order verliessen, auch sahen, dass die Ausserberger ihren Plan auszuführen sich nicht getrauten oder von einigen aus ihren Vernünftigeren auf bessere Gesinnungen gebracht worden sind, liess [ich] rappelieren [= zum Appell antreten] und entzog mich schmerzhaft meiner Gattin und Kindern. Vor dem Abmarsch, vor Tag, am 3. März 1814, konnte ich mich nicht enthalten, den Sinnlosen oder Unvernünftigen unter dem Volke ungefähr diese Worte zu sprechen, und just in dem Augenblick, wo man rechts um! machen sollte:

Liebe Brüder! Nun stehen wir im Begriff, dem Ruf unserer schon vor dem Feinde stehenden Mitbrüder zu folgen. Dieser Ruf ist auch der Ruf des kaiserlichen Truppenkommandanten im Wallis, und so muss er auch jener des sämtlichen Vaterlandes sein. Ihr wisset, dass die hohen alliierten /167/ Mächte uns vor wenigen Monaten die Freiheit gebracht haben und dass wir zur Erhaltung derselben nach dem Wunsch und Begehren des kaiserlichen Kommandanten in unserem Vaterlande, so viel wir vermochten, mitgewirkt haben, allein dies ist noch nichts, das Vaterland steht in Gefahr; unsere mit den Kaiserlichen schon eine

---

[138] Wahrscheinlich Francesco Melzi d'Eril (1753–1816); vgl. Tulard, Napoléon, S. 1161.

[139] Vgl. Anm. 129.

Zeitlang vereinigten 400 Mann reichen nicht hin, um unser Vermögen, unsere Wohnungen und was noch das Herzlichste ist, unsere Weiber, Kinder, Eltern, Brüder und Schwestern, vor dem Feinde zu sichern. Der Feind ist diese Nacht in Berisal, und heute wird er uns oder wir ihn aufsuchen. Das Vaterland ruft uns, und das Vaterland wird, wenn es jetzt wirklich nur einige kaiserliche Kompagnien zur Hilfe hat, in kurzem von den hohen Mächten kräftig unterstützt werden. Unser Widerstand stäuft [= stützt] sich also auf die Aufforderung der mächtigen Besieger der Franzosen, er stäuft sich auf das Recht unserer alten Freiheit, er stäuft sich auf die Erhaltung der uns mit Gewalt entrissenen Rechte, ja wohl gar darf unser Widerstand gegen das Eindringen der Franzosen als eine auffordernde Religionspflicht betrachtet werden.

Ich weiss, dass unter euch noch solche sind, die mit ungefähr gleichen Gesinnungen erscheinen, wie viele in den letzten Kriegsjahren hatten. Wenn solche Leute ihre vernunftlose und von allen ehrlichen Menschen zu verabscheuende Absichten hätten können ins Werk bringen, so würde daraus Entzweiung und bei manchen Einfältigen sogar Misstrauen entstanden sein. Ist jemand unter euch, der kein Zutrauen zu mir hat, der trete hervor und sage es mir. Ich will mich gern in Reih und Glied stellen, und man kann sich ja um einen andern Kommandanten umsehen, nur dass dieser ein kluger und rechtschaffner Mann sei. – Ich wartete ein wenig, niemand nichts – dann fuhr ich fort: bin ich euch recht oder nicht? saget es. Alles rief: vivat! vivat! Ich verlange von jedem für unser Ehr und Wohl unbedingten Gehorsam, nur /168/ Ordnung kann unsere wenigen Kräfte unterhalten. Seid aber auch entschlossen, mit Herz und Mut beseelt, den Feind auf das kräftigste zu empfangen.

Wir langten gegen sieben Uhr morgens in Brig an; das in Berisal gefangene Bataillon war schon dahin geführt. Die auf diesen Prisonniers gemachte Beute war beträchtlich; sie waren gut gekleidet und bewaffnet, die Offiziere alle mit massivsilbernen Degengriffen, Tschakot-Plaquen, feinen Epauletten und Kragenschildern versehen und reichhaltig an Geld, so dass mehrere gegen und noch mehr als hundert Goldstücke von 20 Fr. bekommen hatten.

Ich meldete mich sogleich bei dem kaiserlichen Platzkommandanten, um seine Order zu empfangen. Er sagte mir, einstweilen zu warten. Nachmittag liess er mich rufen, gab mir Instruktionen und das Kommando über etwa 600 Leute der Landwehr und dreissig kaiserliche Jäger, mit dem schriftlichen Befehl, mich mit diesen nach Simpelen zu begeben und dem Feind kräftig zu begegnen. Beim Kantonierhaus No 2 befanden sich 60 Mann, die als Wacht vom Vorabend da geblieben waren. Diese lösten meine Leute ab. Kaum eine Viertelstunde hernach stiessen etliche 40 Mann mit einem Offizier auf diesem Posten auf uns. Nach wenigen Schüssen nahmen wir sie gefangen. Sie führten mehrere mit Lebensmitteln und einiger Bagage beladene Schlitten nach ihrem Bataillon, welches sie nicht gefangen wussten. Meine Leute zerrten sich wegen dieser Beute unter ihnen um, und viele liefen mir mit solcher beladen fort. Auf den Offizier fiel ich und noch ein anderer; dieser übergab mir seinen silbernen Degen; der andere plünderte ihn aus, als ich ihn demselben überlassen hatte, und fand auf ihm eine goldene Repetieruhr und mehr als 160 Goldstücke. Zum Plündern war ich zu dumm und glaubte dazu keine Zeit zu haben.

Als meine Vorwacht in den Kehr gegen Ganter einschlug, meldete man mir, dass sie ein grosses Feuer in Berisal sähen, und vermutlich wäre da der Feind. Ich hiess sie bis auf 60 Schritte von mir warten, und dann rückten wir in der Stille beim Mondschein vor. Wider alle /169/ Erwartung fanden wir da nichts als eine in Flammen stehende Scheuer. Einige Tote, unter welchen ein kaiserlicher Hauptmann (Fink)[140], lagen seit dem Vorabend im Schnee herum. Auf der Barriere ertappten wir einige Gendarme mit Depeschen; man übergab mir selbe, diese waren dem Colonello *Ponti*[141], *Commandante del 6to Battaglione Vetiti, Via Simpione,* zugeschrieben. Ich erfuhr, dass ihn der Kriegsminister aus Mailand einberichtete, dass er Verstärkungen erhalten werde und von Domodossola aus die Lebensmittel für seine Leute beziehen solle, auch sei Kriegsmunition fortgesendet, deren am 2. März einige Fässchen mit zwei andern Pack [?] in Simpelen anlangen mögen. Ich schickte diese Papiere dem uns folgenden provisorischen Regierungsrat Tafiner[142] mit dem Gesuch, dass er diese dann gleich dem kaiserlichen Kommandanten überschicke. Auf der übrigen Strasse ergriffen wir einige Nachzügler; alle diese kamen rein ausgeplündert. Hätte sich Herr Leutnant Weger[143], gewesener Offizier in Piemont, mit seiner Vorwacht kluger benommen, so hätten wir in Simpelen alle sich da befindenden Feinde bekommen, andere wären am gleichen Tag und in den folgenden angerückt, und so hätten wir viele erhascht, die alle zurück in Italien gewichen sind.

Am 4. März vormittags trafen Graf Courten[144], gewesener General in Frankreich, Oberst Werra[145] von Leuk mit vielen Leuten der Zehnden Siders, Leuk, und die Lötscher von Raron in Simpelen ein, auch der kaiserliche Kommandant in Brig, Herr Gerstäcker[146]. Ich machte demselben meine genommenen Dispositionen kund. Man hielt Kriegsrat, zog 300 Freiwillige aus der Landwehr und beorderte mich mit diesen in Simpelen zu bleiben. Das übrige Volk kam entlassen. Etliche Tage später zog eine Kompagnie Kaiserlicher mit 300 in den Kaiserlichen inkorporierten Wallisern über den Berg; sie nahmen Domodossola in Besitz und fingen unter Domo wiederum 150 Feinde, welche über Simplon zu ihrer Bestimmung als Kriegsgefangene gingen[147].

Bis gegen Ostern[148] musste ich auf diesem Posten bleiben, obschon man vom Feinde nichts mehr zu besorgen hatte, denn der kaiserliche General Bian-

---

[140] Oberleutnant Fink; vgl. Biollay I, 519.

[141] Nicht identifiziert.

[142] Vgl. Anm. 128.

[143] Dominik Weger, Sohn des Zendenpräsidenten und Obersten Dominik Weger (1758–1828); vgl. Rivaz, Vol. 3, S. 312.

[144] Eugène de Courten (1771–1839), Kommandant der Walliser Landwehr 1814; vgl. Rivaz, Vol. 3, S. 285.

[145] Jean-Joseph-Maurice-Alexis de Werra (1767–1846), Oberst der Walliser Landwehr 1814; vgl. Rivaz, Vol. 3, S. 312.

[146] Hauptmann Gerstäker, Kommandant des 6. österreichischen Jägerbataillons; vgl. Biollay I, S. 521.

[147] Die Exepedition nach Domodossola stand unter dem Kommando von Hauptmann Luxem; vgl. Biollay I, S. 275 ff.

[148] Der Ostersonntag fiel 1814 auf den 26. März. Aus der vorliegenden Korrespondenz (Service Etranger, 12/23/1–6) geht hervor, dass der Rückzug zwischen Mitte und Ende März erfolgt sein muss. Ursprünglich war vorgesehen, die Landwehr am 8. März durch zwei österreichische Kompagnien abzulösen; Oberst Simbschen beorderte diese aber nach Domodossola, ohne den Kommandanten der Walliser Landwehr, Graf Eugène de Courten, zu benachrichtigen, was Missverständnisse verursachte.

chi[149] hatte demselben in Italien die Verbindung mit Frankreich gehemmt. Meine Geschäfte waren da, mit beiden kaiserlichen Platzkommandanten von Brig und Domodossola im nötigen Briefverkehr wegen Dienstsachen [zu stehen] und ohne ihre Erlaubnis alle Verbindung abzuhalten, kurz, als ein Mittelpunkt den einen und den andern mit meinen Leuten im Notfall zu unterstützen.

Aus Italien kamen mir manche den Kaiserlichen verdächtige Personen zugeschickt, um diese nach Brig oder dem Hauptquartier des /170/ Oberst Simbschen in St. Moritzen zu liefern, wo sie büssen [mussten] oder gar erschossen wurden. Ein gewisser Herr Simonetta[150], früher bei der Unterpräfektur von Domodossola angestellt, kam mir eines späten Abends auf einen Schlitten gebunden unter starker Wacht zugeschickt. In einem versiegelten Briefe hatte ich die Schlüssel zu seinen Fesseln und den Auftrag, unter meiner Verantwortlichkeit diesen Spion, so nannte ihn Herr Hauptmann, jetziger kaiserlicher Major Luxem[151], damaliger Platzkommandant in Domodossola, nach Brig zu senden und ihm den Empfang zu bescheinigen.

Dieser arme Teufel war fast wegen starker Kälte auf dem Schlitten bis zum Tode erstarrt. Herr Kastlan Theiler[152] in Simpelen und andere mehr hatten Mitleiden, mich bittend, ich möchte ihn doch für diese Nacht der Wart des Herrn Theilers überlassen; er sei in mancher Sache den Simpeler Leuten in Domo gut gewesen. Ein wenig Erbarmnis und diese Güte gegen Walliser waren mir genug, um ihm seine Ketten abnehmen zu lassen und ihn seinen wohltätigen Bekannten zu übergeben, doch so, dass für meine Ruhe alle Zeit ein Schildwacht bei ihm stehe.

Morgen dessen, ein Sonntag, liess ich ihn bis späten Morgen ruhen. Wieder auf einen Schlitten gefesselt, schickte ich ihn unter Bedeckung nach Brig. Kaum war er fort, als seine Gemahlin auf einem Fahrzeug erschien. Die Wacht brachte sie zu mir, denn niemand durfte vorüberreisen. Sie warf sich vor mir nieder und flehte bitter weinend um die Erlaubnis, ihrem Gatten folgen zu dürfen. Soviel konnte ich aber nicht auf mich nehmen. Herr und Frau Theiler unterstützten ihre dringende Bitte, wie andere Simpeler mehr. Allein so direkte konnte ich nicht einwilligen. Ich erhob diese artige Frau manchesmal vom Boden, sie war untröstlich. Ich sagte zu den Simpelern, sie könne ja eine Viehpflegerin werden! Sie verstanden mich. Simonetta würde in St. Moritzen das gleiche Schicksal getroffen haben wie kurz vorher den Herrn Marchetti[153], der da erschossen kam, wenn seine Frau ihm nicht gleich hätte nachgehen können. Das Haus Simonetta war bei dem Herrn /171/ Coursi[154] in Brig und bei dem Herrn Calpini[155] in Sitten

[149] Vinzenz Bianchi (1768–1855), Freiherr und österreichischer Feldmarschall; vgl. ADB, Bd. 2, S. 608.

[150] Nicht identifiziert.

[151] Hauptmann Luxem war am 26. März mit seinen Truppen von Domodossola zurückgekehrt und ersetzte Gerstäcker als Kommandant; vgl. BIOLLAY I, S. 284–286.

[152] Johann Kaspar Theiler (1766–1844); vgl. BIOLLAY I, S. 532.

[153] BIOLLAY I, S. 285, erwähnt die Angelegenheit, nennt den Erschossenen Barchetti; Person nicht identifiziert.

[154] Vgl. Anm. 32.

[155] Jacques Calpini (1780–1858), von Vanzone im Piemont, seit 1801 in Sitten, 1816 als Burger angenommen; vgl. WAPPENBUCH 1974, S. 53.

in gutem Kredit. Geld und Bitten haben ihn vom Tod errettet, und mein Herz freut sich noch, dazu verhilflich gewesen zu sein, willig, aber ohne einzige Belohnung.

Alle, die mit mir in Simpelen waren, hatten sich mit guten Gewehren versehen, deren kamen mir oft aus Welschland zugeschickt, so dass wir leicht schlechte an gute stellen konnten. Für alle Beute, die ich da machte, hatte ich sechs Flinten, eine messingene Trommel und zwei Fässchen Pulver, von denen ich eins für den Kapellenbau[156] zu Raron schenkte; die Trommel gab ich derselben Gemeinde.

Oberst Simbschen befand sich just in Brig, als ich mit meinen 300 fröhlichen Freiwilligen, von einer Kompagnie Kaiserlicher in Simpelen abgelöst, in Brig ankam. Er liess mich zu ihm in das Haus Seiner Exzellenz Landeshauptmann Stockalper laden. Er empfing mich mit Offenherzigkeit, hielt mich an seiner Tafel und versprach mir viel Auszeichnung, die aber ausblieb. – Ein jeder verliess den andern auf ein fröhliches Wiedersehen und ging, von allen Leuten mit Glückwünschen entlassen und empfangen, in den Schoss der Seinigen zurück. Meine Geliebte befand sich zwischen Wohl und Übel. Das Babili und Catharinili sprangen wie die Gitze [= Zicklein] um mich herum.

Alles freute sich des Friedens und der erhaltenen Freiheit, aber so verstrich nicht ein Jahr; es erschienen wieder drohende schwarze Wolken am Horizont; es schien, das Ungewitter werde wieder ganz Europa überschütten. Die Entwi-

Abb. 16: Brevet der Ernennung zum Quartiermeister des Walliser Kontingents in der Eidgenössischen Armee, 26.5.1815.

---

[156] St. Josefkapelle im Dorf Raron, die um 1820 erbaut wurde; vgl. Einleitung, S. 64, Anm. 208 und PFAMMATTER, S. 35.

schung des ex Kaisers Napoleon aus seinem Exil der Insel Elba ist eine Geschichte, die weltbekannt ist. Wie er alles in Frankreich für den Sturz des Königs Ludwig des XVIII. mit dessen Untreuen angeordnet hatte, will ich auch nicht berühren, genug, dass auch die ganze Schweiz Ende April 1815 aufgefordert oder bemüssigt wurde, das erste Kontingent, etwa 33 000 Mann, marschfertig zu halten, um [es] an die französischen Grenzen zu ordnen[157]. Wallis als ein neuer Kanton sollte seinen Anteil auch leisten, allein weil es französisch war und die kurze Zeit es nicht zuliess, sich in allem einzurichten, konnte dessen Teil nicht so gleich [= rasch] wie jener der alten Kantone in Bereitschaft stehen, denn man musste noch zuerst die Volkshebungen machen.

General Graf Courten hatte von der Regierung den Auftrag, /172/ unverweilt das erste Bataillon zu bilden, zu welchem Zweck auch Herr damaliger Major [Alexis] Werra und ich eingeladen kamen[158]. Herr Oberamtmann zu Frutigen und Geniehauptmann des Kantons Bern von Wurstenberger[159] reiste mit dem Graf Courten und uns beiden auf alle Musterungen der Zehnden im Wallis, und in 10, 12 Tagen waren so viele Freiwillige, nicht viele Ausgenommene [= Rekrutierte], schon in Sitten, wo man sie so geschwind als möglich bildete, nach und nach kleidete und zum Abmarsch fertig hielt.

Meine liebe Lebensgefährtin und Kinder musste ich nun wieder verlassen, um dem Ruf des Vaterlandes zu gehorchen, doch war der Feind dieses Mal nicht so nahe und der Krieg allgemein, so dass sie tröstlicher als bei der Simpelberg Geschichte war. Am 27. Mai 1815 verreiste das Bataillon von Sitten durch Bex, Vivis, Bulle und Freyburg nach dem Lager von Kaltnacht [= Kallnach]. Wo wir hinkamen, empfing man uns gastfrei und echt schweizerisch. Von diesem Lager kamen wir in verschiedene Örter verlegt als Nidau, Täufelen, Biel, Aarberg, Büren und andere umliegende Dörfer, später nach Neuchâtel und Gegenden, bis von da eine Kolonne von sieben Bataillons, mit Artillerie versehen, über die Grenzen nach Morteau in Frankreich zog.

Um für das Bataillon Geld und andere Sachen zu fassen, befand ich mich beim Abmarsch dieser Kolonne in Bern und musste zur Sicherheit 6000 Schweizer Franken mit anderen Gegenständen in Neuchâtel lassen. Allein mit meinem Bedienten Peter Stoffel[160] von Terbinen, meinem ehemaligen Knecht, ging ich dem Walliser Bataillon nach, welches wir eine Tagreise von Morteau in mehreren Dörfern verteilt antrafen.

Die Division Füssli[161] verliess ihre erste in Frankreich genommene Stellung, um weiter vorzurücken, wir unter der Brigade Hess[162] dieser Division bezogen eine Talgegend, durch welche eine gute Strasse nach Ornans führt. Man glaubte, da den Feind zu finden; er aber hatte alle Posten und Schanzen verlas-

---

[157] Zu den Ereignissen dieser Zeit, vgl. BIOLLAY und BINER-BIOLLAY.

[158] Oberst Eugène de Courten benachrichtigte Gattlen am 29. März 1815 und ersuchte ihn, am 31. März abends in Siders einzutreffen, um am folgenden Tage die Musterungen im Unterwallis zu beginnen. Vgl. SERVICE ETRANGER, 12/23/7.

[159] Johann Ludwig Wurstenberger (1763–1862); vgl. HBLS, Bd. VII, S. 602–603.

[160] Peter Joseph Stoffel ist in Gattlens Rechnungsbüchern 1813–1815 als Knecht nachgewiesen. Vgl. CL: R 8a, S. 294; R 8b, Fol. 85.

[161] Kommandiert von Hans Jakob Füssli (1766–1844); vgl. HBLS, Bd. III, S. 357.

[162] Brigade-Kommandant Caspar Hess (1769–1842); vgl. HBLS, Bd. IV, S. 209.

sen, nur bemerkten wir für uns üble Stimmung des französischen Volkes, welches uns ganz und gut erhalten musste. Mancher Schweizer erinnerte sich, wie die Franzosen in seiner Heimat gehauset hatten und wie höhnisch sie /173/ ihn und seine Leute zu unmöglichen Sachen anhielten. Es ging, wie es oft geschieht: der Unschuldige musste für den Schuldigen büssen! Nun hiess es: es sind Franzosen. Einige Meilen von Ornans machte man sich gefasst, diese Stadt zu besetzen. Das Bataillon Courten, unter dem Kommando des Majors Werra, bekam die Vorwacht; uns folgten mehrere andere Bataillons und Artillerie.

Von allen zur Verteidigung vorteilhaften, aber unbesetzten Stellungen konnte man abnehmen, dass die Franzosen uns nicht beunruhigen würden; ich bemerkte dieses einigen [der] unsrigen Offiziers. Hauptmann Zimmermann[163], Perrig[164] und andere sagten mir spassweise, ich solle heute auch vorreiten und die Logementer bestellen. «Ja, warum nicht», war meine Antwort, «wir werden keinen Anstand haben.» Ich nahm nur meinen Bedienten mit, damit ich nicht etwa jemand unbefelcht [= unbeordert] in eine Gefahr oder sogar Schaden führe. Wir machten uns vor[an], und da das Bataillon einen kleinen Halt machte, verloren wir es bald aus den Augen. Nahe der Stadt sahen wir einiges Volk versammelt, doch bemerkte ich keine Waffen. Sobald ich aber mit meinem Mann erschien, schloss man hier so dort die Boutiquen; alles zeigte Furcht. Ich ritt neben meinem Bedienten her, der Mairie zu, [zu] der ich mich weisen liess, ging in den Palast, fand da die Salons leer. Ich läutete stark, ein Bedienter kam und trug nach meinem Begehren. Herrn Maire wünsche ich zu sprechen; er möchte gleich zu mir kommen. – Er präsidiere den Munizipalrat, möchte so gut sein und ein wenig warten; Herrn Maire in den Sitzungen zu stören sei ihm nicht erlaubt. – Ein eidgenössischer Schweizer Offizier sei hier; er müsse ihn auf der Stelle sprechen, es könne Munizipalrat sein oder nicht! – Der Bediente lief und Herr Maire erschien. – «Monsieur le Maire, je vous annonce un bataillon d'avant-garde, dans une demi heure il sera ici, et plus tard aujourd'hui l'arrivée [de] 2500 hommes. De suite il me faut un local pour servir de corps de garde, sur la place, près de la mairie; il me faut un grand local pour abriter un bataillon tout ensemble, à cet effet, de la paille fraîche, du bois et des vases pour contenir de l'eau. Pour la subsistance de la troupe, vous /174/ donnerez vos ordres en conséquence, à ce qu'elle soit nourrie chez les bourgeois, quand même elle n'y logerait pas la nuit. Messieurs les officiers ainsi que tous les autres doivent avoir des billets pour y être reçus; de suite, il faut du pain et vin disponible sur la place pour rafraîchir la troupe qui arrive.»

Er wollte mich über mehreres ausfragen, allein ich sagte, ich hätte keine Zeit zu verlieren und verliess ihn. Stoffel hielt mein Pferd unter der Porte des Palastes, eine grosse Menge der Wundrigen umgaben ihn vor derselben. Ich und dieser warteten da dem ankommenden Bataillon, welches aber länger ausblieb als wir glaubten.

Auf einmal liefen die Leute von uns [weg]; wir hörten Trompetenstösse und glaubten, dass feindliche Reiterei anrücke. Zu meinem Verwundern erschien ein Schwadron Berner Kavallerie, welche der Brigadekommandant Hess,

[163] Adrien Zimmermann (1777–1829), Offizier in piemontesischen Diensten, 1822 eidgenössischer Oberst. Vgl. RIVAZ, Vol. 3, S. 313.

[164] Franz Xaver Perrig (1769–1829); vgl. RIVAZ, Vol. 3, S. 300.

nachdem wir dem [Walliser] Bataillon vorgegangen waren, vor demselben in die Stadt ziehen liess. Auf dieses folgte das Walliser Kontingent des ersten Aufstosses mit seinen fliegenden Fahnen. Alle lobten meine getroffenen Anstalten und genossen derselben. Obgleich ein wenig auf unserer Hut, liessen wir uns da einige Zeit wohlsein. Der nicht sehr lange aus Besançon vertriebene und dem König Ludwig dem XVIII. treugebliebene Präfekt des Doubs-Departementes traf am andern Tage, als wir in Ornans waren, auch da ein. Er organisierte wieder im Namen seines Königs die ihn betreffenden Sachen, und die Schweizer gewährten ihm dazu Schutz.

Indessen fielen die glücklichen Tage vom 16., 17., 18. Juli bei Waterloo (Belle Alliance) vor, wo der Gefangene von Elba, oder besser gesagt, der Geflohene, mit seinem neuen Heer geschlagen und zernichtet wurde. Ohne diesen Sieg der Engländer und Preussen, auch Holländer, welchen man den /175/ Feldherrn Wellington und Blücher am meisten zu verdanken hat, würden wir Schweizer, die damals in Frankreich waren, viel gelitten haben, ja leicht hätte sämtliche Schweiz ein Raub aller Wut und der Flammen werden können.

Das Walliser Bataillon bekam Order nach Basel. Der Marsch ging über Chaux-de-Fonds, St-Imier etc. und Delémont. Der französische General Barbanegra[165] hatte [von] der Festung Hüningen aus der Stadt Basel unter verschiedenen Vorwänden schon einige Schüsse zugeschickt und am nämlichen Tage, als wir da ankamen, wurden einige Häuser beschädigt, Leute verwundet und getötet. Die Basler sahen gern Truppen zu ihrer Verteidigung anrücken, und diese empfingen uns äusserst gastfrei und herzlich. Prinz Johann[166] von Österreich befahl die Belagerung der Festung Hüningen. Kaiserliche, Hessische, Württembergische und Schweizer fingen die Arbeiten an, vollendeten sie behend und Hüningen kam lebhaft beschossen.

Graf Courten hatte in Täufelen Order bekommen, als der kaiserliche Feldherr Frimont[167] mit 70 000 Mann aus Italien über den Simplon gegen Frankreich zog, sich ins Wallis zu begeben und allda als eidgenössischer Oberst beim Durchmarsch dieses grossen Heeres dem Generalstab desselben und zugleich der Kantonalregierung in vielem zu dienen. Bald war er zurück zu seinem Bataillon in Basel, wo ihm das Kommando über zehn Schweizer Bataillons samt ihren Angehörigen, was zur Belagerung von Hüningen wirken sollte, übertragen kam. Hüningen antwortete seinem feindlichen Feuer nicht minder lebhaft, doch war der Verlust, dank den gut errichteten Schanzen, nicht bedeutlich. Späne gibt es aber immer, wenn man Holz spältet.

Eines Morgens besuchte ich nahe der Vorstadt St. Johann, gegen Klein-Hüningen, meinen Schwager Amacker[168], der da einen Posten unter sich hatte oder bei seiner Kompagnie da herum lag. Die erste Beschiessung aus unseren Batte-

---

[165] Joseph Barbanègre (1772–1830); vgl. Tulard, Napoléon, S. 161.

[166] Später Erzherzog Johann (1782–1859). Die Festung wurde am 28. Juni 1815 von den Belagerern eingeschlossen.

[167] Johann Maria Frimont (1759–1831), Graf von Palota, Feldmarschall; vgl. ADB, VIII, 90. Die österreichischen Truppen durchquerten das Wallis im Juni–Juli 1815. Zu Durchmarsch und Aufgaben des Grafen de Courten in dieser Angelegenheit, vgl. Biollay II, S. 80–85.

[168] Johann Christian Amacker (1785–1862), später Oberst. Bruder von Gattlens erster Frau; ihm hat er später, als er in Neapel im Solddienst war, seine Kinder aus dritter Ehe und einen Teil seiner Gutsverwaltung anvertraut; vgl. Einleitung S. 52 ff.

rien sollte just um 9 Uhr anfangen. Mehrere Offiziere von anderen Kantonen und unsrigem waren da versammelt, als das Feuer anging. Ein dekorierter Luzerner Hauptmann[169] fragte einige, ob sie mit ihm in die Batterien wollten; die meisten könnten sich nicht so weit entfernen, ich als Quartiermeister, sagte er, habe wohl die Zeit. Diese Frage nahm ich absagend für etwas feige auf, /176/ denn die Strasse, welche er vorschlug, war gefährlich; wir schlugen sie ein; fragend, ob ich Tabak rauche: «O ja wohl», erwiderte ich. «Nun, da haben sie Tabak, zünden wir an.» Unterwegs bestrichen uns einige Male Bomben und Kugeln. Er rief oft: «Dieses ist ein göttliches Sehen!» Meine Pfeife erlosch, dies sah er. – «Zünden Sie wieder an, haben Sie nicht bange», sprach er zu mir. Nach einigen Schritten hörten wir ob unseren Köpfen eine fallende Bombe sausen. Wir sahen auf und er schrie: «Kamerad, niederkauern! dies ist das sicherste.» Ich wusste diese Vorsicht so gut als er, und beide lagen [wir] sehr nahe der gefallenen und wirblenden Bombe auf dem Boden; sie zersprang, und ich bekam eine kleine Spriesse [= Splitter] an meinem rechten Bein unter dem Knie, welche kaum die Haut aufriss. Mein Gespan zog mit Mühe seinen Kopf aus einem geschnittenen Grünhag zurück, in welchen er im Haste gefallen war. Sein Gesicht blutete und hatte einige Dörner in sich, die er grunzend auszog, was mich lachen machte. «Sie spassen meiner?» – «Nein, nicht Ihrer, aber des göttlichen Sehens!» «Kommen Sie, mein Herr, dies ist ja nichts.»

Nach dem prahlte er wieder und [wir] gingen in die Batterien. Im Garten des Herrn Bischof war eine Baslerische Batterie von 6 Kanonen und 3 Bomben im Begriff des stärksten Feuers auf die Festung. Diesen Mars-Spielen sahen wir zu. Ich erblickte einen Sprang [= Riss] an einer Bombe, der von der Mündung fort einige Zoll lang war, und die zum Abfeuern bereit stand. Ich bemerkte dem kommandierenden Offizier die Gefahr; er liess sie sogleich aus der Batterie führen. In diesem Augenblick kam ein Basler Kanonier von einer Kugel zerschmettert und eine Schildwacht von unserem Bataillon mit Schutt niedergeworfen. Ich sprang nach dieser, die mir tot schien, allein ihr hatte nur der Wurf ein wenig den Odem benommen, sie kam gleich wieder auf ihren Posten. Wir durchgingen alle Batterien und gingen den nämlichen Weg zurück, den wir gemacht hatten, ohne Bemerkenswertes anzutreffen. Mein Bein hatte sich aufgeschwellt, ich hatte Mühe und Schmerzen nach meinem Logis zu kommen, wo man mich verband. In ein paar Tagen war ich von dieser wenigen Beschwerde hergestellt.

Mein Schwager, Herr Amacker, hatte einige Zeit etliche der gefährlichen Posten mit der Kompagnie Perrig in Klein-Hüningen zu bewachen; ihm ging es auch sehr nahe, getroffen zu werden. Der französische General /177/ Barbanegra musste sich in wenigen Tagen zum Kapitulieren anschicken, denn er wusste, dass Napoleon neuerdings gefangen war und dass sein längerer Widerstand ganz zwecklos sein würde. Prinz Johann von Österreich hatte mit ihm für zweimal vierundzwanzig Stunden Waffenstillstand geschlossen und, um die Präliminarien zur Übergabe aufzusetzen, bevollmächtigte kaiserliche Stabsoffiziere in die Festung geschickt[170]. Herr Hauptmann von Riedmatten[171], [später] eidgenös-

[169] Nicht identifiziert.

[170] Die Kapitulation erfolgte am 24. August 1815; die Besatzung durfte am 27. August frei abziehen. Dazu Gattlens Korrespondenz: RO 1–3 und CL: B 31/ 18 und 28.

[171] Adrien de Riedmatten (1789–1870), eidgenössischer Oberstleutnant 1828; vgl. Rivaz, Vol. 3, S. 303.

sischer Oberstleutnant, rief mich zum Spazieren. Wir ritten auf der Seite der Festung neben dem Rhein hinunter bis auf den ersten französischen Posten. Dieser hielt uns an, fragte, warum wir daher kämen. Ein wenig in Verlegenheit antworteten wir, Offiziere von der zum Kapitulieren beauftragten Kommission zu sein, möchten uns nicht übel ausdeuten, dass wir bis daher gekommen seien, um so mehr als wir sie versichern können, dass alle Feindseligkeiten gegen die Festung eingestellt bleiben werden u.d.g. – Ganz trocken befal der französische Postenkommandant, vier Mann und ein Caporal sollen uns in die Festung zur Hauptwacht führen. Wir sahen uns durch diesen Befehl in grosse Gefahr versetzt, fanden doch nicht ratsam, unseren Erdacht zu widerrufen und um Entlassung zu bitten. Man fuhr mit uns von einem Posten zum andern wohlbewacht bis zum letzten Laufgraben, wo wir absteigen mussten, weil die Fallbrücke, die sehr verschossen war, zurecht gemacht wurde, so dass nur einer für den andern zu Fuss darüber konnte. Wir hefteten vor diesem Graben unsere Rosse an Palisaden an.

Unsere Begleiter riefen dem Offizier, Kommandant der Hauptwache, welche unter dem ersten Portal im Eingang auf dem Platz von Hüningen aufgestellt war. Dieser französische Hauptmann kam, fragend was sei. Die uns gebrachte Wacht machte ihm den Rapport, was wir gesagt hätten, darum man uns zu ihm führe und ging zurück. Der Kommandant der Hauptwacht schien ab unserem Erfrechen sehr zornig zu sein, denn wir durften ihm den Vorwand, um die Festung näher besehen zu können, nicht verhüllen und glaubten, aus freiem Geständnis unserer Unvorsichtigkeit leichter die Freiheit zu erhalten als aus erdichteten Vorgebungen, die wir nicht lange bestehen konnten. Es lasse sich in Belagerungszeiten mit solchen Besehen nicht scherzen; wir seien Offiziere und mögen es wissen, dass jeder Herbeischleichende als ein Spion zu betrachten sei. Es stehe ihm nicht zu, uns zu entlassen, und [er] wolle auch diese Verantwortlichkeit, gebe es Frieden oder nicht, keineswegs auf sich ziehen. Unter diesem Gespräch rief die Schildwacht unter dem Portal: Au feu! /178/ au feu! Die Wache sprang ins Gewehr, und der Hauptmann verliess uns ohne bewacht zu sein. Dank [sei] dem Feuerausbruch, der in der Festung in den beschossenen Gebäuden sich öfters noch zeigte! Wir standen noch etliche Minuten da still, um den Schildwachen, welche auf den Bulwarden [= Boulevards] und an deren Palisaden [standen], keinen Verdacht zu geben; wir gingen sogar bis auf den Platz, vor der grossen Wacht vorbei. Die Mannschaft derselben hatte sich zur Hilfe an die Brandstelle begeben. Die Schildwacht vor den Waffen liess uns ungehindert vor- und zurückgehen, weil sie uns mit ihrem Kommandanten vorher sprechend gesehen und von demselben wegen uns keinen Auftrag empfangen hatte.

Ohne zu eilen zogen wir uns ängstlich zurück bis zu unseren Pferden; der Zaum des meinigen hing an einem Pfahl; das Tier, welches die Gewohnheit hatte, sein Haft abzustreichen, weidete etwas entfernt am inneren Wall; ich lief dahin, um es zu haben. Eine Schildwacht auf dem Rempart [= Festungsmauer] wies mich unter Strafe einer Kugel zurück, ich musste gehorchen. Herr v. Riedmatten rief mir: «Komm, komm! lass Du das Ross sein!» – Unweit da war ein kleiner Wachtposten; ich versprach fünf Franken, wenn man mir mein Pferd herführe. Sie hatten Mühe, es zu fangen. Zwischen dieser Zeit war mir und meinem schon auf seinem Pferde sitzenden Kameraden nicht am besten. Als ich es hatte, zäumte ich es zitternd, sass auf und wir ritten ganz gelassen davon, alle Wachten liessen uns ruhig gehen.

144

Vor den ersten Festungswerken sass Herr Oberst Lichtenhahn[172], damaliger Platzkommandant der Stadt Basel mit andern Offizieren und einer Eskorte zu Pferde. Er fragte uns, da er uns aus der Festung kommen sah, wo wir gewesen wären. Als er erfuhr, wie es uns gegangen sei, erstaunten er und alle über den glücklichen Zufall, der uns aus dem Spionverdacht von den Franzosen erlöst hatte. «Freilich, jetzt ist es eine Zeit», sagte Herr Oberst Lichtenhahn, «in welcher man für den Frieden arbeitet, allein er ist noch nicht geschlossen und /179/ General Barbanegra, der sonst ein grausamer Mann ist, hätte euch leicht ohne weitere Meldung in seinem Grimm als Spione können erschiessen lassen.» Wir wurden für einige Tage der Gegenstand vielen Gesprächs in Basel und kamen deswegen von manchen in Gesellschaft gesucht.

Von Hause erhielt ich in Basel die mich höchsterfreuende Nachricht, dass meine liebe Gefährtin glücklich eines Sohnes sei entbunden worden; es war mein lieber Ferdinand[173], den sie den 28. Heumonat 1815 zur Welt gebracht hat. Diese Mischung von so glücklichen Ereignissen fiel fast auf den gleichen Tag, auf welchen auch gleich die Übergabe der Festung Hüningen geschah und wir Befehl erhielten, in den Schoss der Unsrigen zurückzukehren, wo wir bis jetzt

Abb. 17: *Brevet der Ernennung zum Hauptmann und Aide-Major der Republik Wallis, 8.4.1819.*

[172] Johann Ernst Ludwig Lichtenhahn (1770–1824); vgl. Basler Zeitschrift für Geschichte und Altertumskunde, Bd. 8, 1909, S. 280.

[173] Das Geburtsdatum entspricht dem Eintrag im Taufbuch der Pfarrei Raron. Er erhielt die Namen: Johann Joseph Christian Nikolaus Ferdinand; Paten: Zendenpräsident Nikolaus Roten (1778–1838), sein Sohn Nikolaus (1805–1867) und Barbara Schnidrig (1764–1839), Gattin des Meiers Franz Sales Amacker.

(da ich dies schreibe: 1832) die Wohltat des Friedens auch in vollem Masse genossen haben und, wolle Gott, noch lange geniessen mögen; einzig ich sage, einige den betreffenden Kantonen eigene Uneinigkeiten und politische Zwiste ausgenommen, die ich aber nicht im mindesten mit den Jahren 1798, 99, 1814 und 15 vergleichen kann.

Ich fand zu Hause meinen kleinen Ferdinand munter, meine Gattin hingegen nicht allerdings; sie kränkelte diesen Herbst herumgehend, den Winter 1816 litt sie mehr und musste wochenweise das Bett halten; im Frühling tat ich sie einige Wochen zum Herrn Doktor Mengis[174] in Leuk, um da eine ihr vorgeschriebene Kur zu machen. Badfahrten hatte sie früher einige fruchtlos gemacht. Die ärztliche Hilfe und alle mir möglichen Sorgen erzeigten wenig Besserung. Man sagte mir endlich, die Suppe der Frau Ryff[175] in Sitten möchte ihr glücklich sein; wer von der Auszehrung (Ethisie) befallen sei, habe sich dieser hochberühmten Suppe zu trösten, diese habe manchen in besagter Krankheit schon tief gefallenen Menschen ganz wunderbar geholfen. Ich weilte nicht, und sie nahm auch in Sitten und in der Kost der Frau Ryff diese Bouillon. Der Erfolg, den wir hofften, war nur etwas stärkend, mitnichten aber von Grund aus heilend. Sie kam auf Raron zurück, wo sie früher gebrauchte Mittel anwendete; bald ein, bald der andere /180/ Arzt wurde herbeigerufen, bald dieses, bald jenes versucht. Von Tag zu Tag nahm sie ab; sie lag fast den ganzen Winter sehr leidend im Bett. Ich und sämtliche im Hause teilten schmerzlich die sichtliche Unterliegung ihrer mehr oder minder beschwerlichen, sechs Jahre lang gehabten Krankheit. Sie selbst fühlte ihr nahes Ende, und so wie ein ölloses Licht erlosch sie in meinen Armen, den 17. Hornung 1817, um 3 Uhr Nachmittag[176]. Wie mir mit meinen drei kleinen Kindern zu Herze war, kann sich nur jene Hälfte vorstellen, die seine andere geliebt und geschätzt hat, und mit oder ohne Kinder auf der Welt zurückgeblieben ist. Was kann man aber dafür.

Meine Hausleute empfanden niemals die so sehr in der Schweiz eingetretene Teuere, ja Hungersnot, des Jahres 1816 und des folgenden Winters. Allein wir hatten andere Plagen, grössere Schmerzen durch den Verlust unserer Hausmutter zu dulden. Mein Catharinli war auch immer kränklich; ungeacht aller möglichen ärztlichen Pflege, sorgfältiger Haltung, hier so dort mit vielen Kosten, folgte dieses mir auch so liebe Kind den [19.12.1821] seiner Mutter nach.[177] Meinen Ferdinand hatte ich schon als einen Säugling bei Lebenszeit seiner Mutter der Brust derselben entziehen müssen; ich liess ihn bis in sein fünftes Jahr [in] sorgfältiger Pflege fremder Leute.

[174] Johann Baptist Mengis hat 1813 von der Regierung Erlaubnis zur Ausübung medizinischer Tätigkeiten erhalten, ist im *Annuaire officiel* bis 1863 als Bezirksarzt von Leuk registriert; 1868 erscheint dort an seiner Stelle Oskar Mengis. Johann Baptist hatte auch einen Sohn Ferdinand (1809–1895), der in Visp und Leukerbad als Arzt wirkte.

[175] Gattin des Arztes Matthias Philippe Ryff, der 1786 Burgermeister von Sitten war (RIVAZ, Vol. 3, S. 306). Die «Suppe» galt als eines der besten Heilmittel gegen Auszehrung und wurde bis ins 20. Jh. verschrieben. Noch im Jahre 1929 wurde ein Prospekt gedruckt: *Bouillon de coq des Docteurs Ryff et Lorétan à Sion* (ein Exemplar in der Kantonsbibliothek vorhanden).

[176] Todestag entspricht dem Eintrag im Sterbebuch der Pfarrei Raron.

[177] Das hier eingetragene Todesdatum entspricht den Angaben im Sterbebuch der Pfarrei Raron.

Ungefähr neun Jahr lebte ich mit Diensten und zerstreute mich in Handelsgeschäften, Holzflössen und einigen Zivil- und Militärämtern im Kanton. Die innern Sachen meines Hauses musste ich einer Magd oder einer sogenannten Haushälterin besonders anvertrauen, um nicht alles den übrigen Dienstboten glatterdings zu überlassen. Das Unglück gab mir aber solche zwei verschlagene und schmeichlende Dirnen, welche mir vieles zugrunde richteten, und was noch mehr ist, leitete mich eine absichtlich in die Falle, um mich zu bekommen[178]. Allein ihre früher gehabten und zumal habenden Buhlschaften zogen mich aus der rechtsförmlichen Belangung einer Vaterschaft, welche ich aus guten Gründen rechtlich verwerfen konnte und so auch rechtlich nirgendswo angeklagt kam, folglich auch unbewiesen blieb. Niemand verarge mir das freie Geständnis, dass ich auch mit dieser Schlauen gemein worden bin. Ein durchaus /181/ tugendhafter und in Venusvergehen niemals begriffener Mensch, deren aber sehr wenig auf der Erden zu finden sind, soll überlegen, dass solche Fehler, dem Menschen ganz natürliche und eigene, vorfallen und dass selbe im Bewusstsein eines ganzen Publikums Sünde und Vergehen sind, gleich wie tausend dergleichen, welche nicht bekannt, unter der Vorsichtsdecke der Begehenden als eine leicht zu vergebende Unterhaltung geschehen. Er soll, wenn anders der Fehlende ein für Gott und den Nächsten gut gestimmtes und mit keinen schwarzen Taten beflecktes Herz hat, die Schwachheit der bekannten und der unbekannten Sünden gleich achten.

Die Masse des Pöbels hat aber nicht so reine Begriffe in ihrem Urteil; sie verabscheut in Venussachen nicht die Werke, sehr aber die Folgen. Werke ohne Folgen heisst der Pöbel gemeinlich «lieben mit Ehren», und wo geschieht mehr Unlauterkeit als beim Pöbel. Eine uralte, besonders auf dem Lande gutgemeinte, zur Erhaltung oder Einführung der guten Sitten eingepflanzte Politik lehrte das Volk, die Früchte der Unlauterkeit als etwas Entehrendes achten, die Unlauterkeit selbst aber pflog das Volk alle Jahrhunderte durch ohne öffentliche Vorwürfe, die entehren konnten, und so nahm es immer nur die Folgen für die Werke für nicht als achtende, weil Werke der Unlauterkeit ohne Folgen beim Pöbel so viel als nicht getan geachtet sind. Ich suche mich hier nicht zu waschen, denn ich bin in keinem Gerichtsprotokoll noch anderer Polizeianstalt einer unerlaubten Vaterschaft weder angeklagt noch beschuldigt, und demnach kann mich auch niemand mit Recht der Folgen einer Buhlschaft beschuldigen, obschon ich selbst, zwar mit anderen, durch diese schlaue Magd darin verwickelt kam, wie ich es aufrichtig gestehe. Sie hatte sich in ihrer Rechnung grob geirrt; ihre Possen wurden teils entdeckt, für meine Güte aber etwas zu spät. Ich half sie fortschaffen, was mich nicht betreffen sollte. Sie verheiratete sich später mit einem ihrer Bekannten, und ich wurde von dieser unbeliebigen Geschichte, zwar nicht ungetadelt, frei und los.

Noch einige Jahre blieb ich Wittib, musste auch die zweite Haushälterin verschicken, nicht aber in solcher Verlegenheit, sondern wegen übler Verwaltung

---

[178] In den Rechnungsbüchern sind die Namen von mehreren Mägden nachweisbar; hier handelt es sich vermutlich um Maria Imboden, die ein uneheliches Kind hatte, das am 4. Mai 1813 auf den Namen Johann Joseph Christian Alois getauft wurde, laut Eintrag im Taufbuch der Pfarrei Raron: *patre vero ignoto*. Durch Vermittlung von Pfarrer Anton Georg Roten (1786–1845) wurde das Kind im Sommer 1816 nach Mailand gebracht, wahrscheinlich in ein Waisenhaus; die Auslagen, die daraus entstanden, bezahlte Christian Gattlen. Vgl. RO, Nr. 4–10.

meiner Sachen. Ich nahm zur Haushaltung meine dritte Gattin[179], kam auf den Entschluss, diese zu heiraten, wurde aber einstweilen aus verschiedenen Gründen unschlüssig, und man riet mir die Josephine Bruttin[180] von Sitten [an], mit welcher ich mich den [25. Mai] 1825 vermählte. Durch diese Heirat /182/ kam ich mit ansehnlichen Familien anverwandt, und ich würde in ihr eine tugendhafte, zu meinen Geschäften taugliche Frau gehabt haben, wenn sie ein mir verheimlichter Leibbruch lang hätte leben lassen. Am Samstag vor Dreifaltigkeitssonntag [28. Mai] 1825 führte ich sie nach Raron; einige Wochen nachher öffnete sich ihr Bruch, mit dem sie früher schon vieles zu tun hatte, das sogenannte Miserere[181] befiel sie unter grossen Schmerzen; ungeacht aller ärztlichen Hilfe verschied sie den 20. September 1825.

Kaum 15 Wochen hatte ich also eine zweite Braut. Vor ihrem Tod erklärte sie dem hochwürdigen Pfarrherrn Anton Roten das Gewissensbeschwernis, mich ihres Leibesschadens nicht gewarnt zu haben, um so mehr, dass sie lange vor unserer Heirat Herr Doktor Staatsrat Gay[182] zur Heirat untüchtig und derselben abzustehen gemahnt hatte. Sie wusste, sagte sie hochbemeltem Domherrn und Supervigilant, dass ihr eine Heirat tötlich werden konnte. Was war aber zu tun? Sie musste es büssen, und mit dem Tode büssen. Der ihren Leuten in Todesfall verschriebene Ehekontrakt allein verlor dadurch seine Kraft; doch kam mir mit Kosten die Entkräftung des Ehekontrakts rechtlich angestritten[183].

Die Erfahrung [mit] so manchen diebischen Mägden und Knechten und der mit vielen Zweigen vermischte Handel, welcher mich monatelang von Hause hielt, bemüssigten mich, nach einer dritten Gattin zu schauen. Ich kam auf mein früher gehabtes Vorhaben zurück, nahm Barbara Pfammatter von Eischoll wieder als Haushälterin zu mir, und um ihr und meiner Tochter Babili zugleich eine feinere und geschicktere Art im Empfang und Entlass der Menschen, auch andere Wirtschaftsvorteile beizubringen, benutzte ich die alte gute Freundschaft des Herrn Peter Zurbriggen[184] (ein Saaser), der schon über 30 Jahre in Mailand verheiratet war und jetzt einen guten Handel trieb, durch welchen dieser kindlose

---

[179] Barbara Pfammatter, geboren am 25. Dezember 1802 in Unterbäch, Tochter des Johann Joseph, von Eischoll, und der Anna Maria Furrer, von Unterbäch; sie heiratet am 17. Juni 1826 Christian Gattlen, stirbt am 8. Dezember 1832. Vgl. Pfarrbücher Raron und Unterbäch. Die Memoiren berichten eingehend über ihren Lebenslauf (vgl. Register).

[180] Josephine-Catherine-Louise Bruttin, Tochter des Joseph (1828 Major, 1835 Oberstleutnant) und der Margareta von Werra (1794–1867; freundliche Mitteilung von R. von Werra). Die Vermählung fand am 27. Mai 1825 in Sitten statt; Zeugen: Joh. Christian Amacker, Bruder der ersten Frau, Pfarrer Joseph Bruttin und Generalvikar Stephan Julier (1779–1829). Unrichtig ist die Monatsangabe in den Memoiren: *Juni;* dagegen stimmt der Hinweis auf den Dreifaltigkeitssonntag.

[181] Todbringendes Leiden.

[182] Emmanuel Gay (1778–1842), Arzt in Sitten. Vgl. Rivaz, Vol. 3, S. 291.

[183] Im Ehevertrag war die Entrichtung einer Summe von 100 Louis d'or (1600 Fr.) an die Familie der Braut vorgesehen. Wegen der Verheimlichung des Leibschadens betrachtete Gattlen den Vertrag als ungültig und weigerte sich, die finanziellen Verpflichtungen zu erfüllen. Die Familie verharrte jedoch auf ihren Forderungen und Gattlen zahlte schliesslich friedenshalber in zwei Raten (1834 und 1839) die Hälfte des vorgesehenen Betrages. – Mit der Schwiegermutter Margarata von Werra blieb er bis an sein Lebensende in guter Beziehung; er vertraute ihr seine Töchter an, als diese in Sitten in die Schule gingen, lieh ihr Geld aus, besuchte sie in Leukerbad und wechselte mit ihr Briefe; vgl. CL: R 8d, fol. 28, 66–67, 118–119; RO: Nr 45 und 83.

[184] Nicht identifiziert.

Mann ihnen den erwünschten Zweck versprechen konnte. Zurbriggen kam alle Jahre nach Wallis in seine alte Heimat. Er besuchte mich in Raron auch allemal und blieb einige Tage bei mir, teils aus Freundschaft, die er mir erwiderte, teils um einige Rechnungen zu berichtigen, die ich wegen dem Jahr durch aus Mailand bezogenen Seiden und Passamentirwaren [= Posamenten] mit ihm hatte.

So kamen wir auf diesen Anschlag, der mich in Hinsicht der Kosten [und] der guten und sichern Gelegenheit dieses Freundes bewog, alle drei mit meinem Wagen und Knecht nach Domodossola führen zu lassen, wo ich gerade zur Rückfuhr eigene Waren hatte. /183/ Für diesen Sommer hatte ich mich so eingerichtet, dass ich zu Hause bleiben konnte und also mit einer Magd und Knecht das Nötige versehen musste. Nach Mitte April bis St. Gallen Tag [16. Oktober], wo Herr Zurbriggen wegen verkaufter Sache in Saas zurück ins Wallis sollte, hatte ich in meiner Hauswirtschaft zu viel zu sorgen, so dass ich meine vorhabende Gattin durch diese Gelegenheit zurückkommen liess. Das Babili aber blieb noch ein halbes Jahr in Mailand. Der Heirat[185] mit meiner Barbara Pfammatter erfolgte den [17. Juni] 1826; nicht allen meinen Leuten war er gefällig, mir aber wohl, und ich habe ihn, Gott verzeihe es mir, schon oft bereut, den Heirat, der mich tief kränkte.

Im Weihnachtslandrat 1826 wurde der Kapitulationsgegenstand mit Neapel[186] beendigt, und ich kam den 22. Jenner 1826 in Diensten Sr. Majestät des Königs beider Sizilien als Hauptmann brevetiert[187]. Dass ich mich entschlossen hatte, meine Handelsgeschäfte einzustellen, Weib und Kinder zu verlassen, gab viel zu sprechen, um so mehr da man wusste, dass ich für die auswärtigen Dienste nicht gestimmt war[188]. Meine Ansichten waren diese:

Betreffend die Auswanderung kräftiger Leute, welche dem Feldbau und oft der nötigen Stütze ihrer Eltern oder minderjähriger Geschwister entzogen wurden, sah man keine weise Vorbeugung abseiten der verwaltenden Behörde; alles, was sich für und dagegen sagte, waren Absichten oder Eigennutz. Einige arbeiteten dafür um die Ihrigen, andere dagegen um den Dienst in Frankreich und [um] durch diesen den Ihrigen Vorteile zu verschaffen, so dass ich endlich auch das tat, was mir nützlich schien, indem mein Biedersinn im Spiel blieb. Meine Handelsschaft einzustellen veranlasste mich auch die endliche Berichtigung vieler Rechnungen, die Eintreibung der gemachten und einiger sehr alter Krediten, der Absatz vieler Sachen, die ich nicht mehr halten wollte, und die genommenen Gelegenheit von diesen Sachen fortzugehen. Anderseits sah ich, dass der Handel im Wallis ab- und der Geldmangel zunahm, dass die Gesetze denselben von Jahr zu Jahr mit neuen Auflagen beschwerten und die Gefahren des Verlustes sich auch häufiger einstellten, da hingegen mir ein Hauptmannsplatz der Schweizer Regimenter in Neapel jährlich einen Vorschlag, aufs wenigste hundert Louis d'or, abtragen mag. Die Kapitulation versprach den über 45jährigen Offizieren (Hauptleute) im Fall des Todes ihren Witwen oder Kindern ein Jahrgehalt von 1000 und etlichen französischen Franken. Stirbst du, dachte ich, so

---

[185] Entspricht älterem mundartlichen Gebrauch; vgl. IDIOTIKON, Bd 6, Sp. 1582–1583.

[186] Über Solddienst in Neapel vgl. Einleitung, S. 45 ff.

[187] Ernennungsurkunde (CL: P 29), datiert: 2. August 1829; sie weist nach, dass Gattlen seit 22. Januar 1827 den Grad eines Hauptmanns bekleidete. Vgl. auch Anm. 111–112.

[188] Vgl. Einleitung, S. 46.

haben sie ein Schönes, lebst du da /184/ sechs, sieben Jahre, so hast du wiederum ein Schönes: du hast Kinder, tue ihnen einige Jahre zu Lieb und Nutzen aufopfern, du wirst in deinem Alter von ihnen um so mehr geliebt und geehrt werden, und dann ruhig leben. Aus solchen Gründen und Absichten verliess ich mein Weib und [meine] Kinder, aus keinem andern. Meine damalige Gattin war grossen Leibes, da ich nach Neapel verreiste; den 16. Oktober 1827 vernahm ich in Torre del Annunciata die Entbindung von meiner Josephine, ich will sagen, den bemelten Tag wurde sie entbunden[189].

Im Jahre 1828, den 30. August, kam ich mit Erlaubnis für acht Monate nach Hause. Diese Zeit durch brachte ich angenehm im Schosse der Meinigen zu, bepflanzte die sogenannte Halde jenseits des Bietschis mit Reben[190] und musste ausgehenden März 1829 meine Geliebte neuerdings gesegneten Leibes zurücklassen. Sie gebar mir den 25. Mai die liebe Caroline[191]. Seit den letzten Tagen März 1829 habe ich meine Geliebte und meine herzlichen Kinder nicht mehr umarmen können; unvorhergesehene Hindernisse in meiner Kompanie im dritten Schweizer Regiment in Diensten des Königs von Neapel machten mir den immer hegenden Wunsch unmöglich. Die vernommenen bösen Gesundheitszustände meiner lieben Hälfte zehrten oft an mir, so dass ich auch an der meinigen litt. Bessere Nachrichten von ihr, wie auch die fröhlichen Anzeigen der H.H. Jesuiten in Brig, dass mein geliebter Ferdinand in ihrem Pensionat mit gutem Erfolg studiere[192] und sich in allen Hinsichten vortrefflich gut aufführe, stärkten mein Dulden, der ich mit Sehnsucht dem so sehr erwünschten Augenblick entgegensah, wo ich mein Weib und [meine] Kinder wieder einmal an mein für sie leidendes Herz drücken könne.

Als ich das erstemal, um in den Dienst Sr. Majestät des Königs beider Sizilien zu treten, Raron verliess, verreiste ich den 15. Juni 1827, in Genua schiffte ich nach Castellammare ein, wo ich am 26. gleichen Monats ausschiffte und noch am selben /185/ Tag in Torre del Annunciata, wo das 3. Schweizer Regiment lag, ankam. In elf Tagen habe ich also diese so grosse Entfernung von Raron zurückgelegt; ein glücklicher Wind auf dem Meer hat dieses gewirkt.

Unglaublich mühsam waren im Anfang die Organisation des Regiments aller Art, der Dienst und die Pflichten. Bei der ungeheuren Hitze dieses Jahres in dem neapolitanischen Klima, und besonders im bemelten Torre dell' Annunciata, wo sie aussergewöhnlich ist, litt ich empfindlich. Am Morgen vor Tag musste alles zum Exerzieren, dieses dauerte bis 10 Uhr, inzwischen bis 3 Uhr hatte ein Hauptmann noch sehr vieles zu besorgen, dann ging das Instruieren wieder an und dauerte bis in späte Nacht. Oft legte ich mich auf mein Nachtlager ohne

---

[189] Laut Eintrag im Taufbuch Raron wurde das Kind am 15. Oktober 1827 geboren und am 17. Oktober getauft auf die Namen: Maria Josepha Barbara Rosalia.

[190] Nähere Angaben zum Weinberg, vgl. CL: Re, Fol. 97, sowie Einleitung, S. 56, Anm. 180.

[191] Das Geburtsdatum entspricht dem Eintrag im Taufbuch der Pfarrei Raron; das Kind erhielt die Namen: Maria Ludovica Carolina. Paten: Catharina Theiler (1796–1851) geb. Roten (Tochter des Alois und der Catharina de Courten) und Pfarrer Anton Georg Roten (1786–1845). Vgl. ROTEN, Ernst v., S. 110, Nr. 751–752.

[192] Er besuchte das Gymnasium von 1826 bis 1832. Aus dem gedruckten Studienkatalog und Notenverzeichnis (Kantonsbibliothek Sitten: N 117) geht hervor, dass er im allgemeinen mehr als durchschnittliche Leistungen erbrachte und besondere Auszeichnungen in sprachlichen Fächern verdiente.

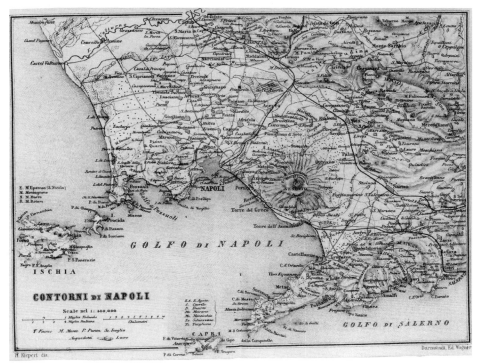

Abb. 18: Karte von Neapel und Umgebung, 1869.

ganz entkleidet zu sein, damit ich am andern Morgen keine Zeit verliere. Jeder beeiferte sich, um eine günstige Note zu bekommen, welche einem Offizier nötig ist von dem Inspektorat.

Sobald ich Zeit hatte, als etwa an Sonn- und Festtagen, so begab ich mich bald auf den Vesuv, bald nach Pompei, nach Hercolanum und anderen Stellen, wo Altertümer von der grössten Merkwürdigkeit zu sehen sind. Die aus der Asche des Vesuvs ausgegrabene Stadt Pompeja bietet derselben noch der Menge dar, Hercolanum desgleichen. Der Vesuv ist eine Naturerscheinung, welche sich unter verschiedenen Schreckungsbildern darstellt, was zwar der Welt genug bekannt ist.

Das Regiment kam nach Nola[193] verlegt, in eben jenes Nola, welches im römischen Breviarium so oft genannt wird. Das Martyrologium daselbst erinnert den Christen an die ersten Zeiten und besonders an jene der Verfolgungen der ältesten; ich selbst habe die Kerker, wo so viele Martyrer eingesperrt waren, mit meinen Füssen betreten, und mein Auge hat jene Stellen gesehen, wo ihr Blut geflossen ist. Noch heute ehrt man diese Stelle als eine heilige; sie ist mit einer grossen Eisenkette umgeben, welche an Marmorblöcken von pyramidischer Form befestigt ist. Im Kreis ist eine Legende, auf welcher es heisst, dass 5000

---

[193] Nola war in römischer Zeit neben Capua die wichtigste Stadt Campaniens und eines der bedeutendsten Zentren des Christentums in Süditalien. Der römische Friedhof liegt nahe der Stadt, in Cimitile. Über den Gräbern der Märtyrer ist im 5. Jh. eine Basilika erbaut worden.

Christen unter dem Kaiser N. N. da vom simitilischen[194] Pretor unter mehrmalen seien enthauptet worden. Unter der Oberfläche der Erde sieht man noch einen in hohen Ehren gehaltenen Ort, welcher zur Versammlung der dasigen ersten Christen gedient hat; noch einige Fragmente von Bildern und Gemälden sind da zur Schau aufbewahrt. Niemals konnte ich ungerührt diese heilige Stätte verlassen.

Um die Stadt Nola um sucht man seit einigen Jahren im Schosse der Erde alte Sachen hervor. Es finden sich viele Kostbarkeiten in derselben als Gefässe, Münzen und andere Gerätschaften, welche wegen ihrem Alter hochgeschätzt kamen. Eine Collection von mehr als hundert alten römischen Münzen habe ich mir da zusammengebracht, auch einige Erdgefässe, deren man damals den Verstorbenen in ihre Särge beilegte[195]. Von Nola kam das Regiment nach Capua[196], jenes Capua, wo einstens /186/ Hannibal mit seinen siegreichen Karthagern hauste und in der Üppigkeit zugrundeging. Alt Capua muss einst sehr gross gewesen sein, denn nach der ungeheueren Grösse des Amphiteaters, welches nahe der heutigen Santa Maria liegt, und auch vielen alten Monumenten kann man mit Grund abnehmen, dass Capua eine Rivalin des auch damals im höchsten Flor gestandenen Roms kann gewesen sein.

Nie genug konnte ich im Durchsuchen der Gegenden der Provinz der Terra die Lavoro, vormals die sogenannte Campagna felice, Sitz der alten Herrscher und Grossen von Rom, meine Sehsucht befriedigen. Nicht leicht lässt sich die schmeichlendste Aussicht, die Pracht der Landhäuser, die schöne Lage und die Fruchtbarkeit der Erde dieses so angenehmen Teils des südlichen Italiens beschreiben, und wenn ich mir noch die ungeheur grosse von mehr als 750 000 Menschen bewohnte Stadt Neapel, das alte Parthenope darzu vorstelle, so finde ich, so weit ich in meinem Leben gekommen bin, nichts Vergleichliches. London und Paris mögen wohl bevölkerter und grösser sein, allein: wo [gibt es] solche Aussichten? wo eine solche Fruchtbarkeit der Erde? wo [ist] so ein Golf zu finden, wie jener von Neapel ist? Dieser ist sozusagen von Posillippo fort bis auf Torre del Greco im Halbmondkreis beinahe in einer fortdauernden Stadt auf einer mit viereckigen, gleichgehauenen Motanen (Steinplatten) zu bereisen.

Man darf annehmen, dass vom östlichen Teil der Stadt Neapel bis zum äussersten Teil von Resina oder schier bis Torre del Greco die Häuser und Paläste sich rechts und links an einer herrlichen Gasse anschliessen, und weil sich die Umgebungen von Häusern und Palästen ausser der wahren Stadt Neapel sehr weit auf diesen beiden Seiten ausdehnen, so bilden diese mit ganzem Recht die Ansicht des fortdauernden Neapel, obschon verschiedene Lagen andere Benennungen haben als Portici, Resina (das alte Retina), Hercolanum, Torre /187/ del Greco und andern, so dass man gut drei Stunden zu Fuss durch ein ununterbrochenes Gewirbel von Menschen, Kutschen und Gewerbgetümmel fortzugehen hat, bevor man aus dem Stadtkern herauskommt, und dann folgen demnach wie in einer Stadt die Landpaläste und andere Bewohnungen so aufeinander, als wenn man in einer Stadtgasse wanderte bis auf Torre dell' Annunciata. Castel-

---

[194] Abgeleitet von Cimitile.

[195] In wessen Besitz diese Gegenstände übergegangen sind, ist unbekannt.

[196] In römischer Zeit hiess der Ort Casilinum; 216–214 v. Chr. von Hannibals Truppen besetzt, im 9. Jh. von den Sarazenen zerstört, nach Neuerbauung Capua genannt.

lammare und die Bergkette von Sorrente bilden das Mittägige des Golfes. Castellammare hat die berühmten Heilbäder, welche im Sommer äusserst stark besucht sind, Sorrente die schönsten Matten (Wiesen), wo ein prachtvolles Hornvieh unter Waldungen von Ölbäumen, Orangen, Zitronen und Rebstämmen eine fette Nahrung findet, von wo Neapel fette Schafe, Kälber, frische Butter und Milchwaren herzieht. Die Ansicht dieser Seite des Golfes, die Anhöhen nördlicher Seite, die Collinen von Capo die Monte, Vomero, Sant Elmo, Posillippo etc., die von diesen Gegenden sichtlichen Inseln Ischia, Procida, Nisida, Capo Misceno etc. samt dem feuerspeienden Vesuvo bilden zusammen den herrlichsten Anblick, den man sich vorstellen kann. Viele wollen, dass der Golf von Neapel und seine Umgebungen weit schöner als jener von Constantinopel sei.

Ich schränke mit ein, nur von der Hauptstadt Neapel etwas zu sagen, denn mein Ziel ist hier nicht meine Reisebeschreibung, welche ich in diesem Königreich gemacht habe, anzubringen, doch kann ich den heftigen Eindruck, welchen mir der Besuch von Pompeja in meiner Reise vom 16. Oktober 1832 aufdrang, hier nicht ganz übergehen.

Mehr als zwei Jahre war ich nicht mehr in bemelter aus der Vesuvasche gegrabenen Stadt, und da täglich Merkwürdigkeiten zum Vorschein kommen, weil man immer an der Entdeckung arbeitet, so hatte sich dieselbe mir seit meinem letzten Dasein wunderbar verändert und vermehrt. Eine ganz neue Gasse, welche allem Anschein nach von den vornehmsten Pompeianern muss bewohnt gewesen sein, nebst vielen andern Gebäuden hatte man seither entdeckt. Nur Liebhaber der alten Geschichte mögen mit mir jenen unerwarteten Eindruck teilen, den man auf einer Stelle fühlt, wo man durch mannigfaltige Gegenstände hoher Kunst, ausgesuchter Wissenschaften, strengster Gerechtigkeit, klugster Ordnung der Sachen, welche das Wohl der Bewohner der vor mehr als 17 Jahrhunderten verschwundenen Welt zu beweisen scheinen, zurückgewiesen wird. Kommt man auf den Gedanken, dass die Künste in unseren Tagen weit höher als in solchen alten Zeiten gestiegen sind, so muss man beim Anblick der alten Sachen, welche /188/ keine Kopien späterer Zeiten, sondern wahre Originalien sind und im Schoss der Erde seit dem Jahr 78 nach Christi Geburt[197] begraben waren, ohne Bedenken bekennen, dass die Welt viel Künstliches, für das Allgemeine Nützliches, Angenehmes und der Zivilisation Nötiges nicht verfeinert, ja wohl ehender verloren hat.

Dieses beweist in Pompeja ein grosser mosaischer Fussboden in einem Zimmer, welcher die Schlacht zwischen dem Alexander und Darius vorstellt. Kenner solcher Sachen befanden sich mit mir in dem ausgegrabenen Palast, worin sich dieser Fussboden befindet; sie sagten, dass, nachdem alle Materialien in Bereitschaft stunden, die dem Platz nach angestellten Arbeiter gewiss über sieben Jahre an diesem Boden zu tun gehabt haben und dass heutzutage nirgends Künstler zu finden seien, um eine solche Arbeit verfertigen zu können; kaum wären Pinsel der geschicktesten Maler, um die Proportionen der Gegenstände, die Lebhaftigkeit der Gesichtszüge der Krieger und der Pferde, den Schmuck des Anzuges und der Waffen so darzustellen, wie sie in farbigen Steinbrüchen angebracht sind. Aus diesem und vielem andern kann man schliessen, was für einen Luxus und Reichtum die Welt dieser alten Zeiten gehabt hat. Auch in Pozzuoli bewun-

---

[197] Ausbruch des Vulkans am 24. August 79.

derte ich mit innigster Rührung den Tempel Serapites[198], das kollossalische Piedestal der Statue des Kaisers Tiberius, worauf in Relief viele Städte Asiens gehauen stehen, die Brücke des Caligula im Meer, das alte Schloss des Cicerones, den Tempel Apollo, die Gruft und Badlücke der Sibilla, Nerones Schloss, jenes des Julius Caesar, des Mercurius, Tempel der Diana, der Venus, die Bäder der Agrippina, Mutter des Nerons, Nerons 100 Gefängnisse, die Pissina Mirabili, die Elysischen Felder und viele andere Merkwürdigkeiten.

Ich habe nun aber wiederum Stoff, zu meiner eigenen Geschichte zurückzukehren. Bloss hatte ich mich guter Aussichten geschmeichelt und fand in mir den Familienfrieden, die Ruhe der Seele, und folglich hoffte ich auf vergnügte alte Tage. Einige Zeit lebte ich im Militärdienst hinsichtlich meiner Familie ruhig und mit allen den Meinigen zufrieden, allein schon wieder sah ich mich mit schwerem Unglück umzogen. Der 9. September 1832 brachte mir eine Nachricht über meine Gattin Barbara Pfammatter, welche mich gleich einem elektrischen Feuer durchbohrte und einen ungewöhnlichen Schweiss /189/ hervorbrachte. Beim Lichte las ich die unerwarteten Schlauheiten der allein in Raron auffallenden Bekanntschaft, welche diese meine Gattin mit dem liederlichen und schon verrufenen Nicolas Roten[199], Sohn des Herrn Präsidenten, ermuntert oder angefangen hat. Nur zu sehr war ich sicher, dass sie noch er keinen Zweck zu so häufigen Unterhaltungen noch Besuchen hatten, ausser jenen eines verdächtigen Umgangs. Dieser schon bekannte Verführer hatte früher noch mit mir noch mit jemand meines Hauses keine Geschäfte, keinen Auftrag von mir, für etwas zu sorgen, obschon er ein Advokat sein wollte und dem Publikum vorgab, er habe der Frau Hauptmann Rechnungen in Richtigkeit zu setzen etc. Bis das Gemurmel in mehreren Örtern allgemein war, vernahm ich nichts von dieser höchst verdächtigen und ärgerlichen Bekanntschaft. Erst am besagten 9. September 1832 erfuhr ich selbe durch einen Brief von S.W.[200], obschon diese über ein Jahr lang dem Publikum auffallend war.

Unter dem 13. Oktober 1832 ersuchte ich meinen S[chwager], H[errn] O[berst] A[macker], dass er mir unverhüllt alles sage, was deswegen in gemeinen Reden oder sonst wie sei. Er hatte mir seit April gleichen Jahres nicht mehr geschrieben, und so brach ich das Stillschweigen, obgleich ich berechtigt war, Antworten von ihm über meine späteren Briefe zu erhalten. Am 24. Oktober 1832 erhielt ich von ihm Antwort; sie war die Bestätigung, was mir ein anderer vorher geschrieben hatte, zwar mit genaueren Umständen der Sachen begleitet, so dass mir nun nicht der geringste Zweifel überbleiben durfte, dass die vielfältigen Besuche, die N[icolas] R[oten] m[einer] Fr[au] machte, ganz einen buhlerischen Zweck hätten oder hatten. Das Benehmen meiner Gattin in Hinsicht des Empfangs ihres Buhlers und die Zubereitung ihrer Schlafkammer bezeugten sozusagen ihren unerlaubten Umgang, und wenn ich auf die Zeiten zurückdenke, wo sie noch ledig als Magd bei mir war, in welcher dieser N[icolas] R[oten] mit ihr Buhlschaft zu treiben suchte, wie ich es glaubte und sah, so bin ich jetzt mehr als überzeugt, dass ihre dermalige Buhlschaft eine Erneuerung der früheren geworden ist.

---

[198] Der ägyptischen Gottheit Serapis geweihtes Heiligtum.

[199] Elias Nikolaus (1805–1867), Sohn des Jakob Nikolaus und der Julia de Courten, Advokat und Notar, später Grosskastlan in Brig. Vgl. ROTEN, Ernst v., S. 108, Nr. 708.

[200] Die Person konnte nicht identifiziert werden.

Auch schrieb ich meinem Sohn Ferdinand unter dem 15. September[201], da er in der Vakanz zu Raron war, ihn zwar nur ersuchend, dass er mir aufrichtig sagen solle, ob keine Unordnungen in der Familie seien; ich wollte ihm nicht glatterdings anzeigen, dass ich des liederlichen /190/ Lebens meiner Gattin und Nicolas Roten in Kenntnis gesetzt sei, damit ich nicht zu stark die Saite der gebührenden Achtung und Ehrentbietung, welche Kinder ihren Eltern schuldig sind, zerstösse. Nach seiner Antwort vom 15. Oktober 1832 wusste er noch von allem nichts, da er mir sagte: *Je ne sais rien d'un désordre domestique dont vous me parliez dans la dernière lettre, cependant on en a assez à corriger, etc.*

Im gleichen Brief zeigte Ferdinand mir an, dass er schon damals vor acht Tagen bei Herrn Mengis, Arzt in Leuk, gewesen sei, der ihn wegen seiner Leberkrankheit zu sich rief, um den Gang derselben besser beobachten zu können. Laut diesem war Ferdinand in den ersten Tagen des Monats Oktober bei Herrn Mengis in Leuk und wird am 9. desselben oder daherum wieder nach Raron zurückgekehrt sein. Während seiner Abwesenheit, welche vermutlich absichtlich von meiner Gattin, Mengis und den Herren Roten bewerkstelligt worden ist, wird die schlaue Untreue ihren angegebenen wassersüchtigen Bauch geleert haben, doch dieses ist eine Vermutung von mir, der ich eigentlich bis dahin über die Zeit ihrer Ausleerung nichts Sicheres sagen konnte.

Am 27. November 1832 schrieb mir Ferdinand folgendes: *Il est temps que je vous donne des nouvelles positives sur vos pressentiments d'un désordre domestique, etc. Je me crois assez autorisé de vous parler de cela. Le bruit s'est répandu à Sion, à Loèche, à Brigue, je ne dis rien de Rarogne, que ma belle-mère était grosse de Nicolas Roten, et maintenant on le dit assez généralement qu'elle en a été accouchée, etc.* – Er sagte unter anderem: *Nicolas Roten venait tous les jours la voir et restait toujours plus qu'une heure chez elle, etc. Leur société continuelle a été un scandale non pas seulement pour Rarogne, mais pour tout le Haut Valais, etc.* Er endete sein Schreiben mit Sachen, die herzbrechend sind; auch zeigte er mir den Todfall seines Grossvaters an (Herr Meier Amacker)[202], der am 31. Oktober besagten Jahres sei zur Erde bestattet worden.

Den 27. Juli [1832] erhielt ich in Neapel einen Brief von dieser Untreuen, einen Brief, datiert: Raron, den 13. gleichen Monats, worin sie mir meldete, /191/ dass ihr das Briger Bad, worin sie den 28. Mai, laut ihrem Brief vom 25. desselben, gegangen ist, ziemlich gut angeschlagen habe, nur angebend, dass sie nun wiederum etwas besser sei und den Trost habe, mich einmal wiederum zu umarmen, etc. Am 28. Juli 1832 verreiste von Neapel ein Soldat, Boni[203] Lorenz von Nendaz, mit Abschied; diesem gab ich einen Brief an m[eine] Fr[au]. Sie schrieb mir nicht bis den 3. Oktober darauf, und da ich mich eines so langen Stillschweigens verwunderte, schrieb ich auch nicht mehr an sie, wohl aber an meine Tochter Barbara und Sohn Ferdinand. In ihrem besagten Brief vom 3. Oktober, den ich den 17. erhielt, sagte sie, was ich hätte, dass ich ihr nicht schreibe,

---

[201] Dieser und andere Briefe, die Gattlen hier erwähnt und aus denen er zitiert, fehlen im Nachlass.

[202] Franz Sales Amacker (1755–1832), Meier von Raron. Vgl. INDERMITTE, S. 7, und WEISSEN, S. 55.

[203] Vermutlich Jean-Laurent Bornet, den Gattlen 1828 rekrutiert hatte; vgl. CL: R 11, Fol. 15.

etwas müsse wider sie in meinem Herz stecken; ich solle es doch sagen, was ich habe; sie wisse nicht, was die Ursache sein möchte. Vielleicht sei es, dass ihr Vetter, Sohn Jodro, der Peter[204], mit meiner Schwester[205] oder Geschwia [= Schwägerin] Magdalena Amacker Heiratsanstalten gehabt habe, wovon sie aber gar nichts wusste, bis beide Parteien in Raron vor Seiner H.H. Pfarrer [Georg Anton] Roten erschienen seien, um diese zu vernichten. Daran habe sie keine Schuld und desgleichen... Kein Wort von Hausgeschäften, nicht ein Wort von den Kindern... und, das versteht sich, nicht ein Anlass zu ihrer ehrvergessenen, aufhabenden Schwangerschaft... Ich antwortete nicht mehr, und in allen Briefen, welche ich anderen schrieb, bat ich, dass man ihr nichts von meinem Bewusstsein dieses Unglücks sagen solle.

Den 12. Christmonat gleichen Jahres erhielt ich einen Brief, datiert vom 30. November, von Seiner Hochwürden Domherr und Pfarrer Georg Anton Roten, sagend, er schreibe mir als Beauftragter meiner Frau, die unter anderm noch einmal die Frage an mich stelle, warum ich ihr nicht auf ihren letzten Brief antworte, was doch die Ursache sein möchte? Ich sollte sie doch in ihrer Krankheit mit einem Schreiben erquicken. Herr Arzt Mengis habe schon einige Versuche zu ihrer Wiederherstellung vorgenommen, die Krankheit sei aber hartnäckig und gefährlich, etc. Ich antwortete hochdemselben den 18. Dezember 1832 und liess mich in starken Ausdrücken vernehmen, dass meine Gattin so frech und schlaubös sein könne, um mich solcher Ursache zu fragen, da es ja mir durch Briefe im September, Oktober etc., auch sonst bekannt sei, dass sie bemelten fatalen Fall gehabt habe, welcher im ganzen Lande mehr oder minder Anlass zu Tadel gebe, etc. Ich sagte, dass mich diese Verstellung und die Verwegenheit, mit der sie ihre Unschuld zu erhalten suche, mehr als der Ehebruch mit Nicolas Roten, Sohn des Präsidenten, ärgere, etc. Ich erklärte ihm als dem kompetenten geistlichen Richter zu Raron, dass ich ihr meine Achtung, meine Liebe, alle Sorge und Unterstützung entziehe, dass ich aber für die mit ihr, wie ich glaube, ganz erzeugten Kinder sorgen werde, er solle aber mit dieser meiner Erklärung /192/ einhalten bis zu ihrer gänzlichen Genesung, denn es sei mein Wille, dass sie in meinem Haus zu Raron alle Pflege und Rat habe, solange sie krank liege; ich wünsche, dass sie mich und nicht ich sie überlebe, damit sie noch auf dieser Erde den Verlust meines gegen sie so guten Herzens büssen könne, etc. Ich setzte hinzu, dass, wenn der Schöpfer über sie anders bestimmen sollte, er noch die Güte haben möchte, dass der weltliche Herr Richter zu Raron meine Nächsten, Stiefbruder Johann Joseph und Oberst Amacker, ersuche, [dass sie] meine fahrenden Sachen irgendwo unter Siegel in Sicherheit bringen möchten, falls man glaubte, dass selbe nicht sicher genug in meinem verlassenen Hause sein möchten. Meine Tochter Barbara möge, bis ich nach Hause kommen könne, nach Unterbäch zu den Ihrigen und die zwei Kleinen an Eischoll geordnet werden, etc.[206].

---

[204] Peter Pfammatter, Sohn Theodul, von Eischoll.

[205] Gattlen verwendet nach altdeutschem Brauch nicht selten die Ausdrücke Bruder oder Schwester für Schwager oder Schwägerin. Geschwia (ahd. gischwia) lebt heute noch in Mundarten des Oberwallis. Hier handelt es sich um Maria Magdalena Cresentia Amacker (1806–1836), Schwester seiner Ehefrau. Zur Familie vgl. INDERMITTE, S. 7.

[206] Barbara, Tochter aus erster Ehe, kam zu ihren Grosseltern nach Unterbäch, die beiden Kinder aus dritter Ehe zu den Verwandten in Eischoll.

Indessen erwartete ich mit Sehnsucht die schon lang erwünschte und begehrte Erlaubnis, nach Wallis zu gehen. Am 23. Jenner 1833 verreiste ich von Neapel auf dem Dampfschiff Heinrich der IV. Die Fahrt war glücklich über Cività Vecchia, nahe den Inseln Korsika, Elba, auf Livorno und Genua, wo ich wegen Geschäften vier Tage blieb und dann meine Reise über Turin nach dem Simpelberg nahm. In Brig fand ich meinen Ferdinand gesund, und die wohlehrwürdigen H.H. Jesuiten trösteten mich mit der Hoffnung, dass dieser ihr Zögling einstens meine Stütze und Vergnügen sein werde. Wahrscheinlich bedurfte ich Trost, denn ich vernahm, zwar nicht von diesen, dass meine häuslichen Anliegenheiten in einer für mich herzbrechenden Lage meiner erwarteten, dass wirklich meine Kinder, das Babili und Caroline an Unterbäch /193/ bei Schwager Oberst Amacker und das Joseteli [= Josephine] bei Peter Pfammatter[207] an Eischoll seien, das Haus zugeschlossen, so dass mich kein Empfang von den Meinigen zu Raron aufmuntern werde, was ich allerdings sehr bedurfte.

Meine erste Richtung ging von Brig nach Unterbäch zum Bruder Oberst Amacker. Wie innigst ich diesen und seine liebe Gattin, meiner Kinder wohlwollende Tante und meine schätzbare Schwester, umhalset habe, was für seelenrührende Tränen wir einander ausnahmen, mag sich jener vorstellen, dessen Herz wahrer Liebe, gegenseitiger Teilnahme an Wohl und Übel fähig ist, wenn er das Glück hat, Befreundete zu besitzen, die aller solcher Teilnahme empfänglich sind. Ich ruhte einige Tage an Unterbäch, um mich nach meiner Reise ein wenig anzukräften und zugleich auch von meinem treuen Schwager Amacker und seiner liebenswürdigen Frau, meiner guten Schwester, jenen Trost länger zu geniessen, welche diese mir unter verschiedenen Darstellungen meines harten Geschickes erquickend beizubringen wussten.

Eines Tages ging ich an Eischoll, um meine Tochter Josephine zu sehen. Wie innigst mich hier auch der Anblick dieses schuldlosen Kindes getroffen hat, lasse ich einen guten Vater denken. Dieses ungefähr fünfjährige Geschöpf erkannte mich nach einigen Posen, denn Josette hatte bei 14 Monate, da ich das erstemal [von] Neapel ins Semester kam; es behielt viele meiner ersten Liebkosungen. Die Caroline aber hatte ihren Vater noch nie gesehen, bis er sie das erstemal an Unterbäch an sein beklemmtes Herz gedrückt hatte. Das Babili, zum Unglück, auch teils durch die Schlauheit seiner Stiefmutter in der Schlauheit geleitet, und teils nicht mit den witzigsten Naturgaben begünstigt, wusste seinen Vater nur in etwas zu beherzigen, nicht aber über Befragungen zu antworten, welche zur Beruhigung seines zerrissenen Herzens heilsames Öl hätten träufeln mögen.

An dem Vater der mir zum Unglück zuteilgewordenen, pflichtvergessenen Barbara Pfammatter /194/ fand ich einen gefühllosen, harten Menschen, nämlich das, was er allezeit war. Nicht ein tröstliches Wort, nicht ein Laut von Beherzigung vermochte mein Erscheinen und das ihm wohl auch bekannte Luderleben seiner Tochter aus ihm zu erpressen, nein, eitle und tückische Angaben sollten mich beruhigen. Seine Kleintochter, meine Josephine, hatte nicht bei diesem Grossvater Aufnahme, sie war bei ihrem Onkel Peter und wie billig auf meiner Last, wo ich auch meine erste Einkehr nahm und von wo ich mit keinem Gesuch etwa vom Schwiegervater zu ihm gefordert worden bin.

---

207 Peter Pfammatter, Sohn Johann Joseph und der Anna Maria Furrer von Unterbäch.

Zufällig sah ich auch jenen Schurken, den Johann Josef[208], meinen zum höchsten Leidwesen habenden Schwager, ich sage Schwager, diesen, der in meinem Haus während meiner Abwesenheit durch seine gottlose Schwester so vertrauten Zutritt gefunden hat, und diesen, der durch ihre sträflichen Absichten, meine Tochter Barbara zur Ehe zu bekommen, hat sollen bestimmt werden, damit das sonst mich schon tief niederdrückende Unglück [mich] noch empfindlicher schlage, diesem, sage ich, der vermutlich wohl sicherlich einen guten Teil von den mir vermissten Möbeln und Geldern, vielleicht von seiner Schwester oder, mag auch sein, durch die allzugrosse Freiheit, welche er im Hause genoss, wird empfangen oder an sich gezogen haben. Was konnte ich aber bei allen diesen anders tun, als mich in meiner Ungeduld, in meinem Gram und in meinem Unglück mit dem Vorwurf beschäftigen und denken, du hast dir selbst und niemand anders zu verweisen, dass du dir solche Freund und Verwandtschaft zugeführt hast.

Noch wusste ich den bestimmten Zustand meines sonst mir wohl bekannten Vermögens nicht, obwohl ich durch Berichte von mehreren Menschen in Kenntnis gesetzt war, dass vieles abgehen müsse. Ich ging auf Raron, öffnete das verlassene Haus und fand manchen /195/ Gegenstand, der mich an vergebens vergossenen Schweiss erinnerte. Ich fühlte bald den grimmigsten Zorn, bald die einschicklichste Herablassung in der Erinnerung, dass ich hier so treulos, so ungerecht und so unverschämt von jener Gattin, welche ich unwürdig vom Nichts bis zur Frau, und wohl zu einer mit allem Nötigen versehenen Frau, erhoben habe, bin hintergangen, betrogen und bestohlen worden. Hier fiel mir mehr als vorher irgendwo auf, dass ich alles, was ich so gutmeinend, so sparsam, im Sinne einer reinen Vaterliebe zu ihrem Wohl und zur künftigen Stütze meiner und ihrer Kinder mit Gefahr, Schweiss und grosser Mühe auf der See und Erde eingesammelt hatte, einer gottvergessenen, einer untreuen, einer verstellten, verschmitzten und in der schlimmsten Bosheit von Kindheit an gewitzten Weibsperson überlassen und zugesendet habe. Auf fiel mir, und das zwar schwer drückend, dass diese Pflichtvergessene noch für mich, noch für ihre zwei unschuldigen Kleinen, Josephina und Carolina, kein Herz mehr muss gehabt haben. Von allen Seiten kam mir ihre wenige Sorge für das Hauswesen, für ihre Kinder und für ihr anderes Anvertraute bekannt gemacht. Vergewissert wurde ich, dass sie, besonders die Jahre [von] 1830 bis zu ihrem sich selbst unvorsichtig zuzogenen Tod, an nichts anderes mehr dachte, als sich mit ihrem Buhler bald hier bald dort zu unterhalten und so zu unterhalten, dass daraus endlich nach vielen Hunderten ein dem Publikum bewiesener Ehebruch entstanden ist.

Ich sah auch im ersten Untersuch, dass mir von fahrenden Sachen vieles Altbekanntes abging. Leicht konnte ich urteilen, dass diese Verführte sich einen Vorrat an allem muss gemacht haben, einen Vorrat, sage ich, an Geld, Mobilien und Kleidern, damit sie sich als von mir Verstossene, meinen Zorn billig achtend, in etwas versorgen könne. Meine Vermutungen /196/ eines sehr üblen Zustandes für mein Hauswesen zeigten sich von Tag zu Tag gegründeter. Nebst vermisstem Hausrat als Leinwand aller Art, Decken, sogar meinen in Raron gelassenen Kleidern, Zinn, Kupfergeschirr, Feldbauinstrumente, Wagen- und Pferdzeug fand [ich] auch sogar nichts mehr an Waren, deren ich [für] über tausend

---

[208] Johann Joseph Pfammatter (geb. 20.12.1805), Sohn des Johann Joseph.

Franken hinterliess, ich sage: frische Waren, welche ich Anno 1828[209] im März, kurz bevor ich wieder nach Neapel ging, einkaufte, ohne einige alte, die vorher da waren, von welchen ein unbedeutender Rest sich noch vorfand. Ich untersuchte meine Kreditbücher, sah nach den Obligationen, nach den eingegangenen Zinsen und Lehnrechten, aber leider auch da ging vieles ab, und das Ganze der laufenden Kredite und Zinsen betrug sich nicht an 400 Schweizer Franken, da diese doch die Summe von mehr als 2000 Franken überstiegen, ohne die laufenden und in vier Jahren verfallenen Zinsen zu berechnen.

Täglich kamen Forderer für dieses oder jenes. Es schien, als wenn diese treulose Gattin gar niemand für Arbeit und Erkauftes bezahlt hätte. Sie nahm im Jahr 1831 eine Spinnerin namens Catharina Imboden, welche später ihre Magd wurde; diese hatte noch für zehn Wochen den Spinnerlohn zugut, auch ihr Lohn als Magd war für 1832 nicht bezahlt. Die Weberin Catharina Zempt forderte mir für 79 Stäb den Weberlohn, und ich fand nicht einen Stab Tuch, da diese doch sagte, dass sie dieses ihr auch Anno 1832 zurückgestellt habe. Neues Leingewand fand ich beinahe keines. Aus diesem zwar wenig zu achtenden kann man doch schliessen, dass mein Haus fast gar geplündert worden ist.

Bei mehreren Krämern fand ich beträchtliche Rechnungen zu bezahlen; viele zinstragende Obligationen waren gezogen und verbutzt [= vergeudet]. Bei den H.H. Jesuiten hätte ich, ungeacht, dass ich aus Neapel das Geld geschickt hatte, /197/ noch mehr als für ein rückständiges Jahr die Kost im Pensionat für den Ferdinand zu bezahlen. Geldanweisungen und Sendungen aus Neapel: als durch Caporal Rubin[210] 11 Louis d'or, durch Kanonier Zenhäusern[211] von Birchen 6 Louis d'or, durch Herrn Hauptmann de la Soie[212] 12 Louis d'or, auf Herrn Hauptmann de Sepibus[213] 56 Louis d'or, durch Herrn Hauptmann von Werra[214] 50 Goldstücke von 20 französischen Franken, durch Sergeant Werlen[215] 100 Piaster, durch Soldat Thenen[216] von Leuk 179 Piaster, durch Soldat Murmann[217] von Lötschen 12 Piaster, durch Oberstleutnant Dufour[218] 50 Goldstücke von 20 französischen Franken, von Herrn Fontaine[219] 528 Schweizer Franken,

[209] Sollte heissen: *1829;* vgl. Einleitung, S. 51.

[210] Wahrscheinlich Joseph Rubin, von Blatten, den Gattlen 1827 rekrutiert hatte; vgl. CL: R 11, No 13.

[211] Im Verzeichnis der Walliser Soldaten des 3. Regiments von 1837 (Service Etranger, 9/9/19) erscheinen zwei Personen dieses Namens: Joseph Zenhäusern (als Wachtmeister) und Christian Zenhäusern (als Füsilier), jedoch kein Kanonier.

[212] Etienne-Joseph Delasoie (geboren 1774); er verliess den Dienst am 31.12.1831; vgl. Maag, S. 640.

[213] Gaspard de Sepibus (1788–1877), Rekrutierungsoffizier; vgl. Maag, S. 779.

[214] Joseph-Marie von Werra (1793–1864), Major 1840; vgl. Maag, S. 639.

[215] Johann Joseph Werlen, von Ferden, 1827 als Wachtmeister rekrutiert; vgl. CL: R 11, No 9.

[216] Nicht identifiziert.

[217] Martin Murmann, von Ferden, 1837 rekrutiert; vgl. CL: R 11, No 10.

[218] Pierre-Marie Dufour (1790–1862), Kommandant des Walliser Bataillons im 3. Regiment im Grade eines Majors 1827, Oberstleutnant 1830, Oberst 1848, Brigadier und Regiments-Kommandant 1848. Vgl. Maag, S. 702 und 764; Beziehungen zu Hauptmann Gattlen, vgl. Anmerkung 322.

[219] Johann Baptist Fontaine, aus Savoyen eingewandert, in mehreren Angelegenheiten Geschäftspartner von Christian Gattlen (vgl. Einleitung, S. 39–41), 1846 in Raron gestorben. Seine Gemahlin war Johanna Morel, von Magland in Savoyen, gestorben 1853 in Raron.

waren nicht hinlänglich, einige Rechnungen, welche ich ihr zu tilgen auftrug und [die] nicht den halben Teil des ihr zugesandten Geldes ausmachten, in Richtigkeit zu setzen.

Obschon der jährliche Eingang von den sich im Wallis befindenden Kapitalien und Gütern (ohne die nötigen Güter, Futter für zwei Kühe zu halten, und genug Wein für ihre Haushaltung, wie auch Korn) über 40 Louis d'or betrug, und doch hat diese, ohne es im Haus mit ihren Kindern und Diensten verschwendet zu haben, in Zeit von vier Jahren über 6000 Wallis Pfund von meinen Ersparnissen ihrem Buhler oder weiss Gott wem zur Aufbewahr oder sonst wie zu ihrer gottlosen Vorsorge eingeräumt, mir und ihren eigenen Kindern teilweis entrissen. Nur an Eischoll, bei ihren eigenen Leuten, hat sie über 300 Pfund Kapital von meiner Sache eingezogen oder verstossen, ohne andere grosse Schulden, die ich denselben für Käse und Anken zu zahlen hatte, als nämlich beim Jodro und beim Andres Pfammatter, ja sogar bei ihrem Vater selbst, der ihrer Aufführung eine bessere Leitung hätte geben sollen.

Euer Vater macht euch, meinen Kindern, diese schmerzliche Anzeige, er hinterlässt euch dieses traurige Andenken. Ihr möchtet vielleicht einstens sagen, dieses hätte er hinter sich behalten sollen, allein wisset, dass es ihn mehr getröstet hat, auch diese schmerzlichen Ereignisse aufzuzeichnen, als es auch immer schmerzen mag, selbe aus seiner Feder zu vernehmen. Der Schritt zur ärgerlichsten Ausartung und zur Versteckung seiner und euerer Sache war getan, das Publikum, besonders in den benachbartesten Zehnden hatte sich genug geärgert, alles sprach, wie es in solchen Fällen zu geschehen pflegt, von der lang gehabten, /198/ höchst ausgeschämten Bekanntschaft der Gattin des Hauptmann Gatlen mit Nicolas Roten, dem schon früher ausgearteten Sohn des Herrn Präsidenten. Der Ehebruch, in so langer Zeit getrieben, kam endlich zum allgemeinen Vorschein, und durch diesen erfolgte der Tod der Buhlerin und der Frucht des Nicolas Roten.

Es brauchte zwar, für diesen Ehebruch dem Nicolas Roten laut Rechten zu beweisen, nicht nur die allgemeine *mala fama,* sondern einzelne hinlängliche und zulässliche Zeugen, deren mir aber zur Genüge sich vorfanden. Allgemein hiess es, dass sich dieser Verführer wenig seines Falles und der Zerstörung der Haushaltung des Hauptmann Gatlen schäme, und viele glaubten noch, dass seine sträfliche Aufführung, für das Publikum ein Geheimnis, nach seiner Hoffnung sei, allein man verwundere sich dessen nur gar nicht, denn dieser hatte schon vorher seine Schamhaftigkeit abgelegt, schon damals, als er in Sitten auf öffentlichem Theatrum zur Schau, im Beisein aller Studenten und Professoren, wegen wichtigen Vergehen aus den Schulen gestossen wurde[220], schon damals, als er später eine Magd schwängerte, schon damals, als er mit einer ärglichen Krankheit aus der Universität (von Turin) zurückkam und sich derselben prahlte, /199/ gleich jenen, welche in grossen Städten mit der venerischen Seuche die schönen Galanten machen. Hier wären noch viele seiner Sauereien anzubringen, allein alles dieses sollte ich nicht anführen, wenn es nicht sein müsste, dass der hauptsächliche Urheber des so grossen Unglücks für die Familie Gatlen so

---

[220] Hat das Kollegium Sitten von 1817–1821 besucht (vgl. Studienkatalog: Kantonsbibliothek Sitten N 118), nach den Noten zu schliessen als mittelmässiger Schüler, der 1820 krankheitshalber nicht geprüft werden konnte. Die Vorkommnisse, die Gattlen hier erwähnt, sind urkundlich nicht belegt.

geschildert werde, was er war, damit nicht etwa jemandem ein Zweifel überbleibe, dass aus dieser Familie dieser nicht ein Ungeheuer sei.

Ich lebte in Raron trübe, langweilige Tage. Meine Beschäftigung war, die in aller Unordnung zurückgelassenen und von der untreuen Gattin gemachten Schulden zu bezahlen, meine Liegenschaften für die Zukunft zu verlehnen und desgleichen. Meine Einkehr und Kost nahm ich bei meinem unvergesslichen Freund Herrn Fontaine. Ich bedurfte guter Pflege, um meine wankende Gesundheit zu unterstützen; diese fand ich in vollem Masse. Frau Fontaine, diese gute, liebenswürdige, schätzbare Dame, hatte die Güte, mir mein Haus und alles Zeug reinigen zu lassen; sie liess mir in öfteren Unpässlichkeiten keine Warte [= Pflege] abgehen; ihre Dienste [= Angestellten] stunden an meinem Befehl, so oft ich etwas bedurfte, ja ich hatte in diesem Haus die höflichste, die sorgsamste und die bereitwilligste Aufnahme, ich fand an Herrn Fontaine und seiner schätzbarsten Frau die herzlichsten Freunde, die man sich denken kann, und mein Herz macht und wird sich immer den wärmsten Wunsch machen, ihnen und den ihrigen, wenn sich einmal der Fall ereignen sollte, für die empfangene Liebe und Guttaten alles zu tun oder beizutragen, was in meinen Kräften sein kann. Ja, auch Ihr, meine lieben Kinder, denen ich diese Geschichte hinterlasse, habt die heilige Pflicht, diesen so ansehnlichen Freunden allen Tribut des aufrichtigsten Dankes in allen nur erwünschlichen Gelegenheiten mit dem sehnlichsten Verlangen zu entrichten; euch soll alles das, was man euerem Vater getan hat, was er in so dürftigen Umständen von so guten Freunden genossen und empfangen, auf ewig unvergesslich und heilig sein.

Nachdem ich, so gut ich konnte, meine häuslichen Angelegenheiten in Richtigkeit gebracht, nachdem ich mit Herrn Präsident, Vater des angebrachten Adjunkten [sic!], einen Vertrag[221] gemacht, vermög dessen ich demselben aus Vermittlung Seiner Hochwürden Herrn Pfarrer, etc., zu Raron, aus christlicher Liebe den Frieden /200/ und, so viel zulässig, die Vergessenheit der mir zugefügten Beleidigungen zugesagt, nachdem Hochbemelter mir für dieses einige Proben getan hatte, dass er auch der besten Gesinnungen für die Erhaltung derselben sei, liess ich alles beruhen. Ich sicherte den zwei unschuldigen Kindern, der Josephina und der Carolina, bei meinem teuren Schwager Oberst Amacker und seiner werten Gattin Josephina die Kost und Unterweisung, solange ich abwesend sein würde. Dem Babili verschaffte ich Zutritt in das Kloster St. Paul in Savoyen[222], damit sie den Verführungen der Pfammattern (ich sage: des ruchlosen Johann Joseph, Bruder der bedauerungswürdig gewesenen Gattin) entgehe, und damit sie an Leib und Seele allda, wie ich wünsche, für einige Zeit versorgt bleibe. Meinen lieben Ferdinand, der sich nach seinem freien Willen, nach vollendeten Studien zu Brig, zu einem Gewerbsstand entschloss, bestellte ich in meiner

---

[221] Die Vereinbarung kam durch Vermittlung des Ortspfarrers zustande, sie ist datiert: 20. Juli 1833 (Pfarrarchiv Raron, ungeordneter Bestand, z.Zt. im Staatsarchiv Sitten) und signiert von Jakob Nikolaus Roten im Namen seines Sohnes und von Hauptmann Gatlen. Sie nimmt Bezug auf eine Auseinandersetzung vom 26. Februar 1833: «Wörtlich- und Tätlichkeiten», die als «erloschen und getilgt» erklärt werden, «als wenn gar nichts unter ihnen vorgegangen wäre, so zwar, dass beide feierlich versprechen, in Zukunft deswegen nichts Nachteiliges einander davon nachzureden». – Vgl. auch Einleitung, S. 52.

[222] Barbara fand Aufnahme im Pensionat der Sœurs de St-Vincent de Paul, in Saint-Paul en Chablais, bei Evian. Vgl. dazu: Einleitung, S. 52.

Reise im August 1833 in St. Gallen die Aufnahme als Lehrjunge in der Handlung der Herren Morell & Comp.[223], ein Haus, welches alle Schätzung besitzt, wo er, mein Ferdinand, drei Jahre lang mit der Bezahlung von 1600 Schweizer Franken, ohne die Extra, die Handlung erlernen sollte. Gott wolle, dass er sich der Achtung seiner Prinzipalen würdig mache, dass er sein Brot einstens mit Ansehen verdienen möge, dass er diese Lehrjahre sich zum Trost seines Vaters, seiner Geschwisterten und aller der Seinigen in guter Gesundheit vollenden möge, und dass er endlich allen diesen, besonders seinem wohlmeinenden Vater, einstens durch einen ehrlichen Verdienst sich wohlbefindend, auch im Fall der Bedürfnisse ihnen eine wohltätige Hand zu reichen im Stande sei.

So viel ich konnte, hatte ich nun das meinige für meine Kinder getan; ich hatte alles, so viel möglich, in Richtigkeit gesetzt, so wie es aus den neu errichteten Rechnungsbüchern[224] erhellt und so wie ich meinen Schaffnern, Herrn Oberst Amacker, Herrn Leutnant Kreuzer[225], etc., die Bitte gemacht habe, für das Wohl meiner Kinder zu sorgen. Wie ichs hoffe und ichs glaube, verliess ich neuerdings meine Heimat und trat [in] den für mich anfangs so mühsamen Militärdienst bei Sr. Majestät Ferdinand dem II., König beider Sizilien. /201/ Am Tage meiner Abreise nach Neapel, nach abgelaufener Zeit meines gehabten Semesters, drückte ich meine noch kleinen Kinder, die Josephina und Carolina, an mein beklemmtes Vaterherz, selbe der Allmacht Gottes auf das heisseste anbefehlend, diese der Obsorge und Wart [= Pflege] der guten Frau Oberstin Amacker überlassend, mit der Bitte, besagten Kleinen so wie früher als Mutter Sorge und Vorsicht zu nehmen, auch dem lieben Herrn Schwager, Herrn Oberst Amacker, empfahl ich diese kleinen Geschöpfe, selben mit Gottes Beistand meinen väterlichen Segen unter frommen Wünschen für ihr ewiges und zeitliches Wohl gebend.

Die Trennung von unschuldigen Kindern, von treugeliebten Angehörigen, welche Beweise ihrer Liebe und Anhänglichkeit in drückenden Umständen dem unglücklichen Anverwandten und anderen nach all ihrer Möglichkeit geben, muss jedem, der solche erhält, tief in das Herz Schmerz und harten Druck einlegen, mir, sage ich, blieb dieser mehrere Tage sehr empfindlich auf der Brust. Viel hätte ich noch in dieses Heft zu tragen, will aber mir vorschreiben, nur jenes anzubringen, was mein Herz quälte und meinen Leib zerstörte, und so will ich denn getreu bleiben, habe aber über das Angeführte noch mehrere Armseligkeiten, welche den obbesagten Freunden sind, hier einzutragen, nämlich jene, die ich in meinen jungen Jahren in den italienischen Feldzügen von 1793 im Regiment Streng im Piemont bis 1795 (und bis ins 96) erlitten hatte[226], wo ich sehr

---

[223] Die Firma gehörte einer aus Savoyen eingewanderten Familie. Marinus Josephus Morell, geboren in Magland, liess sich 1777 in St. Fiden nieder und erwarb am 12.1.1782 das Bürgerrecht von Wil; vgl. HBLS, Bd. V, S. 161. Vielleicht gehörte Frau Fontaine-Morel in Raron, die aus derselben savoyischen Gemeinde stammte, zum Kreise der Verwandten; es könnte sein, dass sie Gattlen auf diese Firma aufmerksam gemacht hat. Es gibt dafür aber noch eine andere Möglichkeit, weil die Frau des Firmeninhabers in St. Gallen eine geborene Castelli war, die Schwester des Hauptmanns Alois Castelli, der in Neapel diente und mit Gattlen befreundet war (entsprechender Hinweis in den Memoiren: II, 102).

[224] Rechnungsbuch No 9, begonnen am 1. September 1833; vgl. CL: R 8c.

[225] Christian Kreuzer (1769–1834); vgl. ROTEN, Ernst v., S. 82, Nr. 476.

[226] Vgl. die ausführliche Schilderung der Ereignisse in den Memoiren I, 64 ff. – Die hier angegebenen Jahrzahlen sind ungenau; vgl. Einleitung, S. 26, Anm. 18.

hungerte. Im Jahr 1796 kam ich zur französischen Armee, von da fort bis 1800 war es beinahe ein immerwährendes Herumziehen im Felde. /202/ Mangel an Nahrung, an Kleidung, Schuhen, Hemden etc. hatten nicht nur die Soldaten, ganz aber auch die Offiziere, die nicht mit den Generalstäben oder sonst wie in verschiedenen Verwaltungszweigen angestellt waren. Die damalige französische Republik zahlte sehr selten den Sold der Armee, und wenn es etwa eine Dekade Sold gab, so konnte man durch Erfahrung sagen, dass in weniger Zeit blutige Tage ankommen werden.

Die Soldaten bezogen laut Gesetz per Tag 24 Onzen schwarzes Brot, 8 Onzen Fleisch und dann und wann im Biwak ein wenig Braten. Das Marodieren in der Nähe des Feindes oder in Ländereien, die noch nicht zur Cisalpinischen Republik einverleibt worden sind, wurde geduldet, da die Generäle die Städte, Burgaden, Flecken und grosse Dörfer brandschatzten, sich reich machten und dafür den Soldaten auf dem Lande, wo wenige oder einzelne Häuser waren, Raub und Ausschweifung zuliessen. Der Offizier sollte sich nicht mit so was abgeben, musste aber oft aus Not, für Nahrung etc., dem Soldaten, der etwas Stärkendes ins Lager brachte, wohl sich geneigt zeigen, um so was zu erhalten, denn die karge Feldration, die er nicht allemal erhielt, reichte nicht hin, ihn zu sättigen; besonders litt der Offizier in Lagern, wo nichts zu kaufen sich vorfand oder wenn er kein bisschen Geld hatte. In Mantua /203/ belagert, gustete mir das zwar abgemattete Pferdefleisch, ein wenig Brot von in den Magazinen verdorbenem Mehl. Ich erinnere mich, dass wir auf den kahlen Genueser Bergen, wo es sehr kalt machte und Schnee mit Regen fiel, circa drei Wochen lang vom Feind umzingelt, ohne Holz biwakieren mussten und niemals die ganze vorgeschriebene Ration Lebensmittel bekamen, ja manchmal ein Soldatenbrot in vier bis fünf Mann zu teilen gezwungen waren; von Fleisch und Gemüse war keine Rede, nur dann und wann gelang es vielen vereinigten Bewehrten, welche auf Raub stundenweis unter Todesgefahr auszogen, etwa ein Stück Rindvieh oder sonst was zu erhaschen, [was] nie aber alle sättigen mochte. In dieser Lage starben mehrere an Hunger und Elend, bis nur eine französische Truppenabteilung, ich sage Abteilung, zu Hilfe kam und [uns] aus dieser elenden Lage zog.

Nächtliche Märsche waren ganz gewöhnlich, da man suchte, den Feind zu umgehen, [ihm] vorzukommen, etwa dessen Kolonnen zu trennen, seine Bagage, Train, Vorrat an Lebensmitteln, dessen die Kaiserlichen und Russen immer hatten, zu erhaschen, was den Franzosen immer wohl kam, da diese nie was derart im Vorrat hatten, weil die Republik ihre /204/ Armee in fremden Ländern für so Sachen ihrer eigenen Sorge überliess, derselben nur Pulver und Blei, Kanonen und das dazu Nötige mit Conscribierten zusandte.

Der Schlaf bei so nächtlichen, mühsamen Märschen ist eine schwere Plage für den Militär. Ich war damit so übernommen, dass ich einige Strecken Weges im Schlaf forttappte, bis ich etwa an einen Gegenstand stiess, ja oft würde ich sogar auf dem unebensten und nassen Boden die süsseste Ruhe gehabt haben. Nicht selten wurde die eine oder andere Kolonne auch unversehens überfallen von dem Feind, wo mancher ins Gras biss, auch wegen Wunden zurückbleiben musste. Man achtete aber solche, obschon blutige Geschäfte, nicht viel; dermassen war man an tägliche Angriffe oder Verteidigungen gewohnt, deren ich eine ziemliche Anzahl zu verzeichnen hätte, nicht aber vornehme, weil ich aus solchen unberührt gekommen bin, als wie bei der Schlacht bei Arcole, den 15., 16.

und 17. November 1796, bei Caneto, Castiglione, Rivoli, den 14. Jenner 1797, bei Lodi, Pizzighitone, Belagerung von Mantua etc. etc.[227].

Bei der französischen Armee befand sich erstens Napoleon Bonaparte, Masséna, Augereau, St-Hilaire, Sérurier, Moreau, Joubert, Gazoni, /205/ Murat, Suchet, Gardanne, Lannes, Championnat, Desaix, Chamberlhac, Victor, Kellerman, Fiorella, Peyre, Lecchi, Schérer, Dugommier[228], und eine Menge der Brigadegeneräle, die ich nicht zu nennen weiss. Gegen die Franzosen kommandierten die kaiserlichen Generäle[229], so viel ich mich deren erinnere: Wurmser, Koly Alvinski, Lusignan, Ostermann, Wukalovits, Dukay, Melas, Orelli, Hadek, Kaim, Koblos, Ott, Lettermann, Zah etc. etc. Russische Generäle weiss ich nur den famosen Obergeneral Sowarov zu nennen, der in der Schlacht von Novi 1799, 16. August, den Rock abzog und zu Pferde ohne diesen Anzug kommandierte, da er schon in die 80 Jahre Alter haben sollte.

Mehreres von diesen mir so hart aufgefallenen Zeiten hierin zu tragen, will [ich] nun unterlassen. Gott der Allmächtige hat mich wohl aus hundert und hundert Todesgefahren gezogen, denn wenige der Krieger dieser meiner Zeiten haben besagte Feldzüge mit mir mitgemacht, die meisten sind durch die feindlichen Waffen umgekommen oder Elend, Krankheiten, Meuchelmord und Verlassenheit in grossen Nöten haben /206/ [sie] von der Welt geschafft. Meine körperliche Konstitution hat allen diesen meinen angebrachten Unfällen, Entbehrungen der grössten Bedürfnisse, Blessuren, dem rasenden Hunger, dem fast nicht zu ertragenden Durst in manchen Tagen, der grossen Abmattung, dem drückenden Schlaf in nächtlichen Märschen, der Hitze und Kälte in verschiedenen Jahreszeiten, dem Regen, Winde und Sturm auf blossem Felde in sogenannten Biwaken ohne hinlängliche Kleidung zum Schutz solcher Intemperien, den Insekten, Läusen, deren jeder Militär, sobald er sich einige Zeit nicht auskleiden kann, in der Menge in seinem Gewand mit sich tragen muss, ja manchen andern Beschwerlichkeiten, ich sage: widerstanden und getrotzt, sie hat, diese meine robuste Leibesbeschaffenheit, mich zwar nicht ohne jetzt aufhabende chronische Übel, seither noch, im Lauf langer Jahre, in manchen sehr traurigen und schmerzlichen Zufällen erhalten. In der Erinnerung dieser meiner ausgestandenen Übel während sieben Kriegsjahren in Italien, wo ich zwar auch einige gute Tage genoss, doch im Verhältnis der strengen und bösen sehr wenige, lobe, dan-

---

[227] Chronologie der Schlachten: Lodi 10.5.1796; Pizzighettone 11.–12.5.; Castiglione d'Adda 5.8.; Arcole 15.–17.11.; Rivoli 14.1.1797; Mantua 2.2.1797 (Kapitulation). Ausführlicher Bericht über Gattlens Erlebnisse während dieser Zeit, vgl. I, 68 ff.

[228] Identifikation hier erstmals genannter Generäle (übrige vgl. Register): Charles-Pierre-François Augereau (1757–1816); Louis-Charles-Vincent le Blond de Saint-Hilaire (1766–1809); Jean-Mathieu-Philibert, comte de Sérurier (1742–1819); Gazoni (vielleicht: Honoré-Théodore-Maxime Gazan, comte de la Peyrière (1765–1845); Joachim Murat (1767–1815), König von Neapel; Jean-Etienne Championnat (1762–1800); Jean-Jacques-Vital de Chamberlhac (1754–1826); Pascal-Antoine Fiorella (1752–1818); Antoine-Marie dit Peyre Neveu (1770–1843); Barthélémy-Louis-Joseph Schérer (1747–1804); Jacques Coquille dit Dugommier (1738–1794).

[229] Identifikationen wie in vorhergehender Anmerkung. Dagobert Sigismund Wurmser (1724–1797), befehligte u.a. die in Mantua eingeschlossenen Truppen; Freiherr Michael Colli (1738–1808); Freiherr Joseph von Alvinczy de Berberek (1735–1810); Lusignan (?); Alexandre Iwanowitsch Ostermann (1772–1857); Joseph Philippe Vukassovitch (1755–1809); Freiherr Peter Duka (1756–1822); Andreas O'Reilly von Ballinlong (1742–1832); Koblos (vielleicht: Generalmajor von Knobloch, 1740–1817): Lettermann (?); Anton Zach (1747–1826), Freiherr.

ke, /207/ preise und benedeie [ich] den allmächtigen Geber aller Sachen; mit seiner Gnade will ich seine Gesetze erfüllen, ihn inbrünstig um die Vergebung meiner Sünden bitten, mich in allem seinem göttlichen Willen ganz gelassen unterziehen, fest an ihn glauben, auf ihn hoffen und ihn lieben, alles nach der mir zugeteilten Lehre, damit mich mein Gott und Herr nach meinem so harten und mühvollen Leben in die Zahl seiner Auserwählten aufnehme.

Hauptmann Christian Gatlen

P.S. Nach dem in Neapel 21 Jahre erfüllten Militärdienst als Hauptmann, gedient im dritten kapitulierten Schweizer Regiment, [da] während dieser langen Zeit keine Mutationen für Hauptleute zur Beförderung höherer Stellen für Walliser vorfielen, erhielt ich eine jährliche Pension[230] von zweitausend und etlichen dreissig Franken, ich sage Fr. 2034.–, kam ich zurück in mein Vaterland, da befielen mich schwere Krankheiten, auch andere kränkende Zufälle in häuslichen Geschäften. Ich übergehe alles dieses und erwarte meine Auflösung in der Gnade und Barmherzigkeit Gottes.

Gatlen

/208/ Ich wiederhole, dass ich seit 1852, der ich im Jahre 1860 noch lebte, mit grossen Schmerzen die mir zugefallene Krankheit[231] am Wasserhinterhalten, auch an einer Hernie, ertragen musste und unheilbar bis zu meinem Tod leiden muss. Seit meiner Zurückkunft ins Vaterland habe ich in diesem Heft nichts mehr eingetragen über meinen Lebenslauf. Ihr aber, meine lieben Angehörigen und euere Nachkommenschaft, findet von mir in einem Buch, bezeichnet No 16, ein eigenhändig geschriebenes Testament[232], datiert: Raron, den 20. Jenner 1860, in welchem ich mit der Fondsanlage von zwölftausend Franken eine Familienschule für in höheren Schulen eingehende Knaben gestiftet habe, deren Zinsen vom Kapital der 12 000 Franken laut dem bemelten Testament sollen angewendet werden. Ihr findet darin auch Gaben, die ich zugunsten der jetzt lebenden Kinder, erzeugt mit meinen Töchtern /209/ Josephina, Ehegattin [des] Herrn Grossrat Joseph Loretan, wohnhaft in Baden, und der Karolina, Ehefrau des noblen Herrn einst Präfekt Herrn Eduard Roten, wohnhaft in Raron, Gaben, welche ihre Eltern und Nachkommende auch laut testamentalischer Verordnungen, von mir unterschriebenen, zu verwalten haben bis auf das den Begabten festgesetzte Jahralter.

Diese Biographie soll auch in die zum Aufbewahren der Bücher, Schriften und zwei Heften bestimmte Eisenblechkiste[233], versehen mit drei verschiedenen Schlüsseln, deren auch einer allein beschliessen und aufmachen kann, beigelegt und aufbewahrt kommen.

Raron, den 25. Jenner des Jahres 1860.

Hauptmann Joseph Christian Gatlen

---

[230] Mit Empfang und Überweisung der Pension beauftragte Gattlen den ihm bekannten Geschäftsmann J.U. Brandeis in Neapel. Korrespondenzen in dieser Angelegenheit: RO 21, 52, 68, 92, 109, 127; CL: B 32/14, 15 sowie: Nachtrag Dr. A. Lanwer.

[231] Zu seinen Krankheiten vgl. Einleitung, S. 64.

[232] Das Buch Nr. 16 ist im Nachlass erhalten geblieben (CL: R 12c), aber es fehlen darin die S. 1–76 mit der Fassung des Testamentes vom 20. Januar 1860; vgl. Einleitung, S. 65–66.

[233] Vgl. Einleitung, S. 65, Anm. 215 und Abb. 8.

Lebenserinnerungen
Teil II

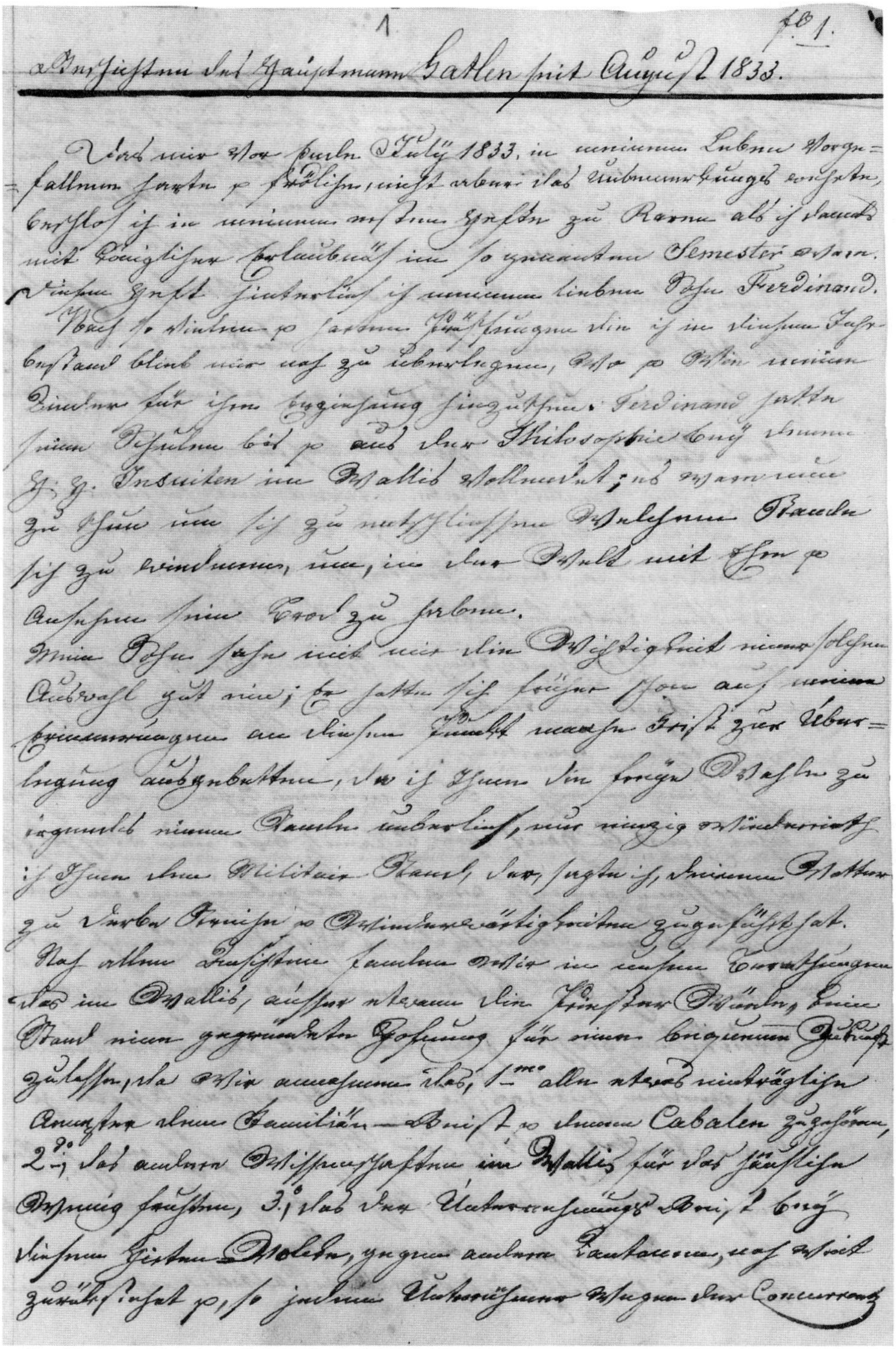

Abb. 19: Erste Seite von Teil II der Lebenserinnerungen.

Geschichten des Hauptmann Gatlen seit August 1833

Das mir vor Ende Juli 1833 in meinem Leben vorgefallene Harte und Fröhliche, nicht aber das Unbemerkungswerte, beschloss ich in meinem ersten Hefte zu Raron, als ich damals mit königlicher Erlaubnis im sogenannten Semester war. Dieses Heft hinterliess ich meinem lieben Sohn Ferdinand. Nach so vielen und harten Prüfungen, die ich in diesem Jahr bestand, blieb mir noch zu überlegen, wo und wie meine Kinder für ihre Erziehung hinzutun. Ferdinand hatte seine Schulen bis und aus der Philosophie bei den H.H. Jesuiten im Wallis vollendet[234]; es war nun zu tun, um sich zu entschliessen, welchem Stande sich zu widmen, um in der Welt mit Ehre und Ansehen sein Brot zu haben.

Mein Sohn sah mit mir die Wichtigkeit einer solchen Auswahl gut ein. Er hatte sich früher schon auf meine Erinnerungen an diesen Punkt manche Frist zur Überlegung ausgebeten, da ich ihm die freie Wahl zu irgendeinem Stande überliess, nur einzig widerriet ich ihm den Militärstand, der, sagte ich, deinem Vater zu derbe Streiche und Widerwärtigkeiten zugefügt hat. Nach allen Ansichten fanden wir in unseren Beratungen, dass im Wallis ausser etwa die Priesterwürde kein Stand eine gegründete Hoffnung für eine bequeme Zukunft zulasse, da wir annahmen, dass 1. alle etwas einträglichen Ämter dem Familiengeist und den Kabalen zugehören; 2. dass andere Wissenschaften im Wallis für das Häusliche wenig fruchten; 3. dass der Unternehmungsgeist bei diesem Hirtenvolke gegen andere Kantone noch weit zurücksteht und so jeden Unternehmer wegen der Konkurrenz /2/ zu viel Gefahren befürchten lässt; dass 4. die Agrikultur selbst mit zu hohen Kosten verbunden ist, ja auch besonders die Früchte in der Ebene des Kantons wegen Überschwemmungen beinahe alle Jahre den Verwüstungen unterliegen, daher stimmten wir, dass es doch leichter sein könne, im Auslande mit Arbeit, Fleiss und Vorsicht sich die Mittel zu einem bequemen Leben zu erwerben, ich sage: im Auslande[235], wo man in allen Hinsichten der Kunst und dem Fleissgeist besser entspricht.

Obschon der Handelsstand überall mit häufigen Sorgen und Gefahren verbunden ist, so wurde dennoch beschlossen, dass Ferdinand in diesen trete. Er wählte ihn nach wohlgeprüften Überlegungen mit Freude, hoffend, dass auch ihm die Tätigkeit, Mühe und Sorgen, wie es fleissigen und einsichtsvollen Unternehmern geschieht, mit der Zeit wohl lohnen werde.

Ich benahm mich sogleich, meinen Sohn in ein ansehnliches Handelshaus der Schweiz, wo nur Geschäfte im Grossen gemacht werden, anzubringen. In den ersten Tagen August dieses Jahres reiste ich zu diesem Zwecke nach St. Gallen, eine Stadt, welche in vielen Artikeln grosse Handlung mit den entfernten Gegenden Europas, ja mit Amerika, Afrika und Asia, treibt, folglich ein Platz, wo sich ein heller junger Mensch, der sich [zu] solchen Geschäften eignet, sehr nützliche Kenntnisse beibringen kann. Mir wurde das Haus Morell & Castelli nach meinen /3/ Ausforschungen wohl empfohlen, und mir gelangs, da meinen Ferdinand für drei Lehrjahre vermittelst hundert Louis d'or, Sfr. 1600.–, mit freier Kost und Logis einzuführen. Alle andern Spesen musste ich nebst bemelten noch extra abtragen. Gemäss meines Akkordes mit [den] Herren Morell & Castelli sollte Ferdinand im darauffolgenden November eintreten und sich so-

---

[234] Vgl. Anmerkung 192.

[235] Gemeint ist: ausserhalb des Wallis.

gleich allen Befehlen und Arbeiten eines Kommisses und Schreibers in ihrem Comptor unterziehen. Nach Verfluss der drei stipulierten Lehrjahre solle Ferdinand vom Hause Morell & Castelli für andere drei Dienstjahre, wenn er dableiben wolle, eine gleiche obgenannte Summe zurückerhalten.

Für Ferdinand war nun einstweilen gesorgt, nicht aber für seine Schwester Barbara und Stiefschwestern Josephina und Carolina, deren gute Erziehung mich sehr in Anspruch nahm. Ich sah mich für meine Barbara, welche ihr 23. Jahralter erreicht hatte, um und um, fand aber das Lehrinstitut der ehrwürdigen Schwestern des Ordens St-Vincent de Paul, nahe Evian in Savoyen, Ort St-Paul, vergnüglich eingerichtet, so dass ich selbe als Kostgängerin dahin tat. Der Kostpreis per Monat war 24 ffr., Bett, Leinzeug und alles übrige Bedürftige musste extra noch bezahlt werden. Da sollte Barbara die französische Sprache grammatikalisch lernen, auch alles, was eine vorsichtige Hausfrau zum Nutzen einer Familienwirtschaft [von] der Garten-, Feld- und Viehpflegung wissen soll. Josephina und Carolina gab ich in Pflege und Kost meinem schätzbarsten Herrn Schwager Oberst Amacker, wohl versichert, dass seine ehrenwerteste Gattin, nata Bonavini, für diese noch jungen Mädchen alle Liebe und Sorge haben werde.

Mir blieben nach meiner Zurückkunft von St. Gallen nur etwa fünfzehn Tage übrig, um meine häuslichen Angelegenheiten /4/ in Ordnung oder Richtigkeit zu setzen, weil mein Semester bald auslief und ich auf bestimmten Tag in Neapel sein sollte. Ich war sehr beschäftigt, meine Bücher und Schriften ins reine zu bringen, und vieles wegen der treulosen [Gattin] hatte ich noch zu bezahlen oder zu berichtigen. Mir wurden häufig Forderungen für dieses und jenes dieses ehrvergessenen Weibes gemacht. Mehr als 4470 Schweizer Franken betrug das Vermisste an meinem ihr übergebenen Gelde, Kapitalien und Schulden, welche ich für diese zahlen musste. Um mich aus so arglichen Geschäften loszureissen, nahm ich gewiss manche ungerechte Forderung an, Forderungen, welche in ihren Quellen mehr den ehr- und schamlosen [Nicolas Roten] als seine Mitverbrecherin angingen. Mehr als bewiesen wurde es mir, dass dieser Lastersack auf Rechnung seiner Anhängerin in Schenken und bei Krämern Schulden auftragen liess. Gewiss ist es auch, dass er von ihr nicht unbedeutende Summen Geld als Geliehenes oder auf sträfliche Vorsorgen beider Gottlosen Anvertrautes erhalten hat. Mehrere Indizien, die solches genug glaubbar machten, hatten mir keinen Zweifel darüber zurückgelassen, nur fehlte es mir in vielen Sachen an solchen Zeugen, welche als rechtliche anerkannt sind, nicht aber an sicherer gewissenhafter Überzeugung, dass [Nicolas Roten] der Urheber eines /5/ grossen Teiles des Schadens, oder besser zu sagen: der mir entzogenen Summe von 4470 Schweizer Franken sei, was, wie man es leicht begreift, seine Greueltaten vieler Arten, die er mit dieser pflichtvergessenen [Gattin] vollbrachte, auf das drückendste erhöhte[236].

Den 29. August 1833 verreiste ich von Raron mit Ferdinand und seiner Schwester Barbara in Begleitschaft meines Bruders Oberst Amacker. Bei der Leukerbrücke verliessen wir den lieben Ferdinand, der für einige Zeit in Baden das Mineralwasser nützen sollte. Unser Abschied war herzdrückend; ich wusste, dass ich meinen Sohn für einige Jahre nicht mehr sehen werde und dass er

[236] In diesem Abschnitt sind Personenbenennungen von unbekannter Hand gestrichen und teilweise unlesbar gemacht worden; entsprechende Stellen wurden sinngemäss wieder hergestellt und mit eckigen Klammern als Ergänzungen gekennzeichnet.

nun in die Welt trat, ihm allein, weit von mir, überlassen, da ich die ersten Tage, zurück von Sitten, wohin ich meine Tochter begleitete, um mit ihrem Onkel Oberst von da an nach St-Paul in Savoyen ins Konvikt zu reisen, auch nach Neapel abgehen musste. Meine Erinnerungen an so viele kurz vorher ertragene Widerwärtigkeiten, meine Gefühle, diese Kinder so weit von mir entfernt der Welt zu übergeben, erhoben in mir einen beinahe unerträglichen Schmerz. Nur ein Vater, dem das Wohl seiner Kinder am Herzen liegt, kann sich solche Beklemmungen vorstellen. Welch ein Hirngewinsel von Ideen, von Sorge und Hoffnung, von Ängstlichkeit und Beruhigung, von Kleinmut und Fassung wandelte mich an! Ich musterte das Übel, so mich bloss überfallen hatte; in mir entstand plötzliche Aufbrunst zur Rache, sogleich Vergebung; ich blickte in die Zukunft mit Schwanken, meine Gesundheit schien den erhaltenen Unglücksfällen zu unterliegen, den Militärstrapazen nicht mehr mit genugsamen Kräften zu trotzen, fürchtete ich. Alles dieses /6/ bemächtigte sich meiner quälenderweise; ich fand in allen meinen Überlegungen kein Mittel zur Erleichterung als den festen Entschluss und das selige Wünschen, mich für das Wohl meiner unschuldigen Kinder in der Welt, sei es wo und wie es wolle, zu opfern. Gott wolle meine guten väterlichen Absichten segnen! Es segnet euch auch, meine lieben Kinder, euer Vater, dessen Trennungsschmerz du Ferdinand bei der Leukerbrücke, du Barbara in Sitten so schluchzend am 29. August 1833 geteilt habt.

Den ersten September gleichen Jahres verliess ich Raron, ein Ort, so mir für mein Leben unerträglich geworden. Herr und Frau Fontaine, die mich während meines Daseins in diesem Semester aufgenommen, auch meinen Ferdinand in seiner Vakanzzeit, indem wir nicht unsere Wohnung beziehen wollten, begleiteten mich bis ins Turtig; da entliess ich diese schätzlichen Freunde mit Druck- und Dankgefühl. Meine Frau Schwester, die Oberstin Amacker, wartete meiner im Turtig; sie wollte mich bis nach Brig mit haben. Ich bedurfte in dieser Zeit einer so guten angehörigen Trösterin, die sich meiner und meiner Kinder in den Unglücksfällen so treu angenommen, die mir die Sorge für die Warte meiner noch so jungen Josephina und Carolina abnahm und mich vertraut machte, dass diese bei ihr eine gute Mutter finden werden. Welch ein Wohlbehagen für ein tief beklemmtes Vaterherz! Ich fühlte diese Zuversicht in hohem Wert.

In Brig mussten /7/ wir uns trennen. Von da fort war ich nun allen fremd, niemand teilte mein Unglück, mein schmerzliches Andenken, mein Übel, meinen Gram und meine Hoffnung mit mir. Die mir gewöhnlich auch in vielen früheren Fällen treugebliebene Heiterkeit hatte keine Widerwärtigkeit, kein moralisches Leiden, deren ich häufig ertrug, zerstören mögen. Diese hatte beinahe niemals geschwankt, auch nicht einmal in vielen mörderischen Schlachten, wo meine beiden Arme, meine Beine und Finger zerschnitten und durchgeschossen wurden, hier aber, beim Andenken so treuloser Geschichten, beim Bewusstsein, dass mein mit saurem Schweiss gesammeltes Gut (Geld) in Händen des sträflichsten Ungeheuers ist, beim Besorgen, dass meine Kinder durch so eine plötzliche Änderung in meinen ökonomischen Sachen einen derben Unglücksstreich vielleicht zu ertragen hätten, hier, sage ich, verlor ich beinahe von Stunde zu Stunde die Kraft und das Aufmunternde, um den Schlag, der mich so tief kränkte, mit der Gewissheit zu begegnen, dass einer getanen Sache nicht anders zu helfen sei als mit Vorsicht, Klugheit und Vernunft, dass nur diese Mittel den üblen Folgen, so ein Unglück hervorgebracht hat, mehr oder minder Schranken setzen, und dass nur die Geduld und die Ergebung in den Willen der göttlichen

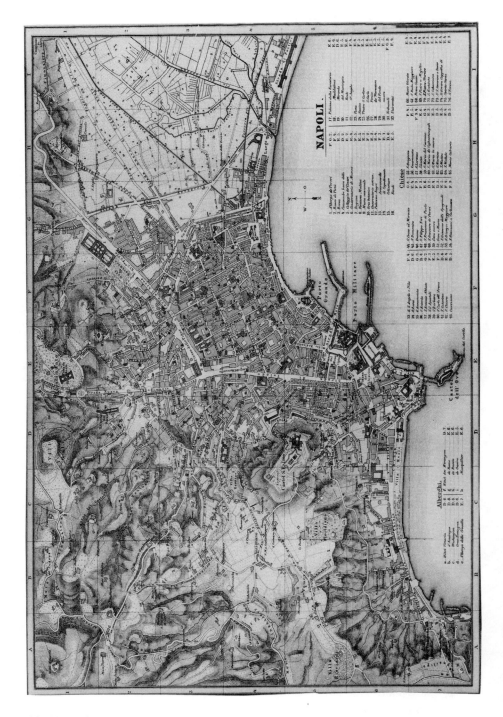

Abb. 20: Stadtplan von Neapel, 1869.

Vorsicht, diese Mittel im schwachen Menschen aufgehen und begreifen lassen. Es brauchte mein *Alles,* um sozusagen nicht feig, /8/ ganz niedergeschlagen und verächtlich zu werden.

Vertieft in solche klemmenden Überlegungen verfloss mir die Zeit rasch; es musste von der trostgebenden Frau Schwester getrennt sein. Ihr empfahl ich aufs beste meine zwei jungen Kinder Josephina und Carolina, von welchen ich an Unterbäch einen Tag vorher ihre unschuldigen Abschiedsküsse nahm. Diese begriffen damals noch nicht, dass ihr Vater wegen ihrer Mutter beinahe der Last vieler aufeinanderschlagender Unglücke unterliegen musste, wenn ihn nicht gleich wieder seine vorige Seelenstärke mit Kraft und Mut zur Ausharrung, zur Hilfe und zur träumenden Hoffnung in Geduld belebt und unterstützt [hätte]. In sogenannten Diligenzen reiste ich nach Genua. Da wartete ich dem französischen Dampfschiff Heinrich dem Vierten, welches am 13. September 1833, von Marsigline [= Marseille] kommend, nach Neapel stiess. Meine auf dieses Schiff wartenden Tage waren trübe, voller Unmut und Widerwillen gegen alles, was mich umgab, sogar die Ehre, mit dem Herrn von Somma, neapolitanischen Konsul in Genua, bekannt zu kommen, erheiterte mein Gemüt sehr wenig, da ich doch alle Tage in seiner Familie, [mit] seiner Frau, einer Tochter und zwei Söhnen, als Zugeladener [an] geistreichen und angenehmen Conversationen, freundschaftlichen Genüssen und ihrer vollen Achtung teil hatte.

Die Fahrt nach Neapel war stürmisch und doch leidete ich diesmal minder an der Seekrankheit als in früheren /9/ Fahrten. In drei Tagen hatten wir den Hafen von Neapel erreicht, obschon in Livorno und Civita Vecchia mehr als 30 Stunden angehalten worden, um Waren und Leute aus- und einzuschiffen, so dass in etwa 50 Stunden Zeit gegen 550 Seemeilen zurückgelegt wurden.

Nun war ich wieder den Pflichten und dem Dienst meines Amtes gegeben, was mir wohl kam, da ich in meinen Beschäftigungen mich minder der Melancholie und dem Ärger überliess. Wenige Tage hernach ergriff mich das Podagra; drei Monate lang musste ich schmerzlich dulden, ich wurde ganz entkräftet, weil meine moralische Schwäche die körperliche schon vorher untergraben hatte. Ich und manche glaubten, es sei um mich fürs Zeitliche geschehen. Herr Hauptmann Joseph Maria von Werra, mein treuer Freund, an dessen Zimmer ich das meinige hatte, stand mir treu freundschaftlich am Krankenbett und wirkte zur Ordnung des mir Bedürftigen. Wir waren im Palast der Marchesin von Rignano[237]. Mit dieser vornehmen Familie, ihrer Tochter Carolina und anderen ihren Kindern wurde ich durch Einführung des Herrn Oberst Stockalper[238] und Hauptmann Werra bekannt; diese besuchten mich oft. In meiner Konvaleszenz empfing ich bei ihnen manche schöne Geisteserholung, für den Leib auch eine

---

[237] Nicht identifiziert.

[238] Eugen von Stockalper (1783–1852), 1840 Oberkommandant der vier Schweizer Regimenter, 1848 Feldmarschall und Platzkommandant von Neapel; vgl. MAAG, S. 736. Seine Söhne Karl (1821–1881) und August (1819–1878) wurden auf Wunsch des Vaters 1840 bzw. 1844 ins Kader der Kompagnie Gattlen aufgenommen und befördert, ohne Rücksicht auf den vorgeschriebenen Turnus unter den Bezirken. Hauptmann Gattlen wurde deswegen von der Kantonsregierung gerügt und mit einer Busse von 2000 Franken beladen, welche Stockalper an seiner Stelle zu bezahlen versprach; er scheint die Angelegenheit auch geregelt zu haben. Vgl. SERVICE ETRANGER, 8/1/77, 96, 97, 106 und CL: R 8d, Fol. 123, 152–153 und R 9 (Kopialbuch mit zahlreichen Briefkopien und Regesten zu dieser Angelegenheit).

liebwürdige, freigebige Einladung einmal für allezeit zur Annahme herrlicher Erquickungen, Mittag und Nacht, offen. Der gute Herr Major Gianettini[239], vormaliger Festungsmajor in St. Elmo, besuchte mich auch öfters in meiner Krankheit. /10/ Ich wurde zu ihm geladen, was mich eben auch in der Konvaleszenz gut erhob; bei ihm und seinen zwei tugendhaften Töchtern Josephina und Louisa war gute Unterhaltung und Aufmunterung; Teilnehmer an vielen kraftgebenden Genüssen musste ich sein.

Sobald ich mich getraute, ging ich auf St. Martino unter St. Elmo, wo die Invaliden waren, einen Besuch dem Herrn Hauptmann Peyer[240] abzustatten. Mit diesem alten Schweizer, der sich mit einer sehr frommen, artigen und auch reichen Napolitanerin aus Madaloni schon lange verheiratet hatte, war ich schon früher in enger Freundschaft. Da wurde ich fröhlich aufgenommen. Die Teilnahme, so diese Leute an meinem Unglück und Leiden nahmen, blieb mir nicht zweifelhaft, ich fand in fremden Landen gute, treue und behilfliche Freunde. In allem, was einsichtsvollen, zuvorkommenden Menschen für einen durchs Unglück Niedergebeugten tunlich schien, war ich mitten der bemelten Familien nicht vergessen. Ich erhob mich mit etwas wieder fühlendem Frohsinn, mit neu eintretender Stärke, zur Geduld, mit völliger Ergebung, kurz, ich fühlte Vergnügen in der Hoffnung auf bessere Zukunft. Den 11. April 1834 wurde das Regiment ins Exerzierlager von Capua beordert; ich konnte wegen abgehenden Kräften demselben, erst noch mit Mühe, /11/ am 20 dessen folgen. Nicht ohne Grund ahnte ich einen Zurückfall, denn im offenen Felde, bei Tage in brennender Sommerhitze und bei Nacht unter einem schweren, feuchten Tau, nahe am Fluss Voltorno, wo immer bis gegen Mittag, ein dicker, feuchter Nebel die Gegend überzieht, war keine gute Lage für einen bloss aufgestandenen Kranken, viel weniger noch für einen Podagräner. Viele junge, starke Leute fielen täglich krank. Der simulakrische Krieg, die Belagerung der Festung Capua, unter der Leitung Sr. Majestät des Königs, machten den Dienst bei Tag und Nacht äusserst streng. Man hatte keine Ruhe, man wurde in seinem Gezelte mit so vielen Sorgnissen angefüllt, dass kaum der bedürftigste Schlaf eintreten konnte. Dennoch gewann ich von Tag zu Tag Gesundheit und machte im Lager allen meinen Dienst, bis sich die Massen von etlich 18 bis 20 000 Mann auflösten und 37 Tage im Lager verflossen waren.

Alle vier Schweizer Regimenter mit vielen Napolitanischen reisten in der sehr regnerischen Nacht vom 17. Mai 1834 zurück nach der Hauptstadt. Gleich darauf erhielt das 3. Schweizer Regiment die Order, nach Nocera und Salerno abzugehen; am 30. besagten Monats wurde selbe befolgt. Freund Hauptmann Alois Castelli[241], der acht Monate Urlaub nach der Schweiz und nach Schwyz, seinem Vaterort, zu gehen /12/ die königliche Bewilligung hatte, übergab mir mit Zuwilligung des Administrationsrates das Kleidungsmagazin und die betreffende Comptabilität. Ich hatte mich nun mit der Sendung dieser Sachen zu be-

---

[239] Nicht identifiziert.

[240] Franz Peyer (oder Payer); weder bei MAAG noch im HBLS erwähnt; vermutlich aus der Luzerner Linie stammend, in welcher der Vorname Franz öfters vorkommt (vgl. HBLS, Bd. V, S. 411–412). Nach Gattlens Angaben (II, 64) war er verheiratet mit Angela Rosa Lombardi, einer Neapolitanerin, und um 1834 Kommandant einer Invalidenkompanie.

[241] Alois Castelli (1800–1858), von Schwyz, gestorben als Regierungsrat; vgl. MAAG, S. 639.

schäftigen, was gewiss etwas nicht leichtes war, da in diesem Dienst jedes Schweizer Regiment gegen zwölf Karren Effekten zu laden hatte, und da der betreffende Kleidungshauptmann für den mindesten Verlust und Beschädigung verantwortlich war. Alles kam nur in grossen Körben eingepackt, so dass der Regen leicht Moose und Schaden brachte. Es regnete in der Nacht vom 30. Mai sehr platschend, es war dick finster, die Wache, welche die Wagen begleiten sollte, konnte die beständige Anschliessung in so einem Wetter und in solch einer Finsternis nicht bewirken; ich folgte in einer Kalesche dem Zuge.

Hinter der neu gefundenen Stadt Pompei erfuhr ich ein ängstliches Geschrei, dem ich rasch zueilte; einer meiner Wagen fand sich ab der Landstrasse in eine Vertiefung gestürzt; die lockere Erde, welche aus Pompei geführt worden, widerstand dem Druck /13/ der Räder nicht; das Sämtliche des Fuhrwerks mit den drei wütenden Hengsten lag übereinander. Man hatte wohl ein Licht herbeigebracht, was aber nur diese Lage zu sehen erlaubte, da der Wind des Lichtes Gebrauch nicht gestattete. Mehrere Stunden wurden da in der Aufrichtung der Sachen verwendet. In meinem Gehirn ruhte stets das Gemälde der sehr alten Vergrabung Pompeis und die Ursache gebende ausgegrabte Asche des Vesuvs, die jetzt mich und meine Leute nach so langer Zeit in mühsame Verlegenheit setzte; solches erhitzte meine Einbildungskraft, diese stieg auf solche Grade, dass ich den Vater des Plinius[242], der bei dem Cap Misceno der römischen Flotte zuzählte, sah, dann die schreckliche Ausschüttung des Vesuvs über Pompei, ihn mit seinen sieben Sklaven oder Begleitern eingeäschert.

Einige Tage vorher entgrabte man in Pompei einen grossen Hof vornehmen Andenkens; dieses hatte ich vernommen. Die auf allen Richtungen der zunächst da angelegten Heerstrasse hingeführte Deckerde machte den Wagen den Durchgang äusserst mühsam, uns aber in einer so stürmischen Nacht vieles zu tun, [von] mir selbst, auf dieser Stelle mehr vom Geiste als allen meinen leiblichen Anstrengungen und vieler eingeschlagener Bedürfnisse, die mich empfindlich drückten, übernommen. Der darauf helle und mit wohltätigem Sonnenschein eingegangene Morgen trocknete umfächelnd unsere /14/ im Regen und Sturm genetzten Kleider. Der in finsterer Nacht vermeinte Schaden nahm einen geringeren Anschlag. Ein mässiges, ausgesuchtes, in einer Taverne eingenommenes Frühmahl gab meinem Leibe neue Kraft und Labung. Der Anblick der Gegenden von Nocera, über welche sich die ersten Morgenstrahlen zogen, machte mich der so mühsamen Nacht vergesslich. Mein Geist zog sich aus dem Reich der Toten von Pompei. Beim Anschauen der reizenden Felder im Schmuck der Baumwollenzweige, der schönen Ölbäume, Zitronen, Orangen, Feigen und der kraftvollen alten Rebstöcke auf grünen Hügeln erwachte in mir das Jahrhundert, in welchem ich lebte. Ich dachte, was ist die Welt? Die Natur bleibt nicht untätig. Wir Menschen alle vergehen derselben nach wie ihre Erzeugnisse; nur der Glauben auf eine ewig dauernde gute Zukunft für unsere Seelen ist unser nicht vergängliches Eigentum, nur dieses hat Kraft, uns von so vielen irdischen Ansichten, von kopfbrechenden Überlegungen loszureissen...

---

[242] Nimmt Bezug auf einen Bericht von Plinius dem Jüngeren (61–113), dessen Onkel und Adoptivvater Plinius der Ältere bei der Beobachtung eines Vulkanausbruchs ums Leben kam. Der Ausbruch, der die Stadt verschüttete, begann am 24. August 79. Ausgrabungen in Pompei gab es seit dem 16. Jh.; im 19. Jh. wurden sie intensiviert und erregten in breiter Öffentlichkeit Aufsehen.

/15/ Nocera ist eine Stadt, samt Nocera dei Pagani, von ungefähr etlichen 30 000 Seelen, hat einen Bischof und mehrere Klöster beider Geschlechter; berühmt ist sonderlich das Claustrum der Patres Ord[ine] S[anc]ti Liguori; der Stifter desselben, der heilige Alphonsus Liguori[243], Bischof von Sancta Agatha, liegt allda begraben. Man zeigte mir mehrere seiner Hausgerätschaften, deren er sich im Leben bedient hatte, als sein ganzes simples Bartzeug, seine Löffel und Gabeln, Leinzeug, Kleider samt vielen Kirchenornaten, in welchen er funktionierte. Nocera ist auch eine Militärgarnison, hat ein geräumiges Quartier, in welchem wohl 3000 Mann logieren können. Unser Regiment, das Dritte, hatte ein Bataillon da, das andere in Salerno, etwa acht Meilen entfernt, so dass ich öfters wegen meiner Verwaltung dahin reiste, allemal aber mit Vergnügen, weil sich die Strasse durch ein romantisches Tal und viele schöne Seiten, Burgen, auch durch die Stadt Cava durchzieht, Gegenden, wo der Kunstfleiss den Bewohnern grossen Wohlstand zuzieht. Hier wurden schöne Sammetstoffe, Eisen- und Glasartikel, Seiden- und Baumwollwaren fabriziert.

Bei artigen, vornehmen Leuten nahm ich mein Logis. In wenigen Tagen wurde ich zu ihnen geladen und empfing Beweise aller Achtung. Der alte Don Andrea Grimaldi[244], aus dem herzoglichen Geschlecht der Grimaldi von Genua, schon längstens daher versetzt, hatte keine Kinder; seine Frau liebte um so mehr ihre Neptissin[245], /16/ eine 29jährige Tochter. Diese teilte allein mit Don Andrea und seiner Frau Umgang und Tisch, sie war kurz gesagt wie das eigene Kind im Haus. In den ersten Kreisen, die ich an ihrer Tafel hatte, durfte ich mir eine sichere Gewogenheit des Herrn Grimaldi versprechen; mir entging auch nicht die Beipflichtung seiner Frau, durch welche zugleich die junge Signorina die ihrige merken liess. Meine angenommene Schüchternheit brachte in jedem Besuch neue Bemerkungen solcher Zusicherungen hervor; niemals begegnete ich anders als mit undeutlicher Erwiderung.

Wenn Herr Grimaldi auf seinen Gütern nahe Nocera eine Freundespartie haben wollte, so erhielt ich gewiss auch eine gebetene Einladung. Mehrmalen erschien in solcher la Signora Donna Siciliani[246], eine Vertraute der Frau Grimaldi und ihrer jungen Neptissin. Diese Frau von einem unbefangenen Wesen liess sich ungesucht mit mir in Gespräche, so dass sie mich über Stand, Rang und Vermögen des Herrn Grimaldi und der Seinigen in Kenntnis gesetzt. Später sagte sie mir auch, dass die junge Signorina mir nicht ungeneigt sei. Ich liess der Frau Siciliani meine Verwunderung hören, sagend, dass mein Alter, mein Wittibstand, meine aus zwei /17/ gehabten Gattinnen entsprossenen vier Kinder, mein so weit entferntes Vaterland und vieles andere in Erwägung zu Ziehendes dieser jungen Tochter gewiss den gefühlten Hang zu einer Vermählung mit mir entkräften werde, sobald sie dieses Angegebene reif überlegen täte, auch dass ich mir nicht vorstellen könne, wie Herr Grimaldi und ihre Tante sich zu solcher Verbindung verstehen möchten.

---

[243] Alfons Maria von Liguori (1696–1787); gründete 1731 den Orden der Redemptoristen.

[244] Abstammung von der berühmten Genueser Familie (zurückgehend ins 16. Jh.) wurde 1801 nachgewiesen und anerkannt; vgl. SPRETI, Vol. 4, S. 573. – Zur Person fehlen nähere Angaben.

[245] Die Nichte Carmelia Grimaldi wurde, wenn Gattlens Angabe zutrifft, 1805 geboren; urkundliche Belege fehlen.

[246] Die Familie wurde 1758 geadelt; vgl. SPRETI, Vol. 3, S. 314. Biographische Angaben zur Person fehlen.

Ein Hauptmann, sagte erwidernd Frau Siciliani, und besonders die Schweizer, [waren] zu allen Zeiten in unserem Reich hochgeschätzt. Herr Grimaldi, der vormals auch eine hohe Stelle im Militärdienst bekleidete, ist Ihnen so geneigt, ich weiss es, dass er wenig Bedenken auf das Begehren, so Sie und seine Neptissin ihm machen möchten, antragen wird. Er ist reich, hat keine Kinder; seine vermutlichen Erben haben nicht das Glück, seine Huld zu besitzen, auch verstehen selbe nicht, sich dieser zu bemächtigen. Er liebt diese Signorina über alles, und sicher ist es, dass sie auch von ihm eine reichliche Gabe erhalten wird; nebst dem hat sie noch von ihren Eltern, die tot sind, ein grosses Vermögen. Wir Neapolitanerinnen haben gern die Offiziere, auch ziehen wir die fremden den unsrigen eifrig vor. – Es mag sein, Signora, sagte ich, dass viele durch solche Gunst glücklich geworden, allein eines solchen Vorzugs darf ich mich in meinem Alter doch nicht schmeicheln. /18/ Und was für vergnügende Aussichten kann sich die Signorina Carmelia mit mir versprechen? Ich, ein Militär, bin aller Mühwaltung dieses Standes unterworfen; solche sind heute unter diesem Monarch so häufig und streng, dass mit dem früheren Dienst gar kein Vergleich zu machen ist. Herr Grimaldi mag es wissen. – Unser Gespräch wurde unterbrochen, nur gab mir Donna Siciliani einen Deuter, dass sie alles einleiten wolle.

Mehrere Wochen verstrichen, ich vernahm nichts anderes als unzweifelhafte Züge aller Achtung, Neigung und gastfreier Bewirtung. Eines Sonntags morgens schickte mir die Signorina Carmelia einen Korb der schönsten Feigen und anderer Früchte, diesen zu nehmen mit Zuwilligung ihrer Tante, ebenso einen schönen Blumen, ein Zeichen in Neapel, welches der Beehrte nicht unbemerkt lassen soll. Ich ging etwas vor der hohen Messzeit[247] zur Dame Grimaldi, dankte für die Achtung etc., wohlwissend, dass auch die Signorina Carmelia sich da vorfinden werde. Wir fuhren in die Kathedrale zum Hochamte, ich nahm mir die Ehre, diese Damen ein und aus zu begleiten. Über Mittagessen wurde ich auf den darauffolgenden Donnerstag zu einer Ausfahrt gegen Sarno geladen, wo Herr Grimaldi /19/ eine Masseria [= ein Landhaus] hatte. Viele seiner Freunde trafen da zusammen, auch die Signorina Siciliani. Man spazierte in den Alleen eines herrlichen Gartens.

Frau Siciliani sprach mich [an], reichte mir einen sogenannten Mozzetto di fiori.[248] Nach einigen Schritten sagte sie: Signor Capitano, vor einiger Zeit hatten Sie den Zweifel, dass die Jungfer Carmelia Anstand machen würde, Sie zu heiraten; heute habe ich das Vergnügen, diesen Zweifel zu heben, von ihr kommt der Mozzetto, den ich Ihnen reichte, ich bin beauftragt, Sie zu versichern, dass der Cavaliere Grimaldi und seine Frau ihre Zuwilligung, wenn es Ihnen, Signor Capitano, beliebig ist, geben werden, nur weiss ich, dass Herr Grimaldi in Sie dringen wird, Ihre Demission vom Militärdienst zu nehmen, der Rang Ihres Hauptmannplatzes habe Ihnen ja genug Achtung und Schätzung gewonnen, um im Zivilischen in allen Umständen für immer geehrt zu sein. Sein Wunsch wäre, dass Sie sich mit der Verwaltung seiner weitschichtigen Güter abgeben, indem er schon alt sei. Sie hätten also die schönsten Aussichten, mit ihnen im Haus zu leben... Man sprach, sagte Signora Siciliani, auch von Ihren Kindern; Frau Grimaldi habe sich geäussert, mit grossem Verlangen selbe aufzuneh-

[247] Beginn des sonntäglichen Hochamtes.
[248] Ein Blumensträusschen.

men und die Signorina hat auch innigst beigestimmt. Diese Frau setzte hinzu, dass die junge Dame gesagt habe, sie könne sich die Ursache ihrer Liebe gegen /20/ [mich] nicht begreiflich machen und dennoch wolle sie keinen anderen, sei ich alt oder jung, habe ich Kinder, Vermögen oder nicht, mich wolle sie! Sehet, Herr Capitaine, ob solche Äusserungen nicht genug seien, ob Sie jetzt an der Sicherheit des Wohlwollens dieser Herrschaft noch zweifeln sollen. Nur bitte ich, Signor, fuhr Frau Teresa Siciliani fort, mit meinem Berichte einen beschränkten Gebrauch zu machen, denn soweit sollte ich mich nicht ausdrücken, um Sie der Achtung und des Hanges des sämtlichen Hauses Grimaldi zu versichern.

Auf diesen Unterhalt schlich die alte Dame Grimaldi herbei. Sie liess sich aber mitnichten in solche Sachen. Man speiste, machte sich fröhlich, und so ging es am Abend zurück nach Nocera. Ich geriet in einige Verlegenheit. Der Frau Siciliani keine Antwort zu geben und so eine herrliche Aussicht fahren zu lassen, war zu bedenken. Ich beschloss, mich frei der Signorina zu deklarieren, dass ich sie liebe und schätze, aber dass ich sohin nicht den Antrag annehmen könne, ohne bevor ihre Tante und Onkel, den Herrn Grimaldi, über mein Auskommen, meine Ansprüche und zufälligen Pflichten deutlicher besprochen zu haben.

Dieses geschah; auch leitete Frau Siciliani die Sache so ein, dass ich die Antwort an Herrn Grimaldi zu geben hatte, wie und /21/ was denn meine Ansprüche und Pflichten sein möchten. Herr Ritter Grimaldi, sagte ich, mit Ihnen, mein Herr, habe ich über den ehrenvollen Antrag, der mich zu einem Mitglied Ihrer hochadeligen Familie machen kann, noch nicht gesprochen, darf aber getrauen, dass Sie meinem sehnlichen Wunsch, mit Ihrer tugendhaften Neptissin, Signora Carmelia, verbunden zu werden, nicht gegengesetzt sind, sondern vielmehr [gewillt], mir und dieser meiner Geliebten, so wie ich vernahm, mit Ihren grossen Mitteln und gutem Herzen den zukünftigen Wohlstand sichern [zu] wollen; ist dieses, so genügen Sie, mich zu vernehmen:

Wisset, Herr Cavalier, dass ich keine Adelsdiplome aufzuweisen habe. Meine Herkunft ist vom Bürgerstande freier Walliser in der Schweiz und dadurch schon in Rechten, beim Volk geachtet und geehrt zu sein. Den Stand und Grad, so ich hier habe, verdanke ich meinem Vaterlande, welches mich dazu Seiner Majestät dem König beider Sizilien vorgeschlagen hat. Sicher ist es, dass ich zu diesem Stande und Grad die gesetzlich erheischten Eigenschaften und Mittel dem Staatsrat meines Kantons zutraulich und berechtigt gemacht hatte.[249] Dass ich ein Wittib mit vier aus zwei Ehen entstandenen Kindern bin, muss Ihnen auch nicht fremd sein, und dass ich als Vater vor allem dem, was mich schmeicheln möchte, Sorge und Liebe für /22/ meine Kinder nehmen muss, ist mir bei Ihnen, nobler Herr, mehr als gewährt.

Ansprüche, vornehmer Herr Ritter Grimaldi, würde wohl kein anderer Weltmensch machen, wenn ihm nur so eine adelige, tugendhafte Jungfer, wie Ihre Carmelia ist, zuteil käme. Ich verstehe einen ehrvollen Mann, der keine andere Rücksichten zu nehmen hätte als seine eigene Person, ja, in so einem Fall bin ich aber nicht. Wie gesagt, ich habe vier Kinder, diese einer jungen Braut beizuführen, bedarf ihrer reifen Überlegung zur Annahme, es braucht Entschluss zur Geduld im häuslichen Umgang, es erheischt eine treue und wohlgefühlte Liebe zum Gatten, der schon ohne sie Vater ist, kurz, Ihre Jungfer Neptissin müsste so-

---

[249] *Registre des aspirans à l'emploi d'officier ... (1826)*; vgl. SERVICE ETRANGER, 8/1/3, S. 4 und 8/1/72 (alphabetisches Verzeichnis).

gleich diesen meinen Kindern Mutter sein. Auch dieses würde mich nicht ganz beruhigen, ohne zu wissen, dass ein unter dem Schutze der Gesetze gemachter Vertrag meinen bemelten Kindern im Königreich Neapel, falls sie daher kommen sollten, nicht gewisse wohlangewiesene Mittel für ihre Bedürfnisse zur Existenz zugesichtert hätte. Wie darf ich mir also schmeicheln, mit so Ansprüchen Ihre adelige Carmelia zu besitzen? Gäbe ich nur dem Wunsch meiner Liebe, meiner Sehnsucht und meiner Eitelkeit Zusage, so würde ich nicht einen Augenblick anstehen, mir diese hohe Gunst besitzlich zu /23/ machen. Ich begreife sehr wohl, dass Ihnen, mein Herr, so eine Bemerkung an mir einen Egoismus denklich und vermutlich vorscheinen mag, allein mein Vaterherz spricht hier, es siegt über die Wünsche, die sich für meine Person aussprechen.

Wie ich zu vernehmen das Vergnügen fühlte, sollen Sie, edler Herr Grimaldi, soviel Vertrauen auf mich setzen, mir, im Fall einer für mich so schmeichelnden und ehrenden Verbündnis, die Verwaltung Ihrer grossen Güter zu übergeben. Dieses grosse Vertrauen würde mich in die Pflicht ziehen, Ihren Geschäften allein obzuliegen. Die wenigen Kenntnisse in der Agrikultur, meine früher erworbenen Vorsichten im Handel vieler Erdprodukte, der Umgang mit allen Klassen der Menschen, mein mir treu gebliebener Spekulationsgeist, ohne kühn zu sein, und das richtige Wissen einer klaren Buchhaltung, nebst der mir natürlichen Tätigkeit, dürften wohl versprechen, Ihnen, mein Herr, die Versichernis zu geben, dass ich Ihrem grossen Zutrauen entsprechen könnte und Ihre Liebe zu mir von mehr zu mehr verdienen würde. Dieses liesse sich aber nicht wirken, ohne meine Entlassung vom Militärdienst zu nehmen, und diese eher zu verlangen, /24/ als ich wohl und einträglich colloquirt bin, wäre mir als ein Unsinn anzuschreiben. Ich spreche hier Ihnen nicht ganz als ein verliebt Sorgloser Ihrer vielgesuchten Carmelia. Es ist mir bekannt, dass mehrere vornehme, junge Herrn sich um ihre Hand bei Ihnen, Herr Grimaldi, und bei Ihrer Frau hoch bewerben, ohne in Bedingnisse mit Ihnen einzutreten. Daher hege ich jetzt noch den Zweifel, dass Sie meine Bemerkungen würdigen werden.

Ritter Grimaldi staunte nicht wenig, nachdem ich zu sprechen aufgehört. Er begann mir zu antworten mit der Versicherung, dass ihm meine aufrichtige Erklärung angenehm sei, [er] wolle der Sache reifer nachdenken, mich ersuchend, wie bis daher sein Haus als Freund zu besuchen. Wie ein Mensch über so einen Zufall und Antrag sich geschmeichelt finden musste, wird jeder leicht begreifen, der ein wenig nach Reichtum und Ehren ahmet [= strebt]. Ich für mich gestehe diese Schwachheit. Mehrere Tage verstrichen in Erwartung. Carmelia war immer in allen Zutreffen sehr bevorkommend, auch ihre Tante empfing mich mit bemerkenswerter Mehrachtung, indessen aus meinem Mund gar kein Laut über diese Sache ausging.

Auf den 18. November 1834 wurde ich von Herrn /25/ Ritter Grimaldi zu einer Ausfahrt nach einem seiner Landsitze geladen. In einer Kutsche fuhren die Signora Carmelia, die Frau Teresa Siciliani und eine andere Dame, in der anderen Herr Grimaldi, seine Frau und ich. Leicht konnte ich die Absicht dieser Einteilung erraten, auch kam ich nicht getäuscht. Auf dem Hinfahren begann Frau Grimaldi: Signore Capitano! la mia nipotina vi vuol bene, io come il mio marito non vogliamo contrarla nella scelta di uno sposo, e vero esse, l'età sua e la vostra ci fanno in qualche modo un obligo d'imponere a Carmelia a considerare con tutta la saviezza le consequenze che l'unione congiugale con voi (benche al parere nostro non e a disprezzare) chi potrebbero condurla in una vita languissante, sia per essere priva di voi per la cagione della gran differenza di età come per le pretenzioni che i vostri figlii messi nelle diritti per un atto di matrimonio come voi lo chiedete d'avanzare domande essa gia da qualche giorni in preda de tali considerazioni non ascolta che l'impulso del suo cuore per voi essa si è decisa. Il nostro consentimento da lei è richesto. Noi la ricondassimo hieri all'obligo di attempare s'inchè le vostre condizioni a noi siano emesse. – Oggi, sagte Herr Grimaldi, ci dirate cioche voi credete per vostra cautela a riserbare, saremo /26/ in tutta libertà ove andiammo.

Ich war in keiner kleinen Verlegenheit, fasste mich aber für das Wohl meiner Kinder. Angelangt spazierte ich in der herrlichen Meierei unter hohen Zypressen- und Zitronenlauben. Die überaus schöne Lage des Casinos, seine Einrichtung, die fruchtbarste Gegend, die man sich einbilden kann, das sämtliche Reizende der nahe sichtlichen Städte Nocera, Pagani und Sarno, rings umher mit den anmutigsten Dörfern und Landsitzen besät, die reichen mit Ölbäumen begrünten Hügel, alles, ja alles, was sich meinen Augen darbot, entzückte mich ungemein. Meine Seele war durch so vielen Reiz für die zu gebende Antwort um vieles erhitzter, das freundschaftliche Benehmen aller dieser Herrschaft rufte mich nur zu oft aus meinem unzusammenhängenden Nachdenken, ich bedurfte Einsamkeit, um den zwar schon früher dargelegten Plan wieder zu prüfen; diese fand ich aber, ohne den Anstand zu verletzen, nicht, ich entschloss mich, ohne viel zu sprechen, vieles zu begehren. Über Tisch war man frohen Wesens, /27/ ich aber dann und wann mir selbst überlassen, so dass man meine Geistesabsonderung bemerkte. Nach dem Speisen gings in die frischen Schattenlauben eines schönen Gartens. Da beschloss ich, den Herrn Ritter Grimaldi anzureden:

Die mir heute zugesprochene, mir schätzliche und ehrenvollste Äusserung, dass Sie und Ihre Frau die tugendhafte Neptissin Carmelia nicht in der Wahl, mich für ihren Mann in Ehe zu nehmen, hindern wollen, griff so tief in mich, dass ich vor Ehrgefühl, vor Freude und seligen Wünschen beinahe keiner reiflichen Überlegung zu einem solchen Schritte fähig bin. Diese Verwirrung vermehrt sich, wenn ich denke, wie sich die schöne Adelige für mich so kräftig ausspricht. Wenn ich sagte, dass über so eine unerwartete glückliche Überraschung mein Kopf jetzt nur mit dem Glück, so ich mit der geehrtesten Carmelia in der Zukunft sehe, beschäftigt und im vollen Taumel eines unbegreiflichen Aufschwunges ist, wenn ich sagte, dass ich alle meine Geistesmittel mit Gewalt aufbieten muss, um in etwas solchen meinen sogar von Freude beschwerlich kommenden Regungen /28/ Einhalt zu bieten, so könnte ich Ihnen, Herr Ritter Grimaldi, nicht einen Funken meiner fröhlichen Begeisterung schildern. Mein Frohsinn ist über die Vaterliebe für meine Kinder gestiegen, doch was sage ich, so weit vergehe ich mich nicht. Diese Liebespflicht verrät mir Geradheit, und diese verbindet zur Würdigung jeden Teil, den selbe hier betreffen mag.

[1.] Meine Hauptmannstelle, die mir jährlich einen Vorschuss [= Ertrag], nach Abzug aller Kosten, von circa 7 bis 800 Ducati abwirft, kann ich nicht resignieren, ohne dagegen ungefähr so viel per Jahr, so lange ich lebe, für mich oder meine Kinder auf ein sicheres Einkommen gesetzlich gültig verschrieben zu haben.

2. Hingegen werde ich, solange es an meiner Gesundheit steht, in allem der Verwaltung Ihrer Sachen vorstehen, bis wir uns zu anderem verstehen oder bis Sie mir gegründet anzeigen können, warum ich Ihres Zutrauens entzogen sein solle.

180

3. Ich und Ihre Carmelia, deren Hand sie mich hoffen lassen, sollen in Ihrem schätzbarsten Kreis freie Lage und Nahrung haben, auch dann, wenn sich aus dieser Ehe ein oder mehrere Kinder zeugen sollten.

4. Gleichen Anteil, Achtung und Aufnahme sollen meine Kinder Ferdinand und Barbara, erzeugt mit der hochschätzlichen /29/ Barbara Amacker, einer Tochter Herrn alt Meiers Johann [= Franz Sales] Amacker von Unterbäch, meiner in Gott ruhenden Gattin, auch Josephina und Carolina, ehelich erzeugt mit der u.w. [unwürdigen] Barbara Pfammatter von Eischoll, im Kanton Wallis der Schweiz, ohne den mindesten Anstand geniessen, dieses, sobald es mir als Gatte Ihrer adligen Carmelia gefallen sollte, diese meine Kinder, alle oder teilweise in dieses Reich zu nehmen.

5. In freier Lage verstehe ich durchaus alle Bedürfnisse, welche nebst der Nahrung mit Anstand erheischt kommen, als Kleider, Zufälle an Gesundheit und alles das, was ein untadelhaftes, ansehnliches Leben bedarf.

6. Sollte ich, was Gott beliebe, vor Ihrer Carmelia sterben, so sollen bemelte Kinder, seien selbe hier im Reich oder in der Schweiz, berechtigt sein, mein zur Jungfer Carmelia gebrachtes Vermögen laut zu errichtendem Inventar samt dem jährlichen Vorschuss von aufs mindeste angenommenen siebenhundert Ducati, für so viele Jahre als mich Gott bei ihr leben liess, auszufordern. Sollten sich aber mit ihr erzeugte Kinder vorfinden, so sollen so viele Teile von meiner Sache gemacht werden, als deren von mir abgestammt und vermittels rechtlich Prokurierten von Wallis und im Reich Neapel mein dasiges und hiesiges Vermögen, ausser was etwa in meinem Testament anders möchte bestimmt sein /30/ in gleiche Teile unter diese zu verteilen.

7. Beliebte es meiner Gemahlin, in solchem Fall für usofructo von diesen bemelten vorgeschossenen und vorgeschlagenen Summen den jährlichen Zins 4% zu fordern, so soll dieser derselben ihr Leben lang zufliessen und sohin jene im Wallis bleibenden meiner Kinder ihrer Stiefmutter Carmelia Grimaldi, so hiess auch ihr Vater, ein Verwandter gleichen Geschlechts, der aber tot war, jährlich solchen durch Vögte oder Schaffner bis zu ihrer Majorität und nachher sie selbst richtig abzutragen haben.

8. Sollten sich keine Kinder aus dieser Ehe einstellen, so übergehe sämtliches mein Angedachtes nach einem Jahr [an] meine erwähnten Kinder, ausser der Summe von zweihundert Louis d'or circa, bestimmt 1000 Dukaten Napolitanische, welche ich in diesem Fall meiner zu hoffenden adeligen Carmelia zum Andenken verschreiben will.

9. Da, sagte ich dem Ritter Grimaldi, da Sie sehr reich sind und mein weniges Vermögen im Wallis für Sie oder Ihre Neptissin etwas Unbedeutendes ist, dazu wie gesagt, [ich] vier Kinder habe, welche für ihre Erziehung den Ertrag desselben genau manglen, so darf ich aus Vorsorge für das Bedürftige meiner bemelten Kinder nichts von diesem besagten meinem Vermögen, so ich im Wallis, in der Schweiz, haben mag, im geringsten etwas davon anders bestimmten: alles für diese Kinder. Käme es aber, dass diese meine Kinder, alle, eines oder das andere, sich ihrer Stiefmutter würdig und verträglich machen sollten, bei ihr oder den Ihrigen Wohnung, Kost, Lehre und andere Bedürfnisse zu haben, so sollen /31/ diese nach Teil ihres von mir im Wallis habenden Einkommens den Händen ihrer Stiefmutter alljährlich, soviel verträglich ist, zufliessen lassen, solange sich solches beiden Teilen gefallen lässt.

FERDINANDO II.

PER LA GRAZIA DI DIO

RE DEL REGNO DELLE DUE SICILIE

DI GERUSALEMME ec

DUCA DI PARMA, PIACENZA, CASTRO ec. ec.

GRAN PRINCIPE EREDITARIO DI TOSCANA ec. ec. ec.

Essendo Nostra intenzione e Determinato volere che voi D. Cristiano Pattlez siate Debitamente riconosciuto nel vostro impiego Di Capitano Di fanteria, già conferitovi sin Dal ventidue Gennajo mille ottanto ventisette, abbiamo ordinato che vi sia spedita la presente Patente fermata di Nostra Real Mano, munita del Suggello delle Nostre Armi, e roborata dal Nostro Ministro Segretario di Stato della Guerra e Marina, affinchè i Comandante Generale del Real Esercito, e tutte le Autorità civili e militari di qualsiasi specie, ed i Militari tutti di qualsivoglia grado ed arma vi riconoscano nell'impiego da Noi concessovi, e passiate godere di tutti gli onori, grazie e preminenze annesse all'impiego medesimo, e degli averi che a questo corrispondono a norma delle tariffe in vigore, e secondo le diverse destinazioni che a Noi piacerà di assegnarvi con ordini particolari per lo bene del Nostro Real Servizio; e vogliamo che le Reale Officine, cui spetti, facciano registro, e formino l'assiento di questa Patente. Dato in Napoli li Dodici Gennajo mille ottocento trentadue ———

Giambattista Gardella

Vostra Maestà rilascia la Patente Di Capitano Di fanteria a D. Cristiano Pattlez, nominato tale sin Dal 22 Di Gennajo 1827, ed attualmente al terzo Reggimento Svizzero al Suo Real servizio ———

Abb. 21: Offiziers-Brevet, ausgestellt von König Ferdinand II. von Neapel, 12.1.1832.

Wenn aber wider alle zulässlichen Vermutungen meine zu hoffende Braut vor mir sterben würde, mir von ihr Kinder hinterliesse, so hat der Civilcodex des Königreiches beider Sizilien sein Gesetz darüber in seinem Inhalt. Wären keine Kinder von derselben da, so müssen mir 4000 Dukaten Napolitanische für die Entsagung aller zukommenden Rechte, unschädlich der vorher bemelten Summen, nach Verfluss eines Jahres auf den traurig gefallenen Tod, ausbezahlt werden, ausser es sei, dass ich mit Ihnen und Sie mit mir, Herr Ritter Grimaldi, anders verstehen könnte. Damit ich in aller Sicherheit in der Resignation meines Hauptmann-Amtes zu Werke gehen könne, muss ich mir auch vorbehalten, Hochwohlgeborener Herr Ritter, dass dann der angenommene Vertrag vor der Eingabe meiner Demission an seine Majestät den König notariell abgefasst und nach den bestehenden Gesetzen eingeschrieben werde, und dass über Gewährleistung desselben nichts mehr zu tun sei, ich will sagen, dass mir die zuständig anerkannten jährlichen 700 Ducati aufs mindeste, nebst anderen zugesprochenen /32/ Rechten und Inventar, Geld oder Haben, auf irgendeine ihrer Besitzungen gesetzförmig und klar gesichert seien. – Hier haben Sie, mein hochgeachteter Herr, ungefähr die Bedungnisse, welche mir die Vaterspflicht, die aufhabende Sorge für meine Kinder und die Sicherheit für meine abzugebende Hauptmannsstelle ans Herz legen und gebieten. Seien Sie, Herr Cavalier Grimaldi, mit meinen Ansprüchen nicht zu sehr getroffen, stellen Sie sich einen pflichterfüllenden Vater vor, einen Kriegsmann, der seinem ehrenvollen Rang sein gesichertes (1000 Dukaten Napolitanische) jährliches Gehalt abgibt und seine Ansprache auf Pension, nebst vielen andern schmeichelnden Rechten, auch zum Opfer seiner Geliebten bringt.

Herr Grimaldi staunte eine Weile, dann sagte er: Ihre Forderungen gründen sich auf billige Ansichten, die ich aber mit meiner Frau und einigen Nächstbefreundeten der Carmelia durchgehen will; kann so alles nicht ohne diesen Zuzug noch annehmen noch verwerfen. Carmelia muss auch genau über alles in Kenntnis gesetzt werden; sie kann für und gegen stimmen, sie ist Nubile und in Rechten, sich darüber auszusprechen; ihr schon /33/ ererbtes Vermögen erlaubt ihr in solcher Sache unbeschränkt zu sein. Sie hat schon mehrmals Heiratsanträge und Vorschläge verworfen, jetzt hat sie ihr neunundzwanzigstes Jahralter erreicht, sie ist die einzige Erbin ihres Vaters und der Mutter, mit der Zeit ist sie auch jene meiner Frau und der Begünstigungen, welche ich meinerseits als eben noch naher Befreundeter, der ohne Kinder ist, machen könnte. Carmelia liebt Sie, Herr Hauptmann, dies scheint mir sicher aus dem, dass sie artige junge Herren abgewiesen hat, Herren, welche ihr beträchtliche Güter zugebracht hätten. Die Ursache ihrer wenigen Achtung gegen diese und das mir geäusserte sehnliche Verlangen, die Ihrige zu werden, liegt im bizarren Wesen ihres Gemütes, Wesen, das beinahe jedem Weibsbilde mehr oder minder eigen ist. Dass Ihre Bedungnisse glatthin so leicht seien, darf ich dennoch nicht annehmen, weil Sie über Kost für Sie und die Ihrigen ein Gutmachen von mindestens 700 Dukaten per Jahr gesichert haben wollen. Übernähmen Sie die Güter der Carmelia, so würden Ihnen auch die sämtlichen Ausgaben, für das Bedürftige der Haushaltung zu bestreiten, stehen, auch [um] Ihrer Frau manche Fantasienwahl für dieses und jenes zu gewähren; das am Ende des Jahres Vorgeschlagene käme Ihnen von Rechtssätzen zum Eigentum. /34/ In solcher Verwaltung der Sachen könnten Sie dann nicht in meinem Hause aufgenommen bleiben; meiner Frau würde die Trennung von der Carmelia schwer fallen... Der 18. November des Jahres

1834 war für mich äusserst wichtig. Es handelte sich um Sachen, welche meine Ruhe, mein Glück und Vergnügen schwankend oder fest setzen sollten.

Zurück am Abend in Nocera überliess ich mich den wichtigen Übersichten, die mir bevorstanden. Entzückend schienen mir die Aussichten in ein Leben mit einer hochadeligen Schönen, deren Reichtümer sozusagen jeden vernünftigen Wunsch ausführlich machen könnten. Unbedürftig für mich und auch etwas beschwerlich fand ich diese in meinen Begriffen, sonderheitlich für meine Kinder, denen meine Hauptmannsstelle eine sichere Quelle für ihr Interesse war. Mir selbst allein nachzuleben, hielt ich für eine Schwachheit zum Nachteil meiner lieben Kinder, die noch fühlenden Streiche meiner letzten Heirat stellten sich in ihrem ganzen Greuel zu meinem grossen Ärger dar, kurz, ich war abwechselnd [von] angenehmen Wünschen, Hoffnung und /35/ Ehrenbegierden mit zu fürchtender Ungewissheit für vergnügtes Leben, mit dem Nichtentschluss, meine Tage für immer fast im Königreich Neapel verstreichen zu lassen und so mich vermög unbrüchlicher Verträge einzuketten, ich sage: abwechselnd für den in Gang stehenden Schritt und gegen denselben eingenommen.

Herr Grimaldi lud mich den 23. bemelten Novembers zu einem Abendessen. Ich vermutete zum voraus, dass ich da die endliche Antwort über die Annahme oder Verwerfen meiner gemachten Ansprüche zur Vermählung mit Jungfer Carmelia Grimaldi erfahren werde, Antwort, welche mir lächelnd die Frau Teresa Siciliani zu verstehen gab. Niemand fand sich an diesem Banquet als Ritter Grimaldi, seine Frau, Carmelia und die bemelte Siciliani. Heiter und fröhlich blickten alle Augen, man unterhielt sich mit anständigen Witzen. Endlich gab Herr Grimaldi mitten unter allen mit ungefähr folgenden Worten die erwünschte Antwort.

Signora Siciliani, per vostra intervenzione si è formato il progetto come la mia nipote Carmelia entre il desio d'unichi in matrimonio con il presente Capitano Svizzero. Non intrero nei detagli che hanno condotto il reciproco contento de detti due sino a la precisa declarazione de l'uno e de l'altro, decisione da parte del Signor Capitano sottomessa a condizioni chi dadme dalla mia consorte ed altri con Carmelia giorni fa furono passate in rivista, visto doppo questo esamine /36/ che la nostra Signorina Carmelia Grimaldi rimane persuasa che le condizioni emesse dal Signor Capitano Gatlen non tendono che ad assicurare a lui ed a essa una perfetta tranquilita in materia d'interessi particolare a ambi due, visto anche che la predetta si confida in ogni modo al detto suo desiderato Capitano abbiamo di comune accordo deliberato di notificare in una maniera precisa al Signor Gatlen che la Signorina, nostra Carmelia Grimaldi, qui presente se è pronunciata d'accettarlo pel legitimo suo sposo.

Per me, er per quanto la mia consorte, zia de Carmelia, trovame nella persona di questo Signore forestiere quella di un galant'uomo tante piu che le nozioni chieste su sua condotta, talenti ed moralità religiosa ci hanno a suo incognito messi nella certezza di quanto da prima credevamo resta donque che a preparassi d'animo e di cuore a l'unione proposta questa esigera le carte o certificati voluti dalla legge a voi Signore Capitano a produrli in quanto vi concernano. Da canto della Carmelia queste saranno quando si voluti a vista. Fra questo tempo, sagte Herr Grimaldi, si metteranno al netto tutte le condizioni che avete esposte come anche quelle che crediamo missibili a l'interesse ed per lo dovere venienti alla Signorina. /37/ Quando poi tutto il necessario e l'esigito sara condotto a fine voi Signor Capitano! Darete la vostra dimissione a sua Maesta, senza questa, ni

184

Carmelia, ne io ed mia moglie, consentiremo alla quasi terminata alleanza, non intendendo essa Signorina seguire un militare per lasciare una si cara zia ed un zio che non meno l'ama. Di piu spero che per mezzi vostri come appartenente poi alla mia famiglia; gli mei affari domestici, interni ed esterni, verranno governati con molto piu bon avantaggio che molte e considerevole somme tanto in capitali che interessi saranno regolate in somma spero che vi darete ogni premura per finire tante facende ritrate a mio detrimento. Vi confesso candidamente che queste speranze e mire non poco contribuirano al piacere di vederci cosi intimamente uniti speranze che io solo posso per molte raggioni lusingarmi a vederle condotte ad effetto per un distinto forestiere a questo paese. Se le vostre cure con il tempo danno opera secondo tutte le vostre cognoscenze accortami d'esse in varie occasioni di intertenimento, io ed la mia nipote Carmelia, saremo al certo piu che ampiamente indenniati de tutti i vantaggi che avrete per contratto di matrimonio. In caso che avereste proli con essa queste condizioni iscritte ed ogni favore accordatove ricascano col tempo nel gremo di chi aspettandi legge.

Überrascht stand ich auf, bezeugte meine Freude, dankte dem Herrn Ritter und seiner Gemahlin, blickte /38/ auf Carmelia, ihr zuredend: Adelige Jungfer! mit was für Entzücken ich von Ihrem Herrn Onkel vernommen, dass Sie mich vor so vielen vornehmen Herrn, die sich um Ihre Hand beworben, zum Lebensgefährten vorziehen, kann ich nicht aussprechen; es sind Gefühle eines betäubenden Frohsinns, einer ausnehmenden Ehre und der glühendsten Hoffnung, mit Ihnen die glücklichsten Tage meines Seins zu verleben. Was ich bin, was ich habe und dass ich ein Wittib mit vier Kindern sei, ist Ihnen schon früher angezeigt worden, dass ich für selbe sorgen muss, ist Pflicht und erfordert Mittel, welche mir jetzt durch Sie, meine Schätzbarste, gewissermassen zugesagt sind. Und was für ein mir unbekanntes Wesen mögen sie wohl an mir gefällig gefunden haben? Was für Verdienste mag ich in Ihren Augen besitzen? Von Ihnen, adelige Carmelia, geliebt, von allen Ihrigen geehrt, durch Sie so begütert zu kommen, ist wohl ein Glück, für welches ich weder Verdienste noch Reize habe.

Carmelia stand nicht an, mir auf jeden Punkt zweckmässig zu erwidern; auch ihre Tante und Frau Siciliani erhöhten meine Eigenliebe. Ich wurde da als ihr Angehöriger benamst; von nun an sollte ich schon nicht mehr als Fremdling erscheinen, über alle Bedürfnisse /39/ meines Lebens frei antragen, kurz, Kost, Wäsche etc. bei ihnen nehmen.

Mir allein nach dieser Tafel überlassen, vermisste ich die seelige Ruhe, welche mir früher eigen war. Ich dachte der Sache reifer nach, fand immer den ungesuchten Willen, nie mehr in ein Ehebündnis einzutreten. Mich beunruhigte das getane Versprechen, die baldige Aufweisung der erforderlichen Schriften, ich dachte schon auf Mittel, wie mich aus allem loszumachen. Was hast du getan? fragte ich mich selbst; hast du nicht nach so vielen Prüfungen im Ehestande genug bittere Zufälle gehabt? Speisest du in deinem vorstehenden neuen Bündnis mit mehr Vergnügen als jetzt, wo dir in dieser Hinsicht genug zu Diensten steht? Bist du sicher, dass diese reiche, adelige Italienerin dir in deinem bald schwächlichen Alter ihre Treuneigung nicht entziehen wird, und wenn du Kinder erzeugen solltest, wie kannst du dir versprechen, diese nur in ihren erst blühenden Jahren zu leiten? Ach, welch ein Tor bist du, dir so viele Mühe aufzuladen, durch Verspruch die Leitung so grosser Güter zu übernehmen, in einem Lande, wo Rache auf Tod und Leben oft jenen trifft, der alte, verworrene gerechte Forderungen ins reine bringen will. /40/ Wäre dieses ein leichtes, so würde Herr Ritter Grimaldi nicht einen so grossen Wert auf die mir zu übertragenden Sachen gesetzt haben, einen Wert, sagte ich zu mir allein, den er gegen meine jährlich gutzumachenden 700 Dukaten gleichstellt.

Ich durfte ja aus Schamhaftigkeit keinen Merk meines Kleinmutes in allen Zusammentreffen meiner Verunierten noch den Ihrigen einfallen lassen. Es war noch zu früh, der Anstand und meine Ehre erlaubten nicht einmal, gleichgültig oder besser zu sagen unfröhlich im Umgang mit dieser mir so angeketteten Herrschaft zu erscheinen. Ich musste mich mit Gewalt fassen, um nicht hier oder dort daran zu verstossen. So ein Leben fiel mir lästig. Oft ärgerte es mich, so weit gekommen zu sein und, obwohl unter einer hochschätzlichen Liebe, die gute, tugendhafte Jungfer Carmelia angeführt zu haben...

Hingegen dachte ich: von allen Meinigen bin ich verlassen, in der Welt weit von ihnen entfernt, ohne eigene, der Natur nach nicht zu definierende Freundschaft, die nie gesucht aber sich in den Eigenen [= Angehörigen] immer findet. Ich bin also in diesem Lande nur für mich allein, ohne herzlich teilnehmende Unterstützung in meinen bösen Gesundheitsumständen, nur mein Geld führt mir schwache, /41/ gleichgültige Hilfe herbei, und diese ist vielmal betrügerisch, sie ist nicht die Warte der Pflicht, der Liebe und der Begierde, nützlich zu sein. Also ist die Welt mir eine Tiefe, eine Oede; ich bin bald des Lebens satt, weil das Leben mir keine Anhänglichkeit darbietet. Seit dem schweren Schlag, welchen mir eine Unwürdige meines Halbteils zuführte, bin ich aus finsteren Gedanken nicht mehr einer beständigen Fröhlichkeit fähig. Ich habe ein moralisches Lichtchen nötig, gleich wie der Pilot in nächtlichem Sturm eine Lampe neben seiner Boussole [= Kompass] bedarf, um sein Schiff nach der vorgeschlagenen Fahrt zu leiten. Ach, wie wenig halte ich auf das Glück, welches mir hier zuteil steht und für welches ich sicher beneidet werde. Mein Leben ist jetzt gleich einem ungezierten [= ungepflegten] Acker, der mehr Dörner und bittere Wurzeln erzeugt als nutzbare Früchte. Indessen, was tun? Den Ruf meiner stärksten, wohlgeprüften Seeleneinsprechungen folgen, wird wohl das beste sein. Tun, was nicht dem Gutdünken seiner Überlegungen, der vermeinten Pflicht und Sorge eines Vaters entspricht, bringt gewiss keine Ruhe. Ich kann nicht nur allein für mein vorscheinendes Wohl bedacht sein, und was noch mehr ist, hat mich keine Gefahr früher hoch gewarnt. Die Hoffnung marschiert auch an meiner Seite, wenn ich mich im Militärdienst, wo ich bin, erhalte. Ich habe Anspruch auf angeordnete Verpflegung, wenn ich krank werde, ich hoffe nach der Krankheit Genesung, nach der Mühe Ruhe, nach so vielen Dienstjahren Belohnung, und dann endlich, wenn Gott will, in meinen spätesten Jahren den ruhigen Genuss meines mit saurem Schweiss /42/ weit in der Welt herum unter bitteren Zufällen so teuer erworbenen Vermögens. Sind dieses nicht die vernünftigsten Ansichten in dieser meiner Lage und schon geschwächten Jahren? Jawohl, es bleibe dabei!

Damit ich nicht zu rasch meinen geänderten Willen der Signorina Carmelia bekannt machen müsse, suchte ich bald täglich Ursachen, mich so viel möglich vom Hause zu entfernen, denn da hätte ihr oder den Ihrigen meine Finsterheit auffallen müssen. Ich durchstrich alle Gegenden in der Entfernung von drei bis vier Stunden von Nocera. Diese Bewegung war meiner Schwermut nötig; auch mein Geist bedarf Erheiterung. Das schöne Landwesen und die Altertümer, welche sich dem Wundrigen [= Neugierigen] in der Nähe von Nocera, Salerno und Sarno darstellen, hatten genug Anzügliches [= Anziehendes] für mich. Ich besuchte das heute benamste Santa Maria Maggiore[250], der Sage nach schon viele hundert Jahre vor Christi Geburt ein grosser Tempel der Ceres. Die Alluvionen haben rings umher die Lage erhöht, so dass man jetzt zwölf Stufen hinunter treten muss. Die Platea [= Grundplatte] ist ovalrund, die Coppola stützt sich auf viele kostbare Marmorsäulen, in der Mitte des Ovals ist ein Umfang von gleichem Gesteine, in diesem eine Grabstätte, auf welcher eine fast unleserliche Legende [steht], andeutend, dass unter dem Flachstein eine römische Priesterin ruhe. Auf einigen Säulen sieht man Inscriptionen in griechischer Sprache, Namen vornehmer Personen jener Zeiten anzeigend, als wie die Benamsung eines *Lingen,* damals ein verehrter /43/ Priester, sowie anderer im hohen Ruf gestandenen Zivil- und Militärpersonen.

Nahe diesem Santa Maria Maggiore feiert man auch im November ein Volksfest. Andachtsübungen in der prachtvollen Kirche Mater Domini der ehrwürdigen Herrn Franziskaner geben Anlass, dass ungeheuer viel Volk von entfernten Gegenden dahin strömt. Das Kloster dieses Ordens und seine herrliche Kirche stehen ganz von andern wenigen da gebauten Häusern abgesondert. Die grosse Zahl der dahin Gewanderten kann an diesem Fest nicht unter Dach gelangen. Viele Tausende lagern sich unter Tenden [= Zelten] von Laub, Stroh und Stoffen von Leinzeug oder anderem Deckwesen.

Die Feierlichkeiten dauern drei volle Tage und Nächte. In die Kirche dürfen bei Nachtzeit nur die Weibspersonen, bei der ersten darauffolgenden Morgenmesse wiederum alle. Ich ging hin als Bürger gekleidet, sah solches. Das Lärmen der Verkäufer, die sich unter dem Volke herumzogen, jenes der Buden, Schenken, Cafés und vieler aufgerichteter Warenverkäufer oder Hausierer, machte mir in der Nachtzeit im Überschauen eines so grossen Zivillagers einen heftigen Eindruck. Ich konnte also bis am Morgen nicht die Kirche besuchen und wurde bemüssigt, in einer Schenke, ich sage Tende, die Nacht zu durchbringen oder mich die ganze Nacht von einer schauwürdigen Stelle zur andern im Gedränge durchzuschleppen. Meine Imagination kam mit religiösen Betrachtungen beschwungen. Der religiöse Fanatismus der grossen Menge stellte sich meinen Augen überraschend dar: voll erhitzter Bigotterie, die jedem gesunden Christen ins Lächerliche fiel und üble Begriffe unserer heiligen Religion verraten, musste ich noch Menschen sehen, /44/ die sich mit Ungestüm durch die Volksmassen drängten, am Eingang des Sanctuariums gröblich sich niederwarfen, mit brüllender Stimme allen den Raum geboten, um auf, wie man sagt, *allen Vieren* in ausgestreckter, auf den Boden gelegter Zunge bis zum Gnadenbild der Mater Dei zu kriechen. Manche solcher Stellungen, denen ich die Zeit widmete, würden in einem anderen Lande die Zuschauer geärgert haben, hier waren sie aber für das grobe Volk sittlich, andächtig und büssend.

Das schon bemerkte Santa Maria Maggiore ist nur etliche hundert Klafter vom Wallfahrtsort Mater Domini entfernt, so dass die Wogen des Volkes am erwähnten Feste sich auch dahin kreuzten. Meine Sehnsucht führte mich wiederum manchmal dahin und wieder in Mater Dei, immer im Taumel der übertriebenen Andachtsübungen, die ich da gesehen hatte. Jedesmal entdeckte ich mir etwas Interessantes im alten Tempel der Ceres und Iside [= Isis]. Der sogenannte Cicerone, dem ich früher ein Stück Geld für seine Mühe schob, kannte mich bei

---

[250] Kirche von Nocera Superiore, auf einem Hügel über Nocera Inferiore oder Nocera dei Pagani.

jeder Wiedererscheinung; er befliss sich, mir angenehm zu kommen, auch hatte er stets etwas Neues anzugeben. Auf einer wohlbesorgten Colonne, wies mir dieser Mann mehrere Serien eingehauter Zeichen oder Wortangaber [= Hieroglyphen]; diese Serien gingen in senkrechter Ordnung, nur ein sehr Geübter in /45/ altorientalischen Sprachen durfte sich getrauen, etwas aus ihrem Inhalt zu sagen, doch versicherte der Cicerone jeden, dass diese Inschriften von Sachgelehrten ins Italienische übersetzt worden seien und die strengen Regeln und Pflichten den in damaligen Zeiten zum Tempel der Ceres und Iside gegangenen Büssern vorschreibe. Unter anderem sagte er, dass aus dieser Übersetzung erhelle, jeder Dahingekommene, welcher von den Göttinnen, die da thronten, eine Gnade, eine Wohltat oder eine Vergebung seiner Missetaten begehre, solle vorläufig achtzig Tage in abnehmender Nahrung fasten. Dieses Fasten werde seinen Leib und Seele reinigen, in dieser Zeit solle der Flehende gewisse Tiere nach einer Vorschrift opfern, auch sich anderen Privationen ergeben, ohne die mindeste Zaghaftigkeit merken zu lassen, auch sogar mit voller Ergebung den Tod erwarten. Erst nach halbverflossener Fastenzeit solle dem Büsser erlaubt werden, folgendes Gebet im Tempel zu sprechen:

Ich glaube an Dich, o Gott, der Du mit einem einzigen Wink allen das Leben und allem /46/ Dasein seine Eigenschaft gibst, an Dich glaube ich, der Du nach Deinem Willen die Welt schufst und wieder in das Chaos bringen kannst. Deine Unermessenheit, o Gott, verliert sich in unserer Betrachtung, aber um Dich unserer Schwachheit darzustellen, zeigest Du Dich unter dem Bild der Sonne und der Planeten. Du bist der, welcher unter dem Namen Iside im Frühling die Erde mit schönen Tapeten der Blumen und des Grases bekleidest, unter dem Namen der Ceres lassest Du die reichsten Ernten einschliessen. Auf Deinen Befehl schleudert der Donner seine Blitze hinunter, die Winde toben nach Deinem Willen und das Meer schlägt sich hoch empor, auch auf Deinen Wink stellt sich wieder alles ruhig ein. Empfange nun, Du Allmächtiger, unsere schwache Anbetung, unseren Opferrauch, den wir Dir unter dem Namen Osiride [= Osiris], des Giovis [= Jupiter] und anderen Göttern, die Dir untergeordnet sind, darbringen. Dulde nicht, dass Deine Geschöpfe auf der Erde vom Tiffoun [= Taifun] und anderen bösen Geistern beunruhiget werden. Du bist alles, ja alles! Deine Gottheit ist uns bewiesen, wie die Sonne sich durch ihr Licht beweist. Wir Sterblichen lieben und fürchten /47/ Dich, o grosser Gott! Wir Menschen sind von Natur aus böse geboren. Die menschlichen Gesetze würden nicht hinreichen, diesen Klumpen voll geheimer Missetaten zu bändigen ohne Deine Gnaden; ohne Dich, Allmächtiger, können wir nicht bestehen. Wir sind mit so vielen Unfällen umgeben, wie der Ozean die Erde umzingelt. Ohne Dich, unbegreifliche Allmacht, wäre keine Wonne, keine Hoffnung, kein Trost für uns Menschen. Dir gefällig gelebt zu haben, verspricht uns aber, am Ende unserer Leiden Deine Gottheit zu durchschauen, mit Dir in ewig froher Verherrlichung zu leben, wo uns kein Böses mehr eigen sein noch befallen kann.

Dieses Gebet der Menschen, welche viele hundert Jahre vor der Geburt unseres Herrn Heiland Jesu Christi den besagten Tempel der Cerere und Iside aus Bussgeist besuchten, ist durch Gelehrte aus altorientalischer Sprache ins Italienische übersetzt worden, ich habe es aus dieser letztbemelten Sprache in die deutsche übersetzt. – Notum: Die alten Völker im südlichen Teil des jetzigen Italiens hatten verschiedene untergeordnete Gottheiten als die Iside oder Isis, Gott der Weisheit, Ceres oder Cerere, die Mutter der Feldfrüchte, besonders der Korn-

188

arten, Osiride, Gott der Guttaten, Mars, den Kriegsgott, Venus, die Liebe, und unzählige andere, deren Namen und Vorzüge in der Mythologie zu erfahren sind.

/48/ Eine andere gleiche Übersetzung ist folgende: Grosser Gott, wir glauben, lieben und fürchten Dich. Du siehst in die tiefsten Falten unseres Herzens. Wir kommen in Deinen Tempel, um Dich anzubeten, Dir zu opfern und uns mit Dir auszusöhnen. Wer darf vor Dir unrein, in der Gleisnerei, in der Verstellung und im Unglauben erscheinen? Freilich sind wir gebrechliche Geschöpfe, aber Du gibst uns doch Mittel, dass wir über unsere Bosheiten siegen können. Du gibst uns, o grosser Gott, soviel Licht, dass wir Dich und unser eigenes Gewissen mehr fürchten sollen als alle Menschen, etc.

Still ergab ich mich dem Eindruck der religiösen und zugleich auch schwelgerischen Schaubühne, die mich da umgab. Meine Einbildung auf die Zeiten, wo der alte Ceres- und Isidistempel in hohem Ruf stand, fiel hin auf jenen, der jetzt unter meinen Augen gerade da in grosser Menge mit solchem Gepräng und mit so sonderlichen Bussübungen besucht kam. Was für einen Kontrast glaubte ich in Menschen auf gleicher Stelle fanatischer Bigotteriegebeten alter Völkerschaften und den nun sich da befundenen erblickt zu haben? Was sind doch die Geschicke der Sterblichen? Was waren sie damals und was sind sie heute?

In Nocera war ich nicht am rechten Ort; ich suchte Gründe auf, um mich da fortzumachen. Mir sagte Herr /49/ N. Melanconico[251], Brotliferant der Truppen in Nocera, dass in der Provinz Basilicata, auch in Calabrien, und sogar nicht sehr weit von Salerno, an den Flüssen Sele, Calore und Fiume Nero sehr grosse Waldungen seien, aus welchen wegen Abgang der Wagenstrassen das Holz schier gar nicht kann gebracht werden. Dieses gab mir Ursach genug, eine Erlaubnis für mehrere Tage zu nehmen, um ruhig diese ersten Wälder zu untersuchen.

Den 9. Christmonat[252] 1834 verreiste ich in Begleitschaft des Herrn Andrea, eines Architekten, Sohn bemelten Brotlieferantens Melanconico und Feldweibel Annexi[253], den ich auch zu mir zog. Andrea hatte in Salerno einen reichen und hochangesehenen Onkel. Dieser empfing uns mit grosser Artigkeit. Er gab uns Empfehlungsschreiben an Herrn D. Paolo Peroli in Eboli, in Giffoni an Herrn Salvatore Graziani und in Campagna an Herrn Antonini. Herr Clava von Salerno empfahl uns sogar dem Prinzen Sicignano in Eboli, wegen seinen Waldungen di Selignatro. Die Stadt Eboli sollte auch ihren grossen Wald, genannt Rosale, und jenen genannt Barizzo, verkäuflich haben.

Das im Königreich beider Sizilien, das so schon sehr bekannte Holzflötzen etwas ganz neues sei, wusste ich, dass ungeachtet der grossen Waldungen, welche dieses Land besitzt, der Preis des Holzes hoch war, wusste ich eben auch. Dieses führte mich auf die Untersuchung, ob /50/ mit Flötzen nicht gute Ge-

[251] Nicht identifiziert. Auch die andern Personen, mit denen Gattlen in dieser Angelegenheit verhandelte, konnten mit den zur Verfügung stehenden Hilfsmitteln nicht identifiziert werden.

[252] Das hier angegebene Datum steht im Widerspruch zu einer Zusammenstellung der von 1827 an erhaltenen Urlaubsbewilligungen (RO 13, S. 1), wo geschrieben steht: *«1834, eine Erlaubnis für 4 Tage, den 19. Oktober, von Nocera nach Eboli und Umgebungen.»* Diese Datierung scheint zutreffender zu sein; dafür spricht auch der Umstand, dass das Regiment am 13. Dezember von Nocera nach Neapel dislozierte (II, 53), was Urlaubsbewilligung unmittelbar vorher praktisch ausschliesst.

[253] Alexander Annexi, von Brig; in einer Bestandesliste von 1837 (SERVICE ETRANGER, 9/9/19, S. 3) als Wachmeister *(Sergeant)* registriert.

schäfte zu machen wären, Geschäfte, die ich früher im Wallis ungefähr zehn Jahre lang mit anderen Assossierten zu unserem Nutzen betrieben hatte[254]. Von Eboli wies man uns nach Campagna, eine kleine Stadt mit einem Bischof, am Eingange zweier Täler gelegen, ungefähr 7 oder 8 Meilen von Eboli entfernt. Herr Antonini gab uns gefällige Berichte über ankäufliche Waldungen, allein ich fand das kleine Talwasser, so von da aus in den Sele rinnt, zu schwach. Wir erfuhren durch denselben, das jenseits des bemelten Flusses Sele eine grosse Foresta, nahe am Wasser gelegen, möchte verkauft kommen. Die von diesem Walde circa drei Stunden [entfernt] auf einem hohen Hügel liegende Gemeinde Postiglione sei die Eigentümerin, wir sollen uns an den Sindico dieser Gemeinde, Herrn Don Antonio Paolini wenden.

Diese Nachricht war mir wohlgekommen; gleich musste man, obschon es sehr spät war, verreist sein. Unsere Pferde waren ziemlich matt, auch die Führer zeigten Widerwillen, sich auf die bald eintretende Nacht nach dem Fluss Sele durch /51/ Ölwälder, Wiesen und Kornfelder auf trüglichen Pfaden zu begeben. Diese Bauern sagten auch, dass es nicht allerdings sicher sei, durch die vorgeschlagene kürzere Direktion nach dem Sele zu reisen, weil diese Ebene vielem Gesindel zur Versteckung diene. Es war eine schöne, mondhelle Nacht, ich hatte meine zwei Pistolen und andere Waffen, Annexi seinen Säbel und Herr Andrea [Melanconico] Pistolen und einen Doppelläufer. Wir fielen etliche Male auf grosse Nachtfeuer, die Hunde zeigten uns an und die biwakierenden Köhler, Hirten oder andere Arbeiter schienen eine defensive Stellung anzunehmen, da wir grüssend vorbeifuhren.

Spät aus trabte hinter uns ein halbbeladenes Maultier, neben diesem ein Mann unter einer Franziskanerkutte. Mir wurde endlich dieser Anschluss verdächtig, ich sprach ihn an, sagend, was er wolle. Der gute Einzieher für ein mir benamstes Kloster bat zu dulden, dass er mit uns fahren dürfe, ganz noch erschreckt, sagte er, die Räuber hätten ihm bloss vor einem Augenblick seine eingezogene Provision abgeladen, ihn durchsucht und einiges Geldchen genommen, nebstdem noch mit mehreren Streichen misshandelt. Es sei ein Glück für ihn, uns zu treffen, denn ohne dies würden ihm die Schelme das noch wenige Übrige gestohlen haben. /52/ Er sei, da wir bei der letzten Baracke ankamen, beim Feuer gestanden, in dem die Diebe sich noch mit seinem Plunder beschäftigten und seiner Sachen spotteten. Er habe gehört, dass sich einige dem vorgeschlagenen Angriff auf uns widersetzten, sagend, sehet, wie diese bewaffnet sind. Vor Tag langten wir über den Fluss auf einem Kahn, kamen in eine elende Taverne; in dieser warteten wir den frühen Morgen, um nach Postiglione vorzurücken.

Ich machte sogleich dem besagten Herrn Sindaco den Antrag, ob der Wald di St. Angelo, vormals ein königliches Jagdgut, zu verkaufen sei. Überrascht, und auch ohne den Zuzug der Herren Decurionis [= Ratsmitglieder] nicht ganz berechtigt, ja zu sagen, mussten wir der Versammlung abwarten. Die an mich gestellten Fragen, wer ich sei, was ich mit diesem Holz machen wolle, wie ich solches da fortbringen möge und anderes verdienten nur die Antwort, wenn man des Kaufpreises einig sei, die erforderliche Erlaubnis zum Aushauen habe, so werde man ihnen mit barem Gelde nach Genüge alle Auskunft geben. Man gab mir auf mein Begehren einen Waldhüter. Wir verreisten, durchschauten diesen

---

[254] Zur Flösserei im Wallis vgl. Einleitung, S. 40–42.

Wald. Die Lage am Fluss Sele, der sanft nach dem Golf von Salerno rinnt, der das Holz in ungefähr 8 bis 10 Tagen ans Meer bringen würde, erfreute mich ungemein. Ich durfte sicher annehmen, dass die Ausholzung und Fortflötzung /53/ des Waldes, genannt St. Angelo, nach den Holzpreisen in Neapel und nach dem Abzug aller möglichen Kosten, Gefahren und Extraspesen, vermittelst eines Kapitals von 25 bis 26 000 Dukaten wohl einen netten Gewinn von eben so vielem binnen einem Jahr abwerfen könnte. Früher hatte mir Herr Sava, Generallieferant aller Kleidung und Equipierungseffekten für die sämtliche Armee Sr. Majestät des Königs, gesagt, dass er mit mir in solche Unternehmungen gern eintreten werde. Mit solchen Hoffnungen begeistert, langte ich zurück nach Nocera. Meine adelige Carmelia sprang mir entgegen; sie schien über mein mehrtägiges Ausbleiben beunruhigt. Der Cavaliere Grimaldi, dem ich meinen Reisezweck ausgelegt, konnte sich in meinen Plänen nicht verstehen, doch schien mir, dass er meine Tätigkeit achtete und sich aus derselben manches versprach.

Dass ich schon meine erforderlichen Papiere zur Heirat aus Wallis verlangt habe, glaubten alle meiner sich damals so [Annehmenden] dieser Familie. Ich hatte aber nichts minderes getan, auch würde ich in nicht geringe Verlegenheit geraten sein, wenn nicht die unerwartete Order gekommen wäre, dass unser Regiment nach Neapel in Garnison ziehen solle. Am 13. Christmonat marschierte dasselbe von Nocera fort. Ich war aber als damaliger funktionierender /54/ Kleidungshauptmann für die Fortbeschaffung des Magazins diesen Tag zurückgeblieben, auch hinderte mich solches, die letzten Stunden in der Familie des Herrn Cavaliere Grimaldi zuzubringen.

Meine Stunde zur Abreise hatte geschlagen. Carmelia, ihre Tante, Onkel und Frau Siciliani waren in sichtbarer Bestürzung, das Schluchzen und Weinen war allgemein unter ihnen. Ich hatte Gründe zu glauben, dass meine Entfernung nie in meinem Leben so sei verschmerzt worden. Ich muss auch gestehen, dass mein früher gefasster Entschluss, nie mehr zu heiraten, wieder umgeworfen worden. Die Liebesbeteuerungen der Carmelia mit unzweifelhaften Zeugen tiefen Schmerzens, aus gutem Herzen bewiesen, das Teilnehmende des Herrn Ritters und seiner Gemahlin, das so hochschätzliche Vertrauen auf mich dieser adeligen, guten Herrschaft, hatten in mir ganz andere Gesinnungen und mehr Liebe erweckt. Mir fiel der Abschied sehr schwer auf; ich zauderte mit beklemmtem Herzen; mancher Trauerruf der Carmelia zerstörte meine Haltung bis ins Innerste meines Seins, aber der Schall der Trommel meines Detachements gebot mir, den Knoten der Liebe, der Freundschaft /55/ und des Vergnügens für diesmal zu lösen. Wir versprachen uns schriftliche Anzeigen, wir lebten der Hoffnung, uns bald wieder zu sehen, wir willigten noch einmal, dem vorgeschlagenen Bunde treu zu bleiben, wir äusserten den feurigen Wunsch, uns bald auch vereinigen zu können. Die sämtliche Familie war in allem diesem teilnehmend, man schluchzte unter vielen Segnungen und ich ging ab.

An mir war es, diesen vornehmen Leuten zuerst von Neapel zu schreiben, ihnen die Gasse und Nummer meiner Wohnung bekannt zu machen. Bald erhielt ich auf alle meine Schreiben Antworten von Herrn Grimaldi und viele Briefe von seiner Neptissin[255]. Diese drängte oft auf Anzeigen, warum es so lange anstehe, die Schriften aus der Schweiz zu erhalten. Ich musste immer Einwendungen geben, welche meiner Feder ungern entflossen; endlich fiel mir dieses Trei-

---

[255] Diese Briefe fehlen im Nachlass.

ben zu schwer, ich musste die Maske abziehen. Mich quälte mein Gewissen zu sehr, um länger eine so tugendhafte Jungfer und ihre hohen Angehörigen in spannender Erwartung der ehelichen Vereinigung zu täuschen. Ich sagte mir selbst: warum hast du diese Geschichte angefangen? Wie viel eitles und unnützes Benehmen hast du gemacht? Dies ist sogar sündhaft, du hast dein und anderes Leben beunruhigt, /56/ die ränkefreie Liebe einer reichen Adeligen getäuscht, der Hochachtung, den Guttaten und dem Vertrauen ihres Onkels und Tante nicht entsprochen. Dein Eingehen in solche Benehmungen entstand aus deiner Eitelkeit, welche mehr dahin zielte, zu sehen, ob du zu solchen Ehren gelangen könntest, als dich in der Tat in das Ehebündnis einzugeben. Was nützt dich, sagte ich weiter zu mir, ein eheverträgliches jährliches Einkommen, wenn du auf der anderen Seite soviel und noch mehr musst fahren lassen. Und wo ist der Antrieb deines Herzens zu dieser Ehe? O, dieses ist nicht gut getan. Du willst dich sogleich auf die bestmögliche Art der noblen Carmelia erklären; was wird man aber von dir denken und sagen? Wie kann ich anders? In meinem Vaterlande würde ich mit dieser Vornehmen nicht nach ihrer Erziehung, nach ihrem Stande und nach ihren Lebensgewohnheiten in ihrer und der Ihrigen Achtung bestehen können, auch wenn ich sie nur zu einer Reise dahin führen sollte, und immer im Königreich Neapel meine Tage zu verleben, möchte mir unerträglich vorkommen.

Carmelia, in der französischen Sprache gut unterrichtet, schrieb mir am liebsten in derselben; meine Antworten sollten, nach ihrem Wunsch, auch in dieser abgefasst sein, vielleicht um sich mehr zu üben. In dieser Sprache gab ich ihr auch jene Anzeige, die ich schon früher nährte, /57/ aber aus gewisser Schamhaftigkeit noch lange verschob. Unter vielen angebrachten Sachen, welche meine Entsagung auf die adelige Carmelia Grimaldi entschuldigen sollten, schrieb ich ihr, auch in Französisch, den letzten Brief:

Maintenant, je viens à vous dire candidement ce que j'ai finalement arrêté sur notre promesse en mariage. J'ai souvent et serieusement réfléchi sur le parti à prendre; je vous ai beaucoup examiné et je dois franchement avouer que mon cœur a défendu avec grand intérêt votre cause, il m'a présenté et offert un vaste champ de séduisants plaisirs dans notre union liée par l'amour et la confiance de votre noble oncle et tante qui, avec vous, noble demoiselle, m'auraient assuré outre le nécessaire à moi et à vous, une somme annuelle de sept cents ducats au moins, au profit de mes enfants issus de deux mes hymens antécédents. J'ai combattu, j'ai été agité, j'ai fléchi parfois et j'ai derechef renversé ma résolution prise. Finalement, la raison a été victorieuse en considérant mon âge avancé, ma place militaire que j'occupe et mes quatres enfants restés à ma seule charge dans mon veuvage et tant d'autres malheurs qui ont en partie détruit en 1833 ma félicité sur cette terre désastreuse, triste souvenir qui /58/ m'impose le devoir de renoncer à une nouvelle alliance conjugale. Oui, je dois renoncer à mes plus douces espérances, je dois sacrifier mes plus tendres affections, et je dois me priver de vous, noble Carmeille, qui certainement seriez ma meilleure compagne et ma consolation dans la courte carrière que j'ai encore à parcourir.

Aimable demoiselle, je suis plus que persuadé que j'épouserais à la fois tout le bonheur que je puis raisonablement me figurer. Votre naissance et votre grande fortune me placeraient dans une considération distinguée et dans une parfaite aisance, mais en même temps je contracte aussi la plus sainte obligation à

192

pourvoir à votre bonheur et contentement, ce contentement, âme de tous les biens du monde, vous serait pendant ma vie, autant qu'il dépendrait de moi, de toutes mes forces assuré par les soins, les attentions et les tendresses les plus cordiales, mais étant physiquement évident que vous resteriez des longues années après moi sur ce globe, quelle assurance pourrais-je vous donner pour vous garantir une existence paisible et à l'abri des menées peu respectueuses que mes prédits enfants, avec ceux qui pourraient /59/ naître de notre union, seraient en malheur d'exercer contre une si respectable mère, et en tout cas, si vous eussiez le fardeau de penser à l'éducation d'un ou plusieurs enfants, quelle charge laisserais-je à vous! Réflechissez bien, chère demoiselle, mon âme toujours prête pour votre bonheur sait faire le sacrifice de vous laisser. Je me prépare ainsi à vivre désormais seul par devoir envers vous, je fais le sacrifice de renoncer à votre main, je vous appellerai dans mes pensées, mon adorable et chère Carmeille. Je me consolerai d'avoir rempli un devoir qui seul peut prévenir des manquances qui pourraient troubler votre vie. Ne prenez pas, respectable amie, ces expressions comme issues d'un cœur refroidi et inconstant, la sagesse, cette aimable et solide conductrice, me le commande, elle a surmonté mes passions et mon égoisme, elle a triomphé sur mes plus douces imaginations, elle a opéré ce grand sacrifice si amer à mon cœur.

Mein Brief blieb nicht lange unbeantwortet; dessen Inhalt verdient hier angeführt zu werden. Unter gewöhnlichem Eingang und anderem sagte sie italienisch folgende schöne und tugendsinnliche Worte: Piu frequente donque rivedro l'ombra amate de mei cedri nel mio orto, il loro dolce riposo /60/ e la loro simplicità, là circhero d'incantenare i mei sensi di ricondermi nel mio cuore ed farmi esistere con me medesima. Le disaventure e la si detta fortuna sono consequenze del ordine del'impulso dato al universo. Chi ha creato tutto, creo al parere mio, una opera soggetta a tante dipendenze. Amai veramente per la prima volte e ne sento ora tutto il peso, tutto il rammarico, la solitudine mi solleva de tanto in tanto, là, caro Capitano, imparero a suppportare de giorni lugubri e nebliosi sinche il Creatore mi lasci travedere qualche giorno piu sereno, qualche momenti di gioja. La vostra lettera ha inveluppato il mio cuore d'un nero velo. Sia fatta la volontà di Dio.

Verraten solche Worte, solche Gedanken und solche Begriffe nicht ein edelstes Herz. Wie schön, wie tugendhaft muss nicht ihre Seele sein. Hier musste ich ausrufen: oh, sia simpatia, sia devolezza o illusione de sensi un imperioso incantesimo mi trascina verso quella anima virtuosa; mi bisogna del animo per sostermi nella mia risoluzione con l'aurora pero ed con rincrescimento de l'anima mia /61/ rinaquaqueranno per lingo tempo le frasi contenute nella sua ultima lettera, esse mi sembreranno vie piu dolenti e rimanereranno vie piu impresse. Mein Leser, sei in deinen Urteilen über diese Liebesgeschichte nicht zu voreilig! Wer für Ehrbares, Zärtliches, für Erhabenes und Tugendhaftes Gefühl hat, wird sich diese nach dem Hang der menschlichen Kaprizien und nach der reifen Ueberlegung eines vorgerückten Alters vorstellen. Gesetzwidriges ist hier nichts vorgegangen. Der Eheversproch selbst ist weit erklärlicheren Bejahungen und Handlungen unterworfen als jener, den ich der Carmelia getan, auch konnte mir in diesem Reich auf diesen hin nichts Widriges verdeutet kommen, wie mir nicht einmal jemand etwas davon angezogen. Nur allein wirft mir mein eigen Gewissen den Missbrauch so vieler Ehren, so vieler Hochachtung, so vieler Liebe und Vertrauen unter einem gewissen höchlichen Lichte vor.

Dann wiederum in Neapel sprach ich den Herrn Sava wegen dem vorhabenden Holzgeschäft. Seinerseits unterstützte er bei dem Generalinspektor der Strassen, Wässer, Brücken und Waldungen, Herrn Alfan de Nivera[256], das an den Intendanten der Provinz Salerno gestellte Begehren der Gemeinde Postiglione, um die Erlaubnis zu haben, ihren Wald St. Angelo verkaufen zu dürfen, so wie auch, dass Herr Sava & Compagnie das Holz durch den Fluss Sele bis an das Meer im Golf von Salerno könne rinnen lassen. /62/ Die abschlägige Antwort blieb mehrere Monate aus. Die Ursache der Verweigerung gründete sich auf ein Gesetz, welches den Verkauf des Holzes, oder besser zu sagen die Abschneidung der Gemeindewälder für sieben Jahre verbot. Ich hatte einige Tausend disponible Dukaten, sah mich also um, diese auf irgend eine Art in Handelsspekulationen zu plazieren.

Mein vor etwa zwei Jahren verabschiedeter Feldweibel Christian Palmi[257], gebürtig von Wiesen im zehnten Hochgericht Belfort, Kanton Graubünden der Schweiz, ein ehrlicher, gelehrter und in der Comptabilität erfahrener Mann, war in Neapel in einer Unternehmung von Warenappretierung; mit ihm war interessiert Herr Franz Wiedemann[258], gebürtig von [– –], Grossherzogtum Nassau, der die Chemie und den Mechanismus gelehrt und wohl zu leiten verstand. Auf Herrn Palmi konnte ich all mein Vertrauen setzen und dieser versicherte mich, dass auch desselben Herr Wiedemann würdig sei. Beide unterrichteten mich ihrer angegangenen Handelszweige und des Nutzens, den sie daraus gezogen, der weit höher ansteigen würde, wenn sie mehr /63/ auf ihre mechanischen Einrichtungen setzen könnten. Nach vielen Überlegungen und Unterhandlungen trat ich in Sozietät mit bemelten Herrn. Mein in diesen Handel gelegtes Kapital war anfänglich 3750 Dukaten, für welche ich einen jährlichen Abtrag an den Benefizien von 1/3 haben sollte. Ohne einen Brand, den wir erlitten und auf tausend Dukaten Schaden gebracht hat, ohne die erste Cholerakrankheit, die in Neapel gegen ein Jahr allen Handel mehr oder weniger gehemmt hatte und dem Zeitverlust, welchen die Aufführung der nötigen Lokalitäten verursachen musste, bekam ich doch für meinen Teil in Zeit von ungefähr 21 Monaten 650 Napolitanische Dukaten Gewinn. Da ich aber sah, dass Herr Wiedemann mit der Tochter des Hausherrn, wo wir unser Stabiliment [= Betrieb] hatten, nämlich bei Herrn Don Cesare Spadacini, Strada Campo di Marte, vico S. S. Giovanni & Paolo No 12, in Neapel, verheiratet war und dass bemelter sein Schwiegervater sich sehr der Sachen seines Tochtermanns annahm, so entschloss ich mich aus der Sozietät zu ziehen. Der Trennungsakkord[259] wurde am siebenten September 1837 notariell abgefasst und [die] Herren Palmi und Wiedemann stellten mir Wechsel aus, gegen welche ich in bestimmten Fristen für mein Haben von ihnen 5552 Dukaten zu beziehen angewiesen worden, alles unter Pfandsetzung der sich im Stabiliment vorfindlichen Maschinen: Glättereien, Pressen, /64/ Manginen, Zylinder, Kessel und viele andere Sachen.

[256] Nicht identifiziert.

[257] Dokumente im Zusammenhang mit diesem Geschäft, vgl. CL: P 38/1–3, namentlich ein Brief vom 13.10.1836 (*ibid.* Nr. 3) mit verschiedenen Angaben über den Lauf des Unternehmens. Vgl. auch Einleitung, S. 49.

[258] Vgl. vorhergehende Anmerkung; ausserdem Brief von Franz Wiedemann vom November 1848 (CL: B 32/11): persönliche Nachrichten, welche freundschaftliche Beziehungen voraussetzen, und Bitte um Aufschub einer fälligen Zahlung.

[259] Fehlt im Nachlass.

Schon vor einiger Zeit wurde ich mit meinem Freunde, Herrn Hauptmann Franz Peyer, ein geborener Schweizer, jetzt Kommandant einer Invalidenkompanie, innigst vertraut. Sowohl er als seine Gemahlin, Frau Rosa Lombardi, gebürtig von Sant'Agata de Gothi, suchten mich herzlich in ihrer Familie zu haben; vor ihm und mir war nichts Geheimes. Ganz vertraut und mit Aufrichtigkeit unterhielten wir uns. Meine Geschichte mit Carmelia erzählte ich ihnen, zeigte auch alle von ihr erhaltenen Briefe. Sie fanden meine Aufkündung aus Carmeliens Hand ein Verschut [= Wegwerfen] meines Glückes und Wohlseins. Frau Peyer sonderlich schilderte mir die grössere Bequemlichkeit im Leben mitten im Haus Grimaldi als in meinem Militärstand, sie kam auf das Vergnügen, dass ich hoffen durfte, mit einer solchen Braut meine Tage durchzuleben, sie stellte mir die Verlassenheit in meinem Wittibstande vor, kurz, sie fand, dass ich besser getan hätte, mich zu verheiraten. Ich bin für eine noch so junge Schöne zu alt, sagte ich erwidernd, wäre sie zehn oder fünfzehn Jahre älter gewesen, so würde ich glaublich der Ehe nicht aufgekündet haben.

Angela Rosa, schon gegen dreissig Jahre mit ihrem Herrn Hauptmann Peyer verlobt [= verheiratet], liebte und schätzte ihn /65/ ungemein. Diese beiden waren gewiss ein treffliches Muster für fromme und tugendhafte Eheleute. Zu ihrem Bedauern hatten sie keine Kinder, Vermögen genug, und noch stand der Angela Rosa eine schöne Erbschaft von ihrem sehr alten Onkel, einem Domherrn, ganz nahe entgegen. In ihrem Haus waren immer am Tagesbefehl gute Ordnung in allen Sachen, Reinlichkeit in allen Teilen. Guttätigkeit und herzliche Aufnahme aller ihrer Freunde erlosch nie in ihren Herzen, die Unglücklichen und Armen gingen fast nie leer ab. Ihre Equipage kam selten gebraucht, doch allezeit erhalten, sie lebten erhaben ohne Verschwendungsgeist, ihr grosser Reichtum diente zu frommer und ehrlich angenommener Lebensordnung und Vergnügen. Noch einmal, mein Leser, sei in deinem Urteil nicht zu gäch [= jäh]; ich habe dir wieder eine andere Heiratsgeschichte anzubringen.

Frau Peyer, öfters auf die Auflösung meines Heiratsverspruchs mit der Jungfer Grimaldi zurückkommend, liess einen gewissen Nationalstolz oder Hang merken, der mich versichern sollte, dass Napolitanerinnen genug Tugenden, Vorsicht und Liebestreue besitzen, einen Mann glücklich zu machen, eine Art Verweis, dass ich nicht nach ihrem Urteil [oder] Denken gehandelt habe. Ich bin überzeugt, dass im Grunde ihres Denkens nicht nur der vermeinte Nationalgeist, sondern auch ihr aufrichtiger Wunsch für mein Wohl lag, und dass dieser Keim für mein Wohl von der herzlichen Freundschaft ihres Gatten, der mit mir innigst vertraut war, in ihre aufrichtige Gewogenheit übergegangen sei. Manchmal /66/ sagte Frau Peyer, was können Sie in Ihren Krankheiten, in Ihren Podagraanfällen für Hilfe und Beistand von einem Bedienten, der Militär zugleich ist, hoffen. Was für ein Trost, für eine Unterhaltung, für Hilf und Beistand hätten Sie nicht in solchen Umständen, was für Vergnügen, ja sogar Nutzen würden Sie nicht auch sonst in Ihrem Leben mit einer artigen, frommen, guten und tugendhaften Frau geniessen. Ist denn das, sagte sie, ein ausgemachter Satz, dass alle oder die meisten meines Geschlechts gottlos seien, und dass Sie also an jener, welche die Ihrige werden könnte, dergleichen Widerwärtigkeiten wie früher erleben würden, welche mich selbst für Sie aufs höchste kränken, seitdem ich solche von Ihnen vernommen, und die Sie von einer Ihrer Unwürdigen zu ertragen hatten. Nein, solches ist nicht anzunehmen, nur müssen Sie besser Ihre Wahl prüfen, als Sie jene Ihrer letzten Heirat geprüft haben. Eine Weibsperson ohne sorgliche und gute moralische erhaltene Erziehung ist der Hülse einer schönscheinenden Frucht zu vergleichen, die aber im ganzen ihrem Innern, in ihrem Saft und Essenz ganz verdorben oder schon sehr im Verfaulen begriffen ist; es braucht bei solcher nur wenigen Anstoss und dann zerfällt /67/ das unreine Innere, ja die Hülse selbst zerplatscht. Ihre letzte Gattin muss vielen verstellten Gebrauch ihres natürlichen Witzes gemacht haben; ihr schlaues Benehmen in allem dem, was Ihnen schmeicheln könnte, in allem dem, was sie Ihnen betrügerisch für das Interesse ihrer Haushaltung zu tun verstand, muss Sie zum Heiraten verleitet haben. Wie Sie mir sagten, war diese ihre Magd; genug mit denen – solche Leute wollen sich zur Dame machen, verstehen aber nicht, eben aus Abgang verfeinerter Erziehung als Dame zu leben.

Diese Wahrheiten gingen mir schuldwissend zu Herzen, allein zu spät, das Geschehene, das Getane kann niemand wieder in das Nichts bringen. Mehrere Wochen verflossen in öftern Besuchen der Familie Peyer. An einem Essen kam man neuersach auf meine angeregte Geschichte, Frau Peyer, auf den mir gemachten Vorwurf; ich erwiderte das Angebrachte. Nun, so wollten Sie lieber eine ältere als Carmelia, ich kenne eine, die Ihnen in allen Hinsichten mag tunlich sein. Sie ist eine wohlbemittelte Witwe eines Gardehauptmanns, sie hat mir mehrmals gesagt, dass sie niemand anders als einen Hauptmann oder einen Major heiraten würde, falls ihr ein solcher gefallen täte. Sie hat keine Kinder und lebt allein mit einer Neptissin und einer Magd. Hören Sie, unser lieber Freund, sagte sie zu mir, wir wollen ihr einen Besuch geben. /68/ Sie ist meine Freundin, ich darf Sie mitnehmen, dann können Sie urteilen, ob diese Frau Ihrer nicht wert sei. Sie ist eine gute Haushälterin, ist fromm und tugendhaft, und ich glaube, dass meine Empfehlung, welche ich ihr zu Ihren Gunsten nach anderen Besuchen machen werde, guten Eingang finden möge.

In diesen Anschlag willigte ich mehr aus Vorwitz und Eigenliebe als erwünschlicher Heiratsabsicht. Der Tag zum Besuch wurde bestimmt, und wir fuhren mit Herrn Peyer zur Frau Elisabeth Zupino[260], geborene Scarpati. Diese bewohnte ihr Campagnehaus al Vomero, an der Strasse, die nach der Festung St. Elmo führt, inner den Mautmauern der Stadt Neapel in einer angenehmen Lage. Längs daran stösst ihre sogenannte Masseria, ein Gut mit allen möglichen Fruchtbäumen bestellt, auch mit aller Einrichtung für die Lehnleute versehen. Dieser Anblick musste jedem gefallen. Die Eigentümerin schien mir in keiner Verlegenheit, auch mit einem Schweizer Offizier mit Herrn und Frau Peyer zu empfangen. /69/ Ihr nobles Benehmen, die elegante Einrichtung, Reinlichkeit und geräume Wohnung sprachen in mir zu ihren Gunsten. Die Visite dauerte mehr als zwei Stunden. Frau Peyer unterhielt die Dame, ohne dass von mir ein Laut vorkam. Nach eingenommenen Erfrischungen von Limonaden, Rosoglio und anderen solchen verbeugten wir uns abgehend. Frau Peyer drang auf mein aufrichtiges Gestehen, was ich von dieser Frau denke. Was konnte ich sagen: alles Gute. – Gut, sagte sie, lasset mich machen.

In wenigen Tagen darauf erhielt ich eine neue Einladung von Herrn Peyer. Da angekommen hiess es, zur Frau Elisabeth wollen wir. Auf der Hinfahrt sagte Frau Peyer, heute will Euch diese Frau (wohlgemerkt: Sie sollen es nicht wis-

---

[260] Ergänzende biographische Angaben fehlen. – Die detaillierte Wiedergabe der Bestimmungen des geplanten Ehevertrags lässt vermuten, dass schriftliche Unterlagen vorhanden waren; im Nachlass ist davon nichts erhalten geblieben.

sen) durchaus in der Person überschauen, seiet gefasst, haltet Eure Gleichgültigkeit. Ich war aufgelegt, in allem fröhlich und artig zu sein, auch in Gesprächen die Gesellschaft aufzuheitern. Meine Rolle hatte ich nach Wunsch der Frau Peyer angewendet. Über kurzem würde sie mir über das günstige oder widrige Gefallen, so Frau Elisabeth an mir genommen, Auskunft geben. Der erwartete Entscheid blieb aus, und ich musste noch mehrere Besuche mitmachen, in welchen ich immer mit grösserer Sehnsucht für das Vernehmen, ob ich gefalle oder nicht, /70/ als um den angezettelten Zweck, erschien, eine Eitelkeit, die ich sorglich verschwieg.

Diese meine eitle Sehnsucht kam endlich befriedigt; ich gefiel der Madame Elisabeth. Angela Rosa hatte auch meinen Vermögensstand in Neapel an meinen Rang und Übriges angekettelt, so dass nur noch ein bisschen Anstand das Ja-Wort der Frau Elisabeth aufhielt, auch Anstehen hinsichtlich, dass ich Vater vierer Kinder sei. Auch dieses ebnete Frau Angela Rosa glatt aus. Sie konnte mir die Versicherung geben, Frau Witwe Zupino, geborene Scarpati, sei bereit, mit mir über das Ehebündnis in Unterhaltung zu treten, ich könne nun nach Belieben zu ihr ins Haus gehen, ich werde als Bekannter aufgenommen werden.

Nun, dachte ich, geht wieder eine Verwirrung an; in diese will ich mich aber nicht so enge einlassen, ich will sehen, wie es diese Dame meint. Das erstemal, wo ich meinen Antrag zu machen hatte, ersuchte ich die Frau Angela Rosa dabei zu sein. Im Hingehen bat ich sie, die Sache einzuleiten, ich erklärte mich, dass mir keine Heirat genehm sei, ohne ich finde solche tunlich zum Nutzen meiner Kinder verstanden, hinzusetzend, dass mir diese Frau nach ihrem Tode die Masseria – oder den Meinigen – im Ehekontrakt verschreibe. – *Volete molto, Signor Capitano!* Der Frau Peyer durfte ich glatterdings nicht sagen, dass ich gar keine Lust zum Heiraten habe, ich musste auf Bedingnisse kommen, die nach meinen Ansichten zu hohe Ansprachen [= Ansprüche] machten.

Alle vorgekommenen Reden, pro und contra, hier anzuführen, käme mir zu langweilig. Frau Elisabeth machte die Feine und ich den Galanten, man beschied sich bald ins Haus Peyer, bald zu Elisabeth, auch auf Promenaden ausser der Stadt in der bequemen Equipage des Herrn Peyers oder in Lehnkutschen. Mir entging der anwachsende Hang, den Frau Elisabeth für mich fühlte, gar nicht. Bei jeder solchen Gelegenheit bemerkte ich grössere Zuneigung, sie sprach freier über ihre häuslichen Angelegenheiten, über die Hilf und Rat für dieses oder jenes, ja wohl gar, dass sie allein ihren Geschäften nicht vorstehen könne. Indessen wusste ich, dass sie bei einigen Chefs des Regiments über mein Betragen und anderes Kenntnisse eingezogen; auch hatte ihr Angela Rosa meine ganze Geschichte, die ich mit Carmelia geteilt, erzählt.

Sie fragte mich, wie alt meine Kinder seien, wo und wie ich diese verpflegen lasse, warum ich sie nicht nach Neapel nehme, wo auch gute Erziehungsanstalten seien. Meine Antwort war kurz, dass ein Militär sich hier wie dort nicht persönlich mit solcher Sorge abgeben könne. Und, sagte sie, wenn wir heiraten? Dann, sagte ich, würde man sehen, was zu tun wäre. – Sie sind sehr für das /72/ Interesse Ihrer Kinder eingenommen. – Ja, erwiderte ich, das ist meine Vaterpflicht. Erlauben Sie mir, fuhr ich fort, wer hat Sie meiner so eifrigen Sorge versichert? Angela Rosa, dieser haben Sie ja gesagt, dass Sie mich nicht heiraten würden ohne die Verschreibung meiner Masseria. – Es ist so, meine Dame, ich muss gestehen, dass ich ihr diesen Entschluss vernehmen liess. – Jawohl, ein Entschluss von Wichtigkeit, wenn Sie darauf beharren; ich, ging sie weiter, habe keine Kinder, auch keine nahen Befreundeten als meine Neptissin hier, die Christina; diese liebe ich, sie ist meine Hilf; so lange ich lebe, wird sie mit mir bleiben. Zur Heirat ist sie wegen ihrer Leibesgestalt (sie hatte einen hohen Bukkel oder Hoger, einen kleinen, hageren Leib) nicht wohl geeignet, auch oft kränklich, ihrer muss ich eingedenk sein. Übrigens kann ich mit meiner Sache und freiem Vermögen machen, was ich will. Noch sie, noch ich gaben auf diese Worte einige Minuten lang keinen Laut. Ich begriff, dass einzuworten an mir stand. – In diesem Fall, sagte ich, dürfte man der Hoffnung sein, dass Sie, meine Dame, die bemerkte Bedingnis nicht als den einzigen /73/ Anstand zur Eheschliessung ansehen. Angela Peyer hat Sie in dieser Hinsicht meiner wegen gesprochen; schon eine geraume Zeit ist seither verstrichen. Ich wünsche mir, meine Dame, eine wohlbestimmte Antwort. – Diese sollen Sie in kurzen Tagen vernehmen.

Zehn Tage verflossen, ohne Madame zu besuchen. Sie sollte von mir während ihrer Überlegungszeit nicht gestört kommen. Sie bat mich zu ihr. Nun, Herr Capitaine, kann ich Ihnen die begehrte Antwort geben. Ich habe erstlich Gott um Erleuchtung über so einen wichtigen Schritt gebeten; während der neuntägigen Andacht zu Ehren der lieben Mutter Gottes und meiner Schutzpatronin habe ich auch mein Vorhaben meinem Beichtvater angezeigt, diesen und andere würdige Freunde um Rat gebeten, meine Lage und Sachen ganz durchgesucht und überlegt, in mich selbst zurückgekehrt, die Liebe und Schätzung, so ich für Sie von Tag zu Tag empfand, nach allen Ansichten gemustert, Ihr Begehren nach meinen Umständen und Alter, nach meinen und der einzigen mir angehörigen Neptissin, soviel als übersichtlich, unsere Bedürfnisse für die Zukunft erfordern mögen, mit Kaltblütigkeit erwogen und sohin mich entschlossen, die Ihrige zu werden, wenn Ihnen mein folgender Vorschlag genehm fällt.

Sie müssen mir versprechen, mit mir in Neapel oder /74/ sonst wo im Königreich zu leben. Bleiben Sie Militär, so ist diese Bedingnis unnötig, gäben Sie aber Ihre Demission, so ist selbe Pflicht. – Etwa eine Reise nach der Schweiz würde ich mir gefallen lassen mitzumachen, da aber mein Leben fortzusetzen, behalte ich mir die Wahl vor. – Mich und meine Neptissin standesgemäss zu nähren, kleiden und mit allem Nötigen, auch gewöhnlichen Gebräuchen zu unterstützen, muss mir gewährt kommen. – Daher soll ich immer soviel zu meiner Disposition haben als solches mir Bedürftiges und Anständiges erfordern mag. – Den Ertrag meiner Güter an jährlichen Zinsen, sowie Ihren Militärsold und anderes hier in Neapel besitzendes Haben werden wir zusammenschütten, jedem von uns beiden soll darüber Gewalt zum Nötigen offenstehen. – Meine und Ihre guten, treuen Freunde sollen nach Umstand auf des einten oder andern Einladung in unserem Hause und auch an unserem Tische geehrt kommen. – Die gepflogene Unterstützung für Arme mir fortbestehen lassen, diese ist nach meinem Vermögen eingerichtet. – Da mein Einkommen und Ihr Sold mehr als hinreicht, /75/ eine Kutsche zu halten, und da es oft der Fall sein mag, Ihnen zu folgen, so werden Sie nicht anstehen, diese Auslage zu übernehmen; übrigens kostet die Erhaltung eines Pferdes minder als die Ausgaben, die man oft für einen Fiaker machen muss. – Die Wahl für die Dienstboten mir überlassen oder aufs wenigste mit meiner Einwilligung zu bestellen. – Über alles, was das Ökonomische in der Haushaltung betrifft, mich zu beraten. – Nur bei den Kriegsverpflichtungen zu bleiben, welche Ihnen Ihre Schweizer Kapitulation auferlegt, das ist, keine andere anzunehmen ohne meine Einwilligung. – Nur jene Semester zu benutzen, welche Ihnen nach der Kehrordnung zufallen; ohne mein Gutheissen keine andern. – Sobald es sich tun lässt, Ihre zwei jüngsten Kinder, ja auch die andern, wenn es ihr Wohlsein wäre, zu uns zu nehmen; ich verspreche, selben eine gute Mutter zu sein, obschon ich nie Mutter war. –

Ich habe, sagte sie weiter, einige Geldkapitalia, deren Zinsen behalte ich mir ganz allein vor; mit diesen will ich den Wohlstand für die Zukunft meiner Christina sichern; über die Kapitalien selbst will ich berechtigt sein, zu seiner Zeit nach meinem Willen zu verordnen. – Ebenso verstehe ich, ungehindert über mein Silberzeug tun zu können. Sie oder die Ihrigen sollen /76/ von meinen Dispositionen nicht ausgeschlossen werden, wenn ich mit ihnen in Eintracht und Liebe meine Tage verleben kann. – Ein Inventarium über das Silbergeschirr als zwei grosse Servierlöffel, 24 Possaden (Löffel und Gabeln für eine Possade gerechnet), soviel Messer in Silber geheftet, vier schwere Leuchterhalter, Kaffeekannen, Zuckergeschirr, Kaffeelöffel und andere desgleichen feineren Metalls, zur Zierde und Anstand gebräuchliche Sachen, soll errichtet werden, sobald wir uns vereinigt haben. Belangend meine andere Mobilien werden wir uns später verstehen. – Mein Schmuck, den ich wohl an 600 Dukaten reinen Wert schätzen kann, ist auch ein Gegenstand, der meiner freien Verordnung untergeordnet bleiben soll, sowie mein sämtlicher Anzug aller Gattung und Arten. – Meine Stuben- und Zimmeruhr, für welche ich vor wenigen Wochen 300 Dukaten bares Geld versagt habe, macht auch Teil an meinem Vorbehalten, kurz genommen, alle beweglichen Sachen, welche zum Nutzen und Gebrauch in den Zimmern und Küchen meines Hauses stehen, bleiben mir vorbehalten. – Im Nutzen und Gebrauch verstehe ich auch alle Tableaux, sei Gemälde oder Kupferstiche, welche mich mehr als 150 Dukaten gekostet haben. – Ich behalte mir noch vor, frei über alle Sachen, welche /77/ ich Ihnen nicht benamset und mir später einfallen könnten, nach meinem Belieben zu entscheiden.

Dann, fuhr sie fort, komme ich endlich auf jenen Punkt, der Ihnen so am Herzen liegt: Mein Haus, genannt Cacciotoli No [--], anstossend an die grosse Strasse, die nach St. Elmo zieht, mit der daran gelegenen Massaria, samt allen dazugehörigen Dependenzen sowohl des Hauses als des Gutes, auch allen dazu befindlichen Gebäuden und allem dem, was in solchen nicht als Möbel kann betrachtet werden, gebe ich Ihnen oder Ihren Kindern im Ehekontrakt zum Wohlankomm. Ich, die ich als die einzige Eigentümerin gesetzmässig darüber unbedingt nach meinem Willen disponieren kann, die ich keine Kinder habe, auch keine Erben, welche darauf Ansprach machen können. Dieses Haus und Gut mit dem Dazugehörigen ist durch die mir gemachte Gabe meines unvergesslichen, in Gott ruhenden Gemahls, Gardehauptmann Ritter Zupino, mein unverpflichtetes Eigentum geworden. Schuldenfrei besitze ich solches ungefähr zehn Jahre, frei in voller Ruhe, und nun übertrage ich es Ihnen oder den Ihrigen ebenso frei unter /78/ dem Bedingnis, dass ich, wenn Sie vor mir sterben sollten, was Gott verhüte, die volle Nutzniessung davon bis zu meinem Tode ruhig haben könne. –

Nach geschlossener Ehe mit Ihnen, wenn selbe Gott will, bleibt und steht es von Ihrem Willen, diese Behausung und Massaria zu verkaufen oder anderswie im Reich sicher anzulegen. Vor Todfall sollen Sie mir nach dem erlösten Preis oder anders angewendeten Kapital den jährlichen Zins fünf von hundert sichern. – Zweitens, da ich wirklich als Witwe des Herrn Ritters Hauptmann Zupino eine jährliche Pension aus dem Montem Vidualem von hundertvierzig Dukaten ziehe und selbe durch ein neues Ehebündnis nach Gesetzen verliere, so müssen Sie mir im Fall, ich noch einmal hinterlassen würde, eben soviel per Jahr, so lange ich leben sollte, auf ein gültiges und sicheres Haben anweisen, denn eben im vorrückenden Alter werden mir mehr Bedürfnisse als jetzt auffallen. – Diese Ansprachen mache ich Ihnen, weil ich mit Grunde zweiflen kann, dass wir in unserer Ehe keine Kinder haben werden, um so sicherer glaube ich dieses, da ich schon jetzt /79/ mein neunundvierzigstes Lebensjahr erreicht habe. Ich

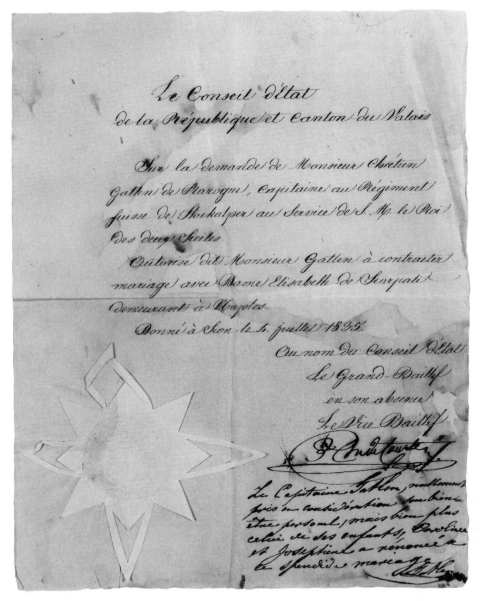

Abb. 22: Die Walliser Regierung erlaubt Hauptmann Gattlen Eheschliessung mit Elisabeth Scarpati.

schmeichle mir, Herr Hauptmann, dass ich somit Ihnen meine Liebe und Hochschätzung bewiesen. – Wahrhaftig, Madame, fiel ich ein, Sie zeigen sich grossmütig! Dennoch aber bitte ich, mir einige Bedenkungsfristen zu gewähren. – Ja, von Herzen, war die Antwort.

Mein erstes war, das Vorgegangene der Frau Peyer bekannt zu machen. Diese trug kein Bedenken, mich glücklich zu nennen, ich solle sogleich aus meinem Vaterlande das Statum liberum, den Taufschein und andere zum Heiraten nötige Schriften verlangen, damit hier die Publikationen, auch nach erhaltener Erlaubnis von Sr. Majestät des Königs, dürfen begehrt werden. So darum war mir nicht. Ich schrieb zuerst an meinen Sohn Ferdinand in St. Gallen; seine Antwort machte mich noch bedenklicher, obwohl selbe in allem Anstand gegen mich und die Vermeinte abgefasst war. Meinen Herrn Bruder [= Schwager] Oberst Amacker bat ich um die Sammlung der besagten Papiere; diese erhielt ich, verschwieg aber der Frau Peyer den Empfang derselben. Die Erwartung solcher berechtigte zur Zögerung der hier in Neapel zu machenden Schritte.

Der Frau Elisabeth musste ich aber doch mein bestimmtes *Ja* oder *Nein* gegen die Annahme oder Verwerfung der mir gemachten Propositionen geben. Die Modifikationen, welche ich für schicklich hielt, sind folgende:

/80/ Madame, Sie haben sich erklärt, nicht in der Schweiz oder in meinem Kanton Wallis wohnen oder leben zu wollen. Ich kann mich auch nicht entschliessen, Ihnen den Verspruch zu geben, immer in Neapel zu bleiben. Sollten es die Zufälle erfordern, mich dahin, wo ich geboren bin, zu verlegen, so würde ich Sie bitten, mir zu folgen... – Jeden Versuch zu einer Erlaubnis, um nach meiner Heimat zu gehen, zu entsagen, würde mir eine strenge Fessel scheinen; diesen kann ich nicht aufgeben, weil dadurch meine und meiner Kinder Interessen zu sehr leiden könnten. – Meine kleinern Kinder nach Neapel zu nehmen, wird mir nur dann angenehm sein, wenn ich sicher bin, dass diese in ihrer Muttersprache wohl unterrichtet sind und ihre ersten Begriffe der Religionspflichten vollkommen gewonnen haben. – Nachdem Ihnen, Madame, im Laufe des Jahres nichts an Nahrung, Kleidung, Gewohnheitsgaben etc. abgegangen und immer einige Fonds zu Diensten bleiben, sei [es] für Sie, mich und was noch sein könnte, so verstehe ich mit dem Reste, der sich vorfinden möchte, nach meinem Belieben zu walten, um ganz gewiss daraus einen Nutzen zu ziehen. –

Belangend die Pension von jährlich 140 Dukaten, /81/ welche Sie verlieren würden, diene Ihnen zu wissen, dass jede Witwe eines im Dienst gewesenen Schweizer Offiziers, der zehn Jahre Sr. Majestät gedient hat, oder bei der Formation des Regiments, in welches er getreten, 45 Jahre alt war, das Recht auf eine Pension so lange sie lebt vom halben Teil des jährlichen Soldes ihres gewesenen Ehegatten hat, Recht, welches ihr auch gewährt ist, wenn seine Majestät geruht, eine zweite oder mehrere Heiraten zu erlauben. Ich, Madame, habe bald zehn Jahre Dienst und war auch zu mehrerer Versicherung für diese Pension mehr als fünfundvierzigjährig, als ich Anno 1827 eintrat. Sie sollen, Madame, wenn ich vor Ihnen sterben sollte, nicht nur 140 Dukaten jährliche Pension, sondern über vierhundertfünfzig = 450 Dukaten zu beziehen berechtigt sein. Würde ich aber meine Demission nehmen, so verspreche ich Ihnen, zu seiner Zeit Sie darüber zu beruhigen. Genehmigen Sie, mir nach Umständen in die Schweiz zu folgen, so muss mir auch frei stehen, die mir gütigst angetragene sogenannte Morgengabe dorthin zu versetzen, wo ich wählen möchte.

Meine Bemerkungen mögen Sie vielleicht, Frau Elisabeth, mir widrig stimmen; denken Sie aber, dass es besser sei, diese Ihnen jetzt und nicht später anzubringen. – Frau Angela Rosa /82/ war in diesem Vorbringen zugegen. Weiters darüber nicht eintretend, beschied man sich zum Wiedersehen. Die Sache mit mir allein überlegend, fand sich der Wunsch in mir für Auflösung der Geschichte, und in dieser Hoffnung verstrichen etliche Wochen. In mehreren Besuchen, welche ich dem Anstand gemäss der Frau Elisabeth machte, kam über alles dieses kein Laut vor, so dass ich mit Vergnügen auf Mittel sann, mich nach und nach zu trennen.

Frau Elisabeth rief mich aber aus dem Stillschweigen. Sie brach den Knoten, sie willigte in alles, sie setzte hinzu, ich bin die Ihrige, machen sie nun, wie eher wie lieber, dass wir vereinigt werden. Die erdichtete Erwartung meiner Papiere schützte mich, dass ich nicht sogleich die Bittstellung an Seine Majestät den König eingeben musste. Von Post zu Posttag hatte ich Anfragen darüber, endlich musste ich die Hoffnung vorschützen, dass ich ins Semester gehen könne, dann würde ich meine Sachen selbst ausheben. Was war zu tun? Frau Elisabeth schickte sich darin. Aus Wallis hatte ich von Herrn Roman Roten das Ansuchen, mich für eine Reliquie der heiligen, dermalen /83/ im Königreich Neapel und auch anderswo in hohem Wunderruf stehenden Märtyrerin Philomena zu bewerben, wissend dass ihre heiligen Überbleibsel vor wenigen Jahren von Rom nach Mugnano del Cardinale feierlich gebracht worden seien, wo jetzt der Allmächtige durch ihre Fürbitte den Gläubigen grosse Wundertaten, Gnaden und Gaben erteilt und ins Bewusstsein fördert. Herr Roman Roten schrieb mir zugleich, dass eine solche Reliquie Seiner Hochwürden dem Domherrn Georg Anton Roten, Bruder des bemelten Herrn Präsidenten von Raron, damaliger Promotor, Supervigilant und Pfarrer allda sehr angenehm sein würde; hochderselbe werde diese in der Pfarrkirche zu Raron zur Verehrung der frommen Gläubigen ausstellen.

Der Ort Mugnano del Cardinale, wo der Körper dieser wunderwirkenden heiligen Märtyrerin von sehr vielen täglich dahin strömenden Christen verehrt wird, liegt östlich 19 italienische Meilen von Neapel. Am Dienstag, den 27. Oktober 1835 fuhr ich mit Herrn Hauptleuten Augustin v. Riedmatten[261], Johann Evéquoz[262] und Herrn Leutnant v. Chastonay[263] nach besagtem Gnadenort, verrichteten da unsere Andachten, staunten nicht wenig über die immer noch anlangende Menge der Menschen und über die kostbaren Gaben, welche auf den Altar der heiligen Philomena gelegt /84/ worden; Gaben sah ich hinlegen, welche wohl den Wert von drei bis vier hundert Dukaten hatten. Manche Stunde musste ich auf Gelegenheit warten, den frommen, ehrwürdigen Priester D. Francesco de Lucia[264], Verwahrer dieses Heiligtums, zu sprechen. Ich stellte ihm meine Bitte, um ein kleines Teilchen vom Körper der heiligen Philomena zu erhalten, Bitte, die vielen vornehmen Personen in meiner Gegenwart verweigert wurde. Indessen bereitete ich mich auf meine Ansprach, voll der sehnlichen Hoffnung, günstig angehört zu kommen. Ich sprach in Italienisch zu ihm:

---

[261] Jean-Etienne Augustin von Riedmatten (1796–1867); vgl. Maag, S. 726.

[262] Jean-Pierre Evéquoz (1793–1880); vgl. Maag, S. 704.

[263] Isidore de Chastonay (1795–1864); er war damals Oberleutnant und wurde erst 1848 Hauptmann. Vgl. Maag, S. 700.

[264] Nicht identifiziert.

Reverendo Sacerdote! Non solo in questo regno la gloriosa Santa Filomena, vergine e martire, de la quale possedete in questo tempio le preziose spoglie, è venerata anche la mia patria, Cantone Valese in Svizzera, la glorifica per la gran rinomina de miracoli ottenti dal Omnipotente per la sua intercessione al bene della santa nostra religione ed in favore de tanti fedeli nelle loro afflizioni. Vengo, Reverendo Signore, pieno di cristiana fiducia e nella speranza di operare pur io in quanto le mie debole forze me permettano alla sempre crescente gloria di Dio con l'ajuto della nostra citata Santa a supplirvi dignissimo vomodi Dio a cio che mi confidate una particella del suo corpo. /85/ Mi fò un dovere d'asciurarla che il dignissimo parocco de la comune ove sono nato Raronia nel Valese, sacerdote canonico, preposto ecclesiastico per varie vigilanze me diede l'incombenza di fare il mio possibile di ottenere un fragmento de la santa martire Filomena, di modo che non dovete temere, Signor Custode, che esso non sara venerato nelle mie mani sinche avro l'onore di consignarlo al predetto illustre canonico, il quale situerà la respettabile particella in uno altare della sua chiesa sotto il titolo di Santo Romano Martire, con la dovuta decenza per essere esposta alla publica venerazione. Io sono, come lo vedete, Capitano al Servizio di sua Maestà Ferdinando secondo, nostro Re, non capace a fate il menomo abuso del santo deposito che mi confidarete, anzi vi assecuro come cristiano Romano ed anche sotto la mia parola d'onore di portarne il piu profondo rispetto, il piu fedel amore e la piu vigilante cura pendente il tempo, che il prezioso dono che chiego dalle vostre mani, resterà in mio potere. Mi offerisco di tutto core a tutte le condizioni che vostra Reverenza giudichera imponermi.

Ganz gelassen hörte mich der ehrwürdige Mann. Er rief einen andern Priester zu sich, gingen ab und liessen mich warten. Bald erschien Herr /86/ Pfarrer N. Guerrero[265], jener welchen Herr de Lucia zu sich gerufen hat. Dieser würdige Herr Pfarrer ersuchte mich, noch etliche Stunden zu warten, angebend, Herr de Lucia habe einstweilen zudrängende Sachen zu besorgen, könne also noch nicht mein Ansuchen überlegen, mithin keine bestimmte Antwort erteilen.

Gegen zwei Uhr nach Mittag beschied mich Herr de Lucia in die Sakristei; mehrere Priester waren zugegen. Hier, sagte mich anredend dieser ehr- und hochschätzliche Mann, haben Sie unter dieser kleinen Schachtel ein Bröschen von den Gebeinen der heiligen Märtyrerin Philomena, auch andere Gegenstände hoher Schätzung derselben; wolle dem allmächtigen Gott die Verehrung dieser Teilchen seiner heiligen Märtyrerin auch in Ihrem Vaterlande, Herr Hauptmann, angenehm und gefällig kommen. Möge Ihr Begehren den mir angebrachten Zweck erreichen, möge alles, was Sie mir vortrugen, zur grösseren Ehre und Glorie Gottes geschehen.

Es ist ausser meinen Kräften, den süssen Eindruck zu beschreiben, welchen mir die Worte, so aus dem Munde dieses apostolischen Mannes flossen, ins Herz gelegt haben, selige Wonne durchstrich mein ganzes Sein, eine mir ganz fremde Fröhlichkeit behagte mich, meine Seele empfand süsse Ruhe, /87/ stilles Vergnügen und kräftigen Trost. Dieser Tag schien mir neues Leben zu bringen, ich fand mich wie neu umgeändert. Welch eine wunderbare Sensation für mich! Zu dieser kleinen Schachtel legte dieser Mann des Herrn folgendes authentisches Zeugnis:

---

[265] Nicht identifiziert.

Januarius (hier ein Wappen) Pasca[266] / Sacrae Theologiae Professor / Dei et Apostolicae Sedis gratia / Episcopus Nolanus.

Universis et singulis praesentis nostras inspecturis fidem facimus indubiam atque testamur qualiter nobis exhibitis pluribus sacris reliquiis eas ex authenticis locis desumptas ac documentis authenticis sigilloque munitas recognovimus ex quibus extraximus quasdam particulas ex ossibus, indussio et capillis sericis Sanctae Filomenae, virginis et martyris, cujus sanctus corpus religiose colitur in oppido Mugnani Cardinalis et reverenter collocavimus in theca formae ovatae a parte anteriori crystrallo, a posteriore vero funiculo serico rubri coloris colligatae, et sigilli nostri parvi impressione in cera Hispanica rubra obsignatam et dono dedimus... Cum facultate dictas sacras reliquias apud se /88/ retinendi aliis donandi et in in quacunque ecclesia, oratorio seu capella publica fidelium veneratione exponendi ad majorem Dei o. m. [omnipotentis?] gloriam et suorum sanctuorum cultum et venerationem in quorum fidem, etc. Datum Nolae ex episcopali palatio die 5ª octobris 1835. / Jan[uarius] Episcopus Nolanus / Gratis ubique./ Ant[onius] Buonapetto, Pro: Secretario.

Auf diese grosse Gabe glaubte ich, dass meine aufrichtigste Danksagung auch mit einem Zeugnis einer Freigebigkeit solle bewiesen kommen. Ich nahm sonach einige Goldstücke und bat den bemelten würdigen Priester de Lucia, diese als eine wenige Erkenntlichkeit anzunehmen; de Lucia stiess meine Hand zurück, mit wenigen Worten und einer seriösen Miene wurde ich abgehalten, sol-

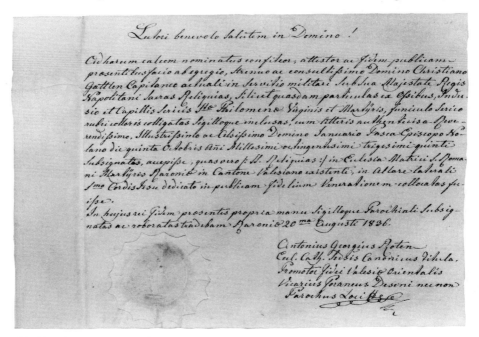

Abb. 23: Pfarrer A.G. Roten bestätigt den Empfang der Reliquien der hl. Philomena, 20.8.1836.

[266] Januarius Pasca (1763–1855), Bischof von Nola, 1828–1855; vgl. HIERARCHIA CATHOLICA, Vol. VII, S. 286. – Die Authentifizierungsurkunde befindet sich in einem ungeordneten Bestand des Pfarrarchivs Raron (z.Zt. im Staatsarchiv Sitten).

chen Antrag zu erneuern, wusste aber aus den an diesem Vormittag in der Kirche niedergelegten Geschenken, wie ich mich benehmen sollte.

Der überall frommgeschätzte de Lucia, beinahe in Mugnano del Cardinale angebetete Priester unterhielt sich mit mir in der Kirche über alle merkwürdigen /89/ Geschichten der heiligen Filomena, über die meisten Gegenstände, welche da ihretwegen ausgestellt waren. Ich sah Geschenke vom König und der Königin von Neapel, vom königlichen Prinzen de Paola und seiner Gemahlin aus Spanien, von anderen gekrönten Häuptern, vom päpstlichen Nuntius in Neapel, von vielen Erzbischöfen, Bischöfen, kurz, von vornehmen Herrschaften aus weit entfernten Ländern. Der menschenliebende Mann begleitete mich sogar einige Gassen weit in Mugnano, ein Vorzug, der an diesem Tage manchem Vornehmen in die Augen stiess.

Frau Elisabeth Zupino erfreute sich auch der erhaltenen Gabe in Mugnano del Cardinale. Sie teilte schon mein Frohes und Widriges, obschon ihr meine erwartende Zeit zu einem Semester und die acht Monate lange Dauer desselben viel zu denken und zu sprechen gab. Indessen besorgte ich neben meinem Militärdienst mehrere Handelsspekulationen in der Stadt Neapel. Diese fielen mir nützlich, beschäftigten mich angenehm bis zur erhaltenen Erlaubnis, nach Wallis zu gehen.

Den 25. April 1836 bestieg ich das Dampfschiff /90/ Leopold der Zweite von Toscana. Frauen Elisabeth und Angela Rosa mit anderen Damen, auch meine guten Freunde, begleiteten mich an Bord desselben. Da wurde beim Klang der Glocke, der alle nicht Abfahrenden auszusteigen warnte, das Adieu gegeben. Die Hoffnung des fröhlichen Wiedersehens mögen die Tränen der Frauen Elisabeth und Angela Rosa getrocknet haben...

Die Fahrt nach Genua war angenehm. In Civitavecchia und Livorno kamen Reisende und Waren aus- und eingeschifft. In Genua musste ich mich einen Tag aufhalten. Von da an nahm ich den Weg über Alexandria. In Valenza wurde wegen dem ausgetretenen Fluss Po die Fahrt drei ganze Tage gehindert, und dennoch langte ich am 8. Mai 1836, also in 12 Tagen, von Neapel an Unterbäch an, wo ich meine zwei kleinsten Kinder Josephina und Carolina bei meinem lieben Bruder Oberst Amacker in Kost hatte. Wie froh ein Vater sein muss, wenn er seine lieben Kinder nach einigen abgewesenen Jahren wieder umarmen kann, lasse ich jene urteilen, welche ein wohlgestimmtes Herz haben. Was für Dankgefühl sich in ihm regt, wenn er /91/ selbe Seine wohlversorgt antrifft, mag auch nur ein guter Vater wissen. Dieses Vergnügen erfuhr ich in vollem Masse. Meine Kinder waren der liebende Teil meines gedachten Herrn Schwagers, und die zärtlichste Sorge seiner Gemahlin, geborene Bonavini, ja dieser schätzbarsten Frau Schwester kann ich nie genug meinen Dank beteuern.

Nach einigen Tagen ging ich in meinen Geburtsort Raron, wo ich an viele traurige Erinnerungen stiess. Meine Einkehr nahm ich bei Herrn Fontaine, meinem vormaligen Assossierten im Flötzhandel. Da hatte ich während der Zeit, die ich in Raron zubrachte, Logis und Kost. Am Fronleichnamsfest[267] befand ich mich in meiner napolitanischen Militär-Tenue auf der Burg zu Raron in der Kirche, da die feierliche Prozession abgehen sollte. Man rief mich heraus. Das unter Gewehr stehende Militär beider Gemeinden Raron und Ausserberg sich

[267] Fronleichnam: 2. Juni, Segensonntag: 5. Juni 1836.

noch erinnernd, dass ich [während] sechsundzwanzig Jahren auch an diesem Feste unseres Herrn Jesu Christi als Kommandant vorgestanden bin, baten mich dringend, ihnen noch einmal das Kommando zu übernehmen. Auch die Offiziere ersuchten mich mit gleichem Nachdruck, und ich vertrat jene Stelle, welche ich schon vor ungefähr acht Jahren verliess. Dies sind Andenken, mein Leser, welche einem freien Schweizer immer beliebig sind. Die Liebe zum Vaterlande kann durch eine lange Abwesenheit in etwas geschwächt /92/ werden, fast niemals aber ganz vergehen. Wenn dem Schweizer nach einer langen Abwesenheit von seinem Vaterlande bei seiner Wiederkehr zufällige Beweise allgemeiner Liebe und Schätzung zuteil kommen, da flammt auf ein neues in ihm die sonst lodernde Glut der Liebe und Anhänglichkeit für sein Vaterland, dann wünscht er aus ganzer Seele noch einst in seinem Leben sich da wieder anzusiedeln, da zu enden, wenn es nur an seinen Mitteln und Möglichkeiten steht.

Nach vollendeter Feierlichkeit empfing ich in meinem Hause die Dankbezeugungen für die gehabte Ehre. Herr Paul Roman Roten, Gemeindepräsident, und einige Vorsteher mit Leutnant Christian Seiler[268] waren die Anbringer des genossenen Vergnügens sämtlicher paradierter Mannschaft. Es wurde veranstaltet, dass auf den sogenannten Segensonntag, nach unseres Herrn Tag, die gleiche Feierlichkeit in der Kirche solle gehalten werden. Dazu wurde ich gebeten, was mich bewog, frei allen aufziehenden Militärs, den Vorständen beider Gemeinden, kurz, allen denen die zur Feierlichkeit etwas halfen, einen so benamsten Trunk etc. nach Mittag zu geben. Seine /93/ Hochwürden Domherr und Pfarrer Anton Georg Roten, dessen Brüder, Grosskastlan Hildebrand und Gemeindepräsident Paul Roman, die Geistlichen der Pfarrei, Herr Kaplan Aufdenblatten[269], Herr Rektor Werlen[270] an Ausserberg, Herr Rektor Favre[271] zu Raron, sowie auch alle Herren und Ansehnlichen besagter Gemeinden genossen auch fröhlich dieses Abendmahl und gaben mir unzweifelhafte, hochschätzliche Freundschaftsbezeugungen.

Sehnlich nährte mich der Wunsch, meine Tochter Barbara, schon Klosterfrau des Ordens St. Vincent de Paul, unter dem Titel Sœurs de la Charité, nahe Evian in Savoyen, zu sehen. Am 18. Juli 1836 verreiste ich von Raron, am 19. desselben, um drei Uhr nach Mittag langte ich bei diesem Kloster an. Man meldete den Vater der Schwester Ignatia; sie erschien noch im Noviziatsanzug, was mich etwas Widriges zweifeln liess, denn ich wusste durch Briefe und ihr öfteres sehr drängendes Verlangen, dass sie den Klosternamen Ignatia und diesen Stand angenommen hatte, sohin sie im vorgeschriebenen Anzug zu finden glaubte. Die zweite Superiorin, Schwester Stephanie[272], empfing mich mit vieler Artigkeit, meine Tochter aber, mitten in Freudentränen begriffen, konnte nur ihre /94/ tiefgerührte Zufriedenheit dem erschauten Vater vorbringen. Sie beruhigte

---

[268] Christian Seiler (1788–1859), später Präsident von Raron und Grossrat Westlich Raron; vgl. BINER, S. 370.

[269] Johann Josef Aufdenblatten (1780–1847), Kaplan in St. German 1818–1847; vgl. Truffer, S. 31; die Angaben bei LAUBER (BWG, Bd. I, S. 293) sind unzutreffend.

[270] Johann Joseph Werlen (1806–1880), Rektor von Ausserberg 1834–1837; vgl. BWG, Bd. VII, S. 416.

[271] Daniel Favre (1806–1880), Rektor der St. Josephspfründe in Raron 1835–1839; vgl. BWG, Bd. II, S. 80.

[272] Nicht identifiziert. Es trifft auch für andere in diesem Bericht erwähnte Klosterfrauen zu.

sogleich die aus dem nicht tragenden Kostüm einer Klosterfrau entstandenen Besorgnisse des Vaters.

Mit Erlaubnis trat sie ab, erschien aber gleich wieder im klösterlichen Habit, in einer weissen Halsfassung, mit einem Gürtel und Bettie [= Rosenkranz] umzingelt. O nun, mein lieber Papa, sehen Sie Ihre glückliche Barbara; durch Ihre Hilfe bin ich jetzt die Schwester Ignatia im Kloster zu St. Paul. Sie haben meinen viel wiederholten Bitten, um der Kostgängerin den Klosterstand zu lassen, endlich erhört; ich bin Ihr glückliches Kind, mein Vergnügen hat nichts mehr zu wünschen, mein Entschluss zu diesem Stand ist mir über ein ganzes Jahr immer treu geblieben, und Ihre Zusagung, lieber Papa, hat mich mit Gottes Gnade mehr als glücklich, vergnügt und ruhig gemacht. Gewöhnlich wurden in St-Paul in diesem Orden einsichtsvolle, arbeitsame Kostgängerinnen vermittelst zwölfhundert französischen Franken angenommen: Meine Tochter Barbara, schon in ihrem sechsundzwanzigsten Jahralter, hatte aber einige böse Krankheitsanfälle als Kostgängerin, sie musste sich schonen und gab also der ehrwürdigen Gemeinschaft mehr als für eine wohlgesunde Person zu tun. Damit sie für ihre /95/ Lebenstage als Patrona angesehen, gehalten und besorgt werde, war mir aufgetragen, einmal für sie oder ihren Eintritt die Kapitalsumme von 3000 (drei tausend) französischen Franken zu bezahlen, nebst hundert gleichen (100) für den sogenannten Trousseau [= Aussteuer] etc.

Am gleichen Tage (ich erinnere mich nicht mehr des dasigen Festes) hatten die Kostgängerinnen in St-Paul eine Comédie. Viele Priester und ansehnliche Personen waren eingeladen; das gespielte Stück vermehrte in jedem Zuschauer den sonst [schon] hohen Ruf guter Lehrerinnen, liebevoller und frommer Erziehung dieses Instituts.

Bei Sr. Hochwürden Erzpriester und Pfarrer Herr N. Gaud[273] hatte ich aus Bestellung der Superiorin Victoire Bertholet mein Nachtquartier zu nehmen und über die Zeit meines dasigen Aufenthalts bewirtet zu kommen. Zufällig vernahm ich von demselben, dass er auch Militär gewesen sei, und was besonders anschloss, dass hochdieser Herr im Schweizer Regiment von Streng in gleichen Jahren 1794 etc., wo ich auch diente, nämlich Seiner Majestät Victorium Emanuelem, König von Sardaignen [= Sardinien]; in Demonte und andern Örtern in Piemont waren wir unbekannt zusammen; die Ausweisung vieler Sachen und damaliger Zufälle hatten uns die Gewissheit durch unsere Erinnerungen /96/ unserer gewesenen Waffengemeinschaft dargelegt. Wir wurden unter uns freier, und es schien jedem Pflicht, sich treuer zu unterhalten.

Die Superiorin des Klosters, Schwester Victoria Bertholet, gab meiner Tochter volles Lob des Gehorsams, der Gelehrsamkeit und Frömmigkeit; sie beteuerte, dass ihre Schwester Ignatia von allen geehrt, geliebt und geschätzt sei.

Auf dieses Vernehmen zahlte ich in die Hände der zweiten Vorgesetzten, Stefania Lombard, die für den Eintritt meiner Barbara erheischten 3100 französischen Franken. Ein komplettes Bett mit dem zur Abänderung nötigen Leinzeug, Tisch-Zwehlen [= Tischtücher], eine silberne Possade, einige Anzugsbedürfnisse hatte sie teils schon früher, als sie da in Lehre und Kost ging, von Hause mitgenommen, teils später erhalten. Schwester Ignatia war bei der Zahlnüs zugegen; als sie die Häufchen Goldspezien sah, sagte sie: wie sauer werden Sie,

273 Claude Gaud (1775–1852), in Saint-Paul 1813–1852; vgl. Rebord, S. 369.

mein lieber Vater, dieses Gold verdient haben, wie vielen Dank bin ich Ihnen schuldig, was kann ich aber Ihnen dafür geben und tun? Ich habe nichts als mein /97/ dankfühlendes Herz und den guten Willen und Vorsatz, wie bis dahin, so lange ich leben werde, den allmächtigen Vater alle Tage eifrig zu bitten, dass er Ihnen, mein lieber Vater, Kraft und Stärke gebe, alle Leiden dieses irdischen Lebens nach seinen göttlichen Absichten zu ertragen, sie vor Gefahren [des] Leibes und der Seele beschütze, sie zum Wohl und guter Erziehung meiner lieben zwei Stiefschwesterchen gesund leben lasse; diese Kleinen liegen mir sehr am Herzen, weil ich weiss, dass Sie, mein lieber Papa, so wie mein lieber Bruder Ferdinand, weit in der Welt von Ihnen und mir entfernt in Sorge und Schweiss für uns arbeiten müssen, selbe anderer Wart anzuvertrauen haben.

Ich weiss auch, guter Papa, dass Sie in Ihren misslichen Krankheitsfällen keine Pflege von den Ihrigen haben können, das Verhängnis menschlicher Zufälle hat uns getrennt, wir können uns in Krankheit mit persönlichem Beistand nicht unterstützen, mit unserem Munde nicht trösten, Ihr und mein Stand, lieber Vater, haben uns glaublich für immer auf dieser Welt gesondert. Ferdinand ist auch in eine Bahn getreten, die schwerlich seine Anschliessung an uns herbeiführen wird. Die einzigen Mittel, so in meiner Gewalt stehen, sind /98/ meine frommen Wünsche für Sie, mein tägliches Gebet zu Gott dem Allmächtigen. Im Gebet will ich mich trösten, wenn ich Widerwärtigkeiten vernehmen muss, welche Ihnen oder jemand von uns schwer auffallen sollten. Wir wollen uns in den Willen Gottes ohne Zaghaftigkeit schicken, gehe es wie es wolle auf dieser Erde. Die selige Hoffnung, uns nach vollendeter Lebensfrist in Gott vereinigt zu finden, hat Kraft genug, allem Drucke zeitlicher Ereignisse zu widerstehen. Sie besonders, lieber Papa, haben schon viele harte Prüfungen bestanden, aus Ihren Erzählungen werden mir manche derselben immer ein bedauernder Anteil bleiben, und ohne tiefen Schmerz werde ich nie an jenes harte Geschick denken dürfen, welches Sie vor einiger Zeit in voller meiner Kenntnis getroffen hat. Heisse Tränen entflossen dieser Klosterfrau; staunend hörte ich ihre Worte, nie hatte ich glauben dürfen, dass aus ihrem Munde mir so was zu Herzen gehen würde; tief gerührt fand sich meine Seele und mit Zuversicht blieb ich auf ihr versprochenes Gebet gestärkt.

Das mir geäusserte Vergnügen meiner Tochter an ihrem lange und wohlgeprüften Klosterstande, die seit dem ersten September 1833 bis zu dieser meiner Besuchung in St-Paul wohl benutzten Lehren in der französischen Sprache, in der Verfeinerung im Leben, in Handarbeiten, in religiösen und moralischen Kenntnissen gingen mir fröhlich zu Herzen. Die nun eingetretene Überzeugung, /99/ dass dieses mein Kind nach seinem Wunsch und Verlangen auf der Welt sein Existenzmittel gesichert habe, verdrängte in mir den unangenehmen Eindruck, welchen der Eintritt ins Klosterleben meiner Barbara beschwerend auf mich gewälzt hatte. Ich sagte zu mir, Barbara hat sich diesen Stand gewählt, sie ist ganz vergnügt, sie hat die Gesetze und Pflichten desselben, als sie noch Kostgängerin war, angenommen und geprüft, sie hat sich artig gebildet, sie ist, wie ich es sehe und vernommen, beliebt und geschätzt, auch habe ich meinerseits die ganze Vaterpflicht zu ihrem Wohl und Verlangen hinzugesetzt; dies ist ihr erwünschter Erbteil, diesen hat sie von mir auf der bösen Welt, und demnach kann ich ja ganz getröstet sein. Sie kann für das ewige Heil ungestört arbeiten, beten, dass ich und die Ihrigen durch frommes tägliches Flehen zum Himmel den Segen Gottes erhalten mögen.

208

Schwester Ignatia in St-Paul bat mich, ihr Stiefschwesterchen Josephina, ein Mädchen von neun Jahren, ins Pensionat zu geben. Diesem Begehren entsprach ich mit Vergnügen, versichert, dass meine Kleine allda in allen Hinsichten wohlversorgt sein werde. Mit solchen Gefühlen und Hoffnungen verreiste ich von St-Paul, den 22. Juli abends 1836. Der Abschied von der Schwester Ignatia war herzdrückend für mich und sie. Der Gedanken, so weit in der Welt entfernt zu kommen und sich für manche Jahre getrennt zu wissen, schlug tief in unsere Seelen. /100/ Mein Vaterherz blutete für sie und ihre kindliche Liebe und Erkanntlichkeit erstickten jeden Laut, der solche in [ihr] aufs höchste gestiegenen Empfindungen beteuern sollte.

Dieses trübe Verlassen leitete mich auf dem Wege nach Evian. Hier verstrich die mir melancholische Nacht bis zur ersten Morgenröte des 23. gleichen [Monats]. Ich schiffte nach Lausanne oder besser zu sagen Ouchy; meine Augen lenkten immer nach dem über Evian erhobenen Hügel, auf welchem das fromme Institut emporstand. Voll trauriger Erinnerungen und der aufgefassten Gewissheit, dass mein erstes Kind unter diesen mir noch sichtbaren Ziegeln sein ganzes Wohl und volle Seelenruhe habe, überstrich ich in der mit Menschen angefüllten Barke den querschneidenden Wasserspiegel des schönen Lemans. Die wohltätigen Morgenstrahlen der Sonne erheiterten meine Seele, die prachtvollen Ufer des Waadt[land]s und des Chablais erfüllten meine Imagination mit angenehmen Bildern. Das Unwiderrufliche meiner Geschichte und das Zuversichtliche meiner Anordnungen wirkten in mir Aufmunterung zu Ausführung des /101/ mir auferlegten Planes.

Der süsse und sehnliche Wunsch, Ferdinand, meinen Sohn, in St. Gallen zu umarmen, verdoppelte leicht alle meine Schritte. Ich war nicht im Begriff einer Lustreise, die Sehnsucht nahm mich sogleich in Lausanne in den Eilwagen über Freiburg, Bern, Zürich etc. nach St. Gallen. Vor Einnachten am 27. besagten Monats liess ich mir in St. Gallen das Haus der Herren Morell beim Regenbogen weisen; ich trat ein, dem Ferdinand Gatlen nachfragend; meine Ankunft gegen diese Zeit war allda vermutet. Man stellte mir die Frage, ob ich der Erwartete sei. Ja, dieses Vergnügen habe ich! Herr Morell kam meinem Sohne vor, dieser führte mich in das Comptor, wo Ferdinand beschäftigt sass. Hier ist ihr Sohn! Was wir hoblen, glättet er, ich verstand diesen simulierten Ausdruck, erwidernd: Herr Morell, schmeicheln Sie mir nicht! Wohl, antwortete dieser, Ferdinand ist jetzt unser *Alles*. Wir sind seiner Führungskraft in unseren Geschäften überzeugt, seine Kenntnisse, sein Fleiss, seine Vorsichten und tief einsehender Geist haben uns nützlich bewiesen, dass wir unser Zutrauen gut gegründet haben. Mein Ferdinand fiel indessen an meine Brust. O Vater, und ein Ruf, ein Druck, der sich unserem ganzen Seelenvermögen mitteilte.

Ferdinand hatte Kost und Logis bei seinen Prinzipalen, /102/ etwas nicht gewöhnliches in St. Gallen für Apprentis [= Lehrlinge] im Handel. Frau Morell[274], geborene Castelli, Schwester des damaligen Hauptmanns Alois, mein guter Freund im 3. Schweizer Regiment in Neapel, hatte mir schon früher auf meine erwartende Ankunft ein Zimmer in ihrem Hause bereitgehalten. Kost und Wohnung musste ich da nehmen.

Was für eine Anwandlung natürlichen Hanges, durch die ruhmvolle Aufführung des Sohnes vermehrt und durch die Wünsche des Vaters erfüllt, musste

---

[274] Vgl. Anmerkung 223.

mich und den Sohn nicht überziehen! Wir fanden keine Worte, unsere Freuden, unsere innigsten Rührungen, unsere seligen Vergnügen, kurz, dem Sohne meine stärkste väterliche Zufriedenheit und er mir seine feurigste Liebe und Erkenntlichkeit auszulegen. Wir bedurften aber keiner Worte. Unsere Blicke, unser natürliches Sein, unsere Unsorge für solche Beweise in Worten und unser selbsteigenes Wesen erzeugten in unseren Seelen den Verwurf aller möglichen Beteuerungen zur Liebe, Zufriedenheit und wesentliche eigene Gefühle für das Wohl des einen und des anderen. /103/ Solches erzeugte aber auch die sicherste Gewissheit einer den Worten nach nicht zu definierende Vater- und Sohnliebe, welche sich in Herzen guter Eltern und treuer Kinder findet, nie aber kann erzwungen werden.

Die Achtung und Freundlichkeit, mit welcher ich in diesem Hause empfangen und während meiner achttägigen Verweilung bewirtet wurde, will ich hier übergehen, genug ist es, dass Ferdinand als der geliebte Sohn des Herrn Morells und seiner kinderlosen Gattin gehalten war, wodurch ich auf das liebvollste die vierte Person an ihrem Tische und anderen häuslichen Genüssen vorstellte. In wenigen Tagen kam ich mehr als überzeugt, dass mein Sohn im Handelshaus Morell-Castelli & Comp. den Ausglätter aller wichtigsten Geschäfte versah. Erstaunt sass ich manche Stunde im Comptor und sah, dass er den Kassier, den Besteller grosser Partien Waren, den Commissionär in manchen Angelegenheiten, den Buchhalter und den Hauptaufseher vertrat.

Das stille Benehmen in allen Vorfällen, die Ordnung, mit welcher er jede früher eingetretene Operation zur ausmachenden Arbeit vornahm, die Leichtigkeit in seinen Arbeiten und die Gegenwart für die Wiederanknüpfung jeder plötzlich eingetretenen /104/ Unterbrechung der vor sich habenden Geschäfte erregten in mir eine angenehme Sensation, welche mich oft zum Denken brachte, ich sei gegen meinen Ferdinand nur ein Narr; soviel hatte ich von ihm nicht erwartet und nach allen Vorstellungen auch nicht erwarten können, denn, angenommen dass ein im Wallis mit gutem Ruf absolvierter Student nur gute Principia für Sprachen, nur die Regeln für Rechnungen und eine karge, oberflächliche Kenntnis der beinahe bedürftigsten Bildung für einen Menschen erhalten kann, denn damals hat die hohe Regierung nichts anders veranstaltet, und so durfte ich ja nicht denken, dass er in Zeit [von] ungefähr 2 1/2 Jahren alle schülerische Steifheit, die dumme Schüchternheit und die von so vielen da gebräuchlichen Pedanterien herrührende böse Verschlagenheit abgelegt hatte; ich durfte nicht glauben, dass er jenes im Wallis nicht bemerkte gezwungene Schreiben fliessender und schöner gebildet, kurz gesagt, das jetzt abgeschmackte alte Verbiage in bündigere und besser lautende Worte verwandelt und dem jetzigen Gang der Zeiten nach angenommene Schreib- und /105/ Rechnungsformen, die klassische Ordnung derselben ebenso gut, schön und klar als der in den besten Lehrinstituten Unterwiesene sich eigen und leicht gänglich gemacht hatte.

Ich sage hier die Wahrheit, die ich aus Demut verschweigen sollte. Warum aber? Bin ich deswegen zu tadeln, wenn ich in der Wahrheit dem Fleiss und der Tugend ein Lob gebe? Nicht nur durch seine glückliche Fassungskraft, durch seinen Fleiss, durch seine unermüdete Tätigkeit hat sich Ferdinand im bemelten Haus schätzbar und fast unentbehrlich gemacht; auch sein Privatumgang hatte ihm die Neigung zu einer gewissen Huld von allen, mit denen er in Verkehr stand, zugebracht; nur ein Beweis dieses seines Vorzuges wird hinlangen, mich keiner blinden Vaterliebe beschuldigen zu können.

210

St. Gallen ist eine Stadt, wo ein ausgedehnter Unternehmungsgeist, Fleiss, Ordnung, Ökonomie, mit strenger Arbeit verbunden, an der Tageseinteilung klebt. Der Müssiggang, die Verschwendung und alle daraus entstehenden Übel sind da selten, folglich sehr auffallend, jeder ist bei seiner Pflicht und Geschäften, nur Fremde und die zum Verkehr der Sachen Bemüssigten betreten /106/ die Gassen. Die Faulen und die Zeitverschwender sind allgemein in St. Gallen verachtet.

Am Abend nach den gewöhnlich verrichteten Arbeiten vereinigen sich die verschiedenen Klassen der Menschen in bestimmten sogenannten Casinos oder Rekreationsstuben, teils um allda die periodischen oder täglichen Blätter zu lesen, teils um sich über interessierliche Angelegenheiten auszufinden, oder um sich gesellschaftlich von der Arbeit zu erholen. Diese Casinos sind gewissen Polizeiverordnungen unterworfen, kein nicht Dazugehöriger oder Beisteuernder wird da aufgenommen, ohne er komme von einem Mitglied dahin geführt. Vom Morgen bis zur bezeichneten Abendstunde sind diese Vereinigungssäle geschlossen und werden es sogleich wieder nach abgeflossenen bestimmten Stunden; dann kehrt jeder Aufgenommene zurück in seine Wohnung oder Koste [= zum Essen]. Jede solcher Gesellschaften hat einen Präsident, welcher der Verwahrer der aufgesetzten Polizeiregeln und der Aufseher und Anordner /107/ aller dazugehörigen Bedürfnisse ist. Der Präsident trägt an über die erforderlichen Spesen, er wacht über die Ausgaben und Einnahmen, verstanden vermittels Hilfe anderer dazu Ernamsten.

Die jungen Handelskomisse, Buchhalter, Reisende für ihre respektiven Häuser, Söhne oder Angehörige der ersten Familien in St. Gallen haben gewiss eines der ansehnlichsten solcher Casinos, wo Artigkeit und Anstand mit dem verabsichtigten Instruktions- und Rekreationszweck in Verbindung steht. Gegen siebzig solcher junger Herren waren damals darin verbrüdert, und wie man es sich denken kann, auch viele, welche auf Ehrenstellen ihres Kreises trachteten, da ein habender Vorzug unter so ansehnlichen, reichen und gelehrten [Personen], allerdings für jeden eine hochschätzungsvolle Empfehlung sein musste. Ferdinand Gatlen, weder Patrizier noch von jemand mächtigen Namens in diese Sozietät gebracht, wurde im zweiten Jahre seines Aufenthaltes in St. Gallen als Präsident dieser blühenden Jugend ernamst, was nach der Sage des Herrn Morells, seines Prinzipalen, etwas Sonderliches in langen Jahren sei, dass ein Fremder in St. Gallen zu dieser Ehre habe kommen können[275].

Wie gesagt, Ferdinand arbeitete mit aller Kraft, für /108/ sich Kenntnisse in seinem Stande zu erwerben, sich ganz auszubilden, um einst ein unabhängiger Mann zu werden. Nebst allen ihm anvertrauten Geschäften nahm er am Abend Lehrstunden der englischen Sprache, welche er nach dem mir gemachten Zeugnis seines Professors korrekt schrieb und las. Er nahm Unterweisungen in der Equitation, um als Reisender besser dienen zu können, auch sogar die Fechtschule vernachlässigte er nicht. Als ich die verschiedenen Ausgaben für diese Sachen sah, fragte ich Ferdinand ein wenig eifrig, was für ein Anlass ihn zur

[275] Es war der «Mercantilische Verein». Im Nachlass sind ein Heft mit Ferdinands Notizen über Angelegenheiten des Vereins (CL: P 39) und drei Briefe (CL: B 16) erhalten geblieben. Es geht daraus hervor, dass er 1836 Aktuar des Vereins war und im selben Jahre zum Präsidenten gewählt wurde.

Fechtschule geleitet habe. Er antwortete mir: Vater, die heutigen Zeiten bringen jedem in der Welt wandernden leicht einen Anstoss zu Ärgernis, es gibt viele böse, streitsüchtige Menschen, welche den Unerfahrenen auf allen Seiten zu nekken suchen, sobald diese aber vernehmen, dass der Angefallenen seine Faust nicht immer im Sack haben werde, so tritt oft, und am meisten auch in solchen bösen Köpfen, die Mässigung ein; seien sie versichert, mein lieber Vater, dass ich meine Grundsätze nie verletzen werde, doch muss es mir nicht ein geringer Trost sein, wenn ich weiss, dass mein Arm mit Vorteil eine Waffe führen kann, nur dann werde ich einen Gebrauch der Waffen machen, /109/ wenn ich angefallen würde und wenn es die Not meiner Selbstverteidigung erfordert.

Herr und Frau Morell veranstalteten beinahe alle Tage eine Ausfahrt, bald auf das sogenannte Berglein, bald zu diesem oder jenem Vergnügen. Man fuhr auch nach Rorschach und in andere Örter nahe am Bodensee. Überall geniesst man in diesen Gegenden die angenehmste Aussicht. Mir verflossen da die wenigen Tage wie der Rauch, der sich im Winde verstreut.

Die Zeit, die mir übrig blieb, in der Schweiz zu bleiben, bemüssigte mich zu noch nicht berichtigten, sehr bedürftigen Geschäften. Ich und mein Ferdinand sahen in die Not, die uns zum Verlassen hiess, wir übersahen unsere ökonomischen Verhältnisse, machten Pläne für unser Wohl in der Zukunft. Ferdinand hatte dem drängenden Verlangen des Hauses Morell noch nicht zugesagt, dass er den schönen Antrag von 300 Florin (circa 30 Louis d'or) per Jahr, nebst freier Logis und Kost, annehmen wolle. Ich war geneigt, ihn dazu zu stimmen, allein er sagte mir: ich bin hier gut und wohl, man sorgt sehr für meine schwache Gesundheit, alles was mir erspriesslich sein kann /110/ gibt man mir; in St. Gallen würde ich glaublich mit der Zeit eine ehrliche Auskunft [= Auskommen] finden, aber dieses wäre, nach meinen Ansichten, nicht getan, was ich tun kann. Hier bin ich an den Grenzen der Handelskenntnisse, in welchen das Haus Morell wirkt, ich kann also keine neuen auffassen; ich wünsche grössere Kenntnisse, welche meinem Stande eigen sind, diese muss ich anderswo suchen und erweitern. Meine Absichten ziehen nach England oder Amerika, darum habe ich auch diese Sprache erlernt; ich habe Anträge zu einem Commis-Platz in Manchester mit 110 Guineen ([am Rande:] eine Guinee an Gold in England circa ein Louis d'or oder 16 Schweizer Franken) per Jahr, auch in Frankfurt am Main kann ich mit einem sehr guten Gehalt ankommen.

Was sollte der Vater dem Sohne sagen, der so tief einsah? Mache was Du willst, mein lieber Ferdinand; ich sehe, dass Du den Stand, den Du gewählt, vorsichtig bewanderst. Jetzt bist Du für Deine eigene Rechnung in der Welt, was Du erwirbst ist Dein. Hier habe ich nun für Dich ungefähr 200 Louis d'or abgetragen, Du hast diese gut und zu meiner Zufriedenheit angewendet, diese Auslagen haben Dich endlich in Stand gesetzt, dass Du mit Ansehen und Ehren /111/ in allen Teilen der Welt Dein Brot haben kannst. Bis jetzt habe ich meine Vaterpflicht an Dir sorglich erfüllt, Du hast mir durch Deinen Fleiss und rühmliche Aufführung während Deinen ganzen Studien Freude verschafft, Du hast den Kosten, so Du mir im Wallis und hier verursacht, zu Deinem Ruhm und Nutzen angewendet, dieses wünschte und beabsichtigte ich immer ohne Rücksicht auf die hohe Summe von circa 450 Louis d'or oder 7200 Schweizer Franken zu nehmen, die mich manchen sauren Schweiss, manche mühsame Nacht, manche drückende Sorgen und manche Entbehrungen gekostet hat. Du weisst, Ferdinand, dass ich von Deiner Mutter noch nichts habe, weil Deine lieben Grosseltern leben, was Gott noch lange wolle. Du weisst auch, dass ich leider Gott Deine Mutter verlor, bevor Du zur Entscheidungskraft kamst, diese von andern Menschen zu unterscheiden, Verlust, der mich acht Jahre im Wittibstand liess, hernach wegen Untreue der Diensten [= Mägde] mich entschliessen musste, eine zweite Gattin zu nehmen, welche ich auch mit grossen Kosten nach den ersten fünfzehn Wochen aus mir verhüllten Leibesgebrechen verlor. Was die dritte meine Gattin mir geschadet, magst Du /112/ urteilen, der Du selbst manches besser als ich einsahest, da ich in Neapel war, doch glaube ich, dass Du den Schaden, so mir diese Untreue zugefügt, wohl an nahe 5000 Schweizer Franken ansetzen würdest, wie ich ihn bestimmen kann.

Solche traurige und andere tiefdrückende Ereignisse müssen mich in manche Verlegenheit gesetzt haben, und um so mehr, mein lieber Ferdinand, da alle diese gehabten Kosten, alle Anwendungen auf Hoffnungen, alle mir durch diebische Dienstboten entzogenen Sachen und das mir durch die besagte untreue Gattin (mich so tief kränkend) verlumpte oder auf die Seite geschaffte Geld und Vermögen mein saurer Schweiss und Arbeit waren. Es sei Dir auch noch einmal gesagt, dass ich wenig von meinem Vater ererbt, ja wohl zu sagen, fast nichts; jenes von meiner Mutter ist an Liegenschaften, so wie es beim Erbfall war, noch da und viel mehr dazu, nehme also an, dass ich den Wert des erhauseten Geldes kennen müsse, glaube, dass ich nicht nur für meine Bedürfnisse, für mein Ansehen und für mein Wohl so drückend gearbeitet und gesorgt habe; für Dich und Deine Geschwister /113/ habe ich mich am meisten bekümmert, beflissen, ja gar sozusagen geopfert. Deine Schwester Barbara ist nach ihrem Willen durch meine hart erworbenen Mittel für das zeitliche Wohl versorgt, und Du, lieber Sohn, hast eine Erziehung, die mir nichts mehr zu sorgen gibt. Für Deine zwei kleinen Stiefschwestern werde ich sorgen, wenn ich das Leben und die Gesundheit habe; falle ich fort, so hast Du von mir den väterlichen Auftrag, für ihre gute Erziehung zu sorgen; Du sollst Ihnen nach allen Deinen Kräften als Vater stehen, seiest Du und sie in welchem Teil der Welt, wo das Schicksal euch trennen mag. Heutigen Tages kann man sich leicht helfen, sei man sogar in den entferntesten Gegenden Europas von einander entfernt.

Du machst Vorschläge nach England, ja sogar nach Amerika, da glaubst Du Geld genug zu finden, um darin Deine Kenntnisse zu erweitern; darüber will ich Dir keine Bemerkungen machen, ich habe Dir ja gesagt, dass Du Dir von nun allein überlassen seist, und dass ich das Meinige für Dich /114/ getan habe. Meine frommen Vaterwünsche werden Dich dahin begleiten, wo Du hinwandern wirst. Unsere Seelen werden sich in einer regulierten Korrespondenz ermuntert finden, wenn das Wohlbehagen des einen und des anderen daraus erhellt; kämen wir in einige Verlegenheit, in einige Bedürfnisse, so würden wir uns gegenseitig immer zu helfen wissen, so engsichtig, dass die Weise zur Hilfe uns entgeht, werden wir, noch ich, noch Du, mein Sohn, gewiss nicht sein. Dass wir aber einstweilen nicht nahe einander leben können, müssen wir uns gefallen lassen; unsere Verhältnisse, unsere Stände und die auf uns gefallenen Anordnungen haben für einmal solches entschieden. Wo wir in der Welt sein mögen, wollen wir uns nicht vergessen, jeder wird die aufhabende Pflicht treu erfüllen, und gibt uns die göttliche Vorsicht das Vergnügen, einmal vereinigt zu kommen, um auf dieser Erde die Früchte unserer Anstrengungen zu geniessen, dann wird Dein schon durch so viele Unfälle geschwächter Vater sich fröhlich und sanft dem Ende /115/ seiner Tage nähern; kommt uns aber diese Freude nicht zuteil, dann

Abb. 24: Hauptmann Gattlen in Uniform des 3. Schweizer Regiments in Neapel.

nähre der Bleibende von uns stets in seinem Busen das fromme Andenken und die selige Hoffnung, dass wir uns einst aus dieser Welt im Herrn finden werden.

Den 5. August 1836, vor Tage, umschlang mich mein hoffnungsvollster einziger Sohn, da ich noch schlummernd im Bette lag. Was, Du schon da, mein Ferdinand? – Ja, Vater, ich habe diese Nacht wenig geschlafen; Ihre Abreise, teurer Vater, beunruhigte mich zu sehr. Er legte sich an meine Brust, sein Herz schlug hoch, sein Schluchzen verriet tiefen Schmerz, der wie eine elektrische Kraft auch in mich drang. In wenigen Stunden sollten wir uns verlassen; wir fühlten wehmütig den schweren Druck dieser Bestimmung. Ferdinand litt schon lange Jahre an schwacher Gesundheit, ich kam oft von Podagra angefallen, meine in mehreren mörderischen Schlachten erhaltenen tiefen Wunden verursachten mir nicht selten Schmerzen. In diesem frühen Morgenbesuch traten bange Besorgnisse in mein und des Ferdinands Herz. /116/ Die angebrachten Schwächlichkeiten liessen uns die Gefahr tiefer einsehen, dass wir uns leicht nie mehr sehen werden; da nahm dieser Zweifel mehr Gewicht an als je in unseren früheren Unterhaltungen in St. Gallen. Der übelahnende Herzenszwang rief uns in hellere Ansichten des Unbeständigen dieses Lebens. Die schon in beide eingeschlichene Zerstörung unserer Gesundheit konnten wir nicht als etwas nicht zu Fürchtendes betrachten; wir wussten nur zu sehr, mit was für Übeln der eine und der andere behaftet war. Keine Worte gaben aber diesen Kummer zu verstehen, kein Laut verdeutete dem anderen die klemmende Besorgnis, keiner wollte den anderen kränken, und dennoch schien es beiden in gleichen herzbrechenden Gefühlen sprachlos anzukleben.

Das helle Morgenlicht traf uns noch in stummer Wehmut. Schmerzliche Ahnungen hatten uns sozusagen in eine Art Starrheit gesetzt, aus welcher wir uns nur mit Worten für Hoffnung aufs Gutergehen herauswanden. Die Gefahr, dass wir uns nie mehr auf dieser Erde sehen würden, stellte sich indessen unserer Einbildung nicht minder lebhaft dar. Wir begriffen engsympathetisch, wie wenig wir auf die Hoffnung der Wiedersehung hielten; jeder suchte aber dem andern diesen Eindruck zu verhüllen. Ich schreibe hier keinen Roman, nein, es ist heilige Wahrheit, dass ich und mein verdienstvoller Sohn, sei es durch was für eine natürliche Ursache es sein mag, durch eigenes Blutrinnen, welches in uns unbegreiflich wirkte, oder durch eine höchst anzügliche [= anziehende] Sympathie uns in solcher stiller Schonung, die wir aus Zärtlichkeit gegeneinander beobachteten, dennoch so verstanden, als wenn die göttliche Vorsicht schon über einen von uns das Urteil zum Tode gefällt hätte. Was hat aber der Mensch? Ein bisschen Hoffnung erhält ihn. Die Zeit bringt jedem melancholische Gefühle, wo nicht ganz von trüben Taumeleien befreite Sinnbilder, doch /118/ einige Erheiterung, aber diese verliert sich oft wiederum in der Zeit, je nach den Zufällen des armen menschlichen Geschickes.

Die Stunde, in den Eilwagen zu steigen, hatte geschlagen. Es musste geschieden sein. O, wehe meinem lieben Vaterherz; wehe jenem meines Sohnes, der mich so liebte. Die letzte Umarmung, der letzte Kuss geschah am Schlage der Diligence, das letzte à Dieu! Voll Schwermut und traurigen Ahnungen reiste ich über Winterthur, Zürich und Aarau nach Bern, immer im Eilwagen, von Bern nach Thun, Frutigen und Kandersteg durch ein besondriges Fuhrwerk, um mich so ungestört der Melancholie überlassen zu können. In Baden fand ich die Frau Schwester [= Schwägerin] Oberstin Amacker und meine unter ihrer Sorge stehende kleine Caroline; beide machten da eine Badekur. Ich nahm Einkehr bei der Frau Schwester Bruttin, geborene v. Werra. Alle diese meine Angehörigen nahmen den wärmsten Anteil, um mein Gemüt aufzuheitern; Dank sei ihnen /119/ allen gesagt.

Meine Caroline machte mir manches Vergnügen, sie war lebhaft, artig und liebenswert, sie suchte mich mit Verlangen, solange ich da blieb. Dringende Geschäfte liessen mir dieses Angenehme nur acht Tage. Am 13. August 1836 traf ich neuerdings in Raron bei Herrn Fontaine ein. Am 18. desselben überfiel mich ein heftiges Fieber mit Podagra-Anfall. Ich empfing die heiligste letzte Wegzehrung, welche man einem Schwerkrankliegenden zu bekommen erteilt. Schmerzlich litt ich bis in die ersten Tage Oktober. Mein Körper war sehr abgefallen und schwach, so dass ich mir kaum die Hoffnung stellen durfte, am darauffolgenden 15. November in Genua sein zu können, wie ich die aufhabende Pflicht hatte, um mit einem Dampfschiff nach Neapel zu fahren. Was tut man aber nicht, wenn man seine moralischen Kräfte herzhaft aufbietet; hauet man manchmal nicht so vieles durch als oft mit guter Gesundheit. Nur nicht zu viel Weichlichkeit, nur gutes, vernünftiges Courage! /120/ Mit solchem beseelt, verliess ich Raron den 8. besagten Monats 1836. Von dem Abschied meiner Leute an Unterbäch und Raron will ich hier wenig melden; man nehme an, dass jener mir allseitig schwer und drückend fiel, besonders jener meiner zwei kleinen Kinder Josephine und Caroline, welche ich der Sorge und Wart meines teuer lieben Schwagers Oberst Amacker und seiner trefflichen Gemahlin, geborene Bonavini, überliess. Diesmal erkannten diese Kleinen meinen Abschied von ihnen mit mehr Herzempfindung; sie kamen beide noch, obschon ich ihnen einen Tag früher an Unterbäch den väterlichen Kuss und Segen gegeben hatte, von da bis zu Raron am Tage meiner Abreise; von anderen Meinigen begleitet, meine alte Muhme, mit diesen und andern, verliessen mich endlich, wills Gott, um sich wiederzusehen. Im Goler gab ich allen im dasigen meinem Haus das herzliche Lebewohl, da meine Kinder an mein Herz drückte, Gott und guten Befreundeten empfahl.

Viele unberichtigte Geschäfte musste ich wegen der mich überfallenen Krankheit zurücklassen und dem adelichen Herrn Paul Roman Roten, /121/ damaligen Gemeindepräsidenten zu Raron, als meinem Schaffner überlassen, freilich mit Zuziehung für Hilfe und Beistand meines Herrn Schwagers Oberst Amacker und Herrn Advokat Clemenz[276] in Visp. Diese und mehrere andere Sachen, die ich am besten selbst würde ins reine gebracht haben, wenn ich gesund geblieben wäre, waren gewiss nicht geeignet, mir guten Mut einzuflössen und meinen noch schwachen Leib in die nötige Kraft zu bringen, um so eine lange Reise in der Winterzeit zu bestehen, allein ich hiess mir: vorwärts Marsch!

Am 13. bemelten Novembers 1836 war ich durch die Diligence schon in Genua; am andern Morgen stellte ich mich vor den dasigen königlichen napolitanischen Consul, damit ich mein Recht auf meinen Semestersold nicht verliere, wie es vorgeschrieben war. Andere Schweizer Offiziere in napolitanischen Diensten fanden sich auch schon da, und einige langten noch vor dem 15. dieses daselbst an. Wegen unvorgesehenen Umständen musste ich da in Genua 26 Tage auf Einschiffung nach Neapel warten, was meiner Gesundheit wohl tat.

/122/ Die damals in Neapel regierende Cholerakrankheit hatte in dieser Zeit alle Kommunikation mit Genua und Marseille unterbrochen, kein Dampfschiff und [keine] anderen berührten Neapel. Doch am 9. Christmonat abends 1836

---

[276] Joseph Anton Clemenz (1810–1872), später Staatsrat; vgl. BINER, S. 274.

fuhr das Dampfschiff Franz der Erste aus dem Hafen von Genua, mit vielen vornehmen Familien aus England beladen. Der österreichische Ambassador in Neapel, Graf von Lebzeltern[277], viele andere Reisende mit etwa 8 Schweizer Offizieren waren an Bord desselben. Es war starker Wind und das Meer prallte wütig an den Molo von Genua. Der Schiffhauptmann selbst machte Bedenken abzufahren; die Reisenden waren aber alle des langen Wartens in Genua überdrüssig, man drang auf Fortstossen. Die Gewalt des Dampfes wirkte und die Seitenräder durchschnitten die Wogen des sehr ungestümen Meeres.

Eine schwarzfinstere Nacht trat ein. Bald wirkte das starke Schwanken des Schiffes in jedem Magen der an Bord /123/ befindlichen Reisenden, die Seekrankheit bemächtigte sich sogar jener, welche sonst bei ruhigem Winde auf dem Meer nichts litten. Nach 4–5 Stunden bereute der Schiffskommandant, dem Willen der meisten seiner aufgenommenen Leute gefolgt zu haben. Es war ohne grosse Gefahr nicht möglich, nach Levante zu fahren; man musste wieder nach Genua kehren, wo wir gegen anbrechenden Tag des 10. Dezembers 1836 anlangten. Sämtliche englische Herrschaften, wie auch der Graf Lebzeltern, Ambassador in Neapel, liessen ihre Equipage sogleich ausschiffen, dermassen hatte das wütige Meer in diesen die Gefahr vorgestellt. Wir Schweizer und andere Fremde mussten zwei Tage auf ruhigere Witterung warten, dann stiessen wir wieder auf gleichem Schiffe ab.

Die Nacht des 12. bemelten Monats November 1836 war anfangs ohne Gefahr; gegen zwei Uhr nach Mitternacht entstanden tobende Winde, die scheinbar alle Minuten drohender wurden, so zwar, dass alle Gegenstände, welche nicht angeheftet waren oder freien Schwankes hingen, über und über geworfen. Es war beinahe keinem /124/ Menschen möglich, auf dem Schiffe hin oder her zu gehen, sogar die Matelots hatten die grösste Mühe, stehend sich zu leiten.

Ich lag in meiner Nische, sehr an der Seesucht leidend, und was mir diese noch vermehrte war, dass der ganze Boden des Salons mit daraufliegenden Leuten ekelhaft überschüttet kam. Bloss aus meiner Konvaleszenz kommend, fühlte ich von mehr zu mehr Schwäche. Der Durst mit einigen Fiebersymptomen quälte mich. Vergebens rief ich, so wie viele andere, den Abwarteren; niemand gab Gehör oder nahm die Bitten, vielleicht wegen dem Gerassel, welches wegen den hochschlagenden Wellen die Worte nicht vernehmen liess. Alles lag in stumm banger Erwartung eines Bruches. Man kam so hoch gewälzt, dass einem ein kitzliches Grausen das Schnauben benahm. Das wieder in tiefe Wellen abfahrende Schiff verursachte eindringenden Schauder, die widerschlagenden Wellen des hochgewälzten Meeres prallten fürchterlich an die Wände des Schiffes und liessen nicht selten ein brechend scheinliches Gekrach vernehmen. Ich hatte mein Ohr an der Wand in meiner Nische; /125/ von fern hörte ich die in erschrecklichem Getöse auf uns zufahrenden Wellen, gleich [wie] wenn ich eine hochangebrochene Schneelawine oder sonst einen Bergbruch vernähme. In ängstlicher Erwartung auf jeden so gewaltigen Schlag grauete ein trüb windischer Morgen. Die Matelots waren ermattet, konnten sich aber wegen etwas eingestellter Furiosität des Meeres mit trefflichen Weinen und Bisquits, das man ihnen extra gab, in etwas erholen. Niemand aus diesen gestand nicht die äusserst überstandene Schiffbruchgefahr in dieser Nacht; alle dankten dem Herrn.

---

[277] Ludwig Graf von Lebzeltern (1774–1854); vgl. BIOGRAPHISCHER INDEX, Bd. 3, S. 1226.

Hier muss ich doch meinem Leser einen kleinen Zufall hinterlassen, der mich da auf dem Schiff immer mehr [von] der Schwachheit ungläubiger Menschen überzeugte. Schon in der Ausfahrt von Genua, in der Nacht vom 9. des früher besagten Dezembers, hatten wir Sturm und Gefahr. Unter uns war ein schöner, junger Franzose, der durch seine Unterhaltung nicht die unzweideutigsten Beweise gab, dass er ein sehr leichter Anhänger seiner Religion oder besser zu sagen, nicht seiner römisch katholischen sei; auch noch in bemelter zweiter Ausfahrt hatte er nur spöttische Gespräche, besonders über die jungen Studenten und Theologen, welche sich in etwa 30 unter der Leitung einiger Priester mit uns auf dem Schiff befanden, deren Bestimmung zum Aussteigen in Civitavecchia /126/ angegeben war. Da aber in dieser Nacht jedem Mitschiffer sein Zeitliches so wie an einem einzigen Haare zu hangen schien, stellten sich alle Gespräche ein. Mein Franzose schwieg sehr schön in seiner Nische nahe der meinigen. Einige liessen durchdringende Geschreie [los] in mehreren Erschütterungen des Schiffes, andere seufzten leise und viele beteten in der Stille zwischen hervorgebendem Seeübel. Ich erinnere mich, dass ein Priester öfters sagte: *vidi mare et fugi,* dann wieder betete. Auch mein Franzose, der nahe mir lag, vergass sich des Rufes nicht: oh mon Dieu! und einmal: mon Dieu, ayez pitié de nous! So übel mir war, konnte ich mich dennoch nicht enthalten, diesem zu bemerken: Vous pensez donc à présent à un bon Dieu miséricordieux? C'est trés bien, Monsieur, convenez qu'on se change lorsque le danger est imminent. L'âme souvent dicte des pensées différentes à celles que la bouche profère. – Oui, erwiderte der Franzose, j'ai fait mon acte de contrition; j'avoue franchement que je pensais à la mort. Hier konnte das Sprichwort wohl angemerkt kommen: *qui nescit orare, vadet ad mare.*

Gegen 9 Uhr morgens des 13. erwähnten Christmonats wurde die Bourrasque [= Sturmstösse] wieder /127/ sehr heftig. Wütender Wind und starker Regen aus tiefen finstern Wolken verkündete neue Gefahr. Beide Triebräder des grossen Wassergebäudes waren stark beschädigt, sich der Segel zu behelfen war keine Rede. Zum Glück fanden wir uns nicht sehr weit vom Golfo de la Spezia entfernt; dahin nahm der Schiffskapitän die Direktion, wo auf bessere Witterung gewartet wurde, die endlich in der Nacht des 14. (1836 Dezember) eintrat. Den fünfzehnten gegen Mittag erreichte das übel aussehende Dampfschiff Francesco Primo die Stadt oder Porto Livorno. Da erst vernahmen wir die vielen Unglükke, welche in bemelter Zeit zwischen Genua, den Inseln Korsika und Elba etc. vorgefallen sind. Ich sage, viele, die schon bekannt waren, da man an verschiedenen Ufern des Landes Menschenkörper, Gerätschaften, Fässer enthaltend Waren, gefunden, ja sogar zersprengte Schiffe herumschwimmend gewahr nahm. Solche Berichte langten an die Polizei, damit die gehörigen Vorkehrungen ergehen möchten. Selbst im Meerhafen von Livorno wurden /128/ von grosser Ungestüme des wütenden Elements Schiffe zusammengeprellt und beschädigt, und, was noch mehr ist, grosses Stück Mauer des Molos umgeworfen. Man denke sich die Wut der reissenden Wellen.

Unser Schiff wurde in Livorno ausgebessert, gute Witterung machte alle fröhlich, und so stiessen wir den 16. Dezember 1836 abends nach Civitavecchia, und von da nach Neapel, wo wir den 18. anlangten. Meine Gesundheit kam in dieser Seefahrt wieder untergraben. Vor der Ankunft in Neapel hatte ich schon Spuren von Podagra. Am ersten Abend meines Ausschiffens empfing mich mein Freund Hauptmann [Joseph Marie] von Werra. Bei ihm nahm ich

218

meine Einkehr, wo ich mich sogleich in einem Fieberanfall zu Bette legen musste.

Schmerzlich duldete ich bis 6. Januar 1837, wo ich anfing, mich aus dem Bette zu ziehen. Meine Konvaleszenz war langwierig. Frau Elisabeth, die früher benamste Witwe Zupino, hatte meine Ankunft vernommen. Sie machte mir mit ihrer Neptissin mehrere Besuche, obschon ich ihr zweimal von Wallis aus geschrieben, dass meine Lage und Geschäfte [verursacht hätten, dass ich] den /129/ zwischen uns schwebenden Heiratsplan aufkünden müsse. Während meines Unmögens sprach sie mir darüber kein Wort, da ich aber am 15. Hornung dieses Jahres mit meiner und zwei andern Kompagnien in die Festung St. Elmo versetzt kam und ihr Casino an der Strasse, welche dahin führt, gelegen ist, konnte ich nicht anders, als oft mit dieser Frau in Gespräche geraten. Alsdann vernahm ich von ihr die Kränkung, welche meine Absagung verursacht hatte.

Mit Hauptmann Peyer und seiner Gemahlin Angela Rosa hatte ich mich wegen angebrachter Aufkündigung auch auszukünften, doch verlor ich von keinem dieser weder Schätzung noch Freundschaft. Die Festung St. Elmo dominiert fast ganz Neapel; darum nennt man selbe den Zaun der Stadt. Ein General hat das Kommando. Ausser einem sogenannten Platzmajor und einigen anderen Platzoffizieren, welche zum *Stato majore* der Festung zählen, waren es seit 1826 immer Schweizer, die da den Dienst machten. Gewöhnlich sind drei Kompagnien kehrweise aus den vier Schweizer Regimentern genommen, welche drei Monate lang darin detachiert bleiben, ohne es seien Vorfälle, dass geschwinder abgelöst wird.

Der Anno 1837 kommandierende General Roberti[278], /130/ ein Mann von harter Strenge, setzte alle Offiziere und Gemeine in Sorge und Angst. Der mindeste Dienstfehler musste gebüsst werden, ja jedes kleine Vergehen blieb nicht ungestraft. Alle Detachementskommandanten ersorgten ängstlich diese Zeit, die mich auch traf. Täglich hatte ich ihm gegen zwölf [Uhr] schriftliche Berichte über Dienst, dieses und jenes, abzustatten. Am Morgen nach der Wachtparade musste ich mich vor ihn stellen, um seine Befehle und Bemerkungen zu vernehmen und manche harte Prüfungen auszustehen. Nach einigen Wochen erhielt ich anfangs versagte Erlaubnisse für die Herrn Offiziere, Erlaubnisse, die das Leben in etwas erträglicher machten; später enthebte er mich selbst von manchen beschwerlichen Sachen, und endlich sogar liess er oft die eingelaufenen Bestrafungen an meinem Urteil.

Ich hatte das Glück, diesen General für mich zu stimmen, so dass er sich in seinen Schreiben an mich mein Freund nannte. Mehrmals hatte ich die Ehre an seiner Tafel. Ich empfing manchen Korb der herrlichsten Früchte aus seiner Sendung, und am Ostersamstag abends ein Geschenk von mehreren grossen Pereten [= Gefässen] des besten Weines mit einigen Pasteten und anderen Fleischspeisen, was ich alles auf dem Tisch der Pension mit meinen Herren Offizieren mitgenoss. Wir hatten also ein fröhliches Alleluja. /131/ Dem von seiner Majestät verordneten Lager vor Capua musste das dritte Schweizer Regiment den 5. April 1837 auch folgen. Die simulakrische Belagerung der Festung, die täglichen grossen Manöver, Märsche oder Arbeiten an den Bastionen waren sehr be-

---

278 Michelangelo Roberti; vgl. Storia, Vol. IX, S. 160. – Im Nachlass befindet sich ein Brief des Generals vom 25. März 1837 (CL: B 32/3), in dem er Gattlen als seinen Freund bezeichnet und ihm für seine soldatischen Leistungen Anerkennung zollt.

schwerlich. Viele Junge, Kräftige, Wohlgesunde unterlagen den Strapazen; die Spitäler wurden angefüllt. Ich hatte aber da in meinem 60. Jahr noch die Kraft, alles mitzumachen, was manchen meiner Bekannten in Verwunderung brachte.

Nicht ohne Bedauern vernahm man im Lager, dass in Neapel am 11. dieses Aprils mehrere Cholera Fälle erschienen seien. Neapel hatte sich bloss die Hoffnung gemacht, von diesem grossen Uebel befreit zu sein. Noch waren auf vielen und vielen Tausenden die Tränen nicht getrocknet, das Wort Cholera erschreckte jeden Menschen, alle waren noch mit den bloss entwichenen Folgen des plötzlichen Anfalls dieser tötlichen Krankheit erfüllt. Wie es hiess, fielen in dieser Stadt in einigen Monaten des Jahres 1836 gegen 22 000 Menschen von dem Cholera Morbus getroffen[279].

Nach 35 Tagen Lager wurde unser Regiment /132/ zurück auf die Hauptstadt beordert; da langten wir den 11. Mai bemelten Jahres 1837 an. Die Polizeien aller Quartiere der Stadt verhüllten soviel [als] möglich die neu eingerissene Krankheit, allein nur zu deutlich stieg die Anzahl der Opfer, die sie täglich machte. Hunderte und Hunderte fielen schon in allen Nächten des Maimonats in die Gruben des cholerischen Campo Sancto [= Cholera-Friedhof]. Bei Tageszeiten wurden keine zur Erde bestattet, sicher um die Ängstlichen nicht höher zu beschweren.

In allen Gassen der ungeheuer grossen Stadt hörte man das Schallen [Läuten], welches anzeigte, dass das Hochwürdigste Sakrament den dem Tode nahen Kranken zugebracht wurde. Die Menschen flohen sich sichtbar, bald jeder hielt einen geistigen Geschmack [= Desinfektionsmittel] vor seine Nase oder kaute etwas Stomatisches im Munde. Nicht selten fielen Leute auf den Strassen von heftigstem Bauchgrimmen ergriffen darnieder. Die Spitalportantien [= Spitalträger] für arme Leute kreuzten oft in den engsten Vikos [= Gassen] der Stadt, um die Hilflosen aufzunehmen. Jedes Militärkorps hatte sich vorsorgend solche Krankenbehälter angeschafft. Beräucherungen von Chlor /133/ und andern chemischen Präparativen gegen die Cholera mussten öfters im Laufe eines Tages angewendet werden. Die Speisen und Getränke zu geniessen, welche der Sanitätsrat für unschädlich hielt, war vorgeschrieben, die Präservativmittel anempfohlen, die ersten Symptome der Krankheit angezeigt und die schleunigste Absonderung der Angefallenen von den Gesunden verordnet.

Die Vornehmen und Reichen der Stadt flüchteten sich in Gegenden, wo keine oder wenig Berührung mit der Stadt war. Alle Korrespondenz (ausser beräucherte Briefe) kam über Meer und Land mit dem Ausland unterbrochen, ja sogar mit den meisten Provinzen des Reichs. Dadurch entstand Mangel an vielen nötigen Sachen, und wo dieser Abgang nicht ganz war, stiegen die Preise hoch an, so dass die armen Leute empfindlich leiden mussten. Verdienst für viele Volksklassen kam eingestellt, wodurch Tausende in sehr drückende Armut gerieten. Der vorkäufliche Wucherer blieb auch nicht untätig, wie es in so traurigen Zeiten spekuliert wird; besonders die für gesund gehaltenen Lebensmittel konnte man nicht unter einem sehr teuren Anschlag bekommen, was gewiss nicht eine kleine Ursache gab, dass die schreckliche Krankheit von Tag zu Tag wüten-

---

[279] Zur Cholera-Epidemie von 1835–1837 in Neapel vgl. MAAG, S. 31–35. Danach war die Zahl der Toten kleiner als hier angegeben; im Sommer 1837 soll sie 13 800 Personen hingerafft haben, in Neapel an einem einzigen Tage 425 Personen. Gattlen gibt für diese Zeit (vgl. II, 147) 40 000–45 000 an, vermutlich öffentlicher Meinung entsprechend.

der um sich griff. Indessen bemühte sich Seine Majestät, der König Ferdinand der Zweite, auf allen Seiten für das Wohl seines Volkes. Anstalten für die Besorgung armer, verlassener Kranken hinsichtlich Medizin und Verpflegung wurden bestimmt, Doktoren mit der Polizei begleitet /134/ mussten in angegebenen Gassen der Stadt morgens und abends erscheinen, damit die armen Familien diese für ihre Kranken könnten in Anspruch nehmen. Die Apotheker hatten Befehl, gewisse Mittel auf die Unterschrift eines von der Polizei anerkannten Medikus für jene Armen, welche er behandelte, gratis auszuliefern, und anderen, minder bedürftigen Kranken mussten [sie] diese von Aerzten verordneten Mittel um bestimmte Preise verabfolgen lassen.

Jedem Podestà der zwölf Bezirke, in welche Neapel eingeteilt ist, waren Vorschüsse angewiesen, aus welchen den Bedrängtesten Lebensmittel, Gewand etc. zufliessen sollten. Besondere Empfangshäuser wurden in jedem dieser Stadtbezirke für die armen Witwen und elternlosen Kinder mit allem Bedürftigen ausgemittelt, eine Zuflucht, welche viele Tausende im Elend Verlassene aufnahm. Von höherem Befehl wurde veranstaltet, dass keine Toten aus ihrer gehabten Wohnung durften genommen werden, ohne vorläufig die Polizei des Bezirkes, in welchem der Fall stattgehabt, dazu zu berufen, gewiss eine vorsichtige, heilsame Verordnung, denn in einer so grossen und bevölkerten Stadt wie Neapel hatte man vieles zu bedenken und zu besorgen. /135/ Niemand mehr durfte in den Pfarr- oder Kongregationskirchen begraben werden, absichtlich, dass die in Fäulnis übergegangenen Körper nicht in pestilenzielle Ausdünstungen übergehen und in der Stadt sich ausdehnen können.

Viele sogenannte Totenwagen kamen verfertigt. Diese rollten hinter schwarz bespannten Pferden ungefähr in der dritten Stunde eingegangener Nachtzeit in die ihnen angewiesenen Gassen. Der Führer oder Verwalter rief in bekannten Stellen mit heller Stimme, und nach einem gegebenen Schällzeichen, dass die Toten zu ihm gebracht werden sollten, verstanden, jene welche wegen Unvermögen ihrer Hinterlassenen nicht schon die Gefallenen den zu bezahlenden Totenträgern übergeben hatten.

Ein ausgesuchtes und zur Begräbnis der an der Cholera Gestorbenen bestimmtes Terrain hatte eine Kundmachung der ganzen Stadt angezeigt; dahin mussten alle entseelten Körper gebracht werden: *omnes, quos una sancta religio conjunxit,* sollten dahin gebracht werden. Der Prinz, der Fürst, der mitrierte Metropolitan wie der Suffragant, der Priester wie das Pfarrkind, der Mönch wie die Nonne, kurz, alle von dieser Krankheit Hingerafften erhielten da in den täglich zubereiteten Gruben ihre Erdüberschüttung, ohne Distinktion für den Augenblick, /136/ wo man eine dahin gebrachte Bahre nach der andern, einen Totenwagen nach dem andern ausleerte und in die Grube schwang, keine anderen geistlichen Funktionen als eine eilige Segnung verrichtete sich für die in allen Stunden der Nacht zum Einscharren dahin Geführten; wie hätte es anders sein können?

Mein Vorwitz hatte mich einige Male in der Nacht bis zu diesem Campo Sancto getrieben. Ich wünschte, mich [von] so manchen Sagen über die grosse Zahl der angegebenen Verstorbenen in jedem Tage so viel [als] möglich persönlich zu überzeugen. Da fand ich niemals zurückgebliebene Freunde, viel weniger eigene Hinterlassene der fast ununterbrüchlich angelangten toten Körper; keine Gattin beweinte da den liebgehabten Ehegemahl und keine Tochter die gute Mutter, niemand folgte dem Verschiedenen [= Toten] in dieses Trauerfeld.

Die frommen Wünsche für eine glückliche Ewigkeit mögen aber gewiss von Tausenden der Eigenen und Freunden die enthüllte Hülle unter heftigen Tränen und trostlosen Ahnungen dahin begleitet haben. Beweise für dieses sind jedem Menschen eigen. Ganz Neapel hörte in diesen ängstlichen Zeiten das Wehgeschrei /137/ Tausender, Verluste an Menschen, was den Ueberbliebenen beinahe das Herz zerriss. Jedesmal, da ich mich nachts nahe an den grossen Gräbern fand, riechte ich auf stark dunstenden Kräutern oder hielt aromatische Gewürze im Mund. Mit solchen Vorsehungen und meiner gewöhnlichen Unscheuheit verweilte ich da manche Stunde, wo ich nur die teuer bezahlten Totengruftgräber und die sogenannte Lazzaroni, die um hohes Geld alle Toten dahin getragen, mit vielen Polizeidienern antraf.

Etliche Male hatte ich Schweizer Kameraden mit, andere Mal zog mich eine gewisse Trauersehnsucht allein dahin. Jeder Lazzaron, der einen Leichnam in einer Bahre auf seinem Kopf zum Campo Sancto Cholerico trug, war mit einem Billet, von der Polizei des Quartiers, zu welchem der Tote gehörte, ausgefertigt, versehen. Dieses Billet, enthaltend Namen, Geschlecht, Stand oder Rang, mit Bezeichnung der Gassen und Nummer des Hauses etc. musste der Totenträger, der sich da vorfindenden Polizei abgeben, und diese erteilte dem Abgeber den Empfang des Verstorbenen, auf welchen der Bestellte endlich sich wieder vor der erst bemelten Polizei in Neapel stellen musste und bezahlt wurde. Gleichen Verordnungen waren auch die Führer der schon benamsten Totenwagen unterworfen. Diese hatten manchesmal /138/ in einer Fuhr 15 bis 20 Menschenkörper in ihren Fourgons. Jedes Spital in der Stadt hat sonst gewöhnlich für die Versendung der Verstorbenen seinen sogenannten Tombaro. Aus diesen Spitälern des Zivil- und Militärstandes kamen viele Entseelte zum cholerischen Gottesacker, auch in Kutschen, im schwarzen Apparate, manche vornehme Verstorbene.

Wenn eine Grube oder so ein Graben voll war, enthaltend 150 bis 200 Kadaver, so kam darüber eine Schicht ungeschwelten Kalkes, dann die Erde, welche stark mit Holzknotten [= Knüppeln] zugeschlagen wurde. Sorgsam Trauernde gaben Befehl, die Gruben zu bezeichnen, in welchen der Gegenstand ihres Schmerzes ruhte, um dann später die Stelle mit einem Monument oder sonst was zu ehren. Mit was für Empfindungen, Gefühlen und Gemütsstimmungen ich diesen Operationen zusah, kann ich nicht mehr angeben, diese waren zu verschieden und zu häufig aufeinanderfolgend, nur weiss ich, dass mich bald ein trauriger, bald ein indifferenter Geist ergriff, dass ich fast immer mit dem armen menschlichen Geschicke und mit dessen Unbeständigkeit auf der Erde beschäftigt herumtaumelte und in solchen /139/ Gedanken starr in die hochtürmenden Flammen sah, welche die Särge und Gerätschaften der dahin gebrachten Opfer dieser Krankheit in jeder Nacht dieser schreckvollen Zeit lange nährten.

Hier überdachte ich: die Geister dieser entseelten Körper haben vor wenigen Tagen, ja viele vor wenigen Stunden, nach den Zuständen der höchsten freien Äusserung ihrer Kräfte gestrebt, alle besassen den gemeinschaftlichen Trieb, ihre Tätigkeit auszudehnen, alles an sich zu ziehen, in sich zu versammeln, sich eigen zu machen, was sie als gut, als vortrefflich, als reizend nach ihren Talenten erkannten. Anschauung des Schönen, des Anziehenden, des Schmeichelnden, des Reizenden war auf der Welt die Besitznehmung ihrer Eigenschaften, und nun, was haben alle diese für einen Besitz? Ihre Körper hat der Zwang der irdischen Umstände hundertweise aufeinander geworfen, sogar den Kriegsminister sahest du unter den Verlassenen, die vorher auf den Gassen ihr Brot bettelten, in diese Grube schleudern. Gleichen Besitz hat hier jetzt der Adelige und der Niedrigste, der Reiche und der Arme; alle diese, welche sich vor so weniger Zeit auf der Welt sehr sorglich distinguieren liessen und den Abstand zwischen ihnen und den wenig geachteten Menschen /140/ vielleicht sogar mit stolzem Hochmut behaupteten, sind in den nämlichen Gruben der Verfäulnis übergeben. Nur ihre religiösen verstrichenen Verdienste mögen ihren Seelen einen Unterschied in der Ewigkeit verschaffen.

Unsere Schweizer, besonders in der Kaserne St. Pietro a l'Arena, hatten viele cholerische Anfälle. Einige derselben brachten den beinahe plötzlichen Tod, andere fielen darauf in wenigen Tagen dahin, nur wenige genasen, gleich wie es bei den Bürgern erfolgte. Seine Majestät der König selbst liess das erste Bataillon, welches in bemelter Kaserne einquartiert war, ausrücken und ging an seiner Spitze ins Feld, um Luft zu ändern, am Abend aber beim Einrücken selbes in ein anderes Quartier versetzen, wo sich minder böse Fälle einstellten. Nach den zwei ersten Dritteln des Monats Mai besagten Jahres grassierte diese fürchterliche Krankheit stündlich mit grösserer Wut, der daraufgefolgte Juni stetzte sozusagen alle Menschen in Neapel in Angst, Jammer und Not. Das Hochwürdigste Gut kam ohne Anzeigung zu den Kranken getragen; man sah die Priester nach allen /141/ Richtungen im schnellsten Gange ziehen, ihr Seeleneifer war gross, diese ehrwürdigen Männer taten ihr Mögliches. Die Angst, von der Krankheit ergriffen zu werden, verursachte, dass ganze Familien hilflos darnieder lagen, weil kein Glied aus denen dem andern beistehen konnte. Wo jemand im Hause angegriffen kam, fielen fast immer mehrere krank, und auf den Tod des einen starben andere Dabeiliegende. Viele Häuser starben ganz aus, und dies in wenigen Tagen.

Auf solche unglückliche Erfahrung wurde verordnet, dass jede Haushaltung alle Morgen und Abend bei benamsten Vorgesetzten jeder Pfarrei die Berichte abstatten müssten, wie sich der Gesundheitszustand ihrer Angehörigen befinde; erfolgte diese Meldung nicht in bestimmter Zeit, so schickten die betreffenden Autoritäten beorderte gute Männer in die Häuser, welche solche Verordnung nicht befolgt hatten, um die Ursach des ausgebliebenen Rapports zu vernehmen.

Der Schrecken, besonders des gemeinen Volkes, ging sogar bis in die absurdesten Ideen über. Der Pöbel, immer geneigt in den allgemeinen Drangsalen gegen die weisesten Anordnungen einer Regierung zu murren, diese in dieser oder jener /142/ Vollziehung des Eigennutzes oder böser Absichten zu beschuldigen, brachte auch in Neapel die unwahrscheinlichsten, unvernünftigsten, boshaftesten Berichte auf die Bahn. Bald hatten die Apotheker mit Einverständnis der Ärzte die Medizin zur Erhaltung der Cholera zubereitet, bald mussten die Mehlhändler und die Pfister Gift darin gestreut haben, bald wollte man versichern, dass die Wirte, Weinschenker, Kaffees und andere solche Warenverkäufer dem Publikum die Cicuta [= Schierling] in den Speisen und Getränken vorstellen, sogar die Gartengemüse, das Fleisch, die Fische und andere zum Speisen geschlachtete Tiere hatten durch die Anpflanzung und durch die erhaltene Nahrung noch die Wirkung eines tötlichen Alrauns in sich: es sei abgesehen, die Bevölkerung zu vermindern, damit einige mit dem Menschengeschlecht, so überbleiben würde, die Leibeigenschaft wieder zum Dienste bekommen und sich somit nach ihrem Belieben bereichern können! Dergleichen /143/ unsinnige, vernunftlose Ausbreitungen hatten ihre Anhänger, einige absichtlich, um Unordnungen anzuknüpfen, in welchen sie die Hoffnung fanden, ihre sträflichen Pläne oder Diebereien durchzusetzen, andere aus platter Einfalt, mangels einer kaum menschlichen Erziehung.

Dieser grossen Menge folgten dann auch sogar aus Gemütsschwäche viele sonst gute Menschen, die aber in allgemeinen Bedrängnissen Kopf und Herz verlieren und so in ihrer Kleinmut den abgeschmacktesten Verleumdungen, den sinnlosesten Volksurteilen entweder Glauben gaben oder sogar in solche einstimmten. Der Vernünftige, Verschwiegene, der Hellsichtige sondert sich in allen Gelegenheiten, wo so tolle Reden um seine Ohren schlagen, sogleich von solchen ab, welche ihm durch dergleichen prahlerische Unterhaltungen im höchsten Grade verächtlich werden; hat er die Geduld und das Erbarmen, diesen Unvernünftigen einige reine Begriffe entgegenzusetzen, so ist es ein glücklicher Zufall, wenn solche von so hirnlosen Köpfen aufgefasst kommen, weil es mehr als bewiesen ist, /144/ dass der dumme Mensch aller reinen Vorstellungen am meisten unempfänglich oder keiner Begriffe, welche man ihm beibringen will, fähig ist. Der Dumme ist auch sehr misstrauisch, allemal wenn es sich um Sachen handelt, welche schon im Publikum einen Ruf erhalten haben. Er glaubt, dass es nicht möglich sei, dass eine grosse Menge der Menschen falsche, ungegründete, sinn- und verstandslose Zumutungen gegen die Regierung, ihre Beamten und einen Teil der Menschenklassen haben könne. Er begreift nicht, dass es möglich ist, dass Feinde der Regierung und der Religion sich nicht scheuen, kein Bedenken zu machen, alle ersinnlichen Unwahrheiten, die schwärzesten Verleumdungen, die ruchlosesten und gefährlichsten Benehmungen auszubreiten und vorzunehmen.

Der Einsichtige [= Einfältige] kann sich die Bosheit der Menschen nicht ganz in ihren tückischen Gängen vorstellen, sein Geist ist dafür zu begrenzt, sein Eigensinn zu hartnäckig und sein Verstand zu misstrauisch, und was noch für das gemeine Wohl in unglücklichen Zeiten das Schädlichste ist, bringt der in dem dummen Menschen /145/ natürliche Hang zum Aberglauben oder willigem Nachfolgen solcher Unsittlichkeiten mit sich. Die Missgunst gegen Menschen höherer Verdienste und Verstandes, der Abstand des Ranges und Ansehens zwischen diesen und jenen Menschen, der Wohlstand und die Armut des einen und des andern, die Tugend und das Laster, so die Sterblichen in einen höchst auffallenden Unterschied setzen, sind die Urquellen so sträflicher Erscheinungen; diese entspringen aus der bösen Natur des Menschen; nur strenge Gesetze, mit Kraft und Vorsicht ausgeführt, machen einen Damm, welcher solche gleich einem wütigen Strom in einen Fluss leitet, wo sie sich verlieren.

Die panische Furcht, vergiftet zu werden, schlich indessen in die meisten Menschen dieser grossen Stadt. Der sonst Reinsichtige und nicht Dummängstige nahm seine Vorsorge. Er kaufte seine Lebensmittel nicht mehr da, wo sie am wohlfeilsten zu haben waren, er spürte dem Vertrauen nach und genoss nur jene, die ihm keiner schädlichen Mischung möglich schienen, sogar der Genuss des Wassers rief ihn auf seine Aufmerksamkeit.

Die Regierung unermüdet verordnete Hilfsanstalten, die Polizei wachte auf die Vollziehung aller Dekrete, auf die Sicherheit und Ruhe der Menschen. Seine Majestät der /146/ König durchging alle Gassen, wo die Hilfe am nötigsten war. Er versicherte sich vieler Umstände, welche die Hilfe und die Unterstützung der Sicherheit in Anspruch nahmen. Auch in den Gassen der Stadt wurden Rauchwerke auf Wagen herumgeführt, in die öffentlichen Laternen, die zur Beleuchtung der Strassen bestimmt sind, Ingredienzen geschüttet, um die Luft zu reinigen, ja viele solcher Reinigungsvorsichten entgingen der Wachsamkeit des Monarchen nicht. Der Kardinal Erzbischof auch seinerseits erliess geistliche Proklamationen an die Diözese, worin er den Eifer der Priester anfeuerte, ihnen die armen Kranken und Sterbenden empfahl, Andachten, vierzigstündige Gebete, Prozessionen in der Stadt, Almosen, Fasten und andere christliche Werke und Tugenden verordnete und den Gläubigen ans Herz legte, kurz, keine mögliche Hilfe und heilsame Verordnungen weltlichen und geistlichen Zweiges blieben untätig, dennoch aber stieg die Zahl der Opfer dieser grausamen Seuche täglich noch höher.

Um das Volk nicht von Tag zu Tag in grössere Schrecken zu versetzen, las man in den Zeitungen, dass dieses oder jenes neu erfundene Mittel gute Wirkung auf Angefallene hervorgebracht habe. Die täglich in den öffentlichen Blättern angegebene Zahl der Toten mag, wie es später hiess, bloss den halben Teil der Verschiedenen in Zeit von 24 Stunden erreicht haben, /147/ was aber oft in den Kaffees widerlegt und durch gründliche Angaben in gerechten Zweifel fiel, da zum Beispiel einer sagte, er hätte gestern abends bei dieser oder jener Port der Stadt, oder in dieser oder jener Gasse in Zeit von 2 oder 3 Stunden nur nach seiner Bemerkung oder nach seinem Aufpassen am Fenster oder sonst wo im Hause 200 bis 250 Tote in Särgen auf Köpfen der Totenträger gesehen nach der Richtung des Campo Sancto tragen; der andere tat einen ähnlichen Bericht, und so, nach diesen und andern bekannten Todesfällen, erhellte es, dass die in den täglichen Bulletins angezeigte Zahl bei weitem tiefer liegt als die wahre sein musste. Es hat sich allgemein befunden, dass vom April bis gegen Ende Juli des Jahres 1837 in der Stadt Neapel allein ungefähr 40 bis 45 000 Menschen[280] von der hochgiftigen Cholera sind verschlungen worden. Am meisten starben vom 15. bis 30. Juni. Von dieser Zeit an vermehrte sich die Zahl der Toten nicht täglich, sie blieb einige Zeit ungefähr in gleichem Verhältnis und, Gott sei Dank, gegen Ende Juli nahm sie ab.

Alle, welche das Glück hatten, von bemelter tötlicher Seuche verschont zu bleiben, kamen überein, dass ihnen doch niemals so wohl gewesen sei wie vor dem Anfang der Cholera. Jeder hatte diese oder jene Leibesbeschwerde zu ertragen, vielleicht Wirkung der angesteckten Luft oder aus bang-ängstlichem Eindruck beunruhigt. Ich meinerseits kann dieser letzten Ursache nicht zupflichten, da ich bis den 18. Juni bemelten Jahres /148/ ohne die mindesten Spuren der so sehr angegebenen Symptome dieser pestilenziellen Krankheit gewesen bin. Ich hatte auch keine Besorgnis, angegriffen zu werden: wenn ich mehrmals, wie gesagt, den cholerischen Campo Sancto besuchte, so fiel mir nie ein banger Eindruck auf, ich lief die ganze Stadt aus und just dahin, wo es hiess, da seien viele traurige Fälle vorgefallen; meine Sehsucht und anderes...zogen mich auf solche Stellen.

Wie manches hohe Bedauern hatte ich als Augenzeuge weinender, hinterlassener Ehehälften, vater- und mutterloser, unmündiger Kinder, Brüder und Schwestern, zu ertragen. Wie manches selige Vergnügen finde ich noch jetzt an Erinnerungen einiger Taten, welche einigen Trost, einige Hilfe und Unterstützung den mir am bedürftigsten geschienenen [Personen], hier so dort, herbei-

---

[280] Vgl. Anmerkung 279.

geführt hat. O, was für eine süsse Wonne belebte mich da nicht! ein gewisses Vergnügen, dass sich fühlen, aber nicht aussprechen lässt. Auf meinen Wegen traf ich oft drei bis vier Bussprozessionen an, alle in grösster Bestürzung, keine fielen mir aber so auf, als wie die der jungen Töchter, welche im Traueranzug, zwei und zwei gepaart, in unschuldigem Aussehen, mit zerflochtenen Haaren, barfüssig, durch die Gassen der Stadt zogen, mit hoch melodischen Stimmen den Allmächtigen /149/ um Schonung, Barmherzigkeit und Nachlass anriefen. Dergleichen Prozessionen wiederholten sich oft; es war herzbrechend die Trauer anzusehen, mit welcher diese vorgingen, erhaben war die Andacht, die man bemerkte und tröstlich die Hoffnung, die man sich daraus versprach.

Am bemelten 18. Brachmonat 1837 sollte ich auf die Hauptwacht der Stadt Neapel ziehen. Es war ein hellheisser Sonntag. Früh morgens hatte ich einige schnell ein- und austretende Kopfschwindel, etlich beschwerliche Grimmen im Unterleib; ich zog mich an, ging zur Militärmesse, nahm ein schwarzes Kaffee, nach meinem täglichen Gebrauch, und war dabei mit gewöhnlicher Gemütsruhe. Mit mehreren Offizieren versammelt, sprach man über die herrschende Sucht und die Anzahl der in Zeit von 24 Stunden Verstorbenen, kurz, man besprach sich über die an den Tag gehenden unglücklichen Begebenheiten. Ich empfand heftigen Schwindel und bald darauf erfolgenden Durchbruch. Die Zeit der Wachtparade war nahe und mit dieser auch in mir schmerzliche Bauchgrimmen und öfterer Durchfall. Einige meiner Kameraden bemerkten meine Zwanghaltung und rieten mir, mich krank zu melden, was ich aber in dem Augenblicke /150/ für untunlich hielt, da keine Zeit mehr war, vor der um 11 Uhr aufziehenden Wacht einen andern Hauptmann dazu zu kommandieren. Von unserem Schweizer Quartier bis auf den Posten der Hauptwacht hatte man ungefähr 3/4 Stunden lang in gutem Schritt zu gehen. Ich wurde während dieses Marsches sehr beunruhigt, doch langte ich da an, ohne dass meine Mannschaft meines Leidens gewahr wurde, nur der mit mir auf gleiche Wacht ziehende Offizier, Herr Leutnant Steinauer[281] von Schwyz, erkannte, dass ich nicht wohl war.

Nach übernommener Wacht trank ich einige Limonaden und anderes nützlich gehaltenes Getränk, bekam aber immer dringendere Durchfälle. Ungefähr gegen vier Uhr nachmittags liess ich mir, meinem Leutnant der Wacht und dem Kavallerie-Offizier der nämlichen Wacht das Essen, wie man sagt, le Diner, vortragen. Meine Haltung war zwanglich, für wohl an dem Tische zu erscheinen; ich bedurfte aller meiner moralischen Kraft, um mitzuspeisen, mich aufzumuntern und der Hoffnung zu sein, meine Wacht auszumachen. Ich ass wenig, wollte aber meine Beschwerde unterdrücken, oder besser zu sagen, verhüllen. /151/ Nach diesem Essen besuchten mich einige Freunde, unter welchen Herr Feldchirurg Etly[282] des ersten Schweizer Regiments. Als dieser mich ansah, sagte er mir: Ihnen ist nicht recht, Sie sehen nicht gut aus. – Ich konnte sicher nicht das Gegenteil erwidern, bekannte ihm, dass mir so und so sei. Sie sind in der ersten Periode der Cholera Krankheit; Sie haben alle Zeichen, dass diese in Zeit 4 oder 5 Stunden von jetzt an Sie heftig ergreifen wird. Nur geschwinde Sie abgelöst und ins Bett. – Ich glaubte noch, dass ich meine Wacht vollenden möchte, ohne den Rapport an den General Platzkommandant machen zu müssen, um durch ei-

---

[281] Dominik Steinauer (1803–1875), später Hauptmann und Major; vgl. Maag, S. 735–736.

[282] Gestorben in Capua (II, 206). Bei Maag im Namenregister nicht erwähnt. Stammt wahrscheinlich aus der Obwaldner Arztfamilie Ettlin; vgl. HBLS, Bd. III, S. 88–89.

nen andern Capitaine ersetzt zu werden, ohne welchen keine solche Ablösung geschehen sollte. Herr Doktor Etly warnte mich dringend, sagend, dass ich gar keine Zeit verlieren sollte, denn hier auf der Wacht, sagte er, werden Sie in wenigen Stunden nichts mehr nützen noch tun können. Mein Herr Leutnant wartete nicht auf einen schriftlichen Rapport, er sprang gleich auf das Platzkommando, berichtete dem General meines Anfalles, der sogleich die Erlaubnis erteilte, dass ich die Wacht verlassen dürfe. Wohl ein Wunder? In solchen Zeiten aber hielt man sich nicht allerdings /152/ an die strengsten Verordnungen.

Ich liess mir einen Fiaker kommen und fuhr in mein Logis Porta Nolana sopra Mura No 4. Da angekommen legte ich mich ins Bett, befahl meinem Bedienten Martin Henzen[283] von der Blatten in Lötschen dieses und jenes vorzunehmen. Nicht lange nachher kam Herr Doktor Etly ins Haus, verordnete mir viel Schnee, dessen man in Neapel zu kaufen findet, in der Limonade zu geniessen, indessen wolle er mir einige Medizin zubereiten etc.

Bald darauf hatte ich Anfälle von Krämpfen, die Füsse erkalteten mir, der Bauchschmerz kam noch öfters und schmerzlicher, der Durst grösser, Drang zum Erbrechen, meine Mattigkeit in allen Gliedern, Schlafsucht und besonders ein spülender Durchlauf. Die Cholera war hiermit ganz in mir. Die Nacht trat ein und ich duldete an allen diesen Uebeln ohne Zaghaftigkeit bis am Morgen. Herr Etly, der sonst viele Patienten im Regiment, zu welchem er zuzählte, zu besorgen hatte, kam gegen 7 Uhr mit unserem Regimentschirurg Herrn /153/ Clemenzo[284] zu mir, gaben Befehl, dass ich von Stunde zu Stunde 8 bis 10 Acini Hipopomana einnehmen solle. Ich wiederholte diese Dosen, bis gegen 50 Acini eingeschluckt waren. Dieses Vomitiv reizte mich beschwerlich, ohne die erwünschte Wirkung hervorzubringen. Ungeacht anderer Potionen, die mir einzunehmen verordnet waren, wurde meine Lage immer gefährlicher; dies erfuhr ich aus den Consulten, die diese zwei Aerzte hielten und mir in allem meinem Uebel nicht entgingen. In solchem Zustand musste ich eine tätigere Abwartung als jene meines Bedienten haben, um so mehr weil dieser bald hin, bald her für die Herbeischaffung vieler bedürftigen Sachen laufen musste.

Freunde bestellten mir einen Mann, der in meiner Umgebung wohnte. Mit diesem wurde es abgemacht, mir beizustehen. Dieser hatte mit sich aus Afrika, wo er lange Jahre lebte, zwei kohlschwarze Kinder gebracht, die er an Kindesstatt angenommen und erzogen hatte, da er früher ein sehr vermögender Mann gewesen sein soll, nun aber aus unglücklichen /154/ Zufällen in Bedürfnis geraten [war]; eine hiess Rosa, die andere Fortunata, beide waren artig und gut erzogen. Diese Mohrinnen kamen abwechselnd den Tag und bei der Nacht beide zu meiner Abwart, welche sie mit allem Fleiss, Güte und Pünktlichkeit vertraten. Kein Mensch hätte mir die verordneten Medizinen, alle vorgeschriebenen Getränke, die wärmenden Tücher für die Füsse und alles das, was ich verlangte, regelmässiger und sorglicher geben können.

Am 21. des besagten Brachmonats trug ich alle Indizien des nahen Todes: meine Augen, wie man mir später sagte, waren eingefallen, die Lespen [= Lip-

[283] In der Bestandesliste des Walliser Bataillons von 1837 (SERVICE ETRANGER, 9/9/19) ist er als Füsilier in der 6. Kompagnie (Kompagnie Gatlen) registriert; 1842 steht sein Name nicht mehr im Verzeichnis der im 3. Regiment dienstleistenden Walliser (ibid., Nr. 40).

[284] Jean-Joseph-Florentin Clemenzo; bei MAAG (S. 645, 660 ff.) für 1848–1849 als Unterarzt registriert; ebenso in den Offizierslisten von 1827, 1834 und 1842 (SERVICE ETRANGER, 8/1/28, 56, 84).

pen] des Mundes schwarz, die Füsse erstarrt, die Stimme gebrochen, kurz alle Zeichen eines unheilbaren Cholerischen lagen auf mir. Ich fühlte deutlich das abnehmende Leben. Daher hatte ich mich auch für meine Seele in Richtigkeit gesetzt. Meine zeitlichen Angelegenheiten waren es schon in meiner Gesundheit, jene im Wallis, da ich zurück nach Neapel verreiste, durch ein da gelassenes Testament, und die in Neapel durch richtig gehaltene Rechnungen mit den Betreffenden, sowohl /155/ in meinen Militärsachen, wie in den Handelsgeschäften, welche ich in dieser Stadt hatte. Mein Freund, Herr Hauptmann Joseph Maria von Werra, war durch eine von mir abgefasste Prokur ersucht, mein sämtliches Vermögen in Neapel, meine Bücher und Titel in Empfang zu nehmen und dann zu seiner Zeit meinen Kindern oder Befreundeten, von mir benamsten, darüber Kenntnis und Rechnung zu geben. Solchen Sachen hatte ich schon bei der Zurückkunft vom Lager Capua zur Vorsorge eingerichtet, nur setzte ich zehn Piaster und andere Sachen hinzu, welche meinem Bedienten Henzen Martin nach meinem Tode als extra Schenkung sollten abgegeben werden.

Hinsichtlich meiner Seele und zeitlicher Sachen war ich, soviel es ein Mensch sein kann, beruhigt, weil ich für das erste sogleich und für das zweite lang vorher meine Vorsorge genommen hatte. Herren Etly und Clemenzo, meine Aerzte, fanden an mir keine Hoffnung zur Genesung, laut ihrer mir später bekannt gewordenen Aussage hätte ich noch am 21. Juni 1837 bis gegen 4 Uhr nachmittags leben können, nicht länger. *Homo proponit et Deus disponit!* Man sagte mich unter meinen Freunden und Bekannten schon hingeschieden, man schrieb ja dieses sogar in die Schweiz.

Nach Mittag besuchten mich noch mehrere Offiziere, unter anderen /156/ Edouard Aufdermauer[285], Sohn des Generals, von Schwyz, ein Mann voll guten Sinnes. Dieser hatte mich kaum angesehen, als er plötzlich fortging; nach etwa einer Stunde kam er zurück, mit ihm ein napolitanischer Arzt, der mich sogleich untersuchte und über alle gepflogene Krankheitsbehandlung ausfrug, bloss vermochte ich über einiges Auskunft zu geben, das mehrere taten meine kohlschwarzen Abwarterinnen. Ich hörte das Wort: *proviamo*. Dieser Arzt verordnete mir geschwinde Aufschläge auf den Bauch, so heiss es möglich zum Erdulden sei, Tücher in weissen Weinessig, worin 1 Unze Nitro solle aufgelöst werden, mussten darin eingetaucht kommen, und so fort und fort, bis er anders befehle. Alle Getränke und ärztliche Mixturen solle ich viertelstündlich, dieses stündlich, jenes in dieser und solcher Verhältnis einnehmen. Meine Abwarterinnen fassten diese Verordnungen mit aller Richtigkeit genau auf. Der Arzt wolle nach einigen Stunden wieder zu mir kommen.

Mein Bedienter Henzen und die Abwarterinnen aus der Morea setzten sich aufs tätigste in Bewegung, alles geschwind gebrauchlich zu haben. Ich lag im Bette, ganz gleichgültig, mir war so wie mir vielmal /157/ in meinem Leben nach einer mühsamen Arbeit oder Verrichtung gewesen ist. Auf Ruhe und Einsamkeit dachte und sehnte ich, Beweise einer tiefen Schwäche in meinen ganzen Lebensorganen.

Mein Herr Napolitaner Arzt fand mich, wie er angab, nicht böser beschaffen als das erstemal, schon ein zwar noch schwacher Grund zu einiger Hoffnung, sagte er, man solle mit den verordneten Aufschlägen die ganze Nacht fleissig fortfahren, so wie auch mit andern neu verschriebenen, einzunehmenden Po-

---

[285] Eduard Aufdermauer (1810–1883); vgl. MAAG, S. 694–695.

tionen, am Morgen darauf werde er mich früh besuchen. Dank den fleissigen Abwarterinnen erhielt ich die sorgsamste Verpflegung in allen verordneten Sachen. Der vortreffliche Arzt fand mich am andern Morgen noch am Leben, was er kaum hoffte. Vorwärts mit gleichen Mitteln, es ist Hoffnung, diesen Hauptmann von der Cholera zu befreien; er muss eine gute Brust, eine starke Natur und auch keine Angst haben, sonst wäre er tot.

Der 22. Juni erwähnten Jahres war für mich ein Tag des Schmerzens, der empfindlichen Vorfälle in meinem Leib. Ich klagte mein Leiden dem Arzt, er half dem nicht. Die Nacht des 23. war nicht gelinder als der vorgegangene Tag, der Morgen des 24. trostlos, und endlich zeigte sich eine glückliche Krisis. Mit dieser war /158/ es aber nicht ganz abgemacht. Die Cholera, welche nur ihre kräftigsten Wirkungen in mir und leicht errungene Zurückfälle [... ?] dieselben würden. Die Erfahrung des Herrn Doktors liess mich warnen, äusserst schonend zu sein. Erst den 4. darauffolgenden Juli erklärte der in Neapel hochgeschätzte Doktor Baracano[286], dass ich nun von den Verfolgungen der tief in mich gedrungenen Cholera gesichert sei, meine Konvaleszenz werde aber lange dauern und ich müsse mich im anfangenden Appetit sehr in achtnehmen, niemals in eine Indigestion zu fallen etc. Die bemelten Aufschläge hatten mir die Haut des Bauches aufgerissen, aus den Bläterchen [= Bläschen] rann eine Feuchtigkeit; dieses Ausrinnen verschaffte mir merkliche Linderung. Hier will ich die Mittel anzeigen, welche mir der berühmte Doktor Baracano in meiner Cholera Krankheit verordnet hat und die mich, nach dem Urteil der früher in dieser Krankheit gehabten Ärzte, nicht vom Tode retten konnten, der ich schon von selben soviel als tot gehalten war und die mich, /159/ wie man in solchen Fällen sagt, verlassen hatten.

1. Wurde in eine Karaffe (ungefähr eine halbe Mass) guten weissen Essig eine Unze purifizierter Nitro geschüttet, nachdem der Essig in Sud war; dann Aufschläge, so heiss als möglich auf den Bauch getan; zum Trinken, nach Bedürfnis des Durstes, Limonade mit etwas Zucker versüsst.

2. Man nehme: Acqua de fiori di tillio una libra, darin Sale absenthi alcali una dramma [1/8 Unze], gomma arabica in polvere due dramme, extractu di giusquiamo 1/2 grano, siroppo di gomma arabica due oncie misce in una bottiglia. Ogni due ore dovei berne dua dita in un bicchiere. Nel forte della malatia si du adjungere due grana di oppio aguso. Quando poi la malatia comincia a diminuire si leva l'oppio, rimpiarrondolo con sei dramme di cremore tartaro.

3. Sul diclinare del male, od nel intrare nella convalescenza si prendere: 3 dramme di cremore tartaro, 12 grana reobarbero rosso preparato si misce in una lebbra d'acqua (la libra e 12 oncie) si puo mettere zucaro a piacere. Se ne beve il tutto nello spazio di ore tre, si puo anche ripetere questo ultimo rimedio come i detti primi, s'inche sivedi l'effetto desiderato. Neben denen kann man inzwischen gelinde, erfrischende Tisanen, Limonaden oder Orangiaden trinken.

Auch ist im Anfall eines Choleraanfangs für gut befunden worden, zwölf Tropfen vierzig Grad starken Weingeist, worinnen Camphor aufgelöst worden, auf ein Stückchen Zucker gegossen einzunehmen, dieses noch einmal nach einer Viertelstunde wiederholt, bis man schwitzet, dann sich geändert und warm

---

[286] Nicht identifiziert.

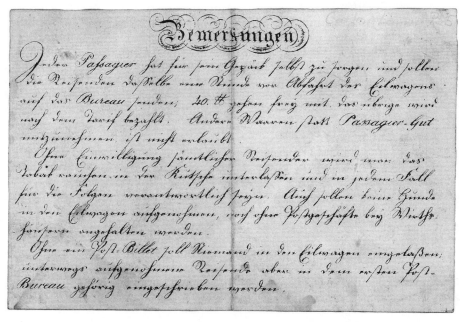

Abb. 25: Fahrausweis für Ferdinand Gattlen von St. Gallen nach Chur, 4.3.1837.

gehalten; solches kann täglich nach Wohlbefinden vorgenommen kommen. Über alle guten Mittel gegen die Cholera hier zu schreiben ist nicht meine Sache. Man sieht anderswo deren genug, ich sage nur von jenen, die mir halfen und von dem Spirito conforato, so meine Mohrinnen Abwarterinnen täglich einnahmen. Da ich mich /160/ in den ersten Tagen nach verlassener Cholera aus dem Bette zog und einige Kraft fühlte, erkundigte ich mich über den Gang dieser Krankheit in der Stadt; sie war noch wütig hinreissend.

Von etwa 60 Offizieren, die ein Regiment hat, lagen 27 krank, mehrere davon waren tot[287]. Im Hause, wo ich logierte, starben während meiner Krankheit richtig 10 Personen an der Cholera, andere lagen daran wie ich noch sehr krank oder in Besserung. Alles dieses hatte man mir sorglich verschwiegen, was mir aber, wenn ich es auch vernommen hätte, gewiss nicht geschadet hätte, denn wie's mir die Abwarterinnen versicherten, hatte ich nie meine Heiterkeit und eine sichtbare Gemütsruhe verloren, da ich doch vor meinem Choleraanfall Tausende der Opfer, die sie machte, mit meinen Augen gesehen, folglich die Lebensgefahr, in welche sie die Angegriffenen setzte, kennen musste. Noch einmal sei hier meinen Afrikanerinnen für die mir so treu geleisteten Abwartungen Dank gesagt. Diese guten Menschen waren nicht nur wegen dem Lohn, den ich ihnen täglich bezahlen liess, gut; ihre Herzen teilten meine schmerzliche Lage, sie taten alles aus gutem Willen, mit Vorsicht und Artigkeit, ihr Benehmen war bevorkommend und ihre Aufmerksamkeit verdient /161/ das grösste Lob.

Mein Bedienter Martin Henzen von Blatten [in] der Talschaft Lötschen hatte nicht so ein gut gestimmtes menschliches Herz; sein Tun war mürrisch, sein Hang nach Kameradschaft suchend, in welcher er sich meiner, ja auch der ihm zum Ankauf der mir bedürftigsten Sachen stundenlang vergass; sein Interesse ging sichtbar meiner Genesung vor. Wegen dergleichen Unsorgen, unbeliebigem Betragen, mürrischer Gegenwart und anderes grobes Wesens wurde er nicht nur mir, sondern von allen denen, die mich umgaben und ihn kannten, mehrmals zurechtgewiesen, allein dieses verbösterte nur um so mehr seine unleidlichen Launen; er drohte, mich zu verlassen, da ich noch unmögend im Bette lag, er wusste, dass ich ihn sehr bedurfte, weil er alle Schlüssel zu meinen Koffern und Kommoden in Verwahr hatte und über alles, was ich ihm anvertraut, ganz allein disponierte; ich konnte ja mich mit keinen solchen Sachen abgeben, kurz, Martin Henzen war, ausser dass er, wie ich nie in Zweifel gezogen, ein treuer, ich will sagen kein diebischer Mann, aber ein grober, undankbarer, hartherziger, köpfischer, böslauniger Klotz, der sich vergass und die ihm getanen Guttaten, durch welche er sich ein schönes Geld ersparte, nicht zu schätzen wusste.

Man denke sich, dass mir in solcher meiner Krankheit, wo ich alles anderen unbedingt überlassen musste, seine mir am 2. Juli gemachte Abdankung nicht

---

[287] MAAG (S. 33) erklärt, es gäbe keine Angaben über die im 3. Regiment erlittenen Verluste während der Epidemie, führt aber die Namen von 6 Offizieren an, die der Seuche erlagen. Einem Brief des Kommandanten Eugen von Stockalper an die Walliser Regierung vom 24. Januar 1837 und beigelegter Namenliste (SERVICE ETRANGER, 12/23/45–46) ist zu entnehmen, dass es im Regiment bis zu diesem Zeitpunkt 39 Erkrankungen und 21 Todesfälle gab; davon betrafen 30 Erkrankungen und 15 Todesfälle das 2. Bataillon (Bat. Vonderweid), dessen Quartier umgeben war von den «quartiers de la ville les plus infectés de cette maladie». Zu beachten ist, dass in obgenannten Zahlen die Opfer, welche die Epidemie im Verlaufe des Jahres 1837, wo sie besonders heftig war, nicht enthalten sind.

wohlannehmend kam, dass dieser mir angedeutete Abschied mich nicht wenig in Verlegenheit setzte, ja sogar in Gefahr, /162/ viele meiner Sachen zu verlieren, weil ich selbst nichts konnte in Empfang nehmen und anderen übergeben, besonders, da ich auch selbst keinen andern Bedienten auszusuchen vermochte, was mich höchst kränken musste und mich in den Zwang setzte, diesen Pflegel zu bitten, aufs wenigste bei mir Geduld zu haben, bis ich besser sein würde, bis ich mich selbst mit einem andern Bedienten versehen könne, etc. Solche Herablassung von mir war ihm eine Art Triumph, er schätzte sich viel, er prahlte viel, aber erschien nur desto gröber, bis ich ihm sagen musste: Martin, Martin! machet in Gottes Namen was ihr wollt. – Henzen stund ein wenig an, er verliess mich in solcher Not...

Bald darauf vernahm ich, dass er gern wieder zu mir kehren würde; ich aber hatte schon einen andern bestellen lassen und, soviel ich meinen Kräften aufbieten durfte, demselben einige Anweisungen über meine Sachen gegeben. Keine Abneigung, viel weniger zornhaltiges Andenken, lässt mich dieses Vergangene mit bemeltem Bedienten hier aufzeichnen, nein, nicht so was. Dieser Zufall gehört zu meiner Geschichte, er hat mich in der bemelten Krankheit empfindlich getroffen und war gewiss nicht von so geringem Gehalt, dass solcher meiner bloss wieder aufkeimenden Gesundheit nicht einen starken Zurückstoss gegeben hat. Auch solches hatte ich von einem /163/ Landsmann in einem fremden Lande, in der höchsten Not und nach so vielen ihm erwiesenen Nutzen und Wohl, zu erfahren und zu ertragen. Gerechter Gott, was ist doch ein Mensch, der die Worte deiner Gesetze nur aus dem Munde zu sprechen gelernt hat, aber dessen Herz für das Erhabene derselben keines Verstandes noch Gefühls empfänglich ist! Verzeihen muss man solchen.

Sobald es meine Kräfte bloss erlaubten, schrieb ich meinem Sohn Ferdinand; es war der 8. Juli 1837. Ich hatte vor dieser besagten Krankheit manchen Brief[288] von ihm aus St. Gallen und aus Mailand, wo er sich bei Herrn Karrer[289] & Comp., Contrada Radagonda, als Commis anstellen liess, [erhalten]. Die Ärzte in St. Gallen hatten ihm das Klima von Italien geraten, auf welches er mehreren Anträgen für England und Frankfurt am Main entsagte. Ferdinand befand sich in diesem Hause sehr wohl, und wie es mir von Herrn Karrer selbst kund wurde, hatte er bei ihnen in Zeit [von] 5 oder 6 Monaten das ganze Vertrauen erworben. Früher, oder während meiner Krankheit, besser zu sagen, habe ich ihm nicht schreiben wollen, damit er meine böse Lage nicht vernehme, und auch er schrieb mir nicht, was mich in etwas beunruhigte. Ich brach also der erste unser Stillschweigen, wie gesagt; ich erzählte ihm die überstandene Gefahr und anderes dazu Gefallenes. Dass in Neapel die Cholera so grausam gewütet, hatte er schon gewusst, denn solches kam in ganz Europa bekannt. Ich dankte Gott in meinem Briefe und wünschte mich glücklich, ihn meiner Genesung zu versichern.

/164/ Den 29. gleichen Monats 1837 erhielt ich Antwort von ihm. Er dankte herzlich dem Himmel, dass ich der Cholera entgangen sei, aber, guter Gott, ich

---

[288] Im Nachlass fehlen diese Briefe.

[289] Vermutlich eine schweizerische Niederlassung. Der Name Karrer kommt in mehreren Schweizer Kantonen vor; vgl. HBLS. – Laut Fahrschein (CL: Nachtrag Dr. A. Lanwer; vgl. Abb. 24) begab sich Ferdinand am 4. Mai 1837 mit der Post von St. Gallen nach Chur, von wo aus er vermutlich weiter nach Mailand gereist ist.

hatte aus diesem Briefe zu vernehmen, dass er sich am 6. dieses [Monats] habe ins Bett legen müssen, ein heftiges Brustübel hätte ihn überfallen und ausser Möglichkeit gesetzt, seinen Verrichtungen im Comptor obzuliegen, er sei im Hause der Frau Bedozzi zwar in allem wohl verpflegt, seine Herren Prinzipalen Karrer & Comp. besuchen ihn täglich und nehmen alle mögliche Teilnahme an seiner Genesung, er sei aber schon wie ein Squeletro vivante [= lebendes Skelett] abgekommen. Der gute Sohn bedauerte, dass er schon im ersten Jahre aus der Schweiz, sich aus Gesundheitsabgang nicht seinen Verpflichtungen widmen könne, für welche ihm im ersten Jahre etwas über tausend Schweizer Franken zugesichert waren. Was tun, lieber Vater? Wieder ihm zur Last fallen? Mein in wenigen Monaten erhaltenes Salarium ist nicht hinreichend, die Consulten und Visiten der Ärzte lange auszusteuern; schon ein Teil meiner Ersparnisse habe ich diesen Herrn abgegeben. Sie wissen, Vater, wie es jedem, der in einem Hause nicht eigen ist, geht. Geduld, auf Krankheit /165/ kann Genesung folgen. Sperare in Domino, war der Schluss seines Briefes vom erwähnten 29. Juli 1937.

Auf den darauffolgenden 8. August schrieb ich meinem Ferdinand wieder. Meine Unterstützung ihm gewährend, brauche ich hier nicht anzuführen, dieses wäre überflüssig, aber ihn auffordernd, nichts zu sparen, nichts zu unterlassen, was immer ihm zur Herstellung seiner Gesundheit beitragen konnte, kann ich nicht übergehen. Meine Ängstlichkeit, dass er an der Auszehrung in Gefahr des Lebens sei, war gross. Ich verhüllte diese ihm nicht, sagend, dass auch seine in Gott ruhende Mutter, eine seiner Schwesterchen, die Catharina, und eine seiner Basinen[290], Tochter seines Onkels Oberst Amacker, an der Phtisie [= Schwindsucht] gestorben seien u.a.m. – Schon am 16. desselben hatte ich seine Antwort zurück, die mich beruhigen sollte; seine Ärzte hätten ihm die Luftänderung anempfohlen, besonders jene des Vaterlandes möchte ihm erspriesslich sein; er fragte mich um Rat, ich solle mich seinetwegen nicht kränken, man habe ihm alle Hoffnung zur baldigen Genesung gegeben, besonders in der Luft, in welcher er geboren [sei]. Herr Karrer und Compagnie hätten ihm ihre Reise-Chaise, Pferd und einen guten Mann angetragen, um in aller Bequemlichkeit seine Reise nach Wallis zu machen. Dieses und anderes schrieb er mir, ich aber sah nur zu sehr, dass meine Sorge für Ferdinands Gesundheits- /166/ verlust gegründet war. Ich antwortete ihm sogleich wieder, er möge sich benehmen, wie er's am tunlichsten glaube, und falls er sich ganz entschliessen sollte, ins Wallis zu reisen, so möchte er sich in Leuk bei Herrn Arzt Mengis in Kur und Kost geben, ich werde demselben schreiben, dass da gar kein Anstand erfolge. Auch werde ich Seiner Exzellenz, dem alt Staatsrat Doktor Gay, die schriftliche Bitte stellen, meinem Sohn nach aller seiner möglichen Hilf und Beratungen, mit Herrn Mengis zu teilen, alles anzuwenden, alles aufzubieten, was die Kunst und die Natur in sich haben und ihm bekannt sein möchte, um seine Gesundheit herzustellen.

Auf dieses Schreiben verliess Ferdinand Mailand, den 27. August 1837, und reiste in obbemelter Kalesche und [in Begleitung] eines ihm vom Hause Karrer & Comp. zugegebenen treuen Mannes nach Wallis. Am 3. September darauf langte er in Leuk bei Herrn Mengis an. Den 4. desselben schrieb er mir und gab die vergnügende Anzeige, dass er sich auf der Reise besser befunden habe, solle also guten /167/ Trostes sein. Er bat mich, seinetwegen unbesorgt zu leben, meine Gesundheit zu schonen, er werde mir hoffentlich in kurzer Zeit ver-

---

[290] Katharina Amacker (1816–1837); vgl. INDERMITTE, S. 7.

gnügendere Nachrichten über seine Gesundheit geben können, ich solle ja mich doch nicht kränken, der ich noch nicht aus der Convaleszenz der grausamen, bloss überstandenen Krankheit getreten sei. Meine Gesundheit sei ihm und seinen Schwesterchen das kostbarste und liebste Gut auf der Welt.

Den 16. September 1837 erhielt ich [einen] Brief von Ferdinand, hauptsächlich folgenden Inhalts: [--][291]

Herr alt Staatsrat Doktor Gay und Mengis, Arzt in Leuk, hatten mir zurückgeschrieben und mich aller möglichen Hilfe versichert. Eine Menge Briefe[292] wurden mir wegen Ferdinand zugesandt, als von Herrn Bruder Oberst /168/ Amacker, seiner Frau, geborene Bonavini, von der Frau Oberst Bruttin, geborene v. Werra, von Herrn Fontaine und anderen mehr. Die einen trösteten mich, die andern zeigten mir bestimmter die Gefahr an, in welcher Ferdinand lag. Alle aber versicherten mich, dass ihm bei Herrn Mengis alle nur mögliche ärztliche Hilf und Bedienung geleistet sei. In solcher ängstlicher Spannung litt meine noch nicht ganz von der Cholera erhobene Gesundheit nicht wenig. Ich schleppte mich mühsam herum und war zu nichts aufgelegt. Sehnlich harrte ich auf neue Berichte.

Auch mit meiner Tochter Barbara, jetzt Schwester Ignatia des Klosters St-Paul, war ich in einem langen Korrespondenz-Unterbruch. Ich hatte mich in einem an sie gerichteten Brief besonders eifrig über ihr langes Stillschweigen oder Nichtschreiben ausgedrückt, weil ich keine Antwort auf die Anzeige meiner Cholera [und] auf die Anzeige der Krankheit ihres Bruders Ferdinand hatte, und so sie eines harten Herzens beschuldigt. Ihr Brief vom 17. Oktober 1837 liess mich diesen Vorwurf sehr bereuen. Sie meldete mir, dass man ihr alle diese Briefe im Kloster /169/ verborgen hatte, weil auch sie mehrere Wochen in einer so starken Krankheit lag, dass man sie mit allen heiligen Sakramenten versehen hatte und nahe dem Tod glaubte. Jetzt erst, in anfangender Besserung, seien ihr meine Briefe vorgelegt worden. Sie, diese fromme Tochter, gab mir in ihren Ausdrücken die Beweise ihrer schmerzlichen Teilnahme an meinem und Ferdinands Unfällen. Sie nahm, was wir auch tun werden, ihre Zuflucht zu Gott, sie wolle nach allen ihren Kräften den Allmächtigen bitten, dass er mich zum Trost ihrer und ihren Geschwister wieder ganz genesen lasse, sie wolle auch ihren lieben Bruder mit einem Schreiben aufmuntern, etc.

Sie gab mir in diesem Briefe Bericht, dass ihre kleine Stiefschwester Josephine gesund sei, auch gute Fortschritte in ihren Unterweisungen mache; ich solle also in Gottes Namen mich nicht so kränken und meine Gesundheit schonen. Mittlerweile erhielt ich immer Berichte aus Wallis, alle aber stimmten ein, dass leider Gott mein Sohn von Tag zu Tag schlechter gehe. Ja, mein Herr Schwager Oberst Amacker und Seine Exzellenz alt Staatsrat Gay bereiteten mich vorläufig auf den nahen Schlag, der mich so tief treffen werde. Die gute Frau Schwägerin, Frau Bruttin, nata Werra, ging, wie sie mir schrieb, oft von Baden, wo sie noch war, nach Leuk, um meinen Ferdinand /170/ zu besuchen, ja ihm auch ganze Nächte beizustehen, wie sie mir in ihren Briefen sagte. Bittlich habe mein Ferdinand ihr verboten, mir seine äusserst böse Lage, welche er gut einsehe, anzuzeigen, damit ich nicht betrübt werde, der ich noch selbst in misslichen Ge-

[291] Platz für den Eintrag freigelassen (ca. 1/3 Seite).

[292] Im Nachlass keine vorhanden. Auch die in den folgenden Abschnitten erwähnten Briefe von seiner Tochter Barbara und Pfarrer Georg Anton Roten fehlen.

234

sundheitsumständen sei. Frau Werra meldete mir, dass Ferdinand für mich während seiner Krankheit sehr besorgt war, dass mir nicht jemand die Lebensgefahr, in welcher er lag, bekannt machen möchte, und dass ich dadurch nicht in Rückfall in mein kurz überlebtes Uebel geraten könne. Darum schrieb er mir nicht mehr und wollte auch, dass mir andere nicht schrieben. Diese Frau Schwester meldete mir zugleich, dass Ferdinand keine Zaghaftigkeit zeige, sehr ergeben und geduldig sei und sich in solchen seinen qualvollen Tagen mit allen denen, so ihn umgeben, beliebt, bedauert und geschätzt mache.

Soll ich Deinen Tod schreiben / O, Ferdinand ! Welch ein Schmerz / Wenn Seufzer mit den Worten ringen / Und ein Begriff den anderen schmelzt.

/171/ Seine Hochwürden Domherr, Promotor, Supervigilant und Pfarrherr zu Raron Anton Roten schrieb mir unter dem 19. Oktober 1837 die traurigste Nachricht, die ich in meinem Leben vernahm. Mein Herz blutete, da ich las, mein Ferdinand, mein einziger Sohn sei am 16. bemelten Oktobers zu Leuk im Hause des Herrn Arztes Mengis mit allen heiligen Sterbesakramenten versehen in der Nacht um 11 Uhr von dieser Welt geschieden, sei am 17. desselben mit Anstand, nach Begehren seines Herrn Onkels Oberst Amacker, von Leuk nach Raron gebracht worden, wo er auf der Burg den darauffolgenden Tag mit aller Trauerfeierlichkeit in das Grab [des] Grossvaters, Herrn Hauptmann Joseph Heinen, sei gelegt worden[293].

Seine Hochwürden brachte mir in diesem Schreiben alle Religionsgründe an, welche meinem auf den Tod gekränkten Vaterherz einige tröstliche Labung reichen sollten. Er schilderte mir die christliche Ergebenheit in den Willen Gottes, welche mein Sohn in seiner Krankheit bis an seinen letzten Aushauch ohne die mindeste Ungeduld bewiesen habe; seine volle Seelenruhe, sein reines Gewissen, sein unschuldiges Leben mögen wohl für seinen seligen /172/ Eintritt Bürge sein. Er rief zu mir wie einst Paulus zu den Christen zu Thessalonich: betrübt euch nicht zu unmässig über den Verlust eures Sohnes wie die Heiden, die keine Hoffnung haben. Sie haben die wichtigsten Gründe, ihren Gram zu mildern. Ferdinand sei glaublich in einem besseren Leben, Ferdinand werde da für seinen Vater bitten, um ihn einst mit sich zu besitzen.

Von meinem lieben Schwager Oberst Amacker, von der Frau Schwester Werra, vom Herrn Arzt Mengis und andern Befreundeten und Freunden erhielt ich Beileidsbezeugungen, Tröstungen, Aufmunterungen und Vorstellungen, die meinen Schmerz lindern sollten. So kräftig, so beruhigend und so teilnehmend alle diese Briefe waren, vermochten sie dennoch nicht meine tiefst erschütterte Seele von so einem Leiden loszureissen, dass meine moralischen und physischen Kräfte so bestehen konnten, ohne mich in eine Art der wehmütigsten Stummsucht fallen zu lassen. Auch in Neapel hatte ich manche gute Freunde, die mich aufheitern wollten, allein ihre Trostworte schlugen vergebens an meine Ohren, ja sogar ihre wohlmeinenden Versuchungen fielen mir lästig. Ich suchte die Einsamkeit, um /173/ mich ruhig meinem Schmerz zu überlassen, in welchem ich mich besser fühlte als in allem dem, was mir meine Freunde zur Zerstreuung antrugen.

---

[293] Das Todesdatum stimmt mit dem Eintrag im Sterbebuch der Pfarrei Raron überein. – Für Essen und Trinken der Befreundeten nach der Beerdigung zahlte Oberst Amacker dem Wirt im Turtig Fr. 27.– (CL: Nachtrag Dr. A. Lanwer: Rechnung 1836–1841).

Mir allein überlassen, dachte ich mit dem heftigsten Herzensdruck: *Heu mihi quia incolatus meus prolongatus est?*[294] wohl mich erinnernd, was für harte und fürchterliche Prüfungen ich schon in meinem so verhängnisvollen Leben bestanden hatte; solchen hatte ich früher getrotzt und mich mit den Worten aufgemuntert: *nec malitia nec adversitas cor rectum atteret,* hier aber fiel meine Seelenkraft, ich war nicht mehr der vorige Standhafte, mein Vaterherz wälzte sich sehnlich in schmerzlichen Erinnerungen, die ich meinem verdienstvollen Sohn schuldig war. Ich hielt es für Pflicht, den Tugenden des Verblichenen mit den drückendsten Gefühlen zu lohnen und nie genug nachseufzen zu können. Die Natur heftet das Vaterherz an das Geschöpf, das ihm die Allmacht zugeteilt hat, und wie empfindlicher muss nicht der Verlust desselben beweint kommen, wenn in diesem Verlust die innigste Liebe, die schätzungswürdigsten Verdienste und die klarsten Beweise für die zärtlichste Unterstützung, die der Vater vom Sohne hoffen kann und darf, mit zu Grabe gegangen, wenn die Welt für den zurückgebliebenen durch das Alter und sehr viele leidende Zufälle geschwächten Vater /174/ nichts mehr Anzügliches [= Anziehendes] hat.

Freilich, nach dem Eintritt in das schöne und menschennützliche Klosterleben des Ordens St. Vincent de Paul, genannt der Barmherzigen Schwestern, in welchem meine Tochter Barbara, Schwester des von ihr beweinten Ferdinands, blieben mir zwei Kinder, Josephina und Carolina, erzeugt mit der u[n]w[ürdigen] Barbara Pfammatter. Ich liebte diese unschuldigen Geschöpfe aus ganzem Herzen, ich sah, dass ich ihnen für ihre Zukunft nützlich, ja bedürftig sein werde. Ich erschrak ab den Gedanken, die mir die Leere und den Schaden vorstellten, wenn ich diesen in damaliger Zeit wegfallen sollte; ich erkannte die Pflicht, mein Leben nicht durch meine Schuld zu verkürzen, ich hatte den Willen, aber nicht die Kraft, meinem zerstörenden Seelendruck zu widerstehen, oder besser zu sagen, mit zweckmässigen Übersichten entgegen zu arbeiten.

Dennoch aber, leider Gott, ging meine mir so lange treugebliebene Heiterkeit in schwere Überlegung der mich hart und quälend oft in dieser Welt überfallenen Sachen, meine Tätigkeit, mein Bewusstsein des menschlichen Unvermögens /175/ und die Erkenntnis der Unbeständigkeit der armen menschlichen Geschicke mit meinem unvergesslichen einzigen Sohn in die Gruft der Verwesung, ja Verwesung darf ich sagen, denn die festen, vorher gehabten Entschlüsse, alle Widerwärtigkeiten des Lebens in reine Ansichten zu nehmen, diesen nach dem unübersteiglichen Zwang zu folgen oder mit Vorsicht und Geduld zu widerstehen, hatten mich verlassen. Keine Spur der Begierde, selbe aufzusuchen, fand ich in meinem Sein. In der schon sogenannten Stummsucht erkannte ich mich bloss noch; zu nichts war ich aufgelegt, kaum brachten mich meine Standespflichten zur Ausübung derselben. Aller Umgang mit meinen Freunden und Bekannten war mir widrig; ich sank ins Bett, von einem schleichenden Fieber ergriffen. Mehrere Wochen lag ich ohne Wunsch für Genesung, wie betäubt, für alles gleichgültig. Die ärztliche Hilfe, die man mir beiführte, erzweckte wenig, denn ich lag mehr moralisch als körperlich krank. Dank unermüdeten Freunden, guten Bekannten, die nicht unterliessen, mir meine Schwachheit vorzuhalten, das Grelle derselben mir hinsichtlich der Seele und des Leibes vorzustellen, /176/ mich aufzuheitern, herumzuführen und suchten mir durch gesunde Begrif-

---

[294] Bibelzitat: Wehe mir, mein irdisches Leben ist verlängert worden (Psalm 119, 5).

fe die in mich getretene Schwermut vermisst zu machen. Ohne solche gute Freunde und Bekannte würde sich mein oft wiederholter Ausruf wohl eingestellt haben, Ausruf, dem ich herzlich anhing und wünschte, da ich sagte:

Ei, so kommt ihr Leiden und Schmerzen / Überhäufet meine Brust / Denn zum leben hat mein Herze / Ohn' mein Ferdinand, keine Lust.

Seiet mit mir nachsichtig, meine Leser, seiet nicht zu voreilig in euren Urteilen, dass meine Liebe für meinen Sohn zu weit eingegriffen habe, dass ich zu schwach den frühzeitigen Verlust desselben dargestanden, dass ich, wie ihr's leicht glauben mögt, zu viel Eigenliebe für ihn gezeigt oder gar meinend, dass ich seine Tugenden und Verdienste aus Eitelkeit zu hoch ansetze. Wer ein gutes Vaterherz hat und Kinder, die dessen würdig sind, wird mich hier nicht tadeln, wer in diesem Stande nicht ist, überlege mit Gelassenheit, wie viel der Vater dem Sohn und dieser dem Vater den Natur- /177/ pflichten, den Religions- und Zivilgesetzen nach schuldig ist und was für eine anzügliche [= anziehende] Kraft die gefundene Zufriedenheit des einen für den andern haben muss. Wenn erprobter Fleiss, geprüfte Tugenden, gleichzielende Bemühungen mitwirken, wenn der eine für den andern lebt und sich in alles fröhlich hingibt, ich sage nicht zu viel, meine Leser, wenn ich zu meiner Entschuldigung und zum hochverdienten Lobe meines Ferdinands noch zusetze:

Sein natürlicher Hang zur guten Ordnung in allen Sachen, zur Reinlichkeit des Leibes, der Seele und des Anzuges, seine Anordnung in allem, was ihm oblag, mit sonderer Achtsamkeit, verrieten schon in seinen zartesten Jahren hohe Kräfte eines menschlichen Verstandes, so wie das verständige Leben, welches sich von Tag zu Tag meinem aufspürenden Auge deutlicher darstellte, Gaben, die der Schöpfer seiner Natur zugeordnet, in welcher alle diese günstigen Anlagen eingeimpft lagen. Ferdinand Gatlen verlor die Mutter, die ihn den [28. Juli] 1815 zur Welt brachte, den 17. Februar 1817. Der zurückgebliebene Vater musste ihn fremder Warte [= Pflege] anvertrauen, nahm ihn aber bald wieder zu sich, hatte wegen aufhabenden Geschäften wenig Zeit, den Gang der Neigungen seines Sohnes zu beobachten, blieb ungeachtet des nicht aufeinander folgenden Nachspürens ausser Zweifel, dass sein guter Intellekt etwa durch den Umgang einsichtiger [= einfältiger] Dienstboten und deren boshaften Witz sei entkräftet worden. Schon schien den Diensten im Haus, dass dieses Bübchen /178/ ihre Naschereien in Abwesenheit des Vaters ausspreche und [sie] auch von ihm Verweise zu fürchten hätten.

Der Junge war ernsthaft, er sprach wenig und [war] noch weniger zum Lachen geneigt. Er hörte aufmerksam den Gesprächen zu, welche an seine Ohren schlugen, und wo diese von seinem Vater kamen, unterbrach er oft die Rede mit stellenden Fragen über dieses oder jenes, was nicht in seine Begriffe ging. Der Knabe bat mit Nachdruck um Auskunft über das ihm nicht Verständige, er war nicht eher begnügt, bis er glaubte, den Grund der ihm gebenden Ausdeutung eingesehen zu haben. Seine erwidernden Vorstellungen, seine Fragen und wieder Antworten erregten Bewunderung. Um ihn zu beruhigen, musste man ihm über Gegenstände, welche seine Aufmerksamkeit anzogen, die Ursachen des Daseins, des Nutzens oder die Absicht für den Gegenstand selbst auseinanderlegen und seinem wissbegierigen Geist so gut möglich fassbar machen. Ganze Tage blieb er mit Figuren in Büchern oder anderen solchen Sachen tätig beschäftigt, nicht ohne über dieses oder jenes Auskunft zu begehren und darüber seine Urteile zu geben, welche am meisten seine hellen Einsichten enthüllten.

Ferdinand hatte kaum sein achtes Jahresalter erreicht, als er in den Schulen zu Brig seine Principia der lateinischen Sprache begann, wie es im Wallis gebräuchlich[295], wenn man einem Kinde eine verfeinerte Erziehung will geben lassen, glaubend, dass die Erlernung dieser Sprache die Hauptsache aller Studien oder Wissenschaften /179/ sei, weil da nach meinen Ansichten unüberlegter Weise angenommen ist, dass nur jene, welche die lateinische Sprache besitzen, gelehrt seien, als wenn die Regeln und die Feinheit dieser Sprache alles, was Wissenschaftliches ist, in sich hätten, indessen es gewiss erwiesen worden, dass viele der Studenten, ja wohl der absolvierten Physiker und Theologen nicht wohl ihre Muttersprache weder sprechen noch schreiben; von Schönschreiben, Buchhaltungs- und Rechnungsordnung, von viel mit wenig sagen, von modernem fliessenden Stil und anderen solchen Sprach- und Schreibfeinheiten will ich gar nichts sagen und noch viel weniger hier anführen, dass im Wallis die für das irdische Leben nötigen oder nützlichen Wissenschaften können gelernt werden.

Wo ist eine Lehranstalt für die Agrikultur, so eine für die Vieharznei, wo eine für die nötigsten Gründe zur Architektur, zu den nötigsten Kenntnissen der Chemie? alles Schulen, welche eine weise Regierung für das Wohl ihrer Verwalteten einrichten sollte, da es sicher nicht so eine schwere Sache wäre, die ersten Professoren zu finden, zu besolden und hernach aus den Zöglingen auszuwählen. O, wie weit bist du noch zurück, mein liebes Vaterland! ([Am Rande:] N.B. Bis zum sogenannten Sonderbundskrieg 1847, wo das meiste Alte in der Regierung aufgehoben worden, sorgten keine Behörden für nützliche Schulen und andere gute Anstalten[296].) Hast du Gründe, den Vätern zu veranstalten, dass ihre Söhne nur Lateinisch lernen und wissen sollen? Diese langen Jahre mit hohen Kosten, /180/ ja oft mit Aufopferung eines wenigen Vermögens, ganz zum Nachteil der Geschwister des lateinischen Studiosus, in der Blüte ihrer Jahre, so, wenn's ich sagen darf, zwecklos unterrichten zu lassen? Ich verstehe wohl, dass jeder Vater frei ist, seinen Kindern solche Schulen anzuweisen, aber anbei ist es auch nicht jedem gegeben einzusehen, wie unnütz diese ausfallen, wenn sich der Sohn nicht dem Priesterstande widmen sollte.

Nur jenen vornehmern Familien und bemittelteren Standes mag der aufgewandte Kosten minder empfindlich zustehen; diese allein können sich mit etwa einem Ehrenamt oder mit einer Bestellung, die bloss einen Rock bezahlt, begnügen. Rechtsgelehrte gibt es nach dem Verhältnis der Bevölkerung im Wallis nur zu viele. Solchen ist die lateinische Sprache beinahe unentbehrlich, so wie auch den Notarii publici, und wenn man will, die gleiche den Medici, obschon heutigen Tages auf den Universitäten die Medizin und Chirurgie in den dasigen Nationalsprachen doziert wird. Überhaupt in allen andern Wissenschaften entbehrt man jetzt die Sprache des Virgilis. Die Welt verehrt dennoch jeden, der sich ohne diese hervortat und seine Talente in seiner Muttersprache oder sonst in einer in hohen Ruf gehenden weiss auszusetzen. Dieses ist aber nicht, was ich für

---

[295] Vgl. Einleitung, S. 50.

[296] Die Randbemerkung ist in dieser Absolutheit nicht zutreffend. Beschlüsse und Verordnungen zur Einführung des allgemeinen Schulunterrichts und zur Organisation von Spezialkursen (Lehrerbildung, Geburtshilfe, Vieharzneikunde) wurden von 1828 an erlassen, zeigten aber nur wenig Wirkung. Allgemein verbindlich wurde das Gesetz über den öffentlichen Unterricht vom 31. Mai 1849, das Primar- und Mittelschulen und Führung von Spezialkursen regelte. Zur Walliser Schulgeschichte vgl. BOUCARD und FARQUET.

Ärmere an Mitteln und Geist hier anfangs sagen wollte; ich berufe mich nur auf die /181/ Nützlichkeit der angebrachten Wissenschaften, welche im Wallis ohne Zweifel den Wohlstand seiner Bewohner unglaublich erhöhen würden.

Die Agrikultur ist freilich grösseren Gütern erspriesslicher als kleinen Teilen, weil in diesen der Pflug oder die Hacke nicht mit solchem Vorteil kann gebraucht werden, und weil die artifiziellen Ansämungen nicht mit Zäunen können geschützt werden, doch aber wie viele Missaaten, wie vieles Unkraut, wie viele Erdinsekten, welche den aufkeimenden Pflanzen den Tod bringen, könnten aus dieser Lehre wo nicht ganz ausgerottet, doch im meisten unschädlicher wirken. Man würde die Früchte veredeln, die ungesunden von den gesunden besser unterscheiden, den Nahrungsstoff derselben näher einsehen, sich auf das Nützlichere und Einträglichere beschränken, manches unbekanntes Gutes gegen das Alte, Karge oder wohl gar Schädliche einführen und so nach besserem Erfolg für Mühe und Arbeit manches Stück Land, das wegen Abgang der Kenntnisse seiner Bestandteile wenig fruchtet, ja gar öd bleibt, auf eine einträgliche Stufe bringen.

Wie nützlich wäre nicht eine allem Aberglauben fremde Vieharzneikunst! in einem Lande, wo die Viehzucht die Hauptquelle der Nahrung und des Einkommens ist. Es gibt hier so dort durch Erfahrung, folglich auch durch viel gemachte Opfer verständig gemachte Viehärzte, welche oberflächliche Übel zu heilen verstehen, sehr wenige aber, welche gut das innere System eines Tieres in seinem Zusammenhang und Wirkungen auszulegen wissen, nichts über solches theoretisch /182/ gelehrt, viel weniger von den botanischen Schätzen etwas Gründliches verstehen, ich sage, dass die meisten in sehr dunkler Erfahrung sich ihrer Kunst prahlen, und wenn dem armen Landsmann ein Stück Vieh hinfällt, so ist nicht die Unwissenheit in zweckmässigen Mitteln und anzulegender Hilfe schuld daran, nein, das Stück Vieh ist verhext worden, durch Neid und Hass verdorben kommen, oder es ist sonst wie in ein abergläubisches Übel geraten. Tolles, dummes Zeug; wirst du denn nie vernünftig?

Gewiss wird mir auch mancher sagen, dass die Baukunst für Wallis nicht bedürftig sei. Dieser beliebe nur nicht zu gäh über diese Sache zu entscheiden. Es ist wahr, dass sich gut oder übel ein Gebäude zum vorhabenden Gebrauch aufrichten lässt, und dass der Eigentümer desselben, wenn's nur nicht gleich zusammenfällt, sein Begnügen daran findet, weil er nichts Besseres gesehen noch kennt. Wenn der Eigentümer so einsähe, dass sein neues Haus, seine Scheune oder Stall, seine Hütte oder Stadel mit minderer Arbeit durch mechanische Einrichtungen und Vorteile hätte können unter Dach gebracht werden, wenn er verstanden hätte, das zu ersparen, was ihm ein einfältig praktischer Maurer, Steinsprenger, Zimmermann oder dergleichen Arbeiter geschadet hat, so würde ein vernünftiger, guter Hausvater seinem vergossenen Schweiss und seinem mit hohen Sorgen /183/ ersparten Geld nicht so gleichgültig nachdenken, wenn er begriffen hätte, dass mit einer wohlberechneten und eingeteilten Abteilung sein Haus viel bequemer zur Wohnung, vorteilhafter zur Aufbewahrung der Lebensmittel und zur Ökonomie gehörender Gegenstände wäre aufgebaut worden und nebst dem mehr Angenehmheit für das Auge, gesünder für Menschen und Tiere sein würde, so glaube ich, dass er darin nicht so vergnügt wohnen möchte.

Allein, hier mag dienen: Was ich nicht weiss, macht mir nicht heiss! Soll wegen diesem abgeschmackten Satze der Mensch nichts lernen, sich nicht aus der tiefen, schädlichen Unwissenheit ziehen? Muss der gute Walliser immer unwissenden Maurermeistern, welche weder gezeichnete Pläne noch für die Stärke des Gebäudes erforderliche Proportionen in der Aufrichtung desselben begreifen und befolgen können, überlassen? Lässt man im Wallis jeden dahin geloffenen Pfuscher als Meister für dieses und jenes, mit sogar von einer Regierung ausgefertigten Patenten die Leute betrügen oder in grossen Schaden setzten? Wird man niemals so wie in andern Kantonen oder in Ländern die sich für Baumeister Ausgebenden einem Examen oder Prüfung unterwerfen? Hat man den Schaden, das Pfuschwesen und die Gefahren, welche so ungelehrte Kerls den Wallisern zugefügt haben, noch nicht eingesehen? Gibt es keine Väter des Vaterlandes, die auf bessere Ordnungen antragen werden? O, armer lateinischer Schulunterricht, wie viel Zeit und Geld kostest du jenen, die deine Bücher /184/ für ihren Stand nicht bedürfen.

Meiner angeregten Chemie muss ich auch ein Wort geben, sie hat auch Rang unter den Nutzbarkeiten des Feldbauers. Wie viele Produkte gibt es nicht in der Natur, auf welchen der unwissende Pflanzer herumstampft; kännte er ihre Eigenschaften und wüsste er selbe von diesen oder jenen hältigen Substanzen oder Bestandteilen zu scheiden, dieses und jenes zu seinem Nutzen, zur Hilfe und Unterstützung körperlicher und ökonomischer Ordnung daraus zu ziehen, so blieben nicht so manche schöne Naturgaben, welche Wallis nachteilig vermisst und nicht benutzt. Manche bedürftige Familie würde dem Schöpfer aller Dinge aus Herz und Munde frommen Dank darbringen und mit Entzücken die unergründlichen Anordnungen Gottes bewundern.

Meine Feder hat sich ein wenig der mir so eigenen Trauergeschichte entzogen; die lateinischen Studia meines Ferdinands kamen mir an Zeit und Geld zu teuer zu stehen, dass ich nicht nach Nutzen, welchen mein Sohn daraus gezogen, in keine Vorwürfe übler oder, besser zu sagen, nur lateinischer Schulanstalten hätte einlassen sollen. Man vergebe mir den Eifer, welchen diese meine Ansichten gebar und von meiner eigenen Überzeugung des später eingesehenen wenigen Vorteils, so ihm aus dieser Sprache zugeflossen, /185/ unterstützt ist.

Mein Schüler gab sich in Brig mit allem Eifer den Wissenschaften. Er nahm Nebenstunden im Unterricht der französischen Sprache, die ihm grammatikalisch flüssig und fertig eigen wurde; er übte sich anbei noch in der Mineralogie und in chemischen Kenntnissen, auch nicht ohne Lob in landschaftlichen Zeichnungen; die Sätze musikalischer Noten waren ihm auch nicht fremd. Mathematische, geometrische, historische und geographische Werke hatte er auch so überlesen, dass ihm durch seine leicht auffassenden Begriffe so viel blieb, sich mit darin Bewanderten in Gespräche und Sätze einlassen zu dürfen. Unermüdet gab er sich in wohleingeteilten Stunden des Tages und mehreren in der Nacht diesen verschiedenen Lehren und Lesungen hin. Seine Aufführung war disziplinarisch, sein Leben hing damals schon mehr an der einsamen Arbeit als an der jugendlichen Tumultuosität. Sein Fleiss, seine Fassungskraft, sein Benehmen und seine geistigen Produktionen wurden beinahe Jahr per Jahr in dem schülerischen Katalog mit Ruhm und Preis bezeichnet[297]. Die H.H. J[esuiten] bestellten ihn zum Bibliothekar; er war durchaus ihr angenehmer Freund.

Wie kamen aber diese Lehren dem Schüler zuteil? Sind selbe nicht ausser der Sphäre des veranstalteten gewöhnlichen Unterrichts genommen? Sind es

[297] Vgl. Anmerkung 192.

nicht besondere Früchte des guten Willens, eines in den Wallisern Kollegien nur für die Wissenschaften eingenommenen Zöglings /186/ und mit zugebetenen nebenbezahlten Lehrern errungen? Es braucht also, weil in diesen Kollegien für die nützlichsten Unterrichte keine gesetzlichen Vorschriften die Lehrer zu solchen Unterweisungen anhält, eine besondere gute Anlage zum Eifer und Fleiss des Schülers, um nicht nur die lateinische Sprache zu lernen und sich nur in die schülerische Pedanterie zu schicken, es braucht Einsicht des Vaters oder der Besorgenden des Zöglings, um nicht in dem Glauben stecken zu bleiben, dass alle Nebenausgaben für andere Wissenschaften ein unnötiges Verschwenden sei. Niemand leitet den Studenten zu anderen Wissenschaften, wenn ihn nicht tiefer einsehende Eltern oder Schaffner dazu disponieren, wenn der Extrakosten für solche besondere Unterrichte nicht gern geopfert wird, wenn in Abgang solcher und der erforderlichen Mittel der Schüler selbst nicht durch ausserordentliche Bemühungen sich darum bewirbt und widmet.

Wie und zu was sich Ferdinand Gatlen nach gebräuchlich durchgemachten Schulen in die Welt zu einem gewählten Stande begeben, habe ich hierin schon beschrieben. Was ich bloss jetzt zu seinem Lobe noch anbrachte, ist Pflicht zu seinem seligen Andenken. /187/ Es ist die reine Wahrheit zur Entschuldigung der mir vielleicht von manchem zu hoch anschlagenden Eigenliebe, an welcher ich zwar in dieser Welt nichts mehr finde als das freudige Bewusstsein seiner Tugenden. Der Tod raubte diesen Blumen in seiner Blüte; mit ihm gingen seine gut angewendeten Talente, der reine Besitz der lateinischen, der englischen, der französischen, der italienischen und der deutschen Sprache mit vielen anderen Wissenschaften zu Grabe. Die frohen Hoffnungen des Vaters und aller Seinigen wurden mit seiner Hülle in seine Gruft gescharrt; mancher junge Walliser mag an ihm Hilfe und Anweisung zu einer ehrenvollen Existenz verloren haben. Seine Prinzipalen, sowohl in St. Gallen als in Mailand, empfanden seinen Verlust mit Herzensdruck, seinen bekannten Freunden fiel sein unzeitiger Hinschied schmerzlich auf, seinen Befreundeten, Anverwandten und Geschwistern unersetzlich, seinem Vater aber bleibt sein Tod nie genug beweint.

An meinen Sohn im Grabe:
So bist du denn von mir geschieden / Der Du mein Alles warst / Der Tod hat Dich mir entrissen! / O Schmerz, o Schmerz, zerreiss mein Herz.

/188/ Aus meinen Augen fallen Tränen nieder / Du warst weis und gut / Dich liebte ich, Du liebtest mich auch wieder / Wie es der Treue tut.

Deine Tugenden haben mich umschlossen / Mit ihrem Zauberband / Und fröhlich's Blut in mich gegossen / Was meine Seele empfand.

O schöne Gabe, wenn sie mir nicht missgönnte / Das neidische Geschick / Und Dich, mein Sohn, vom Vater trennte / Der schwarze Augenblick.

Ach, unsere schönen Träume wichen / Dein Tod nahm sie mit sich / Die Welt kann für mich nichts mehr haben / Du, Tod, treff auch mich.

Geflüglet kam Deine Abschiedsstunde / Zu mir ins fremde Land / Ich hörte das Adieu aus Deinem Munde / Wem ist mein Schmerz bekannt?

Oft wird ich in meinen schweren Tagen / Vergebens nach Dir seh'n / Zu spät, wenn Leute nach Dir fragen / Das scherzende Glück einseh'n.

Horch, Ferdinand, Du warst meiner Seele teurst / Im Ernst und im Scherz / Wie im Akkord auf rein gestimmter Leier / Schlug Dir mein Vaterherz.

Abb. 26: Skulptur aus schwarzem Marmor, von Hauptmann Gattlen in Neapel erworben.

Erinnerung, mit deinem Zauberfächer / bring keine Freuden zurück / Reich mir stets den vollen Trauerbecher / In dem entschwundenen Glück.

Dir, mein Sohn, sei mein Schmerz nie verloschen / Die Schwermut bleibe ganz / Dir winde ich aus traurigen Zypressen / Den hochverdienten Kranz.

Im Jenner 1838. Dein Vater in Neapel[298].

In meinen schwer tragenden Tagen, im moralischen Druck, der die physischen Kräfte sehr untergräbt, im mühsamen Militärdienst, wie [er] damals in Neapel war, wo man manche aufeinanderfolgende Tage in der dasigen grossen Sommerhitze acht bis zehn Stunden nicht absitzen konnte, kam ich noch durch die überstandene Cholera und wegen dem harten Hinfall meines Sohnes eingeschlichenem Fiebers nicht hergestellter Gesundheit beinahe sichtbar von Tag zu Tag, wie man sagt, zu nichts. /190/ Das Leben schien bald zu erlöschen. Gleichgültigkeit und Melancholie hatten sich in mich genistet. Mein Fröhliches hatte mich verlassen, nichts konnte mich erheitern. Ein trüber Sinn wird mir eigen bleiben, und nur dann und wann mag eine Helle in mich treten und mir momentanisch die Schwermut erleichtern.

Ich suchte, wie schon gesagt, die Einsamkeit. In Orten und Stellen, die historisch erwähnt sind, suchte ich meine freien Stunden zu verfliessen. Neapel und seine Gegenden bieten der Menge nach solche den Denkenden dar.

Einst, da ich durch die Porta publica in Pompei einging, bewunderte ich zuerst das kolossische Gestelle derselben; sie ist zwischen zwei anderen kleineren Porten errichtet, von denen eine für die Fussgänger, die andere für kleine Fuhrwerke die Bestimmung zu haben scheinen. Die Architektur ist sehr einfach und gewiss einer späteren Epoche zugehörend als die Ringmauern der unter dem Schutt des Vesuvs hervorgegrabenen Stadt. Vielleicht mag diese Porte nach der Belagerung von Sylla restauriert worden sein. Man liest darauf noch einige Anzeigen für öffentliche Spektakel, einige dieser Schauspielanzeigen sind noch leslich, andere verwittert oder von später /191/ darauf gehefteten teilweise verwischt. Ich lese deren in lateinischer Sprache, dass an diesem oder jenem Tage die sogenannten Gladiatores zu Ehrengefechten eingeladen seien, in anderen periodische Jagdpartien. In einer dieser Anzeigen war dem Volke angezeigt, dass am *Die Martis* vor angehender Commedia 30 Paar Gladiatores sich prüfen werden, und dass zur Bequemlichkeit des Publikums die Volari (Umhänge) im Amphitheater werden aufgerichtet sein.

Vor der Porte, gegen die Vorstadt Augusti Felici, findet sich ein herrlicher Piedestal (Grundgestell), auf welchem eine grosse Colonne stund, eine metallene, gekrönte Statue tragend. Man findet nur noch einige Überbleibsel dieses Bildes. Viele glauben, diese Statue habe den Geist von Pompei, andere das Gleichnis eines Kaisers vorstellen sollen. Gegenüber sieht man die Todeskapelle des Restituto; in ihrer Mitte steht ein kleiner Altar mit folgender Inschrift: Marco Cerrinio Restituto Augustale. Diesem hatten die Decuriones da seine Grabstatt angewiesen. Im Hintergrund dieser Kapelle ist eine Nische, in welcher eine kleine Statue ist, dann kommt ein halbrunder Steinsessel, auf welchem die Inschrift anzeigt, die erst folgende Grabstätte hätten die Decuriones dem Aulo Vejo figlii Marci Sindici bisnominati, quinquinalus Censor et Tribunus bestimmt oder angewiesen; auf diese folgt die /192/ Grabstätte der Mammiam publicam sacer-

---

[298] Im Manuskript steht (nachträglich korrigiert): 1837, was unmöglich ist, da Ferdinand am 16. Oktober 1837 gestorben ist.

dotessam und ein halbzirkelförmiger Steinsitz, rechter Hand an der Strasse, zur Ruhe und Unterhaltung bestimmt. Hier geniesst man die schöne, anmutige Aussicht über den Golf und seine Anhänge, da sieht man Stabia, den Cap Miscenam, die Insel Capri und den Felsen Herculis. Auf diesem zirkelförmigen Sitz, in dieser angenehmen Lage, hat gewiss Cicero manche Rekreationsstunde genommen und sich seiner Unterhaltungen mit der Augura Scevola erinnert: «in hemicyclo sedente ut solebat.» Hier weinte er seiner lieben Tullia und las seinen Freunden die schönen Blätter der Officii, die Historien und die Reden auf öffentliche Angelegenheiten, welche Cicero in Pompei aufgesetzt hat.

Ein wenig weiter vorwärts und nahe an anderen Monumenten will man wissen, dass am 21. Tag Hornung jeden Jahres (Tag, den Verstorbenen geweiht) die Pompejaner ihren Abgestorbenen diesen Tag heiligten. Man sieht Gemälde, dass Weiber am Grabe ihrer Männer und Kinder Rauchwerke veranstalten, dass andere, jüngere an den Gräbern ihrer Eltern und Angehörigen /193/ die Vergissmeinnicht pflanzen und erfrischen; man sieht, dass Mütter ihren Kindern in wehmütigem Ausdruck das Grab des Vaters zeigen. Alle diese Gemälde verraten in ihrem Ausdruck tiefen Schmerz und die innigste Betrachtung.

In bemalter Vorstadt, in einem Palast, sieht man an einer Mauer die Gepräge einiger Weibspersonen, welche sich in der erschrecklichen Überschüttung Pompeis vermutlich haben flüchten wollen, in einem Ausgange aber von der Asche des wütenden Vesuvs sind erstickt worden. Die Wirkungen ihrer Auflösung an der Mauer stellen die Körper stehend dar. Nicht weit von ihnen fand man bei der Ausgrabung andere menschliche Gerippe mit einigen metallischen Gegenständen hohen Wertes, glaublich von Sklaven der Erstbesagten, welche solche Sachen aufgepackt hatten.

Im Garten dieses Palastes erstaunt der Wissbegierige vor den vier Säulen, in mosaischer Arbeit überzogen, welche arabische Zierden, Girlanden, Götterwagen, Jagdpartien und andere kapriziöse Einhauungen vorstellen. Diese Säulen waren die Stützen einer Pergolle vor einem Brunnen, dessen Umfassung und Wasserlager eben so schön und kostbar ausgehauen und eingearbeitet ist, alles auf schätzlichstem Marmor. /194/ Was für eine Verschwendung, was für einen Luxus sieht man da! Man möchte sich in den Zaubergärten der Alhambra und der Zisa glauben. Eine geheime Porte führte mich zu dem sogenannten Avellum der Familie; die Alten hatten diese an ihren Häusern. Wunderstücke der Schönheit und der Kunst sah ich in der Nische: ein Gefäss hellblauer Glasart, auf welchem die schönsten weissen Figuren aufgetragen sind, die Asche eines grossen Herrn dieses Palastes enthaltend, andere Gefässe, auf welchen die Weinlese, Früchtesammlungen und verschiedene Feldarbeiten, in begeisterten und tätigen Figuren zum Entzücken gemalt. Der Besitzer muss ein reicher Landwirtschafter gewesen sein. Jetzt sollen sich diese kostbaren Gefässe im Bourbonischen Museum in Neapel vorfinden.

Auf diesen Stellen der Vorstadt führt man die Arbeit mit grosser Vorsicht fort. Jeder Hackenstreich wird sorgfältig beobachtet, weil die Hoffnung neuer Entdeckungen so hohen Wertes öfters entspricht und die neue Welt die Künste der Alten mit Überraschung zu bewundern hat. /195/ Sobald man die beschriebene Stadtporte durchschritten hat, stellt sich die aus der Vesuvasche ausgegrabene Stadt Pompei dem Auge dar. Ein unwillkürlicher Anfall von Erstaunen und einfallendem Respekt hemmen im Augenblick die Schritte des Einwanderers. Ich für mich war sozusagen gezwungen, auf dem unter meine Füsse gelegten vieltausendjährigen Pflasterboden anzuhalten. Von da aus grüsste ich für das zweite Mal jene Stadt, über welche der Vorhang des Todes und der Vergessenheit mehr als 1700 Jahre gezogen blieb, nun aber sich durch die bekannte Entdeckung in voller Pracht und Herrlichkeit teilweise der heutigen Welt zeigt.

Die fatale Decke, welche das fürchterliche Element aus dem Krater des Vesuvs im achtundsechzigsten Jahre nach Christi Geburt über Pompei schwang, ist ungefähr im grössten Drittel abgezogen. Schon jetzt findet sich für ganz Europa genug Anzügliches [= Anziehendes] ausgegraben. Von allen Teilen der Welt, aus allen Nationen kommen Gelehrte und Wissbegierige dahin, um die Künste, die Schönheiten, die Einrichtungen, den Luxus, die Bequemlichkeiten, die Gebräuche des religiösen und zivilischen /196/ Einrichtungssystems in den Wohnungen, öffentlichen Gebäuden, Plätzen und Tempeln der alten Pompejaner zu bewundern. Da wo der Wanderer erstaunt Gegenstände anschaut, welche keine moderne Hand in der heutigen sich so hoch glaubenden Welt auszuführen oder zu verfertigen vermöglich sich getrauen wird.

Pompei, du bist nun von einem vielhundertjährigen Schlaf erwacht, wie einst Epimonides. O, du wirst auch aber über unsere heutigen Gebräuche und pflegenden Erhalt staunen, deine geänderten Neffen um und um mustern und die von allen Teilen des Globus zu dir Kommenden bewundern, so wie wir dich staunend ansehen. Du lachest leise über die unkräftigen Anstrengungen der Zeiten und des Glücks, in denen sich die Alte Welt neben dir mit der Neuen in vielen Sachen zu verstehen und zu vereinigen sucht. Sogar dem Tode gibst du, /197/ gewissen Ansichten nach, seine Annehmlichkeit; in deinem Kreis schien mir dieser nur ein ruhiger Schlaf in einer finstern Nacht[299].

Nach dieser und anderen Ausfahrten, welche ich unter gehöriger Erlaubnis hatte[300], wurde mein Detachement in der Festung St. Elmo durch ein gleiches vom 4. Schweizer Regiment den 16. Jenner 1839 abgelöst, und ich bezog wieder mein altes Logis, Porta Nolana, Strada sopra Mura No 4, Logement, in welchem auch meine guten Freunde: Hauptmann Theodor von Castelberg[301], Hauptmann Ritter von Schnüriger[302], Leutnants von Demont[303], Cariget[304] und Huser[305] wohnten, was meine Melancholie in etwas dann und wann erheiterte. Besonderes fiel mir von dieser Zeit bis in Mai nichts vor, nur dass ich den ganzen Monat März und April schmerzlich an Podagra, Gonagra etc. leiden musste und mich mit Mühe in langer Konvaleszenz erholte.

Wie hinderlich viele Geschäfte, nebst den aufhabenden Amtspflichten, zur Wiederherstellung meiner tiefgesunkenen Gesundheit sind, erfuhr ich besonders in dieser letztbemelten Krankheit. Häufige Handelsgeschäfte fielen mir auf

[299] Was Hauptmann Gattlen hier über Pompei geschrieben hat, ist ein Erlebnisbericht; auf sachliche Überprüfung seiner Schilderung wurde verzichtet.

[300] In der früher erwähnten Zusammenstellung der Urlaubsbewilligungen (RO 18, S. 1) sind 1834–1840 keine Erlaubnisse eingetragen.

[301] Bendicht Theodor von Castelberg (1802–1857), Hauptmann seit 1831; vgl. MAAG, S. 700.

[302] Meinrad Schnüriger (1795–1879), Bekleidungshauptmann seit 1826; vgl. MAAG, S. 730.

[303] Anton de Mont (1803–1847), Unterleutnant, gestorben als Hauptmann in Neapel 1847; vgl. MAAG, S. 640.

[304] Ludwig Cariget (1799–1865), Oberleutnant 1839, Hauptmann 1848; vgl. MAAG, S. 700.

[305] Franz Xaver Huser (1806–1891), von Lax, 1827 Unterleutnant, 1853 Grosskastlan in Mörel; vgl. BINER, S. 314 (= Hauser).

zu entwickeln und zu berichtigen, in welchen ich sogar in einen Rechtshandel zur Behauptung meiner Sache geriet. In Neapel in einen Prozess zu treten, hat ein hohes Bedenken nötig, wenn man nicht entschlossen ist, ganz die streitige Sache und noch beinahe mehr als soviel für die ins Lange gezogenen Kosten für die absichtlich durch die Procuratori, Avocati, Huscieri [= Weibel] und Copisti verursachten Ausgaben aufzuopfern. Wer nicht mit Schenkungen /198/ solchen nötigen Leuten vorkommt, wer sich nicht den kompetentischen [= zuständigen] Richtern zu empfehlen weiss und wer seiner in Gang zu einer Beurteilung begriffenen Sache nicht mit allem Ernst und unermüdet nachgeht, kommt gewiss jahrelang nicht ausgekünftet. Eine Sache, welche zum Exempel 100 Ducati als Grund des Rechts- oder Streithandels beträgt und sogar durch gute Papiere nicht kann geleugnet oder umgestossen werden, mag wohl gar 50 bis 60 Ducati Nebenspesen kosten, wenn man darauf dringt, schleuniges Urteil oder die Exekution einer erhaltenen Sentenz zu erhalten. Die gesetzlich zu bezahlenden Spesen, obschon sehr detailliert und auf Gebühren sich beziehend, wären nicht die grössten Kosten, wohl aber jene Intrigen-Spesen der Angestellten in den Tribunalen, welche, ohne bespickt zu sein, allem ordentlichen Rechtsgang sich bemühen entgegen zu arbeiten und [ihn] zu verzögern. Diesem Schelmengesindel muss man opfern, und, allgemein bekannt, bleibt es ungestraft, ja wohl auch noch hochgeachtet.

Den 7. Juli 1839 überfiel mich wiederum das Podagra, auch im Ellbogen meines linken Armes, so dass ich über acht Tage lang denselben nicht zum Dienst hatte, und da mein rechter Arm am Ellbogen in der in meiner Geschichte schon angebrachten mörderischen Schlacht von Novi, 27. Thermidor, An 7 de la République /199/ Française (1799, [15.] August[306]) durchgeschnitten worden, so dass ich die Bewegung in der Artikulation im Ellbogen nicht habe und die Hände an den Mund nicht tragen kann, musste ich mich durch meinen Bedienten wie ein unmögendes Kind nähren und bedienen lassen. Dieser Zustand quälender Unmöglichkeit, meine beiden Arme nicht für das Bedürftigste des Lebens gebrauchen zu können, erregte in mir eine äusserst drückende Schwermut, die mich des Lebens überdrüssig machte, allein du, o selige Hoffnung, gabst noch von Zeit zu Zeit einige Funken des Mutes meiner tief gesunkenen Existenz, und mit dem Vertrauen gestärkt, dass mir die Göttliche Vorsicht den Gebrauch des besagten Armes oder den baldigen Hintritt werde erfolgen lassen, genas ich allmählich und erhielt neue Heiterkeit nach ungefähr 35 schmerzlich verlebten Tagen.

Weiters trug sich mir nach dieser Zeit im Jahre 1839 auch nichts Besonderes vor. Der Militärdienst war immer sehr mühsam, besonders die Manöver auf dem Campo di Morte, wo man unter grosser Sommerhitze fünf bis sechs Stunden ohne Rasten herumgeordnet wurde, ungeachtet, dass man aus der Stadt Neapel bis dahin und wieder zurück in die Kaserne oder sein Logis zwei Stunden /200/ in hohem Staub zu marschieren hatte. Zu meinem Glück aber stellten sich neuerdings meine verlorenen Kräfte wieder ein, so dass mir beinahe nicht eine Spur von Podagra noch an den aufgeschwollenen, leidenden Teilen zurückblieb. Besonders eigne ich den raschen Fortschritt meiner guten Genesung jenem vortrefflichen Mittel zu, welches mir die adeligen Jungfern des Herrn Majors Gia-

---

[306] Im Manuskript steht irrtümlich: *1798;* vgl. Anm. 66.

nettini, Strada St. Paolo No 34 (Salarro) anempfahlen, nämlich 6 Acini Scomonea di Aleppo alle 8 oder 12 Tage in etwas Tee zerlassen einzunehmen. Mit diesem Mittel erhielt ich mich vom Podagra etc. bis daher befreit, schon über ein Jahr lang vom letzten Anfall. Wolle Gott, dass selbes lange so wirke.

Im Monat Mai 1839 verliess ich mein Logis bei Porta Nolana und bezog eines Strada Lavinajo, Palazzo No 19. In der zweiten Höhe dieses Palastes wohnte neben mir ein Herr Francesco Ghidelli[307] mit seiner Frau und acht Kindern. Dieser war Sotto-Capizzale di Sua Maestà il Re al Palazzo Reale di Portici, das ist ein Kammerherr ohne Livrea (Nobile). Mit dieser sehr artigen Familie machte ich mich bald sehr vertraut, auch verlebte ich in derselben die meisten /201/ Winterabende der Jahre 1839 und 40.

In diesem Hause machte ich manche Bekanntschaft mit Herrschaften, welche da eintrafen, die mir hernach öfters mehrere vergnügte Tage zuführten. Der Frühling des Jahres 1840 drohte dem Königreich Neapel Krieg mit England[308]. Die Zwiste entstanden wegen Schwefelminen und anderen Handelsvorteilen, welche die Engländer auf der Insel Sizilien durch frühere Verträge hatten und fort zu benützen begehrten, Seine Majestät der König von Neapel aber als ausgelaufene Rechte für die Engländer ansah. Der Hader dieser Zwiste ging so weit, dass eine Kriegsblockade stattfand. Die Engländer nahmen darauf alle napolitanischen Schiffe, wo sie deren fanden, in Beschlag, und der König von Neapel sequestrierte alles englische Eigentum in seinem Reich, was auf Millionen stieg. Nach Sizilien schickte der König gegen 20 000 Mann, unter diesen auch das 1. und 2. Schweizer Regiment, das 3. und 4. blieb in Neapel.

Meine und zwei andere Kompagnien erhielten am 29. April 1840 ganz unerwartet am frühen Morgen Befehl, in die Festung Ovo zu ziehen. Diese liegt ungefähr 200 Schritte von der Stadt entfernt, aber schier gar im Mittelpunkt derselben, ringsum vom Meer bespült. Sie /202/ ist also als der Schutz von der Meerseite her der ganzen Linie von Vilaruale, St. Lucia, des königlichen Palastes und mehrerer Gegenden der Stadt Neapel zu betrachten, folglich sehr wichtig für die Verteidigung derselben. Zwischen oder ausser dieser Festung hat Neapel noch die Festungen Forte Novo und Carnine, beide mit guten Bastionen und Batterien wohl versehen, nebst diesen Verteidigungsplätzen noch manche grosse, starke Schanzen als Posilippo, Arsenale, den Molo, la Marina und den Poligone, aber alle diese Festungen oder starken Plätze, so am Meere längs der Stadt gelegen sind, würden gegen eine starke Seemacht doch nicht hinreichen, die Stadt Neapel vor Verheerung und Einbruch zu sichern, denn die Verteidigungslinie der Stadt, dem Meere nach, hat wohl bis zum Poligone eine Strecke von 2 1/2 Stunden, immer mit guten Schritten durch die Stadt zu marschieren. Man denke sich also, was für einen Umfang diese grosse, mit etwa 700 000 Menschen bewohnte Metropole haben muss.

Nur unsere drei Schweizer Kompagnien, mit circa 150 napolitanischen Kanonieren und einigen Veteranen, sollten diese Festung Ovo besetzen und da den Dienst machen. /203/ Gegen Mitte Mai dieses Jahres erschienen sechs grosse englische Kriegsschiffe und den andern Tag noch andere fünfe vor der Stadt

---

[307] Keine zusätzlichen biographischen Angaben ermittelt.

[308] Konflikt wegen Schwefelminen auf Sizilien. Gattlens Schilderung der Kriegsvorbereitungen, an denen die Schweizer Regimenter beteiligt waren, ergänzt die knappen Ausführungen bei MAAG, S. 40.

Neapel, nahe dem Porto, wo alle in Schlachtordnung Stellung nahmen. Diese Erscheinung machte in Neapel grosse Besorgnis. Wir in der Festung Ovo hielten uns auf einen Schlag herzhaft bereit, so wie alle anderen Batterien auf der ganzen Meerlinie der Stadt; auch die Festung St. Elmo, welche auf einem Hügel Mitte ob der Stadt steht, bewachte mit der darin sich befindenden Besatzung vom 4. Schweizer Regiment sorgfältig das Benehmen des Volkes, da selbe nur allein zur Ruhehaltung desselben dienen mag und bestimmt ist.

Bloss hatten die Engländer solchen Besitz genommen, so erschien auch ein französisches Geschwader von einigen Kriegsschiffen, welche daneben gegenüber den Engländern Anker warfen. Man wusste in Neapel, dass die Franzosen als Vermittler zwischen England und Neapel aufgetreten waren und dass diese in ihrem Interesse nicht gern einen Bruch unter beiden streitenden Parteien dulden möchten oder zulassen würden, dass die Engländer weder in Neapel noch in Sizilien ihre Herrschaft ausüben sollten, doch trauen konnte man noch der einen weder der andern Macht, und so waren wir bis Ende Juli in einer hohen Spannung und Erwartung verheerender Taten. Wenn es zu feindlichen Angriffen gekommen wäre, so würden wir, wenige 500 Mann, in der Festung Ovo die fürchterlichsten Schlappen zu empfangen gehabt haben, da wir von allen Seiten durch die Schiffe hätten /204/ beschossen kommen [können]. Wie zerstört würde nicht unser Fort geworden sein, wenn man annimmt, dass die englischen Kriegsschiffe wohl mehr als 600 Kanonenschüsse in weniger als einer halben Stunde auf dieses Kastel hätten schleudern können, da die Lage desselben ganz dem Feuer des Feindes ausgesetzt war. Wir würden freilich mit etwa 60 grossen Piessen [= pièces] und mit Feuerkugeln erwidert haben, allein unsere Batterien hätten so können beschüttet werden, dass wir entdeckt gekommen wären. Zum Glück für uns und die ganze Stadt hat sich durch Vermittlung anderer Potentaten der Friede eingestellt. Wir zogen zurück in unsere alten Kasernen und Logis in die Stadt, auch viele Truppen kamen aus Sizilien zurück in Neapel.

Auf Anraten meines vorgesagten Herrn Ghidelli, Kammerherr bei Seiner Majestät, setzte ich in italienischer Sprache ein Projekt auf, durch welches ich darlegte, wie einträglich und allgemein nützlich es im Königreich Neapel sein würde, das aus so vielen Wäldern verlorene Holz durch die Flüsse an das Meer zu flötzen, indem jetzt das meiste Holz und die Kohlen aus den römischen Gegenden nach Neapel kommen und so folglich sehr teuer zu haben sind. Das Flötzen ist wirklich noch in Neapel nicht bekannt, man hat davon keine Idee. Viele grosse Waldungen liegen an Flüssen, ihr Ausholzen könnte in keiner Hinsicht Schaden bringen, weil nirgendwo steile /205/ Berge mit reissenden Wässern Alluvionen verursachen könnten, ja auch die Flüsse sanft in tiefen Lagen zum Meer zurinnen.

Herr Franz Ghidelli übergab mein aufgesetztes Heft dem König selbst. Seine Majestät geruhte selbes gütig abzunehmen, und wie man mich versicherte, gab der Monarch sich die Zeit, dieses Projekt durchzusehen. Gebrauch ist es, dass der König jene Papiere, welche er nicht zur Aufbewahrung bestimmt, sondert und zum Verbrennen verordnet, jene aber, die ihm von einiger Wichtigkeit scheinen in sein Privatbureau legt. In solches legte der König auch meinen Aufsatz, welchen Herr Ghidelli und andere seiner Freunde vom Hof da gewahr nahmen. Einige Zeit hernach hatte bemelter Herr Ghidelli Ursachen, Seine Majestät zu sprechen. Bei solcher Gelegenheit leitete er auch die Sache des Flötzens in Erneuerung. Der Monarch sagte ihm, er werde diese Sache näher untersuchen lassen, und so bleibt selbe noch in der Hoffnung, auf eine reiche Unternehmung zu kommen.

Nach dem alljährlich hoch zu feiernden Piedi-Grotte-Fest[309] (8. Sept.) erhielt unser 3. Schweizer Regiment den Befehl, die Garnison von Capua zu beziehen, wo niemand von uns gern hinging, weil da für die Schweizer die Luft nicht gut wirkend ist. Wir waren nicht acht Tage in Capua, so verloren wir schon an bösen Fiebern Leute, und viele lagen krank im Spital. Herr Leutnant Alphonse de Quartéry[310] starb auch am /206/ Fieber im Monat Oktober 1840 und Herr Chirurg Etly bald danach.

Mich ergriff den 16. November gleichen Jahres in Capua neuerdings das Podagra am linken Fuss, die Schmerzen quälten mich unaussprechlich, ich konnte mich nicht ohne Hilfe umwenden, und in dieser schmerzlichen Lage traf mich eben ein anderes Unglück, so wie es mir mehrmals in meinem Leben aufgefallen ist, dass in hohen Unfällen und Beklemmungen mich eben da andere sehr drückende Zufälle tief erschüttert haben. Mein Bedienter Joseph Gsponer[311], gebürtig von Embd im Wallis, hatte endlich das Mass seiner Schelmereien angefüllt, so dass, wie das Sprichwort sagt, selbes überging. Schon lange hatte ich einigen Verdacht an seiner Treue, jetzt aber kam es mir gerade in dieser meiner Unmögenheit bewiesen, dass ich einen verschmitzten D[ieb] hatte. Die Sache hätte sollen vor ein Kriegsgericht kommen, allein ich machte mein mögliches, um ihn aus den Fesseln zu ziehen, doch musste ich einen andern Bedienten nehmen, was aber mir in so kranker Lage höchst beschwerlich und schädlich fiel, weil ein Mann, der in allen meinen Sachen nicht bekannt war, mir nicht jene Hilfe und Rat zu geben wusste, welche ich bedurfte und meiner Gesundheit erspriesslich kam. Geduld, was machen? Schmerzlich dulden, ohne Hilfe, ohne Trost, ohne Mitleiden von Eigenen, in einem fremden Lande. Nach Mitte des Christmonat bemelten Jahres 1840 konnte ich mich wiederum aus dem Bette ziehen. Nicht ohne /207/ Schmerzen gelangte ich neuerdings zu so viel Kräften, dass ich am 14. Jenner des Jahres 1841 meine Pflichtverrichtungen annehmen konnte.

Am gleichen Tage, als ich mich in etwas ermuntert fühlte, traf mich herzdrückend ein neuer Streich. Meine liebe Tochter Josephine, Kostgängerin im Pensionat zu St-Paul, nahe Evian in Savoyen, wünschte mir durch ihren Brief vom 12. Dezember 1840, welchen ich aber erst den oberwähnten 14. Jenner erhielt, ein gutes neues Jahr u.a.m., aber, o lieber Gott, als ich weiter las, was enthielt noch dieser Brief? Traurige Nachricht, eine Nachricht, welche mein Herz so beklemmte, dass mir Vaterträne entflossen. Glaube, lieber Leser, dass es etwas Hartes und Tiefdringendes sein muss, wenn einem alten, in Unglücken, in hart gewohnten Zufällen, in manchen Todesgefahren nicht ertatterten [= erschrockenen] und mit schweren Wunden bezeichneten Militär Tränen niederfallen. Als Vater aber, der ich meine Kinder zärtlich liebe, für selbe alles täte und mich selbst vergesse, ja mich für ihr Wohl in alles hingäbe, vermisste ich alle

---

[309] Ursprünglich religiöses, mit militärischem Pomp gefeiertes Fest zu Ehren der Madonna di Piè di Grotta. Vgl. MAAG, S. 12–13.

[310] Alphonse de Quartéry (1808–1840), in Capua gestorben: vgl. MAAG, S. 640.

[311] Im Bestandesverzeichnis von 1837 (SERVICE ETRANGER, 9/9/19) unter der Namensform Joseph Gottsponer als Füsilier in der 6. Kompagnie registriert; ebenso in der Liste von 1842 (*ibid.*, Nr. 40).

mir sonst eigene Standhaftigkeit. Widerwärtiger Zufall! Ich wurde in Schwermut niedergebeugt und fiel in eine Kraftlosigkeit, welche mich auf mein Nachtlager warf.

So trostvoll auch hinsichtlich des ewigen Lebens dieser Klosterschwester Ignatia bemelte Anzeige war, konnte ich mich dennoch dem Schmerz nicht entziehen. Die Erwägung, dass diese meine Tochter in ihrem angenommenen Stande mir hier auf der Erde wenigen Beistand in meinen alten Tagen leisten könne, vermochte nicht mich aufzuheitern, ich fiel in eine Art Fieber, woran ich mehrere Wochen lag. Der Gedanken, dass nun auch meine zwei kleinen Töchter Caroline und Josephine durch diesen Todfall eine grosse Stütze in ihrer Erziehung verloren haben, beschwerte mein Leiden. Ich sah die Wichtigkeit dieser gehofften Hilfe ängstlich an, wissend, dass ich im Militärstand besagte meine Kinder ganz fremder Warte überlassen müsse und niemand mehr habe, dem die gute Erziehung /208/ derselben so wie ihrer seligen Schwester am Herzen liegen könne, und im Bewusstsein, dass ich nun alle die mir Angehörigen der mir hochschätzlichen Familie Amacker, meine liebgewesene Frau Barbara Amacker, meinen unvergesslichen Sohn Ferdinand, meine liebe Tochter Catharina und endlich die Barbara, Klosterfrau Ignatia, verloren habe, schlummerte ich in Schmerzen, welche keine Feder auszulegen vermag, sondern nur einem treuen Vaterherz und dem Tribut der Natur eines solchen eigen ist.

O Du, im Rufe der Seligkeit gewichene / Siehe durch die hohen Schwingen / Auf Deinen Vater herab / Dein Flehen zu Gott ihn würdige / Ewig zu sein, wo Du hintratst.

Wem die Berichte, so mir die Superiorin zu St-Paul schon vor einigen Jahren, wie auch die letzten, die sie mir in diesem Jahr gegeben hat, nicht bekannt sind, wer nicht jemand in diesem Kloster und in seinem Pensionat kennt oder mit solchen Leuten in Unterhalt über die gewesene Schwester Ignatia geraten ist, möchte mir die oben angebrachte Strophe zu stolzer Eigenliebe legen, allein durch angeführte Berichte, durch den allgemeinen Ruf frommer Bewohnerinnen des Klosters und des Pensionats zu St-Paul lebte Schwester Ignatia allda als ein ausgewähltes /209/ Muster im Gehorsam, in der Tätigkeit, in der Andacht, im Umgang mit allen, in der Ergebung in den Willen Gottes, besonders in der langen, schmerzvollen Krankheit, ohne einmal zu zagen. Sie war aufmunternd, fröhlich, ohne eitlen Witz zu zeigen, fromm ohne Bigotterie, religiös ohne Aengstlichkeit, beflissen und zuvorkommend gegen Obere und Untergebene, ohne die mindeste Affektation anzunehmen, kurz, sie war allgemein geschätzt und geliebt, und diese Liebe und Schätzung kommt ihr nach ins Grab, ja noch mehr, sie wird als eine Auserwählte von jenen, welche da mit ihr gelebt haben, geachtet. Soviel wurde mir, auch anderen Meinigen und Fremden, hinterbracht und geschrieben, und durch solche Zeugnisse wie allgemeinen Ruf hocherbaulichen Lebtages, ist ihr jener des seligen Hinschiedes nachgefolgt.

Beklemmt und sehr getroffen auch noch von diesem zeitlichen Verlust, verlebte ich trübe, schwere Tage der Monate November und Dezember des Jahres 1840, auch Jenner und Hornung bis 4. April 1841 in Capua. Ein wenig heiterte mich das Bewusstsein auf, dass ich nach dem Vaterlande ins Semester für 8 Monate gehen könne, um da meine zwei Töchter Caroline und Josephine an mein Herz zu drücken, auch mich während dieser Zeit mit dem Herrn Oberst Amakker, seiner guten Frau Josephina Bonavini, /210/ meinem Stiefbruder Johann Josef Gatlen und andern Meinigen in einiger Ruhe einzufinden. Ich verreiste von

250

Neapel, einige Tage früher von Capua, den Palmsonntag, 4. April 1841, in Begleitschaft des Herrn Leutnants de Chastonay auf dem Dampfschiff Maria Cristina. Beim Einschiffen hatten wir stürmisches Meer, auch gleich darauf überfiel mich, wie bei alten Seefahrten, die sogenannte Meerkrankheit, von welcher ich erst beim Aussteigen in Livorno in etwas befreit kam. In Genua hielten wir uns nur zwei Tage auf und verreisten in dem Eilwagen nach Wallis.

Zuerst kehrte ich in Raron ein, und dann gleich zum Oberst Amacker an Unterbäch. Nach einigen Tagen verreiste ich in dessen Begleitschaft nach St-Paul zu meiner Tochter Josephine und fand in Sitten bei den ehrwürdigen Ursulinen[312] meine Caroline, die da in Kost und Lehre war. Ich fand dieses Kind wohl und gut gebildet, was meinem Herzen Aufschwung brachte.

In St-Paul fand ich die Josephine rüstig und zu meinem grossen Wohlgefallen gut erzogen, allein etwas schwächlicher Gesundheit. Wir /211/ blieben gastfrei in St-Paul bei Herrn Gaud, dasigem Pfarrer, drei Tage, dann nahmen wir Abschied von den Klosterfrauen, und die noch kleine Josephine nahmen wir mit. Ich musste mir aber fast Gewalt antun am letzten Morgen, allda mich von dem öfters besuchten Grabe meiner Tochter, der gewesenen Schwester Ignatia, fortzureissen. Wehmütig betrachtete ich vielmal den auf ihrem Grabe an einem Kreuz flatternden Lilienkranz, der schon früher seit ihrem Tod von dem Winde getrieben worden. O, in Gott ruhende Seele, ich hoffe, dass du so rein vor deinem Schöpfer erschienen bist als wie die Lilien, die auf deiner Hülle noch jetzt, weiss und schön anzusehen sind.

Diese entseelte, liebgewesene Tochter schrieb mir als Pensionärin im Institut zu St-Paul, bittend, dass ich ihr gestatte, in den Orden der frommen und weltnützlichen Schwestern von St. Vincent de Paul einzutreten, ich stimmte dazu nicht sogleich, ihr Flehen aber kam sehr oft erneuert nach Neapel, bis ich endlich einwilligte. Nachdem sie das Noviziat gemacht hatte und als Schwester Ignatia vermittelst 3100 Franken mit Gewand, Bett, etc. versehen war, nannte man sie Klosterfrau und übergab ihr, dieses und jenes zu besorgen. Sie erkrankte, hatte eine schwere und lange Krankheit, sie war getröstet, geduldig und starb, wie man mich versicherte, im Rufe der Seligkeit. Noch einmal zu ihrem Grabe; da erinnerte ich mich ihrer Worte, die sie zu mir sprach, als ich die 3100 fr. fr. etc. für ihren Eintritt der Superiorin, Schwester Bertholet, in ihrer Gegenwart an barem Gold bezahlte. Sie sagte: O, lieber Papa, wie vielen Schweiss werden Sie nicht vergossen haben, um soviel Gold für mich anwenden zu können; Dank Ihnen! ich kann anders nichts für Sie tun als /212/ den Allmächtigen bitten, dass er Sie noch lange Jahre wohl bewahren wolle, damit auch noch meine jungen Schwesterchen Josephine und Caroline durch Ihre väterliche Sorge wohl und christlich erzogen werden. Wollte Gott, setzte sie hinzu, dass ich Ihnen in Ihren kränklichen Anfällen behilflich abwarten könnte, so wie es jene Schwestern getan, da Sie im Spital de l'Hôtel de Dieu in Lyon an Ihren Wunden krank lagen.

Nun, liebe Tochter, liebe gewesene Klosterfrau Ignatia, von der Stelle, unter welcher deine Hülle ruht, welche ich sehnlich noch anschauen möchte, muss ich mich entziehen. Bei deinem Grabe hat dein Vater schwer geseufzt, er hat dir fromme Gedanken und Wünsche zur Ruhe und Seligkeit deiner Seele gezollt. A Dieu, denn auf dieser Erde finden wir uns nicht mehr. Auf der Reise nach Wallis heiterte mich meine Josephine angenehm auf; ihr Betragen, ihre Manieren in

---

[312] Vgl. Einleitung, S. 54–55, namentlich Anm. 171 und 173.

ihrem 14. Jahralter waren anziehend. Wir langten in Sitten an, besuchten sogleich im Pensionat der ehrwürdigen Ursulinen die Caroline, liessen einstweilen die Josephine auch da; [sie] nahmen etliche Wochen später, am 23. Juni 1841, eine Vakanz, blieben einige Zeit in Raron, hernach aber gab ich beide meinem lieben Schwager Oberst Amacker und seiner lieben Gattin, welche diesen schon früher als Mutter stand, in die Kost.

In dieser Zeit herum musste ich 36 Tage im Bett am Podagra und Gonagra schmerzlich dulden, auch hatte ich in diesem Semester vieles Unbeliebiges zu berichtigen; man hatte mir Kredite abgeleugnet, Boden angesprochen, Marken /213/ versetzt und früher berichtigte Sachen wieder streitig gemacht. So geht es im Wallis, wenn man nicht gegenwärtig und lang abwesend ist.

Als ich nach Neapel musste, gab ich, damit selbe die französische Sprache lernen und sprechen sollten, meine Kinder Josephine und Caroline der Frau Oberstleutnant Bruttin, geborene Werra, in die Kost, ernamste als zweiten Sachwalter den edlen Herrn Paul Roman Roten, der meinem Herrn Schwager Oberst Amacker, behilflich sein sollte. Bücher, Schlüssel, etc. übergab ich ihnen und ging fort am 12. November 1841, nachdem ich auch wiederum, wie manche Jahre früher, den Kindern des schwelgerischen, unverbesserlichen, sorglosen, faulen, undankbaren, hartherzigen, versoffenen Spielers Anton Gatlen[313], meines Stiefbruders, wöchentlich auf meine Rechnung gratis Brot, Mehl oder Salz geben liess, damit diese in Nahrung etc. wie auch der lumpichte Besagte und sein faul dreckiges Weib etwas Sicheres hätten.

Mit Herrn damaligem Leutnant de Chastonay, jetzigem Hauptmann, machte ich die Reise nach Neapel. In Genua angelangt, mussten wir mehrere Tage auf Imbarco nach Neapel warten. Wir fanden da den Herrn Leutnant von Buol[314], von Chur, auch Semestrier von unserem Regiment, ein guter Waffenbruder. In den Tagen, wo wir in Genua uns aufhalten mussten, fiel der Jahrestag zur Versammlung der Grossen Nobili der Stadt in ihrem Palast, der zu dem Casino bestimmt war. Da der /214/ napolitanische Consul, der Kriegskommissär Herr Morelli[315], und der Graf von N. Eriswil[316], Leutnant des 4. Schweizer Regiments in napolitanischen Diensten, Depot-Kommandant der für die vier Schweizer Regimenter in Neapel in Genua ankommenden Rekruten, sowie auch alle sich in Genua befindenden Ambassadoren von Russland, Österreich, England, Frankreich, kurz, aller Mächte, wie auch andere grosse Herren, zu einem Fest, Ball etc. in dieses Casino der Nobili von Genua eingeladen worden sind, bekamen

---

[313] Joseph Anton Gattlen (1795–1883); er war 1825–1829 Soldat in französischen Diensten, lebte als Landwirt und Hilfsarbeiter in Raron, war verheiratet mit Anna Maria Zeiter von Biel (Goms), hatte einen als Kind verstorbenen Sohn und vier Töchter, um deren Fortkommen sich Hauptmann Gattlen kümmerte. Vgl. Einleitung, S. 55, Anm. 173.

[314] In einer Offiziersliste des Regiments v. Stockalper vom 1. Juli 1834 erscheint ein Oberleutnant Jean-Antoine de Buol; MAAG erwähnt S. 640 einen Unterleutnant Johann von Buol (geb. 1805), der 1838 demissionierte. Wenn das zutrifft, was nicht zu bezweifeln ist, müsste das hier geschilderte Ereignis spätestens Ende des Urlaubs von 1836 datiert werden, nicht 1841, wie es der Kontext vermuten liesse; dafür sprechen auch andere Umstände; vgl. den in Anmerkung 320 zitierten Text.

[315] Vielleicht Salvatore Morelli; vgl. STORIA, Vol. IX, S. 143.

[316] Eduart Heiniger (1807–1881), von Eriswil, 1. Unterleutnant 1833, Hauptmann 1849; den Adelstitel erhielt er in Neapel nach Verheiratung mit der Tochter eines englischen Lords. Vgl. MAAG, S. 611.

wir drei napolitanische Offiziere auch ein jeder eine Invitationskarte durch die Sorge des napolitanischen Consuls. Auf dieser Karte hiess es: Erscheinen in Militäruniform mit Distinktionszeichen für jeden Grad, oder schwarzer Anzug, seidene Strümpfe, Schuhe mit Schnallen etc. Wir hatten unsere Uniformen. An der Porte des ersten Salons gab man die Billette, den Degen etc. ab. Man ging nach Belieben in die Menge der Salons (Zimmer) zu einem Kaminfeuer in dieser Jahreszeit. Nach Belieben konnte sich jeder zu verschiedenen Spielsachen gesellen. Etwas zu früh hatten wir uns dahin begeben, denn da waren noch sehr wenige Damen; viele Grosse als der Gubernator von Genua, die Minister etc. kamen später. Seine Majestät, der König Karl Albert, nebst andern vom Hofe, die jetzt in Genua waren, erwartete man auch.

Begierig suchte ich die Ankommenden zu besehen und auszukundigen. Den grössten Eindruck so vielen pompösen Erscheinens machte mir die Ankunft dreier /215/ türkischer Offiziere einer Fregatte, welche im Hafen von Genua vor Anker lag. Ihr Anzug war militärisch, mit reich brodierten und besetzten Silbercordons, die Westen, Art Dolmanden[317], wie die Hussaren tragen, von rotem Scharlach, hatten mehrere Reihen silberner Knöpfe, die Unterwesten, Art Brusttuch, von grüner Seide, brodiert à la trapointe, ein weisser türkischer Pantalon, brodierte gelbe Sandalen, weisse Strümpfe, eine um den Mittelleib geschlungene grüne Escharpe von Seiden, grüner Turban auf dem Kopf, zwei schön garnierte Pistolen in der Escharpe befestigt und den türkischen Cimateran (Damaszener Säbel) an einem schön brodierten Anhänger tragend. Da kein türkischer Offizier bei keiner Versammlung, Festen, noch so Einladungen seine Waffen ablegt und so ein Begehren sehr beleidigend aufnehmen würde, so liess man da diese drei Herren ganz bewaffnet in die Salons eintreten, auch hatte man ihnen einen Begleitsmann zugesellt, der Türkisch oder Arabisch sprechen konnte, um selben mehr Achtung zu erweisen.

Ganz diese drei Offiziere bewundernd machte ich mich, soviel der Anstand erlaubte, denselben nach und suchte Gelegenheit, mit ihnen ein Gespräch anzuknüpfen, sobald ich wissen würde, ob einer oder der andere Französisch oder Italienisch sprechen konnte. Bald kam ich befriedigt; der Fregattenkommandant mertete [= sprach] etwas Französisch, so dass wir uns verstanden. Sobald die vornehmsten Damen ein wenig Sitz genommen hatten, ging der Ball an: Contratänze, Quadrillate, Anglaises und andere gelehrte solche wurden mit einer ausgesuchten Musik galant ausgeführt. Anfänglich nahmen diese Türken begierig Anteil am Zuschauen; ich ihnen und sie mir machten wir uns manche Bemerkungen über dieses und jenes, /216/ wir lachten und wurden vertrauter.

Nach langem Zusehen nahmen diese Herren Platz auf prachtvollen Sofas, welche mehr den Damen als den Herren zum Sitzen dienen sollten, und wann auch derselben leer kamen, oder die Damen solche, während sie zum Tanzen genommen waren, verliessen, so bedienten sich diese, wenn es beliebte, doch machten die Herren den Damen, sobald diese von ihren Kavalieren zu ruhen geführt wurden, sogleich Platz und verliessen die Kanapees. Meine türkischen Offiziere, welche sich auf solche ganz nach ihrer Art gelagert hatten, das ist: die Beine kreuzweis untergenommen auf dem Kanapee, den Säbel nach Bequemlichkeit anbehalten, den Kopf weichlich etwas angelehnt, bewegten sich in ihrer

---

[317] Schnürjacke der Husaren.

beliebigen Lage gar nicht; sie standen nicht auf wie alle andern Herren, die den Damen solchen Vorzug und Hochachtung bewiesen.

Ich schon mit diesen türkischen Offizieren gesprächig geworden, fragte, ob solche Feste bei ihnen in der Türkei auch dann und wann aufgeführt werden. Der Kommandant lachte, mir antwortend, dass bei ihnen die Weiber niemals unbeschleiert aus dem Haus gehen dürfen, dass jeder Herr die seinigen von allen Mannspersonen sorgfältig absondere und wohl bewacht halte, dass man ihnen, den Weibern, keine solche Achtung wie hier erweise, etc., was ich zwar schon wusste, doch mich verwundernd zeigte. Ich fragte ihn, ob ihm der Anzug, der Luxus der Hiesigen gefalle, ob das schöne Geschlecht ihm gefiele. Er erwiderte, dass der Luxus an Möbeln und Einrichtungen in den Palästen der Grossen schöner und niedlicher sei als bei ihnen, doch übertreffe der /217/ orientalische Anzug der Grossen, die häuslichen Gerätschaften derselben an reichhaltigen Sachen die europäischen, und Weiber seien die Türkinnen wohl schöner.

Eine Menge in Livree gekleidete Abwarter trugen nach jedem vollendeten Tanz aller Sorten Erfrischungen jedem zum Genuss vor als Limonaden, Orangeaden, Portogalli und andere solche Getränke, auch Sorbetti und Gelati von verschiedenen Essenzen mit köstlichen Zuckerbisschen. Meine Türken nahmen oft zu sich, da wir aber etwas Solideres gegen Mitternacht wünschten, trug ich ihnen an, die Spielsalons zu besuchen. Wir fanden mehrere solche, niedlich mit vielen köstlichen Speisen belegte Tische zwar kalte Gerichte als Fische, Hühner, Jagd, Teigspeisen, Cremen, Zuckerwesen, Schinken, Gebratenes auf alle Manieren, Salate von einer Menge Gewächsen, Meerfrüchte, Austern und eine ausgesuchte Quantität von Baumfrüchten des südlichen Italiens, kurz, Zubereitungen für die grössten Herrn und Damen. Weine waren da die köstlichsten der Welt: Madera, Opporto, Malaga, Lacrima Christi, Marsala, Lipari, Cipro, dann französische Weine: Champagner, Bordeaux, St-Julien, Côte d'Or, Burgunder etc., auch ungarische und Rheinweine laut Etiketten auf den Bouteillen oder auf einem Indikator. Ich wusste, dass die Türken nach dem Verbot des Korans keinen Wein trinken sollten, ja auch manches andere nicht geniessen, doch auf meine Einladung und Anrühmen so herrlicher Getränke liessen sie sich es gefallen, wacker von diesem und jenem zu versuchen.

Wir wurden mit solcher Aufmunterung ganz fröhlich und liessen uns bis guten Morgens sehr wohl sein, dann gingen wir jeder in seine Wohnung, ich in das Hotel de François[318] und sie auf ihre Schiffe. Ganz herzlich verlangten /218/ diese Herrn, dass ich sie am andern Morgen auf ihrem Schiffe besuchen solle, auch meine Kameraden mitbringe, welche zwar mit ihnen wenig Umgang gemacht hatten. Ich musste diese Visite ihnen versprechen, die Stunde bestimmen und so schieden wir als gute Freunde voneinander. Am bestimmten Morgen und Stunde ging ich in Begleitschaft des Herrn Leutnants de Chastonay nach dem Meerhafen. Wir fanden da schon eine schöne Schaluppe mit sechs Matrosen in türkischem Anzug bereit, um uns aufzunehmen und nach der Fregatte zu führen. Wir nahmen Platz auf schönen Tabourets und ruderten fort. Viele Leute nahmen uns nach einem solchen Empfang in ganz hohe Achtung.

Auf der Fregatte angekommen, empfing uns der Kapitän mit Auszeichnung, zeigte uns die Kanonen, die Magazine, die Waffen auf und unter den Verdecken, die Küche, etc. Es war just noch Zeit zu einigen ihrer Andachten auf

---

[318] Vermutlich Hôtel de France, Piazza Banchi, in Hafennähe.

dem Schiffe. Wir sahen einige auf Tapeten knieend, die Hände kreuzweise über die Brust geschlagen, die Augen zum Himmel gehebt, ganz rekolliert[319] ihr Gebet verrichten, anderen schor man die Haare auf dem Kopf, gleich wie der Bart eingeseift geschoren wird, andere hatten sich auf die unter sie gelegte Tapete [auf] das Angesicht gelegt und in solcher Lage verrichteten sie andächtig Gebete, man musste sich Gewalt antun, um nicht zu lachen.

Nachdem man uns einige Stücke Musik hören liess und uns mit einigen Gläschen ihres Raqui aufgewartet hatte, baten wir mit bezeugtem Dank um Entlassung. Der Fregattenkommandant gab mir ein Stück des kostbaren türkischen Rauchtabaks, ein Beweis, dass er mich als einen Freund schätze, was mit solcher Schenkung die Türken versichern. /219/ Wir wurden auf der nämlichen Schaluppe mit sechs Matrosen wiederum dahin gerudert, wo wir eingestiegen waren, um nach der Fregatte zu fahren, welche am äussersten Ende des grossen genuesischen Meerhafens lag. Gute Handdrücke mit Verbeugungen waren das Adieu von den Offizieren auf dem grossen Kriegsschiff.

Einige Tage hernach verreisten wir auch nach Neapel. Die Überfahrt war glücklich. In Neapel angekommen, gingen der Dienst des Exerzierens auf dem Marsfeld in grossem, die nächtlichen Märsche und viele Sorgen wieder an. Anno 1842 wurde das Regiment nach Capua beordert[320], vor Ausgang dieses Jahres aber für das zweitemal wieder nach Nocera. Die Garnison in Capua, eine starke Festung, ist für den Militär ziemlich beschwerlich, jene von Nocera ganz offen, viel angenehmer, weil da in der Nähe mehrere Städte sind, als ganz an Nocera das Nocera dei Pagani, die Städte Sarno, Cava und viele Bourgaden, 1 1/2 bis 2 Stunden entfernt von Nocera, so dass man durch schöne Strassen bald diese, bald die andern besuchen konnte ohne grosse Ausgaben, oder man konnte sich das Vergnügen geben, durch angenehme Viali die üppigsten Felder der Welt durchzusehen.

Ich fragte manchen Colôno [= Bauer], der im Anbau der Felder war, wie viel angesäte Äcker per Tomolo Ansaat (ein Tomolo circa 2 Leuker Fischel) rendire [= Ertrag bringe]. Die Antwort war, in gemeinen Jahren 18 bis 20 von einem Angesäten an Weizen, an Hafer 28 bis 30, an Meerweizen [= Mais] über 20. Welche Fruchtbarkeit! Die Reben geben einen erstaunlichen Eintrag, die Oliven ebenso, Melonen vieler Arten und eine in der Schweiz gar nicht bekannte Menge von Gartenzeug ist da Sommer und Winter um /220/ sehr wenig Geld zu haben. Das s[ehr] v[ortreffliche?] Schweinefleisch, Schinken und Speck, Gesalzenes ist auch wohlfeil, da wir das hiesige Pfund oder den Rotolo, der 7/4 Pfund wägte, um 3 hiesige Batzen, und den Rotolo um 4–5 kauften. Starken roten Wein hatte man die Bouteille auf dem Land um 3 Kreuzer. Unsere Soldaten zechten wie die Herren nur zu viel Wein!

In Nocera machte ich auch bekannt mit dem dasigen Gubernator Marschall Desauget[321]. Diesem Herrn habe ich von meinen gemachten Feldzügen unter

---

[319] Abgeleitet von *se récolliger:* gesammelt, andächtig.

[320] Ungenauigkeit, die vielleicht auf den in Anmerkung 314 erwähnten Irrtum zurückzuführen ist. Im Verzeichnis *Semester nach Wallis ...* (RO, 13, S. 41) steht: *«1841. Verreist von Capua den 4. April für achtmonatliches Semester nach Wallis über Meer nach Genua und Piemont, zurück auch also von Wallis nach Neapel in 7 Tagen; den 13. November von Brig verreist, den 16. abends in Genua, dann in Neapel, wo ich 11 Tage blieb; den 1. Dezember beim Regiment in Capua eingetroffen.»*

[321] Roberto Desauget; vgl. STORIA, Vol. IX, S. 103, 204, 212.

dem Napoleon gesprochen und meine Blessuren gezeigt. Es schien mir, dass er darob einige Achtung gegen mich äusserte. Bekannt machte ich auch besagtem Herrn Gubernator, dass ich oft mit dem Podagra, Gonagra und Chiragra schmerzlich befallen komme, Ausbrüche des in den Körper eingedrungenen Elends in meinen jungen, sehr mühevollen Jahren. Ich bedauerte, dass ich nur mit grossen Anstrengungen den sehr oft verordneten Manövern beisein konnte, besonders wenn darauf nächtliche Promenaden folgen; dass mich zu allem dem mein Herr Oberst Dufour[322] ohne Rücksicht auf meine fast zu nennende Unmöglichkeit beordere, liess ich ihn auch merken, ohne zu sagen, dass ich ein Oberwalliser und der Herr Oberst Dufour ein Unterwalliser sei, welche selten, wegen politischen Begebenheiten, miteinander sympathisieren. Herr Marschall Desauget sagte dazu wenig.

Seine Majestät der König kam ganz unerwartet eines Morgens in Nocera, liess General schlagen. Die ganz Garnison: das 3. Schweizer Regiment, das 12. Sizilianer, 2 Bataillone Jäger, die Kanoniere etc. /221/ rückten mit Sack und Pack aus, alles ging auf das Marsfeld. Die grossen Manöver, von seiner Majestät dem König selbst kommandiert, dauerten fort, ausser nur wenige Repos von 5, 6 Minuten jeder, bis gegen 7 Uhr abends im Sommer. Nicht nur ich, der wegen meinem Podagra, Gonagra etc. abgeschwächt war, konnte mich kaum mehr auf den Beinen halten, sondern junge Leute, ohne von Krankheiten vorher befallen zu sein, alle waren abgemattet, denn wir mussten beinahe immer in der grossen Hitze im geschwinden Schritte, ja oft im Sturmschritt, manövrieren.

Bevor wir am Abend entlassen wurden, setzte der König alle Truppen auf dem Marsfeld in geschlossene Kolonnen, dann die Distanzen nehmen, divisionsweise, und vor ihm im Sturmschritt defilieren, nachher, am andern Ende des Campo di Marte, in geschlossenen Kolonnen aufschliessen und stillhalten bis alles defiliert hatte. Da unser Regiment in besagter Stellung war und sämtliche Truppen die gleiche genommen hatten, wurde: *Auf der Stelle ruht!* kommandiert. Auf einmal hörte ich nach dem Kommandant der dritten Division des 2. Bataillons vom 3. Schweizer Regiment fragen, dem Hauptmann Gatlen. Herr Major von Salis Soglio [und] Oberst Dufour kamen sogleich dazu, führten den zu Pferd sitzenden Adjutant vom Generalstab des Königs zu mir.

Nicht wenig erschrak ich ab solcher Nachfrage, mich bedenkend, ob ich etwa in den Evolutionen einen Fehler möchte begangen haben, der mir Arrest und einen derben Verweis zubringe. Es war aber ein Besseres für mich. Der Adjutant sprach zu mir in Französisch: Je viens, par ordre de Sa Majesté le Roi, vous dire, Monsieur le Capitaine Gatlen, que vous [ne] devez plus aller au Camp /222/ pour les exercices et les manœuvres. La volonté de Sa Majesté est que vous en soyez exempt et que vous fassiez seulement les autres services. Faites commander la Division par votre lieutenant dans ces cas. Ich bat den Adjutant, dem König zu danken. Sogleich steckte ich meinen Säbel ein, rief dem Herrn Leutnant Fischer[323], dem Leutnant meiner Kompagnie, der das 2. Peloton

---

[322] Zur Person vgl. Anmerkung 218. Zwischen dem Kommandanten des Bataillons und Hauptmann Gattlen als Kommandant der 6. Füsilier-Kompagnie scheinen von Anfang an Spannungen bestanden zu haben. Ausführliche Schilderung der Vorkommnisse in einem Notizheft (RO, 13), S. 37–38: *Ungerechtigkeit von Oberst Dufour; S. 42–70: Verzeichnisse meiner Arreste seit dem 1. Juli 1835; die früheren seit Anno 1827 weiss ich nicht bestimmt.*

[323] Cyprian Fischer (geb. 1802), 2. Unterleutnant 1831, 1. Unterleutnant 1838, Oberleutnant 1844; vgl. Maag, S. 704.

256

meiner Division befehligte, dass er die Division kommandiere, und liess an dessen verlassener Stelle den ersten Unterleutnant, den Herrn Karl Stockalper[324], treten.

Oberst Dufour hörte und sah dieses alles, durfte mir aber keinen andern Befehl geben. Nach eingerückten Truppen in ihre Kasernen begab ich mich sogleich zum Palast des Gubernators, wo Seine Majestät einkehrte; dieselbe war aber schon nach Neapel abgereist. Wollte mich bei dem Monarchen für die gehabte Wohltat bedanken, kam aber zu spät. Dass der Feldmarschall de Sauget, Gouverneur von Nocera, dem König mag bemerkt haben, ich sei ein alter Militär, der viele Kampagnen gemacht habe und schwere Blessuren auf mir lasten, dass ich auch sehr an chronischen Übeln oft schmerzlich leide etc., musste mir eingehen. Daher entschloss ich mich, demselben auf das wärmste zu danken, was er lächelnd annahm.

Nach kurzer Zeit dieser Geschichte kam der Befehl an das Regiment, nach Gaeta in Garnison zu gehen, weil unsere Soldaten mit denen des 12. (Sizilianer) blutigen Streit hatten, in welchen beiderseits einige tot und manche verwundet blieben[325]. Gaeta ist die stärkste Festung des Königreichs Neapel; die Stadt, mit grossen Festungswerken an zugänglichen Orten ganz umgeben, liegt an einem steilen, kahlen Hügel, der auf der südlichen Seite, auf der orientalischen und auch auf der westlichen, /223/ ganz im Meer steht, nur auf der nördlichen ist eine schmale Erdzunge, welche aus den grossen Vorstädten Borgo und Spiaggia dem Meere nach eine fahrbare Strasse in die Festung hat und sich allhier fahrbar in der Stadt, auch dem Meere nach, fortzieht. Gaeta hat einen Bischof und auch zivilische hohe Beamte, auch mehrere Spitäler, Klöster beider Geschlechter, ein Findelhaus etc., grosse Kasernen, Magazine, Arsenale mit einer grossen Quantität an Kriegsvorrat, nur Infanteriegewehre 50 000.

Anno 1806 wurde Gaeta von den Franzosen eng belagert. In der Festung kommandierte damals der Prinz Philipsthal[326] (ein deutscher Fürst, Befreundeter des österreichischen Kaiserhauses). Er wurde da blessiert und starb und ist in Gaeta auf dem Walle, wo er getroffen wurde, unter einem herrlichen Monument begraben. Noch Anno 1847 lag wohl [die] halbe Stadt im Schutt. Die Eigentümer dieser zerstörten Stellen haben nicht Lust, ihre Paläste oder Häuser wieder aufbauen zu lassen, da doch ihnen die Häuser wegen der Menge der Offiziere und ihrer Familien gut zu vermieten wären, aber Krieg und Zerstörung?...

Seine Majestät der König, der oft ganz incognito die Garnisonen der Truppen zu überraschen sucht, um zu erfahren, wie sich der Dienst mache, wie die Instruktion der Truppen vor sich gehe etc., kam von Neapel über Meer auf einem Dampfschiff Anno 1847 im August, in der Nacht, nach Gaeta. Er liess sich nicht

[324] Karl Stockalper (1821–1881), Sohn des Regimentskommandanten. Militärische Karriere in Neapel laut Maag, S. 737: Zweiter Unterleutnant 1840, Erster Unterleutnant 1848 (31. März), Oberleutnant 1848 (18. Mai). Wenn diese Promovierungsdaten stimmen, wäre die Angabe des militärischen Grades (Erster Unterleutnant) in den Memoiren nicht richtig; vielleicht hat er in Gattlens Kompagnie diese Funktion ausgeübt, ohne den entsprechenden Grad zu besitzen. Zu beachten ist in diesem Zusammenhange, dass Gattlen am 1. März 1848 den Dienst in Neapel verlassen hat. Zur Beförderung der Söhne Stockalpers, vgl. Anmerkung 238.

[325] Der Streit ereignete sich am 23. November 1843; vgl. Einleitung, S. 47, Anm. 120.

[326] Nicht identifiziert; vielleicht Angehöriger der Familie Philippovic von Heldenthal (vgl. Biographischer Index, Bd. 3, S. 1554, mit Verweisen auf Wurzbach).

merken. Am Morgen früh wurden die Porten der Festung unter militärischer Vorsicht geöffnet. Der König, mit einem Adjutanten allein, hielt sich nahe an einer kleinen Porte am Meerhafen, bis selbe aufging. Man erkannte ihn; Ruf: Ins Gewehr! Er gab aber Befehl, keinen Lärm zu machen und ihn unbemerkt in die Stadt zu lassen. Er ging gerade auf die Hauptwacht zu, befahl dem wachthabenden Hauptmann, General schlagen zu lassen, begab sich zum Marschall Labrano[327], Gubernator /224/ von Gaeta, fand diesen ganz erstaunt über den zum Gehör gekommenen Generalmarsch und noch mehr, als ihm die Ankunft des Königs gemeldet wurde.

Alle Truppen versammelten sich mit Sack und Pack unter Gewehr so geschwind als möglich, nicht wissend, was der Ruf mit der Trommel, welcher streng beobachtet wird, für eine Not in sich habe. Ich lief auch nach der Kaserne. Auf dem Wege traf ich den Herr Major [Joseph] Marie von Werra[328]; dieser sagte mir, gehe geschwind die Grande Tenue (roter Rock, etc.) anziehen, es trifft dich als Ordonnanz für das Regiment zum König. Ich lief zum Logie, zog mich geschwind aus der Tagestenue und legte die grosse an, lief behend zum königlichen Palast, welchen ein Teil der Gouverneur bewohnte. Der König und sein Gefolge waren aber schon zur Inspektion der Magazine etc. abgegangen. Ich machte mich nach und präsentierte mich als Ordonnanz Seiner Majestät, just da hochdieselbe aus einer Casermatten auskam und in einem gewölbten Gang sich befand.

Der Monarch, der aus seinem scharfen Gedächtnis die meisten Offiziere, besonders die Hauptleute der Schweizer Regimenter mit Namen nannte, frug mich in Französisch: Comment va votre santé, Capitaine? Ich antwortete: Sire, comme un papier mouillé. Er schien zu lachen, sagend: Allez au palais, et lorsque j'aurai besoin de vous, je vous ferai appeler. – Permettez, Sire, sagte ich, d'avoir l'honneur d'être de votre suite. – Eh bien, faites comme vous voulez. Der König, der Gubernator, der Bischof, der Unterintendant, die Decoriones der Stadt etc., die Genieoffiziere, die Hauptleute der Regimenter, welche da als Ordonnanzen waren etc. besuchten mit diesem Gefolge alle Festungswerke, Casermatten, Magazine etc., die ihm beliebten, und so ging es bis abends gegen vier Uhr, dann /225/ nahm er im Palast nur etwas erfrischendes Getränk, indessen sämtliches Gefolge in den Antichambren wartete. Er besichtigte die Garnison und liess sie in ihre Kasernen gehen.

Seine Majestät ging zum Meerhafen; da befand sich schon eine dem König würdige Gondole, um ihn nach dem Dampfschiff zu führen. Indessen rangierten sich die Vornehmsten des Gefolges längs der Bankette in erster Linie, die andern in der zweiten Linie hinter diesen. Als der König in der Gondel sass, soll Seine Majestät befohlen haben: Chiamatemi il capitano Svizzero d'ordinanza! Ich habe in der zweiten Linie dieses nicht gehört, ein Geniehauptmann, der diesen Befehl ehender vernahm, sagte mir: Capitano, il Re vi chiamma! Ich glaubte, dass dieser Herr sich irre, aber sogleich kam ich befehligt, an des Königs Worte zu gehen. Ich trat hervor, gerade auf der Bankette vor der Gondole, in welcher der König war, präsentierte mich militärisch und sagte: Je suis à vos ordres,

---

[327] Ohne Vornamen erwähnt in: Storia, Vol. IX, S. 162.

[328] Im Original ist der Vorname irrtümlich als *Peter*-Marie angegeben. Zur Person vgl. Anmerkung 214.

Majesté! Überrascht und verwundernd sagte mir der König: Portez vous bien, Capitaine Gatlen, je vous remercie, vous viendrez bientôt à Naples. Ich wusste auf eine solche Ehre bloss etwas zu sagen, doch stammelte ich: Sire, je [ne] m'attendais pas à cet honneur, et encore moins à des remerciements de votre Majesté. Je suis en tout à votre service et prêt à verser mon sang pour vous et votre dynastie. – Bon, bon, portez vous bien! und die Gondole fuhr ab. Alle Grossen und andern machten Verwunderungsmienen, auch der Oberst Dufour, die andern Chefs und Offiziere des Regiments sprachen viel darüber.

1847, den 1. September bekam das Regiment den Befehl, Gaeta zu verlassen und wieder in die Hauptstadt Neapel zu gehen. Jedem war diese Order beliebig, obschon die Garnison /226/ von Neapel viel Beschwerliches, besonders 2 Stunden zu marschieren, hatte, um auf das Marsfeld zum Manövrieren zu kommen. Mir diente diese Dislokation sehr gut, da ich in Neapel manches Privates zu besorgen hatte und mehrere Familien kannte, wo ich mich angenehm unterhalten konnte, wenn ich Zeit dazu fand.

Am ersten Mai 1847 war der Kehr an unserem 3. Schweizer Regiment für drei Monate mit 360 Mann die Festung St. Elmo zu besetzen, unter dem Kommando eines Generals. Aus Vorsehung seiner Majestät kam diese ganz Neapel beherrschende Festung niemals anders als von Schweizern besetzt. Nach der Revolution von 1822, wo eine grosse österreichische Armee unter dem Kommando des Feldmarschalls Frimont[329] Neapel und Sizilien zur Ruhe zwang, hatten dessen Truppen die Gewalt über St. Elmo bis Anno 1825, wo das erste [Schweizer] Regiment durch Kapitulation in Dienst des Königs beider Sizilien trat und diese Festung von den Österreichern in Verwahr bekam. Dieses besagte Schweizer Regiment hatte bei seiner Formation zum Oberst den Herrn von Sonnenberg[330], von Luzern, der später Marschall ernamst worden; ein Bataillon bildete der Kanton Luzern, zwei Kompagnien Ob- und Unterwalden, zwei der Kanton Uri und zwei Appenzell, denen sämtlichen die Kantonswappen einerseits auf den Fahnen gestickt waren.

Anno 1826 formierte sich das 2. Schweizer Regiment, gebildet: ein Bataillon aus dem Kanton Freiburg und eines aus jenem von Solothurn unter dem Oberst Vonderweid[331] von Freiburg, der hernach Generalmarschall worden und in Neapel starb. Anno 1827 bildete sich das 3. Regiment, ein Bataillon /227/ aus Wallis, 3 Kompagnien aus dem Kanton Schwyz und 3 aus dem Kanton Bünden unter dem Oberst Salis Soglio[332], der aber im ersten Jahr im Semester bei ihm in Chur starb. Auf diesen folgte als Oberst der Oberstleutnant Stockalper, der erstlich Brigadier und dann Marschall und Gubernator der Stadt und Provinz Neapel Anno 1848 ernamst worden[333], ein Zutrauen, dessen sich bis dahin kein

---

[329] War auch Kommandant der österreichischen Truppen, die im Juni/Juli 1815 durch das Wallis marschierten; vgl. Anmerkung 167.

[330] Ludwig von Sonnenberg-Castelen (1782–1850), Kommandant des 1. Schweizer Regimentes 1825–1831; vgl. MAAG, S. 733 und 779.

[331] Karl Emmanuel Vonderweid (1786–1845), Kommandant des 2. Schweizer Regimentes 1826–1831; vgl. MAAG, S. 743–744 und 783.

[332] Hieronymus von Salis Soglio (1785–1828); vgl. MAAG, S. 728.

[333] Ernennung am 10. Juni 1848; im Manuskript steht irrtümlich: 1849; vgl. MAAG, S. 736.

Schweizer schmeicheln konnte, ausser die lang vorher in Neapel angestellten Generäle, Marschälle, Capitaine-Generäle aus der uralten Familie der Tschudi[334] von Glaris, und der General-Capitaine Burckhardt[335] von Basel, in Diensten lang vor der Französischen Revolution von 1792 bei den alten Königen von Neapel etc. Anno 18[29][336] wurde auch für den napolitanischen Dienst das 4. Regiment ganz aus dem Kanton Bern organisiert. Oberst war Herr Wittenbach[337], die Offiziere beinahe alle aus den Patrizier Familien der Stadt ernamst.

In diesem besagten Kehr, St. Elmo zu besetzen[338], Anno 18[47], traf es mich für das fünfte Mal als Detachementskommandant mit drei Kompagnien dahin zu ziehen und da drei Kompagnien vom ersten Regiment abzulösen. General Roberti, Festungskommandant, unter welchem ich schon früher dreimal in St. Elmo als Detachementskommandant, jedesmal drei Monate, gedient hatte, übte sehr oft seine sehr beschwerlich auf die sämtlichen unter seiner Order stehenden Offiziere, und besonders auf den Kommandanten der drei dasigen Kompagnien [fallenden] bösen Launen aus. Willkürliche und in keinem Militärreglement vorgeschriebene Dienst- und Befehlspflichten trug er auf, welche bald abgeändert und bald in der Vollziehung beschwerlicher wurden, ja er suchte und hatte Vergnügen, seine Untergebenen zu necken und in Strafen zu setzen. Er gab die bizarresten Befehle, dieses und jenes zu tun oder zu unterlassen; er hatte in seinen Platzadjutanten Spione, /228/ welche ihm alles hinterbrachten. Seine Launen gingen so weit, dass niemand auf dem obersten Platz der Festung, wo die Kasernen und Logemente der Offiziere waren, rauchen, in einigen Orten niedersitzen, noch über die Festungswerke ausschauen durfte, da wo doch keine Gefahr war, da wo doch Anlagen expresse zum Ruhen der Truppen angelegt waren, welche unter den vor ihm kommandierenden Generälen, Dorgemont[339] und andern, gebraucht und genossen wurden.

Der Soldat wusste bald nicht mehr, wo sein frisch gereinigtes, angestrichenes Lederzeug aufhängen zum Trocknen, [wo] seine Kleider ausklopfen und bürsten. In den Zimmern und Gängen verbot er solches, zum Fenster aus durften sie auch nicht hängen, auf den Plätzen und Örtern, [die] dazu laut Ansehen bestimmt waren, war es auch verboten, und sobald er vernahm, dass etwas wider solche Befehle vorgegangen, gab er dem Detachementskommandant, dem Wochenoffizier der Kompagnie, in welcher es geschehen, Arrest. Einer Menge solcher Neckereien waren die Offiziere unterworfen. Diese durften bis zu angesetzten Morgen- und Abendstunden nicht aus ihren Zimmern, ohne Gefahr und dienstfrei. Er liess ihnen aus der Stadt zu ihrer Kost nur soviel Wein zur Woche [bringen, wie ihm beliebte]. Beim Eintritt in die Festung wurde alles kontrol-

334 Vgl. HBLS; Bd. VII, S. 81–82.

335 Emmanuel Burckhardt (1744–1820), Vizekönig und Kommandant aller Truppen des Königreichs beider Sizilien 1802; vgl. HBLS, Bd. II, S. 454.

336 Gattlen erinnerte sich nicht mehr genau an das Jahr, in dem das Regiment entstanden war; im Manuskript steht nur: *183*, sowie freier Raum für die Zufügung einer vierten Zahl.

337 Johann Karl Friedrich Albert von Wyttenbach (1777–1855), Kommandant des 4. Regiments 1829–1837; vgl. MAAG, S. 748 und 784.

338 Die Jahrzahl ist eingefügt worden; die beiden letzten Zahlen sind korrigiert und unleserlich geworden; bei dem «besagten Kehr» kann es sich nur um 1847 handeln (vgl. S. 259).

339 Nicht identifiziert.

liert, niemand ging aus derselben ohne den Namen, die Stunde und die Ursache auf einem Register zu melden; über solches musste der wachthabende Offizier der Hauptwacht am Morgen und am Abend Rapport an den General machen, sowie über die Öffnung der Prisonen bei der Darreichung der Nahrung an die Eingekerkerten höheren Standes etc. Wenn ein Soldat auf dem Wachtzimmer, in den Kasernen oder sonstwo einen Flecken mit Spucken oder sonstwie machte, so musste der Detachementskommandant Untersuchungen anstellen, an welchem Tag, bei welchem Wachtkommandant, in welchem Escouader [= Geschwader] solches geschehen sei. Konnte er es nicht erfahren, so bekam er Order, die kleinsten Flecken sogar abwischen zu lassen, auf seine Kosten.

Man kann sich nicht vorstellen, was für /229/ Teufelsgrillen dieser Herr ausführen liess. Er bewohnte nicht das Gebäude, welches für die kommandierenden Generäle in der Festung bestimmt war. Er hatte aussen, aber sehr nahe derselben, einen niedlichen Palast gemietet; dahin mussten 4–5 Ordonnanzen alle Tage, um seine Befehle hin und her zu tragen, auch der Detachementskommandant musste alle Morgen dahin zu ihm, um mündlich über alles in 24 Stunden Vorgefallene Bericht abzustatten, da doch noch täglich 32 schriftliche Rapporte, vom Detachementskommandanten unterschrieben, an ihn mussten gesendet werden, ja über Sachen, die vor ihm niemals begehrt waren als wie wer für jede Kompagnie Wochenoffizier sei, da es genug gewesen wäre am Sonntag, wo diese abgeben und andere annehmen, deren Namen dem General bekanntzugeben, eine Liste der zum Einkaufen der Lebensmittel beorderten Mannschaft, eine der Ordinär-Chefs, eine jener, die dienstfrei waren, eine, die es an vorgeordneter Zahl traf, in die Stadt zu gehen, eine derer, die in die Arrestkammer kamen, die Ursache etc., eine derer, [die] auf die Wacht kamen, eine derer, die Plantons in der Kantine kamen, eine der Köche, Corvée-Leute, Kostträger auf die Wachten, eine, welche anzeigte, wie viele und welche beordert kamen, die Prisonnier zu bewachen, eine die Stunde anzeigend, wann die Gefangenen aus dem Kerker gelassen und wie lang diese frische Luft empfingen, eine, wann man die Inspektionen, die Wachtparade und Exerzieren gehalten, was für ein Hauptmann die Ronde in und um die Festung zu machen hatte, der doch nach gemachter Ronde in einem Buch beim General den Rapport einschreiben musste, was für ein Patrouillenchef und wann diese aus- und eingerückt sei, Rapport, was für Lebensmittel in der Kantine zum Verkauf waren, über Qualität, Preis und Gewicht, wer ins Spital und aus demselben kommen und gehen werde, wer vom Regiment aus für dieses oder jenes zu den drei Kompagnien müsse in die Festung gehen und wer vom Detachement zum Regiment zu gehen Ursache habe, alles mit vorläufig [= vorher] zu begehrender Erlaubnis vom General, auch in den nötigsten, pressierlichsten Vorfällen war seine /230/ nicht erteilte Erlaubnis dem Dienst und anderen Pflichtsachen hinderlich, ja wohl oft schädlich, über was sich immer der Detachementsbefehlende beim Regiment oder sonstwo verantworten musste, um seine Nichtschuld zu beweisen.

Mehrere Hauptleute der in St. Elmo detachierten Schweizer hatten sich bei ihren Obersten und diese beim Generalkommando in Neapel über die willkürlichen, unvorgeschriebenen, unnötigen Verordnungen des Generals Roberti, Festungskommandant von St. Elmo, beklagt, seine unerlaubte Härte bewiesen, seine Caprizien geschildert und sozusagen die extravaganten Befehle dieses Herrn als beinahe der Ausführung unmöglich dargetan. Was ist aus so manchen Klagen erfolgt? Er, dieser sehr reiche, mächtige Grosse des Königreichs blieb der nämliche, setzte die meisten Detachementskommandanten wegen sehr kleinem Übergehen seiner Befehle in Arrest, so wie andere Offiziere. Alle die welche auf St. Elmo sollten, ersorgten diese Zeit.

Ich für mich konnte doch über den General Roberti nicht so sehr klagen. Ich hatte Glück, beim ersten Mal, da ich unter seine Order kam, als Befehlender über drei Kompagnien in seine gute Sympathie zu fallen, nachdem er, auf sein Verlangen, von mir die gemachten Feldzüge, die erhaltenen Blessuren und das ausgestandene Elend vernommen hatte, welches alles ich ihm mit vielen traurigen, auch lustigen Umständen ganz militärisch erzählte, eines Nachmittags, da ich zu ihm musste und [er] mich zu ihm auf ein Sofa sitzen hiess.

Beinahe alle Morgen, als ich zu ihm zum angebrachten Rapport ging und das beschwerliche, lange Absteigen aus der Festung in grosser Hitze machen musste, auch oft in Wind und Wetter, fragte er mich nach meinem /231/ Befinden. Ich erwiderte: Herr General, das Herkommen zu Ihnen und das Wiederaufsteigen in die Festung, zu dem man mehr als eine starke halbe Stunde braucht, ist für mich, einen [alten Mann] mit aufhabenden Beschwerlichkeiten, keine kleine Sache, doch ist es meine Pflicht nach ihrem Befehl. – Oft fragte er mich, immer in französischer Sprache: Avez-vous déjeûné, Capitaine? – Non, mon Général, un mauvais café! Dans le fort, on [ne] peut rien avoir qui vous engage à cette heure, et mon domestique [ne] sait rien me préparer. – Voulez-vous donc un café, ou un chocolat? – Tout cela et bien bon, si je [ne] vous donne pas de l'embarras, mon Général. – Non, non, mes domestiques sont à votre service. Er läutete sogleich und gab den Befehl, mich zu bedienen, nahm mein sans façon [= freies Benehmen] immer lächelnd auf und zeigte guten Humor.

An manchen Sonntagen kam ich zu einer Tafel eingeladen, wo sich allemal eine Menge grosser Herrn und Damen vorfanden. Man speiste um 4 Uhr Nachmittag, wie es bei allen Grossen in Neapel, auch anderswo, gebräuchlich ist. Die Tafel wurde reichlich bestellt beim Anfang mit kalten sogenannten Piattini di rinforzo, als kalter ungesottener Schinken, Alici [= Sardellen] salati, Oliven, Austern, Cornichons und anderes solches, frische Butter mit gebratenen Pataten [= Kartoffeln] im Papier eingemacht, auch Ravanelli [= Rettiche] und manche andere appetitgebende Bisschen, wozu delikate Weine genommen wurden. Auf solche Sachen kamen die warmen Platten aufgetischt, dann ein sehr copioser [= reichhaltiger], leckerhafter Nachtisch in einem andern Saal, bei den opulenten Familien das Café, Rosoly, der Rhum und dergleichen Getränke. Der Luxus, mit welchem bedient wurde, kann in unserem Vaterland nicht bekannt sein, auch bei den ersten und vermöglichsten Familien nicht, denn nur bei uns sich nicht vorfindenden Renten von hunderttausend und noch mehr hiesigen Franken kann so ein täglicher Luxus mit Equipagen, Dienerschaft etc. bestehen; jene, welche nicht 30-50 000 Franken jährliches Einkommen haben, sind schon nicht /232/ unter solche wie General Roberti zu zählen, der, wie man mich versicherte, von seinen grossen Ländereien etc. 60 000 napolitanische Ducati jährliche Renten besass, den Dukaten circa 30 Batzen berechnet.

Am 1. September[340] 1847 wurde ich in St. Elmo von drei Kompagnien des 2. Regiments abgelöst. Der General gab mir ein sehr schmeichelhaftes Zeugnis

---

[340] Das Datum der Ablösung entspricht nicht der Angabe S. 226: *am 1. Mai für drei Monate nach St. Elmo.*

262

fleissig erfüllten Dienstes des sämtlichen Detachements und besonders meine Anempfehlung an alle hohen Militärbehörden.

Dem Regimentskommando wieder ganz angehörig, begann ich in allem den Platz- und gemeinen Dienst, ging aber nicht auf den Campo di Marte zu dem Exerzieren noch Manœuvres. Im darauffolgenden Oktober und November arbeitete ich um meine Entlassung aus dem Dienst mit Pension (halber Sold), jährlich 2020, ich sage circa 2020 französische Franken für erfüllte zwanzig Dienstjahre laut abgeschlossener Kapitulation. Herr Major von Werra benahm sich auch zu gleicher Zeit um Entlassung und Pension. Wir mussten bald für diese Ausweisung, bald für jene Einschreibung in verschiedenen Bureaus des Ministeriums und [bei] anderen Hochangestellten umspringen; hier fehlte dieses, da etwas anderes, man lentzte[341] uns glaublich absichtlich in einige Schreibereien auf, damit wir nicht zu unserer Pension kommen könnten, da doch Seine Majestät seine Dekrete dazu durch seinen Kriegsminister uns hatte zukommen lassen, aber die im Jenner 1848 ausgebrochene Revolution[342] in Neapel war früher vorbereitet und hatte, wie man's später erfuhr, viele der Beamten der verschiedenen Verwaltungszweige zu sich gerissen.

Erst am 4. Mai besagten Jahres hatte ich es dahin gebracht, dass ich nach Wallis /233/ in mein Vaterland mit Pension verreisen konnte, doch die Einschreibung meines Rechtes zu derselben in das Gran Libro del Debito publico meinem prokurierten Schaffner Herr Oldrik Brandeis, Grosshändler in Neapel, überlassen musste und diese nicht bewirken mochte bis April 1849 unter dem Numero 16[0]82 in besagtem Gran Libro, so dass [ich] laut Brief[343] dieses Herrn vom 27. April 1849 meine Pension durch ihn bezog für ein Jahr vom 1. März 1848, wo ich vom Regiment nichts mehr bezog, bis Ende Hornung 1849, in napolitanischen Ducati 459, Grana 96, welche ich nachher zu 4 und 4 Monaten zu beziehen eingab.

Die Sterblichen können nicht in die Zukunft sehen, nur konjekturieren nach den Umständen in den Zeiten. Hätte ich gewusst, dass am 15. Mai 1848 die Schweizer Regimenter den König so tapfer verteidigen mussten[344], so hätte ich einstweilen mein Pensionsbegehren eingestellt, um Anteil an solcher Ehre zu haben. Ich war beim Regiment beim ersten Ausbruch der Revolution, 29. Jenner 1848, es kam aber nicht zum Feuer[345]. Seine Majestät gab dem Volk beider Sizilien eine Constitution, mit welcher es sich damals fröhlich begnügte. Allein die Liberalen waren damit später nicht begnügt und veranstalteten den blutigen besagten Mai, die Sizilianer langen, schaudervollen Widerstand und viele grausame Treffen.

---

[341] Mundartwort, heute noch im Wallis gebraucht für: hinhalten, in die Länge ziehen.

[342] MAAG widmet dieser Revolution und dem damaligen Einsatz der Schweizer Regimenter den grössten Teil seiner Monographie (S. 47–365).

[343] Steht im Nachlass: RO 21. Aus dem Brief geht hervor, dass die Einschreibung unter Nummer 10682 erfolgte und eine entsprechende Mitteilung an Gattlen am 17. April 1849 erfolgt war. Weitere Korrespondenz mit J.U. Brandeis, vgl. Anmerkung 230 sowie Nachtrag Dr. A. Lanwer.

[344] Vgl. MAAG, S. 56–121.

[345] Vgl. MAAG, S. 47–56.

Grosse Veränderungen stellten sich in den ersten Monaten des Jahres 1848 im Regiment ein. Aus Wallis nahmen Pension[346]: Herr Major Werra von Leuk, Hauptmann Gatlen von Raron, Hauptmann Willa von Leuk, Hauptmann Bovier von Sitten, Leutnant Cropt von Martinacht, Leutnant Huser von Mörel und später Oberst Dufour von Monthey. Aus Bünden: Hauptmann von Castelberg[347], Hauptmann Grossrichter von Sprecher[348], Leutnant Wenzin[349] von Tavetsch. /234/ Herr Oberstleutnant Jutz[350] von Schwyz hatte auch seine Entlassung mit Pension begehrt, starb aber, bevor selbe auskam, in Neapel an der Wassersucht. Herr Major von Salis Soglio[351] von Chur wurde am 15. Mai 1848 erschossen. Nach solchen Geschichten waren beim Regiment kein einziger der ältern Chefs mehr, und viele Hauptmannstellen mit andern Offiziersplätzen waren leer. Hauptmann von Riedmatten[352] von Sitten, der nur ein paar Monate Major war, wurde Oberst, indem er der einzige Oberoffizier beim Regiment war. Hauptmann Hediger[353] von Schwyz wurde Oberstleutnant, Hauptmann-Adjutant-Major von Rascher[354] von Chur und Hauptmann Evéquoz[355] von Gundis wurden Major. Mehrere Leutnants kamen Hauptleute, Unterleutnants Leutnants, und so trat ein Vorrücken an Graden ein, an welches in 20 Jahren Dienst niemand glauben durfte.

Die Liebe zu meinen Kindern Josephine und Caroline zog mich von Neapel fort, wo ich als Privatmann mit meiner Pension und andern habenden Geschäften sehr wohl und angesehen leben konnte. Auch nur an mir stand, mich in hochangesehene Familien einzuverleiben und wenn [ich] nur noch ein halbes Jahr beim Regiment geblieben wäre, so würde ich von Rechtes wegen eine Oberoffizierstelle erhalten haben. Solche Aussichten, solche Anträge und solche Gewerbssachen würden manchen in Neapel behalten haben, wo viele Offiziere der Schweizer Regimenter unter mindern Aussichten dableiben, gewiss für ihren Lebtag.

Nun bin ich im Wallis. Den 13. Mai 1848 kam ich an, ging sogleich zu meinem lieben Schwager /235/ und seiner Gattin an Unterbäch, wo meine Tochter

---

[346] In den biographischen Verzeichnissen von MAAG entsprechen die angegebenen Daten der Verabschiedung für Hauptmann Joseph Marie von Werra und Christian Gattlen offensichtlich dem Datum der Gesuchstellung: S. 639–640 steht: *Absch[ied] 14.X.47,* beide waren aber erst am 1. März 1848 dienstfrei. Vgl. Dokumente im Nachtrag Dr. A. Lanwer. – Für die übrigen hier genannten Walliser Offiziere stehen in der erwähnten Publikation folgende Daten: Franz Joseph Willa (1790–1878) *16.XII.47;* François Bovier (1796–1870) *31.III.48;* Joseph-Antoine Cropt (1803–1895) *18.V.48;* Franz Huser (1806–1891) *16.XII.47;* Pierre-Marie Dufour (1790–1862) *15.V.48.*

[347] Vgl. Anmerkung 301.

[348] Sein Name fehlt in den biographischen Verzeichnissen von MAAG. Im HBLS auch nicht erwähnt.

[349] Wie in vorhergehender Anmerkung.

[350] Alois Jütz (1789–1848); vgl. MAAG, S. 639.

[351] Daniel von Salis Soglio (1795–1848); vgl. MAAG, S. 728.

[352] Augustin von Riedmatten (1796–1867), Major 1848, 6. März, Oberstleutnant 1848, 18. Mai; Marschall und Generalleutnant 1860; vgl. MAAG, S. 726 und 776.

[353] Alois Hediger (1796–1850); wurde 1848, den Majorsrang überspringend, Oberstleutnant; vgl. MAAG, S. 711.

[354] Wolfgang Adolph von Rascher (1798–1885), Adjutant-Major 18.5.1848; vgl. MAAG, S. 724.

[355] Pierre Evéquoz (1793–1880), Major 18.5.1848; vgl. MAAG, S. 704.

Caroline in der Kost war unter der Sorge meiner besagten lieben Schwester [= Schwägerin] Oberstin Amacker. Josephine war in Baden, wo sie sich mit dem Herrn Joseph Loretan[356], Hauptmann im Kantonskontingent, Abgesandter auf den Landrat und Kastlan in Baden, mit fröhlicher meiner Einwilligung, auch meiner Gegenwart[357], pompös den 6. Oktober des Jahres 1846 verehlicht hatte, mich zum Grossvater machte, den 3. November 1848, da sie in Leuk einen schönen Knaben[358] zur Welt brachte, welchem ich Taufpate bin, mich aber durch Herrn Major [Joseph Marie] von Werra, meinen lieben Waffenbruder in Neapel, jetzt in Leuk, ersetzen liess, da ich krank war. Ich blieb in diesem Jahr bis in August an Unterbäch, dann ging ich in Baden, blieb da bis 27. September; hernach fingen ich und die Caroline die Haushaltung in Raron an.

Caroline vermählte sich in Raron, Montag, den 30. Heumonat des Jahres 1849, mit dem edlen Herrn Eduard Roten[359], damaligem Bezirkspräfekt von Raron, Sohn weiland Jakob Niklaus, alt Zehnenpräsident etc. und der adelichen Julia von Courten[360], Tochter des Oberst von Courten in spanischen Diensten. Der Hochzeitstag ward in Raron, im Haus der besagten Mama des Bräutigams, mit vielen Anwesenden dieser adelichen Familie, Brüder und Schwestern des Herrn Eduards, auch meiner, des Oberst Amacker und seiner Frau, meines Tochtermanns und seiner Frau aus Baden, nebst anderen feierlich gehalten. Der Ehekontrakt für besagtes Brautpaar, gemacht durch den Herrn Notar und Zehnenrapporteur Furrer[361] am Morgen des bemelten Hochzeitstags, ist gleich jenem abgefasst, wie der, so Anno 1846 im Weinmonat ist stipuliert worden in Baden für meine Tochter Josephine, /236/ am Tage, wo sie sich mit Herrn Joseph Loretan, Kastlan etc., vermählte[362].

Jedem dieser zwei Tochterherren gab ich in ihren Ehekontrakten an Kapitalien 12 800 Schweizer Franken, welche den jährlichen Zins von 640 Schweizer Franken eintragen sollen. Wenn ich das Irdische verlassen habe, so glaube ich, laut meinem Haben, dass erwähnten Kindern noch zwei Drittel mehr als 640 Franken jährlichen Zinses zufallen werden. Ich lebe indessen im fröhlichen Bewusstsein, dass ich als Vater für [ihr] Wohl, ihre gute Erziehung, für die Lehren, welche im sozialen Leben für Ansehen und Bedürfnisse auf dieser Welt er-

---

[356] Johann Joseph Loretan (1806–1876), Grossrat, Gerichtspräsident; vgl. BINER, S. 327. – Im Nachlass sind fünf Briefe an den Schwiegervater erhalten geblieben (RO 138 und CL: 33/1–4), darunter die Mitteilung von der Geburt des Sohnes und die Bitte um Patenschaft (datiert: 3.11.1848).

[357] Urlaub vom 1. Juli 1846 an (RO 13, S. 1 und 41). Gegen Ende des Jahres lag er krank in seinem Hause in Raron, wo ihn der Ortspfarrer Moritz Tscheinen (1808–1889) zwischen dem 5. November und 20. Dezember mehrmals besuchte; vgl. sein Tagebuch: AV 110/3.

[358] Gustav Loretan (1848–1938), Dr. iur., Grossrat, Kantonsrichter, National- und Ständerat; vgl. BINER, S. 327. – Im Nachlass befindet sich ein Brief, den er als Dreizehnjähriger am 6.8.1861 seinem Grossvater geschrieben hat (RO 123); er äusserte darin den Wunsch, eine Pistole geschenkt zu bekommen.

[359] Eduard Roten (1811–1890), Notar, Grossrat, Regierungsstatthalter, Gerichtspräsident; vgl. BINER, S. 362; genealogische Hinweise; Roten, Ernst v., S. 103, Nr. 709.

[360] Julia de Courten (1779–1838), Tochter des Joseph-Elie-Marie (1800–1863); vgl. ROTEN, Ernst v., S. 102, Nr. 706, und BINER, S. 279.

[361] Johann Joseph Christian Furrer (1803–1865), von Bürchen, Advokat und Notar, Grosskastlan und Grossrat von Westlich Raron; vgl. BINER, S. 301.

[362] Vgl. Einleitung, S. 55.

spriesslich sind, gesorgt, gespart und gearbeitet und meinen Kindern, wie ich nun hoffen darf, den nötigen Wohlstand verschafft, habe. Wolle Gott, dass sie, ihre Herren und ihre Abstämmlinge in Treue, Frieden und in vorsichtigem Benehmen für fortdauernden Wohlstand erhalten mögen, dass sie ihre frommen Wünsche mit eifrigem Gebet für ihren Vater zum Allmächtigen Gott, Vergeber aller menschlichen Schwachheiten, erheben wollen, so wie auch ihre sämtlichen Angehörigen, auch kommende; segnet alle seine Asche, so oft ihr an ihn denkt. Hauptmann Gatlen.

Abb. 27: Letzte Ruhestätte des Hauptmanns Gattlen an der Ostseite der Burgkirche von Raron.

266

Anhang

Ergänzende Dokumente

Nachtrag in Heft II der Memoiren, S. 237.

Etwas über die drei Ehegattinnen des Hauptmanns Christian Gatlen. Von den drei hier unten genannten Weibern hat er nicht einen Centime gehabt und so nichts an die mit ihnen erzeugten Kinder zugefallen, ich will sagen, an jene erzeugt mit Barbara Amacker[1], Tochter Herrn Meiers von Unterbäch und der Frau Barbara, geborene Schnidrig, welche die Kinder überlebte. Die zwei Töchter, erzeugt mit Barbara, einer Tochter Joseph Pfammatters von Eischoll, haben etwas weniges von ihrer Grossmutter geerbt und von ihrem Grossvater zu hoffen. Ich, der die Last der Erziehung der drei ersten Kinder und der besagten zwei Töchter ertragen habe, hatte nichts, ja gar nichts von diesen Weibern, wie auch von der Dritten, Josephine, geborene Bruttin von Sitten, welche mir nach wenigen Monaten in unserer Ehe starb. Mit wahr sage ich, dass mich diese Weiber und die Erziehung der Kinder wohl über dreissigtausend Schweizer Franken (30 000) gekostet haben. Mit Vorsicht, Fleiss, anhaltender Arbeit und beständiger Sorge und Gottes Segen habe mich durchgebracht und in ein für Wallis bedeutendes Vermögen gesetzt. Mars, Neptun und Ceres waren mir auch günstig[2].

Nachtrag in Heft II der Memoiren, S. 239.

NB. Was geschehen[3].

Saverius Strauch[4], des Ordens Sancti Francisci, gebürtig ein Schweizer oder Truppenkind des Herrn Dr. Strauch in königlichen spanischen Diensten. Saverius wurde Feldpater in einem Schweizer Regiment in benamsten Diensten gegen die Jahre 1803, 1804 etc. Später wurde er Bischof von Vigo in Spanien. Strauch war allgemein beliebt und hochgeschätzt, da er kein Fanatiker noch ein grausamer Inquisitor war, wohl aber ein wahrer, gottliebender, apostolischer Prälat. Derzeit, da Strauch seinen Kirchensprengel zu Vigo verwaltete, war ein Walliser Gobernator in Barcelona, Brigadier A[nton] R[oten][5] von Wallis. Die öffentlichen Blätter gegen die Jahre 1822 und weiters sprechen viel über diesen Gouverneur, besonders aber über seine Grausamkeit, die er wegen damaligem Kriege, Empörung und Nationaltraurigem in Barcelona ausüben liess. In seiner Tratana (Art Arrestkutsche) wurden viele unter diesem und jenem Vorwand in Verhaft geführt oder als reiche Geisel ihren Familien entrissen, versteht sich, um... zu haben. Viele wurden zum Schrecken anderer erschossen oder sonstwie

---

[1] Die in der Einleitung erwähnten Grundsätze für die Identifikation von Personen (vgl. S. 15) gelten auch für die hier publizierten ergänzenden Dokumente.

[2] Auf der folgenden Seite steht der Anfang eines unbeholfen redigierten Gedichts über Gattlens Ehefrauen; es bringt keine neuen Fakten und wird daher nicht abgedruckt.

[3] Der nachfolgende Bericht steht, etwas kürzer gefasst, auf der Innenseite des Umschlags in einem Schreibheft von Hauptmann Gattlen; vgl. RO 13.

[4] Es handelt sich um Raymundus Strauch y Vidal, 1760 in Spanien geboren, 1817 Bischof von Vich, 1823 ermordet; vgl. HIERARCHIA CATHOLICA, Vol. 7, 1968, S. 395.

[5] Zur Person vgl. Einleitung, Anm. 145. – Im Manuskript ist versucht worden, Initialen und Namen des Generals unkenntlich zu machen; sie konnten aber trotzdem zweifelsfrei entziffert werden.

hingerichtet. Strauch wurde nach Barcelona beschieden. Auf der Strasse aber kam er von einem Detachement durch einen befehligten Offizier angehalten. Man hiess ihn aussteigen, so auch seinen Hofkapellan, einen Franziskaner, und – warum? – niedergeschossen, aus politischen Absichten, die dem Kommandierenden in Barcelona Schatten machten. Viele andere Grausamkeiten sind und werden noch lange in Barcelona gegen diesen Schweizer Brigadier die Verfluchungen aus den jetzigen Nachkömmlingen von Barcelona hervorpressen, ein Andenken, welches gerecht auf dieses Ungeheur fällt.

Diese Geschichte wurde mir 1834 in Nocera durch Herrn Adjutant Major [Meinrad] von Schnüriger erzählt, welcher früher und auch in den Zeiten mit A[nton] R[oten] in Spanien diente. Auch Leutnant [Karl] Ulrich[6] sagte mehreres, was mir zwar oft vom Leutnant Kreuzer und seiner Frau, als selbe von Spanien zurück in Raron lebten, bekannt gemacht worden. D.C. Gatlen [Stempel].

Mein Leser urteile nicht, dass ich dieses aus Hass aufgeschrieben habe. Mir zum Andenken musste ich es tun, weil mich General Roten, den ich Anno 1828, [als ich] von Neapel aus zu Raron im Semester war, wegen einigen dies betreffenden Worten, die ich in einem Kreis, wo sich mehrere Herrn befanden, fallen liess, zu einem Duell aufforderte, welches aber nach mehreren Hinsichten und besonders aber wegen bewiesenen obigen Tatsachen durch benamste Herrn Schnüriger und Ulrich, damals auch bei mir im 3. Schweizer Regiment in königlichen napolitanischen Diensten, nicht vor sich ging, und weil ich auch dem Herrn General die schriftliche Erklärung gab, dass ich bereit sei, mehreres über seine in Barcelona ausgeübten Grausamkeiten zu beweisen, ohne das zu seiner Zeit in Frankreich lange öffentlich erschienene Journal, genannt: *Le Drapeau blanc,* zur Hilfe zu nehmen, gegen welches der Herr General Roten Anton zur Verteidigung seiner Ehre manchesmal hätte sollen auftreten... Auch ein solches hätte ihn geschützt, wenn er es getan hätte, da man ihn als Abgesandten auf dem Landrat Anno [1831?] für den Zehnen Raron öffentlich in Sitten wegen seinen Taten im Ausland anfragte.

Christian Gattlen an Tochter Barbara (CL: PS 2).
Napoli, den 15. Brachmond [= Juni] 1831.

Mit Vergnügen erhielt ich Deine guten Wünsche vom 23. letzten Maimonats – ganz gut, meine Tochter, nur so getan, wie Du sagst, dann ist es recht! Ich meinerseits werde auch nie unterlassen, für Dich wie für alle Unsrigen mit aller Sorgfalt für Dein ewiges und zeitliches Wohl zu sorgen und Dir mit allem meinem möglichen eine glückliche Zukunft zu verschaffen und wo möglich Dir noch eine bessere Ausbildung geben zu lassen, zu welcher Du Dich aber selbst schon besser hättest vorbereiten sollen, ich verstehe in der Arbeit, auf die eine oder andere Art, in Zeiten, wo man nicht der Arbeit obliegt, durch Lesen einiger guter Bücher, welche ich Dir angeraten habe, denn wisse, dass das Lesen den Verstand erleuchtet und das Herz gut bildet, im Lesen findet man nach und nach eine angenehme und nützliche Unterhaltung, wo man unvermerkt das unnütze grobe Wesen ablegt und an keinen Tändeleien den mindesten Geschmack des

---

[6] Karl Ulrich (1794–1858); vgl. MAAG, S. 742 und 782. – Für die beiden anderen Offiziere kann auf Anm. 225 und 302 im Textteil verwiesen werden.

Vergnügens mehr findet, woran Leute von einiger guter Bildung erkannt werden. Also halte Dich auf Frömmigkeit ohne Heuchelei, auf Arbeit ohne Zwang, sondern mit Vergnügen auf Lehre oder auf Kenntnisse mit Begierde und Freude, sei eines guten Gewissens und ohne List noch Lügen, ehre und liebe Deine Mama und Deine Geschwister und Nächsten, liebe mit Zärtlichkeit alle diese, wie auch alle unsere Freunde und Nächsten, sei behutsam in allem Deinem Betragen, niemals aber vorwitzig noch stolz, reinlich in der Seele und am Leibe, ohne Hoffahrt, kurz: ein guter christlicher Mensch, dann wirst Du Dir Dein Glück selbst machen und mich mit Vergnügen immer als Deinen bereitwilligsten Vater haben.

PS. Dem Studer[7] ist sein Brief von seinem Vater übergeben worden. – Ich hoffe auch schöne Arbeit von Dir zu sehen; auch glaube ich, dass Du mit dem Spitzleinfaden längst fertig sein würdest und dass Du anderen werdest bestellt haben, wozu ich Dir Muster schicke.

Christian Gattlen an Sohn Ferdinand (CL: B 13).
Raron, 1. September 1833.

J'ai reçu ta lettre datée des Bains du 30 dernier. Elle m'a fait verser des larmes, – patience! Tu feras laver le linge qui se trouve dans ta chambre et le mettras dans la garde-robe. Mon testament dont je t'avais parlé est sur la table; consigne le à ton oncle le colonel.

Quand tu partiras, tu sortiras par la boutique, la fermeras bien et remettras la clef au lieutenant Kreutzer. La clef du grand coffre doit aussi être remise à ton oncle[8]; tu auras soin d'y enfermer toutes les autres clefs excepté celle du Goler qui conduit dans la maison supérieure; les autres clefs doivent être mises dans une armoire du salon, et la clef de cette armoire sera remise au Lt. Kreutzer avec celle d'une des portes d'entrée sur les escaliers.

Les planches qui se trouvent dans la remise à Goler doivent être portées dans le corridor ou la cuisine d'en bas comme je l'ai déjà dit à M. Kreutzer qui payera celui qui fera cet ouvrage. Je t'écrirai lorsque je serai arrivé à Naples. – Conserve ta santé, mon cher Ferdinand! Je t'embrasse mille fois en te bénissant de toute mon âme. Je pars – adieu! Ton père.

PS. Tu porteras ma casquette, qui est dans ta chambre, à Unterbäch, pour qu'on en aie soin que les gerces la ruinent pas.

Christian Gattlen an Paul Roman Roten (CL: B 15).
Neapel, den 22. Dezember 1835.

Wohlgeborener, hochgeachteter Herr und Freund!
Gestern abends erhielt ich Ihr Schreiben[9] vom 17. dieses [Monats], auf welches ich folgendes zu antworten das Vergnügen habe.

---

[7] Es handelt sich offenbar um einen Soldaten, der in Neapel Dienst leistete; nicht identifiziert.

[8] Oberst Johann Christian Amacker, in Unterbäch; vgl. Einleitung, Anm. 168.

[9] Der Brief fehlt im Nachlass.

Wenn Ihnen Franz Holzer im Namen seines Schwagers Ignaz Bregy[10], Vize-Caporal allhier, an guter Barschaft hundert Pfund für mich hinterlegt, so bin ich, diesem einen Dienst zu erweisen, bereit, bemeltem Bregy dieselbe hier gleichhältig abzutragen, nur möchten Hoch Sie die Güte haben, dem Holzer deutlich zu bemerken, dass diese 100 Pfund mitnichten jene betreffen, welche mir sein obgenannter Schwager Bregy früher als schuldig und also zinstragende anerkannt hat, denn bei so Leuten ist es allemal ratsam, das man eine sonst sehr begreifliche Sache noch mehr ins Gedächtnis bringe, sobald eine ähnliche Handlung des Verkehrs stattfindet. Sie möchten nur sogleich nach Empfang dieses [Schreibens] zurückantworten, ob der Holzer nicht seine Ansprache an Sie abgeändert habe.

Aus Ihrem Schreiben erfuhr ich neuerdings, dass Sie sich für meine Sache viele Mühe geben; ich weiss, dass meine Interessen nicht in besseren Händen sein könnten, daher erkenne ich, wie viel ich Ihnen zu danken und zu pflichten habe, glauben Sie aber anbei, dass ich nicht nur leere Worte brauche, sondern auch meine Erkanntlichkeit bezeigen werde.

Wenn Sie glauben, dass die Frau Präsidentin [Frau Nicolas Roten] sich wegen der Abforderung des ihr entliehenen Weinfasses einen Avis [?] zur Nervenreitzung zuziehen möchte, so lassen Sie es nur anstehen, bis ich selber einmal selbes ausbitten kann. Jenes so durch die nachlässige Besorgung der Catharina Feller verderbt worden ist, muss sich mit unausgeschwälltem Kalk in mehreren Unternehmungen (wohl vermacht) auskrümmen und endlich lange durch reines Wasser wieder zurechtbringen.

Dass Sie alles mögliche anwenden, um etwas von dem liederlichen Lügner Lehensmann [Johann Joseph] Werlen im Goler zu erhaschen[11], ist sehr wohlgetan, damit endlich sein Wehrer, alt Wachtmeister [Johann Joseph] Werlen, um so minder für ihn zu bezahlen habe; dieser sollte Hoch Ihnen dafür Dank wissen, denn ich werde mich zuletzt laut Akkord und vielgemachter Warnungen am Wehrer und dem wahren Lehensmann für alles Abgehende halten.

Sicher bin ich zwar noch nicht, doch hoffe ich, diesen Frühling mich in Raron zu wissen; deswegen wünsche ich allda [im Goler] oder in Raron etliche Lagel guten roten und einige weissen Weins zu finden, denn so etwas will ich mir auf der Erde unter mässigem Genuss nicht mehr abgehen lassen. Freudig bin ich über die Anzeige, dass die Reben an der Halde wohl gedeihen, überzeugt bin ich aber, dass diese Anpflanzung ihr gutes Entstehen der Sorge und Mühe des trefflichen Obsehers zu verdanken hat, was sich aber auf mir beruht.

Wenn man sagt, dass ich im Goler ein neues Gebäude zu dieser oder jener Absicht aufzuführen gesinnet sei, so irrt man; möchte ich nur jene wiederum in meine Auslagen verwandlen, die da sind; ich wüsste bei jetziger Lage unseres Vaterlandes in Gottes Namen nichts vorzunehmen, was einer vernünftigen Absicht gemäss etwas eintragen könnte, das der Unternehmung entsprechen möchte; wenn ich so was vernehmen würde, so täte ich mich ganz überzeugt finden, in Ihnen, mein lieber Herr, einen zu haben, der in allen Hinsichten einer auf guten Erfolg beziehenden Aufsichten der nützlichste wäre. Wenn ich Sie hier in

---

[10] Franz Holzer und Ignaz Bregy, von Niedergesteln, erscheinen auch in Gattlens Rechnungsbüchern; vgl. u.a. CL: R 82, Fol. 39 und 48.

[11] Zu dieser Angelegenheit kann ein Eintrag in einem Rechnungsbuch (CL: R 8c, Fol. 58) verglichen werden.

Neapel haben könnte, wo ich Teilnehmer zweier ansehnlicher Fabriken[12] bin, die Gott sei Dank jetzt mit Nutzen gegen 60 Burschen nur in ihrem Innern beschäftigen, so hätten Sie bei uns einen Ihrem Stande und Einkommen angemessenen Platz, den wir sicher vorzüglich für unsere höheren Verwaltungsbedürfnisse nicht Neapolitanern, sondern [mit] Vertrauten anderen [besetzen möchten]; die Ursach dieses Benehmens liegt in kluger Vorsicht. Über dieses und anderes werde ich mich (wie ich glaube) bald mündlich besprechen.

Belangend den Antrag, den mir Christian Seiler von Gäsch macht, seien Sie der Güte zu erwidern, dass ich von meinem Gäsch Gut nichts tun werde ohne das sämtliche um einen willkürlichen Preis, dass ich auch nicht trachte, meine Äcker im Goler zu vermehren, denn jene so da sind, bedürfen Mist...

Es sind schon viele Jahre, dass ich auf dem Raron Boden eine Scheune habe müssen aufbauen lassen, Ursach dass eben damals die Geteilen zur Verbesserung der alten nicht gestimmt waren; ich erinnere mich noch, dass Herr Prior Pfammatter[13] selig im Namen der Mutter des Johann Joseph Studer[14], Organist, mich mit dieser ihm angetragenen Verbesserung der Scheune auf dem [Rarner] Boden so müde machte, dass ich ihm meinen Teil allda um 3 Neutaler herum antrug, was er auch nicht annahm; ich musste also allein für mich sorgen und eine Scheune aufbauen; jetzt ist nun die alte ebenso gut als selbe den anderen Geteilen damals war ... doch, wenn selbe vernünftig sein wollten, so?

Jüngsthin schrieb ich dem Schwager Amacker mit dem Ansuchen unter anderem, dass er Ihnen melde, ich besässe eine Reliquie und anderes vom Körper der hier so hochvenerierten heiligen Philomena, und damit dieser kostbare Besitz von niemand aus den Gläubigen als unecht könne gehalten werden, ist selbe durch ein Dokument vom Bischof von Nola, in dessen Diözese der Leib bemelter Heiligen liegt, authentisch begleitet. Zu seiner Zeit werde ich die Ehre haben, Ihrer Hochwürdigkeit, Ihrem Herrn Bruder, diese und das hochzuhaltende Dazugehörige zu übergeben[15].

Indessen belieben Sie, Seiner Hochwürdigkeit, dem Herrn Grosskastlan, seiner Frau, der Frau von Courten, allen Ihren lieben jungen Herren im Haus, dem guten lieben Herrn alt Meier und dem Herrn Zeiter und seiner Dame, der Frau und Herrn Fontaine, den Herrn Kaplan nicht zu vergessen, beim Angehen dieses neuen Jahres meine aufrichtigen Wünsche für alles Wohl der Seele und des Leibes darzubringen[16]. Gott wolle alle segnen und zu ihrem ewigen und zeitlichen Glück leiten. Dieses wünscht Ihnen und allen hochbemelten jener, der sich aufrichtig als Freund und bereitwilligster Diener fühlt. – Gatlen Capt.

PS. Nachdem Sie so vieles an den Reben sorglich angewendet haben, nehme ich mir dennoch die Freiheit, Sie, lieber Herr, besonders auf die Errichtung

[12] Vgl. Einleitung S. 49.

[13] Franz Josef Pfammatter, gestorben 1813, Prior von Niedergesteln 1800–1813; vgl. BWG, Bd. 5, S. 159.

[14] Lebte 1773–1849; vgl. ROTEN, Ernst von, S. 143.

[15] Vgl. den ausführlichen Bericht in den Memoiren: II, 83–89.

[16] Die Glückwünsche sind gerichtet an Pfarrer Georg Anton Roten, Kaplan Johann Joseph Aufdenblatten, Grosskastlan Alois Roten und seine Frau Catharina, geborene de Courten, Frau Julia Roten, geb. de Courten, Hildebrand Roten, Johanna und Johann Baptist Fontaine; vgl. dazu: ROTEN, Ernst von. – Nicht identifiziert: Herr und Frau Zeiter.

des Ihnen schon oft in Erinnerung gebrachten Grünzaunes um und um aufmerksam zu machen und für dieses nichts zu ersparen, so wie auch auf die Pflanzung vieler Dutzend der Kirsch-, Äpfel-, Pflaumen- und anderen Bäumen, welche man, nachdem selbe Wurzel gefasst haben, kann veröden lassen.

Christian Gattlen an Tochter Caroline (CL: PS 10).
Neapel, den 23. Juni 1840.

Mit vieler Freude erhielt ich Dein erstes Schreiben[17], datiert von Unterbäch, den 3. dieses Monats. Den Aufsatz desselben getraue ich nicht Dir eigen zu machen, allein Deine Handzüge sind es, welche denselben ausdrücken, und somit bin ich zum Vergnügen gerührt. Wenn Du, meine liebe Caroline, eine gute Gesundheit genossen hättest und durch schmerzliche Zufälle nicht verhindert worden wärest, Deinen Unterweisungen Dich zu widmen, so wäre ich berechtigt, von Dir nicht nur einen Briefaufsatz, sondern mehreres zu erwarten; da Du aber oft leidend lebst und Dich sogar die Ärzte von allen Anstrengungen abmahnen, so hast Du ja, wie ich's glaube, Dein Mögliches getan. Wäre dieses nicht, so solltest [Du] jetzt in Deinem Alter begreifen, dass Du nicht direkte Deinem für Dich sorgenden Papa, sondern Dir selbst schadest, indem ein Mensch, der sorglos in seiner Jugend die Zeit, welche ihm zum Lernen und zu seiner Bildung angewiesen ist, verschwendet, und nicht einsieht, dass aus den Kenntnissen der nötigsten Wissenschaften sein zukünftiges Wohl abhängt, der verrät sich selbst und gibt schon frühzeitig Beweise, dass mit ihm und durch ihn wenig Gutes anzufangen und durchzusetzen ist. Ich tue als Vater mein Mögliches, um meine Kinder auf eine hier zeitlich ansehnliche und glückliche Stufe und durch eine Erziehung zugleich auch ewig glückliches Leben zu bringen; erzwecke ich dieses, so behagen mich Freuden und Vergnügen, den Nutzen aber geniessen eigentlich die Kinder. Ich hoffe, dass Gott Dir dieses wohl ans Herz lege.

Warum Du von Leuk aus der Lehre bist[18], sagst Du mir nicht, sein mag es, dass Deine üble Gesundheit Dich zu einer Luftänderung verleitet hat. Obschon die ehr- und lobwürdige Liebe, welche Du Deiner so wohltätigen Mamma an Unterbäch, wie Du sie zu nennen durch ihr grosses Wohlwollen berechtigt [bist], auch mir hochschätzlich ist, so würde ich dennoch diesen Liebesgang nicht an die Verschwendung der köstlichen Unterweisungszeit vertauschen lassen, was zwar eben auch die gute Frau Oberstin, meine teuere Frau Schwester, gewiss nicht zulassen würde. Von Deinen Schwestern in St-Paul habe ich Briefe; beide sind wohl auf. Die Klosterfrau fragte nach Dir und wünschte Dich zu sehen; die Josephina schreibt gut Französisch, hat den Ruf guter Anlagen.

Das zukünftige Jahr (wenn Gott will) werde ich die Freude haben, Dich zu umarmen. Sei indessen fromm, fleissig und gehorsam in allem, was Dir von Deiner angenommenen Mamma und Papa anbefohlen wird; diese werden sorgen, dass Deine Gesundheit hergestellt werde, für welches auch Dein Papa Gott bittet, denn seine Caroline liegt ihm sehr am Herzen. – Gatlen.

[17] Fehlt im Nachlass.

[18] Bei wem und zu welchem Zweck Caroline dort in der Lehre war, ist unbekannt.

Abb. 28: Porträt der Tochter Karoline, Gattin des Eduard Roten.

Christian Gattlen an Töchter Josephine und Caroline (CL: R 8e, Fol. 80).
Raron, den 1. September 1841.

In den ersten Tagen des Novembers 1841 wird Euer Vater Euch wieder verlassen müssen[19], nicht ohne Herzensdruck. Sollte mich die Allmacht Gottes immer von Euch trennen, so seiet seiner fromm eingedenk. Er tut und tat die beschwerlichsten Arbeiten für Euer Wohl an Leib und Seele, vergesset aber nicht, dass er mit seinem Schweiss weit herum in der Welt, in Todesgefahr sogar, Euch das wenige hinterlassene Vermögen gesammelt hat. Seine Vatersorge zielte immer, um Euch eine gute und christliche Erziehung geben zu können; Ihr habt solche teilweise durch ihn schon erhalten, tut nun das mehrere selbst, die ihr schon zu einem Alter gelangt seid, in welchem Euch Vernunft und gesunde Ansichten zu Hilfe kommen mögen. Vergesset nicht, dass Arbeit, Ordnung und Sparsamkeit Eueren Vater zu einigem Vermögen gebracht haben, vergesset nicht, dass ohne Arbeit, Ordnung und Sparsamkeit leicht alle Sorgen, Tätigkeit, Sparsamkeit und mühsame Unternehmungen des Vaters in wenigen Jahren können verschlungen werden und dass [ihr] ohne diese Regeln Euer zeitliches und ewiges Wohl in grosse Gefahr setzet. Wenn Ihr diese guten Warnungen wohl beherziget, wenn Ihr in der Wahl eines anzutretenden Standes behutsam einsehet, wenn Ihr fromme, vorsichtige Menschen und Befreundete zu Rate zieht und Euch selbst nicht einem blinden und gefährlichen Geratewohl überlasset, so mögt und könnt Ihr auch noch manchen Nebenmenschen, manchen Befreundeten nützlich kommen.

In Neapel hat Eueres Vater noch einiges Vermögen; dieses werdet Ihr, falls dessen Tod, von Herrn Joseph Marie von Werra, Major im 3. Schweizer Regiment, vernehmen, oder in Abgang dessen von irgend einem andern Offizier aus Wallis gebürtig. Euer Vater wird sorgen, dass alle Bücher, Schriften und Rechnungen über sein Haben allda in guter Ordnung gehalten wurden, damit Ihr in Besitz gesetzt kommet, was er in Neapel zu beziehen haben wird.

Das Testament Euers Vaters, welches er Anno 1841 gemacht und im Wallis besiegelt hinterlassen und dem Herrn Oberst Amacker eingehändigt hat, sollt Ihr ehren. Liebe Kinder, segne Euch Gott immer in allem Eueren Tun und Lassen; sehen wir uns hier auf Erden nicht mehr, so segnet die Asche Eueres Vaters, der für Euch so vielen Schweiss vergossen, bittet Gott, dass Ihr ihn im ewigen Leben mit Gott vereinigt finden mögt. – Gatlen Capt.

Christian Gattlen an Frau Bruttin-von Werra (CL: R 9, Fol. 10–11).
Kopie, ohne Unterschrift. Capua, 10.3.1842.

Übersendet eine Anweisung von Fr. 174.25 auf Elie Gay in Martigny als Anzahlung für Pension seiner Töchter.
[...] Je vous réitère ma lettre du 10 janvier dernier[20] pour ce qui concerne l'éducation de ma Joséphine et Caroline pour lesquelles j'ai aussi joint une petite lettre cette fois adressée à Joséphine.

[19] Ende des vierten Heimaturlaubs (April–November 1841).
[20] Der Brief fehlt im Nachlass.

Pendant la saison que vous serez aux Bains [Loèche-les-Bains], comment faire? Personne de vous restera à Sion, de sorte que mes enfants devront quitter l'instruction. Si donc autrement on ne peut pas faire, je vous prie de les occuper aux Bains avec des ouvrages de ménage, cuisine, ordre du linge et de choses utiles. Ne les laissez pas otieuses [= oisives] ou à faire des choses d'après leur fantaisie, ne les laissez pas vaquer en trop grandes demoiselles, car cela est une vraie peste pour elles. Elles doivent aussi s'occuper tous les jours quelques heures réglées à l'écriture, à la lecture et au calcul, et après cela de suite à d'autres choses. Je veux qu'elles mangent à votre table de ménage et non avec les étrangers, je veux qu'elles ne puissent jamais s'absenter de vous à moins d'être accompagnées par quelqu'une de vos demoiselles, mes chères nièces. Il faut, ma chère sœur, une exacte surveillance, car l'âge frivole et leur inexpérience pourraient causer des maux irréparables. Si M. le Chevalier Docteur Gay trouve qu'elles aient besoin de boire l'eau minérale aux Bains, je vous prie de faire tout ce qu'il faut et priez Son Excellence pour ses soins comme médecin.

S'il y a quelque chose que je connais pas, vous aurez la bonté de m'écrire de suite [...].

Christian Gattlen an Töchter Josephine und Caroline (CL: R 9, Fol. 15–16). Kopie, ohne Unterschrift. Nocera, 6. Juni 1842.

Depuis le 10 janvier dernier, je suis sans nouvelles de vous, et cependant plusieurs transports de recrues sont partis de Sion pour Naples par lesquels vous auriez pu m'envoyer vos lettres en priant M. le capitaine [Gaspard] de Sépibus de se charger de l'envoi. Je suis un peu inquiet de ce que la chère votre tante Bruttin m'a non plus envoyé le certificat que j'aurais désiré avoir de vos progrès dans l'instruction chez les révérendes sœurs Ursulines. Je veux bien me consoler que vous aurez bien profité [de] votre temps, tant dans l'instruction littéraire que dans les travaux de vos mains, que vous aurez mis plus d'ordre dans toutes vos affaires, c'est-à-dire dans votre maintien personnel qui était, lorsque nous fûmes à Rarogne en 1841, pas bien, à mon gré. Dieu veuille que ma consolation soit pas illusoire!

Dans ma lettre du 10 janvier, réponse à la dite vôtre, je vous ai donné des avis salutaires pour votre avenir, je vous ai mis à cœur que vous devez vivre dans la crainte de Dieu en bons chrétiens, qui est la vraie source de tous les biens qu'on peut espérer sur cette terre, et qui est le bonheur éternel. Je ne peux que répéter ces avertissements et vous peindre avec les plus vives couleurs les malheurs qui tomberont sur vous si vous les prenez pas à cœur ou si vous ne vous y conformez pas. Comme père, j'ai la plus sainte des obligations à vous développer les malheurs qui émaneront d'une conduite déréglée et de l'insouciance des avis salutaires. J'ai lieu de craindre l'un et l'autre de ces maux, j'ai étudié vos caractères, vos penchants et vos légèretés vicieuses lorsque nous fûmes ensemble, j'ai observé en vous une dureté de cœur, une opiniâtreté d'âme, une insouciance aux reproches, une négligence dans le devoir tant religieux que temporel. J'ai remarqué que vous avez, tant l'une que l'autre, bien peu de goût pour le travail, aucun ordre dans vos choses, tant en l'habillement qu'en choses nécessaires dans un ménage. J'ai vu que vous avez pris aucun intérêt pour la bonne andance [= marche] des affaires de la maison, en un mot, j'ai vu qu'une fainéantise reprochable présidait dans toutes vos actions.

276

Vous me direz peut-être, pour vous excuser, que vous étiez encore trop jeunes, que votre santé alors chancelante vous empêchait de vaquer à de tels devoirs, qu'on pouvait en ce temps pas exiger de vous tant de choses, qu'à l'avenir vous serez plus actives, plus exactes, plus réglées, en un mot, plus empressées à remplir vos devoirs. A ces considérations j'avais égard surtout pour la faible santé de toutes les deux, je prenais patience et je vous faisais souvent connaître avec la bonté la plus paternelle, les manquances inexcusables par votre jeunesse et faible santé, mais à mon grand regret, j'ai dû me convaincre que bien de vos fautes étaient des vices d'un mauvais naturel et non excusables par l'incapacité de votre jeunesse ni produites par vos infirmités.

Comme bon père qui vous aime et qui se sacrifie pour ainsi dire journellement pour vous, je dois de temps en temps vous exhorter à vous corriger de vos fautes et mauvaises habitudes; je ne puis ajourner ce devoir, il est temps que vous receviez mes avertissements. Vous êtes dans l'âge où la raison doit prendre place dans vos cœurs, vous pouvez discerner le bien et le mal, vous pouvez juger par votre saine intelligence si une telle conduite peut vous être bonne ou funeste pour l'avenir, vous pouvez considérer si, sans une bonne éducation, sans instruction, sans de bonnes connaissances, si nécessaires dans la vie humaine, une personne qui tend à être distinguée et heureuse en ce monde, ne peut pas se flatter à réussir de l'être, non? On peut pas parvenir à être estimé, honoré et être heureux sans avoir puisé des vertus, des connaissances pour son bonheur futur, des sources de l'instruction, du travail et d'un bon ordre des choses.

Ne vous figurez pas, mes enfants, que j'ai des moyens pour nourrir de fainéantes demoiselles et des poupettes remplies de vanité qui pourraient dévorer en peu d'années ce que j'ai épargné pendant ma vie avec tant de peines, tant de dangers et tant de sueurs cuisantes, non, cela sera pas. De votre mère, comme je vous l'ai déjà dit, vous avez très peu à espérer; tout compté, si vous travaillez pas vous-mêmes, [de] ce petit héritage en biens, sur une montagne, vous aurez environ un batz chacune par jour et non de plus – avec cela, faites les demoiselles, soyez insouciantes, vous serez bientôt méprisées si votre père vous trouve indignes d'user de ses épargnes. Dieu veuille que mes avertissements pénètrent dans vos cœurs et que je vous ai par mes avertissements bien mortifiées. J'ai prié Madame votre tante Bruttin d'observer une règle que je lui ai présentée pour votre conduite. Je veux et je vous commande de vous y conformer sans hésitation et sans murmure; je crois cette règle de vie et de conduite nécessaire pour votre bien auquel je vise comme un bon père doit le faire.

J'espère que vous me donnerez par votre conduite aucun motif de plainte, et c'est dans cet espoir que je prie Dieu tous les jours qu'il nous réunisse encore une fois pour jouir ensemble quelques jours heureux et pour achever votre bonheur pour lequel je travaille et je sue encore tous les jours, mais n'abusez pas de ma patience et de mes peines – je vous avertis!

Christian Gattlen an Bruder Johann Joseph (CL: R 9, Fol. 25).
Inhaltsangabe. Nocera, 5. Oktober 1842.

Mich beklagt, dass er mir nicht auf meine ihm gesandte Rechnung vom 6. Januar dieses Jahres geantwortet habe, dass er [und] seine Söhne Moritz und Roman mir nichts melden von ihrem Schulgange, Fortschritte etc., dass solches eine wahre Grobheit gegen mich sei, dass er trachte, dass das Töchterlein des Antons (das Catrineli) zu einer Schneiderin verdingt werde, dass ich dafür 50 Fr. zum Jahr zahlen wolle laut meinem Brief an Vogt Christian Leiginer unter dem 28. Juli 1842, dass er dem [Joseph] Salzgeber sage, die Schuld der Lena Feliser, 37 und 2/3 Pfund Kapital und Zins seit 1826 bis 1841 inklusiv, 16 Jahre, und mit 1842, Batzen 429, so mir angewiesen, einzuziehen, sowie auch jene auf Franz Joler in Brig, Kapital 51 Pfund, Zins bis 1841 Batzen 180 und mit 1842 Batzen 214; ich werde mich für alles an ihn halten, und ihn, den Salzgeber, rechtlich suchen lassen, wenn er solches nicht gleich, so wie auch die dem Bruder selbst auf ihn angewiesene Summe, zahle oder in Richtigkeit annehme etc. Ihm auch empfohlen, auf die Marken meiner Güter und meiner Stücke zu sehen, auch zu erfahren, ob der Acker der Rufiner und der Spitzbiel des Bregys und wilde Matten an meinen im Goler zu verkaufen seien.

Christian Gattlen an Paul Roman Roten (CL: R 9, Fol. 29–31).
Kopie ohne Unterschrift. Nocera, 14. Dezember 1842.

Mit vielem Dank nehme die Bedingnisse an, so Sie mir hinsichtlich der Neptissin Catrineli, Tochter Antons, anzeigen, welche Schneidermeister Franz Bentz in Brig macht für 2 Schul- und Lehrjahre vermittelst, dass ich 4 Louis d'or im Anfang des ersten Jahres zahle und andere vier für das zweite Jahr, Kost inbegriffen. Haben Sie die Güte, den Christian Leiginer[21] zu ersuchen, so wie auch den Bruder Johann Joseph [Gattlen], dass sie das Kind hinauf auf Brig führen. Der Bruder Johann Joseph kann diesen kleinen Kosten wohl auf sich nehmen.

Sicher ist, dass das Kind etwas höchst nötiges Gewand zum schangieren [= Kleider wechseln] braucht als Schuhe, Hemden etc. Ist es, dass der Lump Toni gar nichts an das Gewand steuern mag, so lassen Sie auf meine Rechnung das höchst Nötige anschaffen.

Sagen Sie dem Vogt Leiginer, dass er Ihnen die Rechnung gebe für das, was er wegen dem Nachsuchen für den Platz dieses Kindes mag ausgegeben haben und zahlen Sie ihn dafür auf meine Rechnung. Sie können die 50 Pfund, so der Bruder des hiesigen Soldaten Ignaz Bregy[22] für diesen abgeben will, richtig empfangen, ich zahle demselben diese hier, so ist es damit fertig.

Sehr lieb ist es mir, dass Sie die Ihrem Herrn Bruder [Hildebrand] schuldige, als mir auf Herrn General Stockalper anno 1841 assignierten 405 Schweizer Franken und 47 Rappen, als Kapital auf den 100 Louis d'or und Zinsen, so mir Frau Staatsrätin Allet schuldig war und nun Ihnen erlegt hat, empfangen können, dass ich zwar selbe Ihnen im Lauf dieses Monats oder anfangs Jenner 1843 zugesendet hätte, obschon ich diese noch nicht habe, also auch eine Sache, welche [ihre] Richtigkeit hat.

---

[21] Vermutlich Christian Leiggener (1805–1888); vgl. ROTEN, Ernst von, S. 83. – Er war Vormund der Kinder von Anton Gattlen.

[22] Johann Joseph Ignaz Bregy (1806–1887); vgl. ROTEN, Ernst von, S. 12.

Mit grossem Eindruck sehe ich, dass Sie in Ihrem Schreiben[23] mir zumuten, ich hätte kein Zutrauen zu Ihnen und Sie wollen mir die Geschäfte abgeben, mit welchen ich Sie zu meinem grossen Vergnügen schon manches Jahr beladen konnte. O lieber Gott, wo habe ich denn gefehlt? ich weiss es nicht!

In allen meinen Briefen sprach ich aufrichtig, nach den Ansichten meiner Interessen, ohne Sie im mindesten beleidigen zu wollen, und habe ich dem Herrn Bruder [= Schwager] Amacker Aufträge gegeben, so wie seiner Frau, so war dieses nie anders, als Ihnen dergleichen Beschwerlichkeiten abzunehmen. Denken Sie doch so was nicht, denn wo könnte ich einen einfrigeren, rechtschaffeneren, treuen und hochgeachteten Herrn finden, der Sie zu meinem Interesse ersetzen könnte? Ich bitte Sie auf das wärmste, nicht an Beleidigung zu glauben, auch nicht die Ihnen aufgetragenen Geschäfte abzulehnen. Ich werde Sie mit Dank dafür erkennen.

Nachdem Sie Ihren Lohn und Ausgaben, so wie auch für das, was das Catrinli erfordert, von meinen Einzügen hinterhalten haben, haben Sie die Güte, das mehrere, wenn Sie noch etwas anderes von meinen Zinsen einziehen mögen, mir zuzustellen, doch nicht minder als 100 Schweizer Franken per Summa. Der [Joseph] Salzgeber[24] soll Ihnen an Dreikönigen 1843, wie die mir unter dem 6. September 1842 [angegebene] Summe von 146 Franken und 50 Rappen für jene Summe, die er mir auf Lena Feliser aus Ergisch stosste und für welche er Bürge ist seit 1827. [...]

Christian Gattlen an Frau Fontaine-Morel (CL: R 9, Fol. 54).
Kopie, ohne Unterschrift. Gaeta, 28. Februar 1844.
Réponse sur sa honorée lettre du 30 janvier 1844.

Le secours que vous me demandez pour arranger la mauvaise chapelle[25] à Rarogne est une bonne œuvre, et ce n'est que vous, très honorée Dame, qui pouvez me décider à faire un nouveau sacrifice. Vous savez que, lorsqu'on a mis les premiers fondements de l'édifice, que j'ai cédé la plupart du terrain que la chapelle occupe, que je me suis prêté avec toute la ferveur pour sa construction, qui a manqué par défaut de connaissances du maître maçon auquel on s'est abandonné avec une aveugle confiance, vous savez que, lorsqu'on a fini les comptes avec ce maître nommé Morondi[26], on proposa dans un conseil de lui donner outre environ 60 louis qu'on lui devait, encore 4 à 5 louis de Trinkgeld, et qu'alors, ne pouvant plus contenir mon indignation, j'ai dû dévoiler le mauvais ouvrage qu'il avait fait, ouvrage qui devait, comme je le disais alors, entraîner en ruines la chapelle comme c'est arrivé.

---

[23] Fehlt im Nachlass.

[24] Lebte 1782–1860 (vgl. ROTEN, Ernst von, S. 123), war Bäcker in Raron und stand bei Hauptmann Gattlen jahrelang in der Kreide; sein Name erscheint in mehreren Rechnungsbüchern und in Briefen an seine Schaffner (CL: R 9; vgl. Briefe S. 283).

[25] Es handelt sich um die Kapelle St. Joseph, die um 1820 errichtet worden ist; vgl. PFAMMATTER, S. 35. – Für den Bau der Kapelle stellte Gattlen, ausser den hier erwähnten Gaben, auch noch ein Fässchen Pulver zur Verfügung (vgl. I, 171).

[26] Nicht identifiziert.

Abb. 29: Porträt der Tochter Josephine, Gattin des Joseph Loretan.

Vous savez, Madame, que je fus obligé à soutenir un procès à cause des fournitures faites pour bâtir la chapelle qui, quoique le Conseil m'avait prié d'en faire, on me refusa de les payer sur de vains prétextes, qui nombre d'années après furent renversés par des preuves irrécusables que j'avais produites contre toutes les autorités de Rarogne – à la fin tous confondus par mes preuves et juste cause, ils n'ont pas pu me contrarier plus loin et ont trouvé que ma prétention devait se payer malgré eux, prétention qui s'élevait à 12 ou 13 louis. Savez, Madame, ce qu'ils ont fait pour m'enlever encore une partie de mon avoir, ils se sont mis à mendier pour la chapelle ou la Bietscha[27] et m'ont payé pour tout qu'environ 8 louis – est-ce pas révoltant d'avoir été traité de cette manière?

Outre ladite perte que j'ai dû faire pour vivre en paix à Rarogne, j'ai encore fait toutes les manœuvres de première classe, j'ai, comme dit, donné le terrain en majeure partie, j'ai perdu à cause de la chapelle du maître Cassarini[28], mort chez lui après l'avoir tenu malade chez moi, étant à Rarogne pou y préparer la chapelle, aussi quelques louis, et maintenant je devrais encore faire un autre sacrifice? Je vois qu'on vous a choisie, Madame, pour me faire oublier l'injustice et l'ingratitude et pour me faire décider pour un nouveau don – oui, Madame, ce n'est que vous, à laquelle j'ai mille obligations à remplir, qui seule peut me déterminer de donner quelques batz. Vous exigerez de Monsieur Romain Roten la somme de deux louis moins 20 ct., trente (30) francs de Suisse, et vous les verserez pour l'honneur de la maison de Dieu.

Christian Gattlen an Töchter Josephine und Caroline (CL: B 22).
Gaeta, den 28. Hornung 1844.

Auf eine kost[en]freie Gelegenheit[29] wartend verschob ich die Antwort auf Euere Briefe vom 27. und 28. jüngstverflossenen Christmonat, in welche Ihr mir Euere gutherzigen Neujahrswünsche zugesendet habt und in welchen Ihr mir mit schönen Worten versprochen, die kostbare Zeit wohl zu benutzen, damit meine väterlichen Absichten zu Euerem eigenen Wohl für Seele und Leib an Euch nicht verloren gehen. Ja, meine lieben Kinder, diese Versprüche gaben mir neuen Mut, mich für Euch noch länger (gewisser Ansichten nach) mit Mühe zu opfern, damit Ihr nach diesem Zeitlichen und während demselben glücklich werdet, denn, wie ich Euch schon früher ans Herz gelegt, ist alles, was ich für Euch getan und noch tun werde, nur für Euch und eigentlich nicht für mich, ausser dass ich den Trost geniessen könne, meine Vaterpflicht getan zu haben.

Die Zeugnisse, so mir die ehrwürdige Schwester Gonzaga[30] zugesendet hat, lassen mich hoffen, dass Ihr Euerem Versprechen treu bleiben werdet, obschon diese Zeugnisse noch manches erwünschen lassen, da eigentlich selbe noch nur

---

[27] Bietschbach, der Raron öfters überschwemmt und grossen Schaden angerichtet hat.

[28] In schwer verständlicher Formulierung wird erklärt, der Baumeister Cassarini sei in Raron, wo er an der Kapelle Reparaturen ausführen sollte, erkrankt, im Hause Gattlen gepflegt worden, dann «bei ihm» (vermutlich in Italien) gestorben, wobei die Pflegekosten unbezahlt blieben.

[29] Für den Briefwechsel zwischen Neapel und dem Wallis benutzte Gattlen, wie andere Soldaten und Offiziere, nur selten die reguläre Postverbindung; die Briefe wurden meistens von Urlaubern, entlassenen oder neu rekrutierten Soldaten transportiert.

[30] Person nicht identifiziert.

im Worte *bien* bestehen, allein, in der Hoffnung, dass in Zukunft Euere Aufführungsnoten in mehreren Stellen das Wort *très bien* dürfen angesetzt kommen, will ich mich darüber nicht länger aufhalten. Neuerdings will ich mich aber an jene auch schon oft gemachten Vorstellungen wenden, durch welche Ihr hier zeitlich und dort ewig glücklich werden könnt.

Euere Herzen müssen erstlich rein und ohne Verstellung zur Liebe Gottes geleitet werden, wenn es selbe zum Unglück noch nicht sein sollten. Die wahre Erkenntnis der Gebote Gottes und seiner Kirche sind dazu unumgänglich nötig, also ist es heilige Pflicht, diese Erkenntnis nicht nur den Worten nach, sondern in der ganzen Wesenheit Euch eigen zu machen und im Werke zu erfüllen; nur durch ein christliches Leben darf man auf Glück hoffen und im Unglück getröstet kommen, demnach tritt man in seine Pflichten, man erwirbt sich Freude und Liebe zur Arbeit nach seinem Stande, man haltet Ordnung in allen seinen Sachen, man ist gern gehorsam gegen alle seine Oberen, man nimmt sich vor, artig, bevorkommend und liebreich, ohne unvorsichtige Hingebung mit allen Leuten zu sein, ohne Stolz noch böse Eitelkeit.

Arbeit, Ordnung, Fleiss, Reinlichkeit in seinem Anzug und allem, was man verrichten soll, sind Eigenschaften, welche besonders eine Tochter empfehlen; vorsichtige, gute und wohlhabende Leute erkennen solche bald durch guten Ruf, und der gute Ruf einer Tochter ist oft allein der Grund zu ihrem Glücke. Wer übel tut, straft sich selbst, bös und faul gelebt, bringt frühzeitiges Unglück und schweren Gram, das Leben wird oft beinahe unerträglich. Überlegt diese Vorstellungen wohl, machet Euch selbst nicht unglücklich.

Was Ihr vernünftigerweise an Kleidern und anderen Bedürfnissen nötig haben mögt, soll Euch durch Euere Vorständerin oder durch Herrn Onkel Amacker, auch Frau Tante Bruttin, nach erhaltenem Gutheissen der ehrwürdigen Superiorin gegeben werden, seiet aber nicht üppig, sondern nur rein in allem, denn glaubet und wisset, dass das Wenige, was Euer Vater besitzt, sauren Schweiss und Sorge gekostet hat und weit minder ist als man es schätzt. Auch habe ich in Rechnungen gesehen, dass ihr noch immer den Macherlohn für Eueres Gewand bezahlen müsst; es scheint mir, dass Ihr doch bald so was für Euch selbst zu schneidern und nähen hättet lernen sollen... Frau Tante Bruttin soll Euch Leinzeug anschaffen, damit Ihr lernet, Euerem Papa einige Hemden zu machen, das ist: schneiden und bietzen [= nähen].

Josephine soll sich bemühen, die deutsche Sprache und das deutsche Schreiben in Besitz zu nehmen, drum habe ich in dieser Sprache geschrieben.

Empfanget meinen väterlichen Segen, seiet gute, fromme und arbeitsame Kinder, dann verlängert Ihr mein Leben. Der Euch herzlich gut liebt – Hauptmann Gatlen.

Christian Gattlen an Johann Christian Amacker (CL: R 9, Fol. 60).
Kopie, ohne Unterschrift. Gaeta, 5. Mai 1844.

Hier eingeschlossen werden Sie einige Papiere erhalten, die mir mit der Zeit sehr nützlich sein möchten [...].

Unter dem 5. Mai habe ich der Klostersuperiorin der Ursulinerinnen in Sitten auf Herrn Hauptmann [Gaspard] de Sepibus allda 800 FF assigniert, zahlbar auf den 3.–4. nächsten Juli, dieses da ich dachte, dass Sie mit selben nicht abgerechnet haben, auch in allem Fall für die Zukunft dienen möge in Abtrag der Kost etc. meiner Kinder.

Herr Neffe Abbé Moritz [Amacker][31] hat mich schon vor einiger Zeit einberichtet, dass er bei seiner ersten Hl. Messe meine Josephine als geistliche Schwester erwählt habe, was mich wohl freut. Auch habe ich der Superiorin, wo Josephine ist, geschrieben, dass sie selbe dazu im Nötigen vorbereite, auch Caroline, wenn diese auch bei dieser Feierlichkeit sein sollte. In allem Fall zähle ich auch auf Ihre Sorge und Beistand, so wie ich meine liebe Frau Schwester, [Ihre] Gemahlin, bittend dafür in Anspruch nehme.

Dem Herrn Roman [Roten] schrieb ich auch, ihn ersuchend, mit Ihrem Zuzug die Sache mit [Joseph] Salzgeber, sei es wie es wolle, in Richtigkeit, bezahlt oder gut verbürgt, zu bringen.

Sollten die Unruhen[32] im Wallis so weit gehen, dass keine Sicherheit mehr wäre, so kommen Sie und Ihre Frau Gattin daher zu mir, müssen aber vorsorglich die nötigen Papiere in Bereitschaft halten. Gern will ich alles für Sie tun, wolle Gott aber, dass die Lumpereien Sie nicht zu diesem zwingen.

Christian Gattlen an Johann Christian Amacker (CL: R 9, Fol. 63).
Kopie, ohne Unterschrift. Gaeta, 10. Juli 1844.

Mit tiefem Herzensdruck bin ich bewusst durch ein Schreiben[33] vom lieben Herrn Abbé, Ihrem Sohne Moritz, dass die gute Frau Schwester, Ihre Gemahlin, sehr krank sei; meinen Kindern wurde aufgetragen, eifrig zu Gott zu flehen um ihre Erhaltung, was ich auch tue. Wolle Gott, dass unser Gebet erhört komme.

Noch einmal muss ich Sie bitten um bestimmtere Auskunft wegen der Rechnung Perrig und Verstoss auf Nellen; Herr Leutnant Gregor Perrig[34] sagt mir, sein Bruder Advokat[35] habe Ihnen geschrieben, dass er Ihnen bei dem Verstoss der 1000 Pfund auf Nellen auch einen Jahrzins gegeben habe; ich erinnere mich nicht mehr, wie dieses in unseren Rechnungen vorging; sehen Sie nach und wenn dieses ist, so habe ich dem Leutnant Perrig hier einen Zins zu vergüten, bitte um gelegentliche Antwort.

Da nun durch den glücklichen Sieg der Oberwalliser gegen die Jungschweizer die Ruhe im Land wird hergestellt [sein], wird Herr Roman Roten wohl Zeit finden, um mit Ihnen den [Joseph] Salzgeber zur gänzlichen Abfertigung meiner Forderungen zu bringen, was ich Ihnen sehr anbefehle.

Auch wenn es Ihnen die Zeit zulässt, bitte ich, etwa wiederum meine Sachen zu Raron an die Luft zu stellen, ausklopfen und abbürsten zu lassen.

[...] Wenn meine Kinder in der Vakanzzeit zu Ihnen begehren, so bitte ich, diese auf von Sitten und ab zu begleiten; für alles werde ich bezahlen.

---

[31] Moritz Joseph Amacker, 1817 geboren, 1845 zum Priester geweiht, 1850 auf dem Simplon tödlich verunfallt; vgl. BWG, Bd. 1, S. 277–278; INDERMITTE, S. 7.

[32] Kämpfe zwischen der Jungen und Alten Schweiz (1843–1844); vgl. FIBICHER, Bd. 3/1, S. 129–133.

[33] Fehlt im Nachlass.

[34] Vgl. MAAG, S. 774.

[35] Cäsar Perrig (1825–1864), Advokat und Notar, Grossrat; vgl. BINER, S. 347.

Bittschrift an die hochweisen Herren des Staatsrats der Republik
und Kantons Wallis (CL: R 9, Fol. 69–70).
Kopie. Gaeta, 11. November 1844.

Im Jahr 1826 wurde im sogenannten Goler supérieur auf dem Eigentum des
sich nun in Diensten Seiner Majestät des Königs beider Sizilien befindenden
Hauptmann Gatlen von Raron ein Strich Landstrasse angelegt; durch diese kam
ein alter Graben verschlossen, welcher das Wasser mehrerer Quellen, die südlich aus dem Berge entspringen, auffasste und vormals in gerader Linie in das
beinahe an die angelegte Strasse befindliche kleine Rotlein [= kleiner Rotten]
leitete.

Herr Ingenieur Venetz[36] gab eine neue Richtung zum Ausfluss dieser Quellen, welche nie verfingen. Er liess das Wasser in den wegen dem Strassbau auf-
geworfenen südlichen Graben leiten, hinunter bis nahe an die Gebäude im Goler, wo selbes unter einem Brücklein in den nördlichen Landstrassgraben zu
fliessen hat und durch diesen weiter ab in das bemelte kleine Rotlein. Hauptmann Gatlen bemerkte damals dem Herrn Ingenieur Venetz, dass diese Direktion dem Wasser keinen vollen Abzug geben werde, indem dieses zu wenig
Nachdrang habe, um sich in so breiten Landstrassgräben fortzubahnen, dass
auch diese Gräben in weniger Zeit mit Wasserpflanzen und Erdeinfällen dem
Fortzug des Wassers ein sicheres Hindernis geben würden, sei sicher anzunehmen. Ungeacht solcher Vorstellungen blieb es beim genommenen Plan.

In minder als einem Jahr zeigte sich an bemelten Gräben auffallend die Vermoosung, so dass Herr Venetz selbst die übel gewählte Richtung bekannte, weswegen er auch einen Befehl vom Staatsrat bewirkte, durch welchen die Abfluss-
gräben ausgeputzt kamen, nicht aber den erwünschten Zweck erreichte. Da Un-
terschriebener über 17 Jahre abwesend ist, konnte er der Verwüstung seines Bodens im Goler nicht mit Nachdruck vorbeugen lassen, nur klagte er und begehrte, dass sich sein damaliger Zendenpräsident, weiland Herr Jakob Niklaus Roten, als Verwalter des Zendens bei der Regierung benehme, damit der allein er-
spriessliche alte Abzugsgraben durch die Landstrasse geöffnet werde und der
Vermorastung dadurch abgeholfen komme; nichts wurde aber vorgenommen...

In einer andern Anwesenheit im Wallis konnte Hauptmann Gatlen in Siders
Herrn Exzellenz den alt Landeshauptmann Moritz von Courten[37] darüber mit aller Wärme unterhalten, allein auch nichts erfolgte...

Obschon im jüngst verwichenen Sommer, da der hochgeachtete Herr Paul
Roman Roten Abgesandter im Grossen Rate in Sitten war [und] sich bemüht
hat, kräftig im Namen Hauptmann Gatlen der hohen Regierung die versumpfte
Lage und erhaltenen Schaden vorzustellen, glaubt sich dieser beschädigte Eigentümer dennoch bemüssigt, folgende Übersicht der Verwüstung seines Eigen-
tums im Goler, so wegen dem Strassenbau allda entstanden ist, vorzulegen.

Dieses Eigentum enthält ungefähr 17–18 Tausend Klafter Äcker, Binden
und Wiesen, so früher fruchtend waren. Ein tiefer Morast, von welchem vor der
Anlegung der Golerstrasse nur noch etliche Klafter nicht benutzt kamen, war ur-

[36] Vgl. *Ignaz Venetz 1788–1859, Ingenieur und Naturforscher,* Brig, 1990, namentlich S. 35–38:
Venetz als Staatsingenieur; Strassenarbeiten; die Korrektur der Landstrasse zwischen Turtig und Goler ist nicht erwähnt.

[37] Graf Maurice de Courten (1781–1847); vgl. HBLS, Bd. II, S. 638.

bar gemacht vermög Gräben, die das meiste umschliessen; grosse Stücke dienten zu guten trockenen Binden und Gärten, in welchen auch Fruchtbäume gepflanzt waren, die sehr wohl gediehen. Das Futter der sogenannten wilden Matten wuchs häufig und gut für Pferde; auch ein ziemlich grosser Strich Saatheu gab reichlich, kurz, der Boden war in der Ebene urbar gemacht, ausser der bemelte Teil nahe am Ausfluss der Bergquellen, der aber auch sicher in wenigen Jahren getröcknet worden wäre, wenn das Wasser den alten Abfluss gehabt hätte, Abfluss, welchen der Landstrassenbau verstopft hat.

Nun ist alles bald, wie man sagt und berichtet, ein uneingängliches Moos; Gärten und Binden sind versunken, so dass man nicht mehr ihre Lage erkennt; die wohlgediehenen Fruchtbäumlein sind wegen dem zugeflossenen Wasser oder Morast erdörrt, Heu bezieht man des sogenannten artifiziellen keines mehr und des andern sehr wenig. Die Vermoosung zieht sich sogar bis an die erhöhten Äcker. Der bezogene jährliche Zins ist bis circa auf die Hälfte herabgesetzt. Alles dieses, so schädlich und verwüstend es auch ist, ist noch nicht so zu beherzigen als wie die gegründete Furcht, dass wegen der entstandenen bösen Luft, so die Ausdünstungen der Moraste erzeugen, sogar die da aufgeführten Gebäude mit ungefähr 9000 Franken Kosten müssen verlassen werden.

Aus diesen gegründeten Vorlegungen stellt Hauptmann Gatlen an den hohen Staatsrat die gerechte und dringendste Bitte, dass Hochderselbe geruhe, nicht länger mehr anstehen zu lassen, die Verordnung zu bestimmen, damit doch einmal der immer höhersteigenden Verwüstung auf dem Boden des klagenden, längst schon beschädigten Landesangehörigen vorgebeugt komme, was mit einem Durchbruch von 3 bis 4 Schuhbreite durch die Landstrasse erzweckt kommt[38], und mit nicht grossen Kosten mag ein wohlgeführtes Brücklein darüber gelegt werden, was das ganze ausmachen wird.

Mit voller Zuversicht und tiefstem Respekt empfiehlt sich dero hochweisen, hochgeachteten Herren des Staatsrates gehorsamst ergebenster Landsmann Hauptmann Gatlen.

Christian Gattlen an Kastlan Kaspar In Albon, Turtmann
(CL: R 9, Fol. 93). – Kopie, ohne Unterschrift.
Neapel, den 15. Oktober 1846.

Auf Ihr geehrtes und mich beehrendes Schreiben[39] vom 11. [Oktober] antworte ich Ihnen, dass ich alle Hochschätzung, ja alle Ansichten mir vorstelle, welche Ihren Herrn Joseph mit meiner Tochter Karoline möchten glücklich machen, doch mit der Karoline habe ich mich über ihre Heirat oder ihre Absichten noch nicht besprochen; ich lasse ihr, wie ich es mit der Josephine getan, die ganz freie Zu- und Abwendung, sobald [es] zum Entschlusse kommen soll, über so einen wichtigen Schritt einzutreten. Noch ist auch Karoline sehr jung (17 Jahre alt), was wohl auch zu überlegen ist.

[38] Weil sein Vorschlag unberücksichtigt blieb, griff er schliesslich zur Selbsthilfe; vgl. Einleitung, S. 63.

[39] Vgl. CL: B 31/23. – Kastlan In Albon (gestorben 1854) schreibt, sein ältester Sohn sei vor einigen Jahren in Gattlens Haus im Goler seiner Tochter Caroline begegnet, die er nicht vergessen könne; er bitte um die Erlaubnis, sie treffen zu können, um zu erfahren, ob ihrerseits auch Zuneigung bestehe und eheliche Verbindung denkbar wäre.

Moritz Gattlen an seinen Onkel Christian Gattlen in Neapel
(CL: Nachtrag Dr. Anton Lanwer). Brig, den 20. Dezember 1845.

Teuerster Herr Oheim! Es wäre eine Torheit, Ihr letztes Schreiben an den Vater mit einem Briefe desselben Gehalts, wie der des 6. Novembers an Sie abgeschickten, zu beantworten, wenn ich nicht über den Empfang desselben Zweifel hegte. Indessen haben Sie vom Vater sehnlichst eine Antwort gewünscht, in dessen Namen ich Ihnen nun auch antworte aus Mangel an Kenntnis im Schreiben. Ich bitte Sie aber, zürnen Sie ihm deshalb nicht. Er tat das Seinige, indem er selbst nach Brig kam, wo er mir Ihren Brief mitteilte und [wir] uns aufs neue über meine Standeswahl berateten. Ein wahrhaft wichtiger Punkt. Indessen habe ich mich dennoch entschlossen, entweder in einen Ordensstand zu treten, oder Ihrer Ansicht gemäss die Handlung [= kaufmännische Ausbildung] zu erlernen, wozu auch der Vater seinen Beifall gibt. Male ich mir das erstere [aus], so scheint mir dieses viel ratsamer und glücklicher, wovon mich aber ein Umstand einigermassen abschreckt, dass ich nicht weiss, ob ich die höheren Schulen mit Auszeichnung vollenden werde, und wenn dieses nicht wäre, so würde man mich vielleicht nicht aufnehmen. Bedenke ich aber das letztere, so scheint mir dieses in einiger Rücksicht zwar angenehmer, aber nicht so heilsam für die Ewigkeit. Zum letzteren ratet mir aber auch der Vater, indem er mir vorstellt, die Mutter und er hätten in ihrem hohen Alter sonst keine Hilfe und Trost zu erwarten, und wenn ich dies ernstlich überlege, so scheint mir die Erlernung des Handels oder sonst etwas Ähnliches ratsamer, wozu ich mich endlich entschlossen habe[40]. Ihrer Ansicht gemäss nach Neapel zu verreisen oder sonst irgendwohin bin ich bereit.

...Empfangen Sie nun am Schlusse des alten und an der Schwelle des neuen Jahres, teuerster Oheim, meinen herzlichsten Dank für Ihre reichlich gespendeten Wohltaten. Es wäre mein innigster Wunsch, Ihnen meine Liebe und Erkenntlichkeit durch etwas Mehreres als durch schlichte Worte zu beweisen, da ich aber allzu unvermögend bin, so nehme ich meine Zuflucht zum lieben Gott und bitte ihn, er möge das in reichlichem Masse ersetzen, was mein Herz fühlt, dass es Ihnen schuldig wäre, aber nicht mit der Tat auszuführen imstande ist.

Ihr Sie liebender Neffe Mauritius Gatlen.

Christian Gattlen an Johann Christian Amacker (CL: R 9, Fol. 90).
Inhaltsangabe. Neapel, 10. Januar 1846.

Angezeigt, dass ich ins Semester kommen werde gegen die erste Dezennie Aprils, dass er die Güte habe, mir etwas Gesalzenes anzuschaffen als 1/4 Rind, 1–2 Schaf, 1 Kalb, und zu wursten, ca 80 oder 100 magere Hauskäse, 20 Pfund eingesottenen Anken, 4 Lagel Guess oder Resy für Arbeiter, 3–4 Lagel guten Salgischer oder andern guten [Wein] für mich, von Baron [Alexis von] Werra, wenn er habe, dem Mariosy Weinhart sagen, dass ich mein Haus zu Raron allein brauche, mir selbes solle reinigen lassen von Wanzen, auch waschen, die Mauern ausziehen, das Täfel etc., dass mir J[ohann] J[osef] Gatlen 2 Klafter Holz zu Raron... bereite.

[40] Moritz Gattlen wurde Priester; sein Oheim hat seine Studien bis zur Priesterweihe finanziert; vgl. Einleitung, S. 55, Anm. 173.

Abb. 30: Grabkreuz des Hauptmanns Josef Christian Gattlen an der Ostwand der Burgkirche Raron.

Quellenverzeichnis

Staatsarchiv Sitten:
- Allgemeine Bestände: Helvetik bis 1866.
- Protokolle des Staatsrates und des Grossen Rates.
- Korrespondenz des Staatsrates und der Departemente.

Staatsarchiv Sitten (abgekürzt zitierte Sondersammlungen):

CL	Fonds Carlen-Lanwer: Nachlass des Hauptmanns Christian Gattlen und Nachtrag Dr. Anton Lanwer.
ODET	Fonds d'Odet II, P 486: Postes et diligences 1808–1811.
RO	Fonds Hans Anton von Roten: Hauptmann Christian Gattlen.
RO, Divers	Fonds Hans Anton von Roten: Divers.
SERVICE ETRANGER	Fonds Service militaire étranger, Thèques 7–9, 12, 45.
TSCHEINEN	Moritz Tscheinen, Tagbuch angefangen im Jahre 1846, den 22. Mai, auf der Burg als Pfarrverwalter: AV 110/3.

Tauf-, Ehe- und Sterbebücher der Pfarreien Raron, Ausserberg, Bürchen-Unterbäch, Eischoll, Niedergesteln.

Literaturverzeichnis

ADB	Allgemeine deutsche Biographie. Bd. 1–56. Leipzig, 1895–1912.
ANNALES VALAISANNES	Annales valaisannes. Année 1, 1916 ff.
ANNUAIRE	Annuaire officiel du canton du Valais. Walliser Staatskalender. Sion, 1756 ff.
ARNOLD	Peter Arnold, Die Schweizer Soldaten und Neapel, in: Walliser Jahrbuch, 1950, S. 48–75.
BERCHTOLD	Josef Anton Berchtold, Analytische Beleuchtungen des neuen Münzgesetzes für Behörden, Lehrer und die reifere Schuljugend. Sitten, 1850.
BERTRAND	Jules-Bernard Bertrand, Les valaisans au service de Naples, in: Almanach du Valais, 1920, S. 41–48.
BINER	Jean-Marc Biner, Autorités valaisannes 1848–1977/79. Walliser Behörden 1848–1977/79, in: Vallesia, 30, 1982, S. 1–407.
BINER-BIOLLAY	Jean-Marc Biner et Emile Biollay, Nouvelles d'il y a cent cinquante ans. Les événements du Valais, du 25 décembre 1813 au 10 septembre 1815, d'après la «Gazette de Lausanne» et le «Journal Suisse», in: Annales Valaisanne, Année 40, 1965, S. 53–92.
BIOGRAPHIE FRANCAISE	Dictionnaire de biographie française. Vol. 1 ff. Paris, 1932 ff.
BIOGRAPHISCHER INDEX	Deutscher biographischer Index. Bd. 1–4. München, 1986.

BIOLLAY I — Emile Biollay, Le Valais en 1813–1814 et sa politique d'indépendance. La libération et l'occupation d'un département réuni. Martigny, 1970.

BIOLLAY II — Des 13 cantons du département (1813) aux 13 dizains du canton (1815), in: Annales valaisannes, 40, 1965, S. 11–52.

BOTTEE & RIFFAULT — Bottée & Riffault, Recueil de planches relatives à l'art de fabriquer la poudre à canon. [Sans lieu], 1817.

BOUCARD — Louis Boucard, L'école valaisanne à la fin du XVIIIe siècle et son histoire de 1798 à 1830. Saint-Maurice, 1938.

BWG — Blätter aus der Walliser Geschichte, Jg. 1, 1889 ff.

CORDON — Viktor von Cordon, Die Tätigkeit des Detachements unter Kommando des Obersten Baron Simbschen im Walliserland 1814, in: Schweizerische Vierteljahrsschrift für Kriegswissenschaft, Jg. 3, 1922, S. 233–249.

COURTEN — Eugène de Courten, Valaisans au service des causes perdues, 1: Au service de Naples, Période de 1825 à 1848, in: Annales valaisannes, 13, 1965, S. 326–332.

DIZIONARIO BIOGRAFICO — Dizionario biografico degli Italiani. Vol. 1 ff. Roma, 1960 ff.

DONNET, Personnages — André Donnet, Personnages du Valais fichés par l'administration française du Département du Simplon (1811), in: Vallesia, 14, 1986, S. 193–208.

DONNET, Révolution — André Donnet, La Révolution valaisanne de 1798. Vol. 1–2. Martigny, 1984. – Bibliotheca Vallesiana, Vol. 17–18.

DUBLER — Anne Marie Dubler, Masse und Gewichte im Staat Luzern und in der alten Eidgenossenschaft. (Luzern, 1975).

ECRIVAINS MILITAIRES — Ecrivains militaires valaisans, Lausanne, 1983, S. 45–58.

FARQUET — Maxence Farquet, L'école valaisanne de 1830 à 1910, in: Vallesia, Bd. 4, 1949, S. 75–230.

FIBICHER — Arthur Fibicher, Walliser Geschichte. Bd. 3.1: Die Neuzeit, Ereignisse und Entwicklungen 1520–1991. Sitten, 1993.

FLÜCKIGER — Roland Flückiger-Seiler, Strassen und Wege im Rhonetal zwischen Brig und Siders, in: Blätter aus der Walliser Geschichte, Bd. 26, 1994, S. 119–194.

FRANCE MILITAIRE — France militaire. Histoire des armées françaises de terre et de mer de 1792 à 1837. Vol. 1–5. Paris, 1833–1837.

GANTER — Henri Ganter, Histoire du service militaire des régiments suisses à la solde de l'Angleterre, de Naples et de Rome. Genève, [1905].

GATTLEN, Eintritt — Anton Gattlen, Der Eintritt des Wallis in den Bund der Eidgenossen, in: Wir Walser, 4, 1966, Nr. 1, S. 2–17.

GATTLEN, Ortsansichten — Anton Gattlen, Druckgraphische Ortsansichten des Wallis 1548–1899. Bd. 1–2. Visp, 1987–1992.

GESETZESSAMMLUNG — Sammlung der Gesetze, Dekrete und Abschlüsse der Republik Wallis seit 1815. Bd. 1 ff. Sitten, 1815 ff.

GYSIN — N. Gysin, Les troupes suisses dans le royaume de Sardaigne, in: Revue militaire suisse, 59, 1914, S. 529–552, 662–670.

HBLS — Historisch-biographisches Lexikon der Schweiz. Bd. 1–7 und Supplement. Neuenburg 1921–1934.

HENRIOUD	Marc Henrioud, Les anciennes postes valaisannes et les communications internationales par le Simplon et le Grand-Saint-Bernard. Lausanne, 1905.
HIERARCHIA CATHOLICA	Hierarchia catholica medii et recentioris aevi. Vol. 7. Patavii, 1968.
IMESCH	Dionys Imesch, Die Kämpfe der Walliser gegen die Franzosen in den Jahren 1798 und 1799. Sitten, 1899.
INDERMITTE	Josef Indermitte, Chronik der Gemeinde Unterbäch. Visp, 1986.
KÄMPFEN	Peter Joseph Kämpfen, Freiheitskämpfe der Oberwalliser in den Jahren 1798 & 1799. Stans, 1867.
LATHION	Lucien Lathion, Bonaparte et ses soldats au Grand-Saint-Bernard. Neuchâtel, 1978.
LAUBER, Geren	Josef Lauber, Verzeichnis der Herren Ammänner und Richter der Talschaft Geren (Agern) bei Oberwald, in: Walliser Landeschronik, Jg. 2, 1924, S. 13–16; 3, 1925, S. 1–2.
LAUBER, Priester	Ferdinand Schmid und Josef Lauber, Priester aus dem deutschen Wallis, in: Blätter aus der Walliser Geschichte, Bd. 1, 1889–7, 1934, mit Unterbrechungen.
MAAG	Albert Maag, Geschichte der Schweizer Truppen in neapolitanischen Diensten 1825–1861. Zürich, 1909.
MASSEREY	Arthur Masserey, L'occupation militaire du Valais par le général Turreau au début de la République indépendante. Fribourg, 1960. Mémoire de licence.
NDB	Neue deutsche Biographie. Bd. 1 ff. Berlin, 1953 ff.
PEDRAZZINI	Dominique Pedrazzini, Le régiment bernois de Tscharner au service de Piémont-Sardaigne. Fribourg, 1979.
PFAMMATTER	Alphons Pfammatter, Dorfchronik Raron-St. German. (Visp, 1988).
PITTIER	Yolande Pittier, Réactions des valaisans à l'annexion de leur pays à la France et leur attitude face au nouveau gouvernement (1810–1813), in: Annales valaisannes, 56, 1981, S. 3–50. – Mémoire de licence, Lausanne.
REBORD	Charles-M. Rebord, Dictionnaire du clergé séculier & régulier du diocèse de Genève-Annecy, dès 1535 à nos jours. Bourg, 1920.
REICHENBACH	Pierre Reichenbach, La monnaie du département du Simplon et la réception des batz «au coin du Valais» dans les caisse publiques, in: Annales valaisannes, 67, 1992, S. 31–58.
RITZ	Porträtsverzeichnis des Malers Lorenz Justin Ritz, in: Vallesia, 18, 1963, S. 217–259.
RIVAZ	Anne-Joseph de Rivaz, Mémoires historiques sur le Valais (1798–1834) publiés par André Donnet. Vol. 1–3. Lausanne, 1961. – Mémoires et documents publiés par la Société d'histoire de la Suisse romande, Série 3, Vol. 5–7.
ROTEN, Ernst von	Ernst v. Roten, Stammtafeln der Familien von Raron und St. German. Raron, 1985–1988.
ROTEN, Hans Anton von	Hans Anton von Roten, Hauptmann Christian Gattlen, in: Walliser Jahrbuch, 1943, S. 38–53.

ROTEN, Raphael von	Raphael von Roten, Von alten Häusern in der Gemeinde Raron, in: Vallesia, 11, 1956, S. 83–106.
SALAMIN, République helvétique	Michel Salamin, Histoire politique du Valais sous la République helvétique (1798–1802), in: Vallesia, 12, 1957. S. 1–280. – Thèse, Lettres, Fribourg.
SALAMIN, République indépendante	Michel Salamin, La République indépendante du Valais 1802–1810. – Sierre, 1971. – Le passé retrouvé, Vol. 1.
SALAMIN, Valais	Michel Salamin, Le Valais de 1798 à 1940. Sierre, 1978.
SCHAFROTH	Max F. Schafroth, Les troupes suisses au service du royaume de Sardaigne, in: Armi antiche, Bollettino dell'Academia di S. Marciano, Torino, 1968, S. 133–155.
SIX	Georges Six, Dictionnaire biographique des généraux & amiraux français de la Révolution et de l'Empire (1792–1814). Vol. 1–2. Paris, 1934.
SOLDATS SUISSES	Soldats suisses au service étranger. T. 4, Genève 1912, S. 1–76: Aventures de guerre du capitaine C[hristian] Gattlen.
STORIA	Storia di Napoli, (di Roberto Pane, etc.). Vol. 1–11. Napoli, 1967–1978.
SPRETI	Vittoria Spreti, Enciclopedia storico-nobiliare Italiana. Vol. 1–8. Bologna, 1928–1935.
STUDIENKATALOG BRIG	Nomina litteratorum qui in Collegio Societatis Jesu Brigae... eminuerunt. Seduni, 1825–1835.
STUDIENKATALOG SITTEN	Nomina litteratorum qui in Lyceo et Gymnasio Sedunensi... eminuerunt. Seduni, 1815–1825.
TAMINI	Jean-Emile Tamini, Nouvel essai de Vallesia Christiana. Saint-Maurice, 1940.
TRUFFER	Bernard Truffer, 250 Jahre Pfarrei Sankt Sebastian Randa. Randa, 1981.
TSCHERRIG	Georges Tscherrig, Aus den Lebenserinnerungen Hptm Gattlens, in: Walliser Volksfreund, 1978, Nr. 283, S. 3.
TULARD, Napoléon	Dictionnaire Napoléon, sous la direction de Jean Tulard. (Paris, 1987).
TULARD, Révolution	Histoire et dictionnaire de la Révolution française 1789–1799, par Jean Tulard, Jean-François Fayard, Alfred Fierro. (Paris, 1987).
VALLESIA	Vallesia. Jahrbuch der Walliser Kantonsbibliothek, des Staatsarchivs und der kantonalen Museen. Vol. 1., 1946 ff.
WAPPENBUCH 1946	Walliser Wappenbuch. Armorial du Valais. Sitten, 1946.
WAPPENBUCH 1974	Neues Walliser Wappenbuch. Nouvel armorial du Valais. Saint-Maurice, 1974.
WEISSEN	Ludwig Weissen, Denkwürdigkeiten von Unterbäch. [Ohne Ort], 1959.
WURZBACH	Constant von Wurzbach, Biographisches Lexikon des Kaiserthums Österreich. Bd. 1–60. Wien, 1856–1891.
WYSS	Arthur Wyss, Die Post in der Schweiz. Teil 2: Die Kantonalposten von 1803–1848. Bern 1987, S. 186–191: Wallis.
ZEZON	A. Zezon, Schweizer Regimenter im Dienste des Königs von Neapel und beider Sizilien. Lugano, [1979].

Illustrationsverzeichnis

(Fotografien ohne Ursprungsangaben: Jean-Marc Biner)

Ortsnamen- und Personenregister

298

299

302

Das waren Zeiten

1

Vom Leben
der frühen Menschen

herausgegeben von
Dieter Brückner
und
Harald Focke

C.C. BUCHNER

Das waren Zeiten – Ausgabe Hessen

Unterrichtswerk für Geschichte an Gymnasien, Sekundarstufe I

Band 1 für die 6. Jahrgangsstufe

Herausgeber: Dieter Brückner und Harald Focke

Bearbeiter: Dieter Brückner, Harald Focke, Peer Frieß, Klaus Gast, Franz Hohmann und Hannelore Lachner

Berater: Peter Adamski und Martina Tschirner

Lektorat: Klaus Dieter Hein-Mooren

Gestaltung: Peter Lowin

Dieses Werk folgt der reformierten Rechtschreibung und Zeichensetzung. Ausnahmen bilden Texte, bei denen künstlerische, philologische und lizenzrechtliche Gründe einer Änderung entgegenstehen.

1. Auflage [321] 2008 2007 2006
Die letzte Zahl bedeutet das Jahr dieses Druckes.
Alle Drucke dieser Auflage sind, weil untereinander unverändert, nebeneinander benutzbar.

www.ccbuchner.de

Einband: Artbox Grafik & Satz GmbH, Bremen
(unter Verwendung des Gemäldes „Die Akropolis von Athen" von Leo von Klenze, 1846)

Herstellung, Grafik und Karten: Artbox Grafik & Satz GmbH, Bremen

Druck- und Bindearbeiten: Pustet, Regensburg

ISBN 3 7661 **4711** 0